科学出版社"十三五"普通高等教育本科规划教材

医药技术经济与项目管理

案例版

主　编　宋　航　崔秀明
副主编　杜开峰　刘荣华
编　委　（按姓氏笔画排序）

刘荣华	江西中医药大学	陈鹏飞	西华大学
杜开峰	四川大学	罗英杰	浙江大学
李子元	四川大学	高明菊	文山学院
李福林	四川大学	曹　艳	湖北中医药大学
宋　航	四川大学	崔秀明	昆明理工大学
张进强	贵州中医药大学	彭林彩	四川大学
陈　晟	西华大学		

科学出版社

北　京

内 容 简 介

　　本书系统地介绍了与医药行业相关的技术经济与项目管理的基本概念、原理、方法及其应用。本书的主要内容包括技术经济的基本原理和评价方法、医药项目可行性研究、医药项目管理的基本概念和基本内容，以及技术经济和项目管理在生产技术改造及生产管理中的应用等。

　　本书可用作制药工程、生物制药、药学、生物工程、中医药、化工等领域相关专业的教材，也适合相关领域其他人员系统学习医药技术经济与项目管理知识时阅读和参考。

图书在版编目（CIP）数据

医药技术经济与项目管理：案例版/宋航，崔秀明主编. —北京：科学出版社，2022.1

　ISBN 978-7-03-071270-7

　Ⅰ.①医… Ⅱ.①宋… ②崔… Ⅲ.①医药学－技术经济－高等学校－教材②医药学－项目管理－高等学校－教材 Ⅳ.①F407.77

中国版本图书馆 CIP 数据核字（2022）第 004165 号

责任编辑：王锞韫　刘天然 / 责任校对：宁辉彩
责任印制：赵　博 / 封面设计：陈　敬

科 学 出 版 社 出版

北京东黄城根北街 16 号
邮政编码：100717
http://www.sciencep.com

三河市骏杰印刷有限公司印刷
科学出版社发行　各地新华书店经销

*

2022 年 1 月第　一　版　　　开本：787×1092　1/16
2025 年 1 月第三次印刷　　印张：17
字数：491 000

定价：69.80 元
（如有印装质量问题，我社负责调换）

前　　言

技术经济与项目管理早已是不少国家工科类专业必备的知识。改革开放以来，我国部分工科类专业对技术经济与项目管理给予了一定的关注。尤其是近年来，随着我国工程教育人才的培养与国际标准衔接、工程教育认证的实施，技术经济和项目管理的知识体系已经成为我国工科类各专业培养计划必备的内容，也是目前我国不少工科专业的质量建设国家标准中要求的知识内容。

迄今，全国已有290多所各类院校相继设立了制药工程专业，"技术经济与项目管理"是该专业、药学类、中医药类及其相关专业学生应该学习和掌握的知识之一，不少院校已将其列为必修内容。尽管目前已有一些通用的技术经济教材，以及分别针对机械类、建筑类、化工类的技术经济教材，但其对于医药特色类专业（如制药工程专业）来讲，仍然有些局限或不能够满足其需要。此外，现有的技术经济教材对于项目管理的内容介绍不够全面，难以全面满足与国际等效的我国工程教育认证的要求。

本书的参编人员长期从事药学类（含制药工程）及中医药类专业技术经济与项目管理的授课和教学研究工作，积累了丰富的经验，也有的长期从事工程教育认证的工作和制药工程专业建设质量标准的工作，他们能更好地考虑医药行业的特点，汲取其他工业技术经济教材的优点，博采众长，以案例的特色方式编著本书。本书具有如下基本特点。

1. 从培养学生全面的知识、素质和能力考虑，本教材所涉及的内容包括绪论、技术经济分析与项目管理的基本原理、技术经济的评价方法、不确定性分析及风险决策、医药项目市场分析、医药项目可行性研究案例、医药项目管理概念及其基本内容、生产技术改造及生产管理分析，以及医药项目风险管理等方面的内容，更为完整和系统化。各有关高校可以依据自身的专业特点和培养要求选学部分内容。

2. 在各有关章节编排中，结合笔者多年教学经验，首先在前五章中系统地介绍了技术经济分析的基本原理和方法，在此基础上编排了第六章——医药项目可行性研究案例，引导学生运用基本原理和方法，了解、分析、体验实际的医药类项目的可行性研究，学以致用，培养学生解决复杂工程问题的能力。然后，介绍了项目管理基本原理和方法及其在医药生产技术改造和经营管理工作中的应用，并进一步介绍了项目风险管理的有关基本内容，可供部分院校拓展学生的项目管理知识和技能。

3. 编者凭借多年从事技术经济与项目管理教学工作、教材建设及科研工作的丰富经验，在本书中特别引入了一些具有化学制药、生物制药及中药制药特点的各类型案例，以案例为导引展开原理、方法、应用等方面的讨论式、启发式教学，更有利于学生理解和掌握有关的原理和方法。尤其是设立专门章节以实际案例为背景循序渐进、全面、深入地进行讲解，着力培养学生在实际工作中解决复杂问题的能力。

4. 各章开头均简要给出重点和难点，有利于指导学习者有的放矢地学习。各章相关节之后附上学习思考题，引导学生进一步思考。各章后面也附有相关的练习题，有利于学习者检验学习效果。此外，为拓展学习视野，部分章还特别提供了一系列内容丰富、形式多样的拓展阅读材料（章后的补充材料）。

5. 本书的主要编者为四川大学、昆明理工大学、浙江大学、江西中医药大学、湖北中医药大学、西华大学、贵阳中医药大学及文山学院8所高校的教师。编写过程中参照了教育部颁布的药学类（含制药工程）本科专业教学质量国家标准和中国工程教育认证标准等文献，有利于较好地把握内容的全面性和深浅程度，以更好地符合我国药学类（含制药工程）、中医药类专业高水平建设和持续发展的要求。

　　本书由宋航、崔秀明主编，杜开峰、刘荣华副主编。各章撰写人员介绍如下。第一章为宋航、罗英杰；第二章为宋航、彭林彩；第三章为宋航、李福林；第四章为杜开峰、李子元；第五章为曹艳、李子元；第六章为崔秀明、高明菊；第七章为刘荣华；第八章为陈晟、陈鹏飞；第九章为张进强。本书在编写中引用了一些文献，由于篇幅有限，本书仅列出其中的主要部分，在此谨向所有著作权者表示诚挚的感谢。

　　尽管药学类（含制药工程）、中医药类各专业有至少十多年的发展经历，但面临我国和世界医药行业的快速发展及行业对人才培养的新要求，一些问题还有待进一步研究和探讨。加之笔者的知识和水平有限，书中难免存在一些不足或不当之处，敬请读者提出宝贵意见。

编　者

2020 年春

目　　录

第一章 绪 论

1. 课程目标 通过本章课程的学习，了解医药行业的范畴、医药技术经济学的特点及作用，认识医药项目管理和风险管理的内涵及其在医药技术经济分析与项目管理中的作用，使读者对医药技术经济与项目管理这门学科的基本内容和作用有初步的认识。

2. 重点和难点

重点：了解医药产业技术与经济的相互关系，初步理解医药技术经济的特点及作用，了解医药行业项目管理和风险管理的基本含义及作用。

难点：理解、学习和掌握医药技术经济学对制药类专业学生的在校学习及职业发展的重要作用，调动学生学习的主动性。

第一节 医药行业及其与经济的关系

一、医药行业的范畴及发展状况

1. 医药行业的范畴 医药属于按国际标准划分的 15 类国际化产品，是世界贸易增长最快的 5 类产品之一，同时也是高技术、高投入、高效益、高风险的产业。因此医药行业（pharmaceutical industry and business）也成为世界医药经济强国激烈竞争的焦点，是社会发展的重要领域。

医药行业是我国国民经济的重要组成部分，是传统产业和现代产业相结合、集一二三产业为一体的产业。医药行业对于保护和增进人民健康、提高生活质量，对于救灾防疫、军需战备及促进经济发展和社会进步均具有十分重要的作用。医药行业包括医药生产业（pharmaceutical industry）和医药商业（pharmaceutical business）两大部分，医药生产是指原料经物理变化或化学变化后成为新的医药类产品，其主要门类包括化学原料药及制剂、中药材、中药饮片、中成药、抗生素、生物制品、生化药品、放射性药品、医疗器械、卫生材料、制药机械、药用包装材料等。广义的医药行业还可包括动物用药的制造和销售等。

大健康产业不同于一般意义的医疗产业发展模式，是一种从单一救治模式转向"防-治-养"一体化防治模式的产业。除以药品及医疗器械为主的医药产业外，大健康产业还包括以保健食品、功能性日用品等为主的保健品产业，以及以个性化健康检测评估、咨询服务、疾病康复等为主的健康管理服务产业。大健康产业是具有巨大市场潜力的新兴产业，包括医疗产品、保健用品、营养食品、医疗器械、保健器具、休闲健身、健康管理、健康咨询等多个与人类健康紧密相关的生产和服务领域。

本书介绍的医药技术经济与项目管理的主要内容包括其基本原理、原则、方法及案例分析等，均适用于范围更广的大健康产业，但主要以前述提及的广义的医药行业为对象进行介绍，并着重于医药生产中有关的技术经济与项目管理。

2. 医药行业的状况及发展趋势 多年来，全球医药市场以很高的速度发展着。1970 年世界医药工业产值仅为 217 亿美元，到 2001 年猛增至 3930 亿美元，2005 年为 6050 亿美元。2001~2005 年的年均增长率为 11.4%，显著高于同期全球经济年均增长率。近 10 年来，全球医药市场仍然保持继续增长的发展趋势。例如，2008 年全球医药市场总销售额达到 7810 亿美元，到 2014

年突破 10 000 亿美元，2018 年已达到 11 500 亿美元以上。

制药行业是国民经济各行业中增速最快的行业之一，我国制药工业的发展速度和商业销售的增长速度远远超过了国家整个工业和商业的增长速度。1978 年我国医药工业总产值仅 66 亿元。20 世纪 80 年代以来，在改革开放和发展市场经济的推动下，我国医药工业生产发展迅速，医药工业总产值增加到 2000 年的 2330 亿元，到 2009 年已突破 10 000 亿元大关，达 10 048 亿元，比 2005 年增长了 5684 亿元，年均增长率为 23%。

"十五"的发展目标是医药工业总产值年平均递增 12%。据有关部门统计，2001～2004 年，我国年均国内生产总值的年均增长率为 8.6%，而 2000～2003 年制药工业的年均增长率为 18.9%，比国内生产总值的年均增长率高出 10.3%，2011～2015 年年均增长率为 13.2%，2015～2020 年年均增长率估计仍可达 8% 左右。

同时，随着经济发展和居民生活水平的提高，医药产业整体不断扩大，医药工业总产值占国内生产总值的比重也不断上升，2007～2016 年，我国医药工业销售收入年复合增长率为 19.08%。由于国内和国际市场对药品市场的需求和消费会继续增加，医药行业将继续稳步发展，在国民经济中的地位将不断提升。可见，制药工业的发展速度显著高于其他大多数工业的发展速度。

从全球看，发达经济体医药市场增速回升，新兴医药市场需求旺盛，生物技术药物和化学仿制药在用药结构中的比重提高，为我国医药出口带来新的机遇。从国内看，国民经济保持中高速增长，居民可支配收入增加和消费结构升级，健康中国建设稳步推进，医保体系进一步健全，人口老龄化和"开放三胎"政策的实施，都将持续推动医药行业较快增长。

二、技术与经济的相互关系

在社会生产实践中，技术是联系科学与生产的纽带，是改革自然、变革自然的重要手段和方法。广义的"技术"概念应包括有形的东西（硬件）和无形的东西（软件）两个方面，因此技术不仅仅包括物，而且还有知识及其他非物质形态的内容。

经济是指社会生产关系的总和。经济是人们在物质资料的生产过程中形成的，是政治、法律、哲学、宗教、文学、艺术等上层建筑建立所依赖的基础。经济根据其活动范畴与运行机制，可划分为宏观经济、中观经济（准宏观经济）及微观经济三个层次。

技术与经济具有密切的关系。从历史发展的角度看，技术在人类社会的经济发展中所占的比重越来越大，特别是在工业革命以后，技术对经济生活的各个方面都产生了影响，其中也包括对经济发展轨迹的影响。技术引起了包括经济革命在内的社会革命，推动了经济的发展进程；从人类出现以来，经济在人类社会中一直扮演着十分重要的角色。当技术逐渐进入人们审视的范围之后，经济开始从自身确立的制度、政策、体制、行为及形式上去影响技术，技术不但要遵循自身内在的发展规律，在某种程度上也将会受到包括经济因素在内的外在因素的影响，因而技术也具有相对的独立性。

大家都知道，发明创造推动了产业革命。产业革命同时又引起了社会全面的变革。因而，技术是使生产方式和生产关系发生变革的重要力量。一方面，技术是一种对经济发展起推动作用的革命性力量；另一方面，不同的经济制度对技术的发展又会起到不同的作用，可能是积极的作用，但也可能是消极的作用，所以技术与经济具有密切的关系。同时技术进步是经济发展的必要条件，人类社会的经济发展离不开各种技术手段的运用；而任何手段都必须占用和消耗人力、物力、财力等资源，所以需要考虑资源的合理分配。

总之，在人类进行的物质生产活动中，经济和技术不可分割，两者相互促进又相互制约。经济发展是技术进步的动力和方向，而技术进步是推动经济发展、提高经济效益的重要条件和手段。

学习思考题（study questions，SQ）

SQ1-1　医药行业涉及哪些子行业？大健康产业与医药行业有何联系？

SQ1-2　目前我国及全球医药产业的发展趋势是什么？

SQ1-3　技术与经济有何相关性？

第二节　医药技术经济学

一、医药技术经济学的形成

医药产业技术经济学亦称医药技术经济学（pharmaceutical technical economics），是技术经济学的一个分支学科，它是结合医药产业的技术特点，应用技术经济学的基本原理和方法，研究医药产业发展中的规划、科研、设计、建设、生产及经营各方面和各阶段的经济效益问题，探讨提高医药产业生产过程和整个医药产业的经济规律、能源和资源的利用率及局部和整体效益问题的一门边缘学科。简而言之，它的任务就是将医药产业技术与经济有机地结合和统一，以取得最佳的经济效益。

对于技术与经济的研究，可以追溯到 1926 年。当时，查普林·泰勒编写了《化学工程经济学》一书。尽管工程经济学的名称和技术经济学的名称不同，但所研究的内容大致是相同的。该书的出版标志着产业技术经济学的诞生。第二次世界大战以后，产业技术经济的研究取得了重大的进展，有不少的论著发表，如涅克拉索夫的《化学工业经济学》（1958 年）、胡尔的《实用化学过程经济学》（1956 年）、哈伯尔的《化学过程经济学》等。产业技术经济学早已成为西方主要工业国家中理工类大学生和研究生的必修内容之一。

需要注意的是，本教材所述的医药技术经济学与另一个类似或相近的经济学——医药经济学（medical economics）不同。前者是将技术经济学的基本原理和方法应用于药物（含医药器械及设备）制造和销售领域的学科，而后者则是应用经济学原理和方法来研究和评估医药治疗的成本与效果及其关系的学科，其主要是通过成本分析对比不同的药物治疗方案与其他治疗方案（如手术治疗、理疗等）的优劣，设计合理的临床药学监护方案，保证有限的社会卫生保健资源发挥最大的效用。

二、医药技术经济学的特点

1. 综合性　如前所述，技术经济学本身就是技术科学和经济科学的交叉学科，又由于医药生产涉及化学、物理、工程、自动控制及药物、治疗等学科知识和技术的综合运用，因此，医药项目的经济效益除要分析、考虑项目或企业自身的各种因素外，还需要考虑许多宏观的影响。这就使医药技术经济所研究的对象大都具有多因素和多目标的特点。既要分析其中的技术因素，又要分析经济因素；既要研究技术方案实现后的直接效果，也要考虑其间接效果和连锁效果；对技术方案的评价不仅要进行技术经济评价，还要做社会、政治、环境效益的评价；不仅有静态评价，还要有动态评价等；评价中既要运用技术科学的知识，又要运用经济学和管理学的知识，还要借助于现代数学方法和电子计算机技术。所有这些都使医药技术经济学具有较高的知识综合性。

2. 应用性　医药技术经济学是一门综合性的应用学科，它所研究的基本内容都是医药产业中亟待解决的现实问题，对其进行分析和评价，为将要采取的行动提供决策依据。它使用的资料、数据等来源于实践，所得出的结论又直接地应用于实践，并接受实践的验证。它的基本理论和方法大都是实践经验的总结与提高。医药技术经济研究的成果通常表现为规划、计划、方案、设计及项目建议书和可行性研究报告等形式，直接应用于医药生产与经营实际，因而具有显著的应用性质。

3. 预测性　医药技术经济学主要是对将要实施的技术政策、技术路线和技术方案进行评价，是在事件发生之前进行的研究工作。因此，医药技术经济具有很强的预测性。为了尽可能正确地预计事件发生的趋势和结果，减少或避免决策的失误，就需要充分地收集、掌握必要的信息，用科学的方法对这些信息进行分析、评价。由于具有预测性质，它的研究结果也就具有一定的近似性和不确定性，而不能要求其结果绝对准确地与实际情况一致。

4. 定量性　定量分析与定量计算是工业技术经济学的重要研究手段，医药技术经济学是一门以定量分析为主的学科。与其他学科相同，定性分析在医药技术经济分析中也是不可缺少的，但它大部分用以分析和评价的指标都是定量化的。即使有某些定性分析，也都是以定量的计算为依据。在医药技术经济分析过程中往往要采用一些数学方法，建立各种数学模型和公式，并对许多数据进行处理与计算。计算机技术的应用使定量分析更加快速、完善，也使一些原来认为难以定量化的因素逐渐地定量化。

三、医药技术经济学的主要作用

医药技术经济学是医药领域内的一门重要的软科学，它在医药产业的发展中起着十分重要的作用。医药产业的发展主要依赖于技术的进步。对于医药产业的高层管理者来说，发展医药产业的技术政策和技术路线的制定也离不开医药技术经济学的指导。只有运用医药技术经济的科学原理和方法，对医药产业发展的布局、投资规模及投资方向等进行充分的研究，才能做出正确的决策，以促进医药产业与社会经济的协调发展。

对于医药产业企业的决策者，在新产品的开发、新技术的创新及新设备的研制过程中，必须运用医药技术经济学的原理和方法，进行科学的论证之后，才能做出正确的决策。否则，很可能导致决策失误，给医药企业造成重大的损失。

对于从事医药产业的专业技术人员来说，在医药产品和技术研究开发，以及设计和生产运行过程中，不仅要考虑技术方案的先进性和适用性，还必须懂得技术方案或措施实施后的经济效果。具备医药技术经济的良好素质对于医药科研选题、现有医药企业技术改造方案的制定和新建项目的设计等都具有重要的作用，有利于医药科研成果能更好地转化为生产力、技术改造取得良好的效果、投资项目取得满意的经济效益和社会效益。

所以，无论是从事医药领域技术开发研究的专业技术人员，还是生产经营管理人员，都需要学习和掌握医药技术经济学的基本原理和方法，这也是现代医药高等教育不可缺少的专业基础之一。

学习思考题（study questions，SQ）

SQ1-4　医药技术经济是如何形成的？

SQ1-5　医药技术经济有什么基本特点？

SQ1-6　学习医药技术经济对我们的职业发展有何作用？

第三节　医药项目与风险的管理

一、医药项目管理的含义及基本特性

1. 医药项目管理的基本含义　具体来讲，医药项目的工作主要就是进行药物研发、生产及销售。医药项目涉及设备、原料、化学药剂、生物制剂，以及具有一定风险的物理、化学及生物过程等。所以，具有一定的危险性和潜在风险。更广义地来讲，医药项目管理（pharmaceutical project management）是为实现拟定的医药项目目标而对与其相关的活动进行全面监测和管控，即从项目的投资决策开始到项目结束的全过程进行计划、组织、指挥、协调、控制和评价。这些过程涉及项目的各个方面，包括项目的范围、时间、成本、质量、风险、人力资源、沟通、采购及系统的管理。医药项目管理者的工作是安排项目人员进行研发项目的推进，涉及资产管理与保养、操作流程规范、人员的管理、项目的可行性、流程的把控等。

2. 医药项目管理的基本特性　医药项目管理具有以下的几个普遍特征：①有一个依据某个计划书来完成的特定目标；②有确定的开始和结束日期；③有经费限制（如果可使用的话）；④消耗资源（如资金、人员、设备）；⑤多职能（如横跨几条职能线）。

医药项目还具有以下难度特点：①医药项目的复杂程度；②医药特殊商品带来顾客的特殊需求和规模的变化；③组织结构；④医药项目风险，如开发生物药品；⑤高新技术发展变化；⑥将来市场变化、疫情突发对计划和价格的影响。

二、医药风险管理的含义及作用

1. 医药风险管理的含义　风险管理（risk management）概念的形成主要源自保险领域。《风险管理与保险原理》一书对风险管理的相关内涵进行了阐释，即①风险管理的含义是识别面临的风险并选择最有效的方法来处理这些风险的过程。②风险管理的目标分为损前目标和损后目标。③风险管理主要包括四个步骤：识别潜在的损失；评估潜在的损失；选择恰当的方法处理风险；风险管理项目的实施与管理。风险管理作为一种特别的管理工具得到了充分的发展，已经超越了保险管理的范畴，成为一个更为广泛的管理概念，在不少领域里被引进和应用。

就风险管理本身而言，可以将其理解为风险最小化的过程。其基础内核为"风险"，要旨为"最小化"。要实现风险"最小化"，必先"识别面临的风险"，而后才能"选择最有效的方法"达成"最小化"的目标。其中对于"最有效的方法"选择的过程，也必是以"风险最小化"为原则，务实地研究可行措施的过程。换言之，最有效的方法是以"风险最小化"来检验的。

就风险本身而言，总是相对于效益（利益）辩证来看的。既没有脱离开利益的风险，也没有纯粹的效益。通常一种产品之所以存在，对于企业而言总是有一个基本的判断——该产品的"利益"大于"风险"。其"利益"一面，表观上总是非常显著，这是其立身之本；而其"风险"一面，应当相对是"偶见"和"低发"的，这是其被广泛接受的基础。基于这样的原因，企业在研发一个产品的时候，通常会更加关注产品"利益"的方面，而对其"风险"方面的关注度相对低于前者。

政府作为实现社会公平、推动社会发展最为重要的组织，从风险的角度来监督和管理产品，不仅应切合其服务公众利益的现实需要，而且亦可以敦促企业平衡关于风险/利益的关注度，保障产品安全，促进企业持续发展。

药品是一种具有自身强烈特点的非常特殊的商品，属于与公众利益最为密切的一类产品。在现代市场化的语境中，政府运用风险管理的原则对其加以监管，无疑是好省之策、经济之道。自21世纪以来，发达国家在药品的监管中不断加强关于风险管理理念的渗透、制度的建设，这与上述观点较为切合。

总之，对于风险管理可以这样理解：其管理内核是"风险"，其要旨是"最小化"，其最佳的境界是消除风险于未形成之前。简单理解，可以将其分为三个层次：①预先评估风险的性质、危害的程度、发生的条件、发展的趋势，从而预先制定管理的机制制度；②对已经发生的风险事件进行评估，确认其性质、程度、条件、趋势，从而采取针对性的管控措施，防止蔓延和重复发生；③不断地检讨已有的机制与制度，分析其存在的漏洞，及时予以弥补。

2. 医药风险管理的作用

（1）可以有效地避免风险的再次发生：在药品的研发、生产等制造过程中，以及药品在储存、分发、使用的过程中，做到严格的监控，可以有效地避免风险的再次发生。对于药品的缺陷或者是质量的问题，都是由制药企业生产药品的各个部门进行相关的沟通，进行大型的研讨，并做相关的记录，严格分析出现这种缺陷的原因，将其列入药品质量档案中；对于药品的缺陷或者是问题的有效看法、措施进行整改并记录在册，为以后的药品研发提供相关的依据。若是由制药人员的粗心或是由制药人员的失误而造成的，应给予相应的处分，这有利于加强制药人员的责任心；如果是制药技术或者是制药设备的问题，那么这就从根本上激励了药品研发人员的斗志，进而有效地促进我国制药行业的发展。这还有利于制药企业提高对风险的重视、对药品在生产中的关注，还可以为药品的缺陷提供个人意见。此外，还能敦促制药人员在药品生产过程中按照规范进行操作，极大化地保障了药品在生产、使用过程中的安全性，有效地避免了药品风险的再次发生。

（2）规避风险：通过风险管理对风险管理程序的最后结果进行审核，特别是对可能会影响到以前的质量管理的事件进行审核。例如，对药品生产过程及设备在清洁方面进行审核，对制药人员进行严格的资质考核，以及对药品在使用过程中存在的过敏反应进行考核，都可以有效地将风险降到最低的范围之内。当再次通过审核的时候就可以清楚地分析出药品在使用过程中的不适用人群等，这样就直接对风险进行了有效的规避。对于由于原有药品处方变化而存在潜在风险，或者是供应商发生改变、环境发生改变等所要引发的风险问题，可以通过对风险质量做出评估，同时对没有上市的药品进行严格的管理，做到事先排除、预防，这些措施主要包括制药企业应该通过供应商审计，或者是审定的处方变更等，制定所需要的通知协议，将潜在的风险消除于萌芽状态。制药行业的相关部门在风险管理程序中所进行的关于风险的沟通可有效地促进风险管理的实施，使得制药行业通过全面的信息将药品的研发、生产及销售过程中所存在的问题进行改进、完善，或者是进行调整，从而最大化地提高药品的使用效果。当发现已经出售的药品发生了质量问题时，制药企业可以通过评估、沟通等将风险降到最低，并进行记录，评审之后要避免此类事件的再次发生。同时，在药品的存储和运输方面进行风险管理的意义在于可以有效地将药品质量做到最好，可以总结经验，避免事故的发生，从而保证人民群众的用药安全，也能有效地促进医药行业的市场竞争，从而促进制药行业的快速发展。

风险管理在药品生产管理中的深层含义就是对药品在生产过程中的质量管理，对药品的质量、存在的风险进行评估、监督，从而有效地提高风险管理的质量，保证人民群众的用药安全，从而有效地促进我国制药业的快速发展。

三、技术经济学与项目管理之间的关系

技术经济学是针对具体的工程技术项目而进行的经济研究，它研究的是资源如何有效地配置的问题。而项目管理所寻求的是在整个项目的活动过程中使资源的利用效率达到最大化。因此，技术经济学为项目管理提供了理论依据。具体表现在以下几个方面。

1. 技术经济学为项目管理中风险的控制提供了理论依据　由于任何项目都存在着不能达到预期效果的风险，为了使项目能够成功地、顺利地完成，对项目进行风险管理与控制就显得十分必要。项目风险的产生主要是由项目所处的环境和条件的不确定性造成的，项目团队只有通过加强对项目未来的发展变化的预测，才能降低这种不确定性。通过技术经济研究分析项目的技术和经济环境，并在调查研究的基础上对投资项目进行市场分析、经济效益分析和经济可行性综合评价，从而为降低项目面临的技术与经济环境的不确定性（即项目的风险管理）提供重要的理论依据。

2. 技术经济学为项目管理中技术方案的决策提供了理论依据　随着科技的迅速发展，各种新技术、新药物、新医药材料、新医药装备与器械等会不断出现，为实现同一个项目目标，会有多种技术替代方案，需要对不同的技术替代方案的经济效果进行评估，以确定最优的技术方案。例如，新的药物制造技术、新的药物剂型、新的敷料及新的制药器械等比原来的产品和技术在经济上究竟有多大的好处，要经过详细的技术经济研究。而每项技术方案在社会生产实践中实现以前，技术经济能够估算它的经济效果。技术经济学这种事前对方案进行分析比较的特点为项目管理中多种技术方案的优先选择提供了必要的理论支持。

3. 技术经济学为项目管理中技术方案的实施提供了理论依据 技术经济学研究不仅可进行投资前的决策分析，而且在实施方案过程中还应对新发生的各种情况及相关资源如何分配进行分析，以便采取有效的技术措施，保证被选用方案的实施和实施过程中资源的充分利用，不断提高项目管理中技术方案实施的经济效果。所以，技术经济通过对实施过程进行分析，可为项目管理中技术方案的实施提供理论依据。

学习思考题（study questions，SQ）

SQ1-7 学习医药项目管理有什么意义？

SQ1-8 医药风险管理有什么作用？

SQ1-9 技术经济与项目管理有何相关性？

练 习 题

1-1 医药技术经济的主要特点是什么？

1-2 医药技术经济的作用是什么？

1-3 医药项目管理的含义是什么？

1-4 医药风险管理的含义是什么？

第二章 技术经济分析与项目管理的基本原理

1. 课程目标 了解经济效益和评价的基本概念，认识技术经济指标体系及构成。理解投资、项目资产及项目融资的含义与作用。理解成本与费用的概念，了解固定资产和流动资产的投资估算方法，掌握固定资产折旧的含义和作用及计算方法。理解销售收入、成本、利润及税金之间的关系。理解资金时间价值、现金流量的概念及现金流量的构成，掌握现金流量图的绘制、资金等效值的计算方法。使学生对医药技术经济分析与项目管理基本要素有初步的理解，对相关的原理和计算方法有初步的掌握，为培养学生技术经济分析和评价的基本能力奠定重要基础。

2. 重点和难点

重点： 技术经济指标体系及构成，成本与费用的概念及其计算原理，固定资产折旧的含义和作用及计算方法，销售收入、成本、利润及税金之间的关系，现金流量图的绘制、资金等效值的含义及其计算方法。

难点： 资金时间价值的内涵、资金等效值的含义及其计算方法。

第一节 经 济 效 益

一、经济效益及其分类

在人类社会活动中，从事任何实践活动都是为了达到一定的目的，取得预想的效果。无论从事何种实践活动，也不管取得什么性质的效果，都必须消耗劳动，故就产生出关于取得的效果与所消耗的劳动的评价问题。这种对效果与劳动消耗的比较和评价即通常所指的经济效果，或称经济效益（economic effectiveness）。经济效益是反映生产力发展状况的经济范畴，其"量"标志着生产力的发展水平，"质"则代表着一定的生产关系。

（一）经济效益的概念

提高经济效益是经济工作的核心。技术经济的主要任务是分析和评价与技术相关的经济活动的经济效益。如果要取得一定的使用价值，必须付出一定的代价，也就是说必须消耗一定数量的劳动。所谓经济效益，是指经济活动中所取得的使用价值或经济成果与获取该使用价值或经济成果所消耗的劳动的比较，或者说经济效益是经济活动中产出与投入的比较。故经济效益通常可表达为

$$E(经济效益) = \frac{V(使用价值)}{C(劳动消耗)} \tag{2-1}$$

式（2-1）中的 E 称为相对经济效益（relative economic effectiveness），表示单位劳动消耗所获得的使用价值。除此之外，还可以用下述绝对量方式表达经济效益。

$$E = V - C \tag{2-2}$$

式（2-2）中的 E 称为绝对经济效益（absolute economic effectiveness）。经济效益表达式中的劳动消耗包括活劳动消耗（living labor consume）和物化劳动消耗（materialized labor consume）两部分。活劳动消耗是指劳动者在经济活动中所耗费的劳动量；物化劳动消耗是指经济活动中所耗费的实物量，包括所消耗的设备、工器具、材料、燃料、动力等。应该从各方面来衡量不同的技术方案所取得的使用价值，如产品的产量、质量，产品是否满足社会对产品品种或功能的要求，是否减轻劳动强度，保持环境的效果，以及对医药产业生产可持续发展的价值等。有的使用价值能够用货币衡量，但有的使用价值则不能用货币形式表示，如对环境保护的长远效益，对提高大众健康水平的作用，或对增强国防能力的作用等。这些都是非常重要的因素且必须要能衡量，故只能进行定性的分析。因此，使用价值应从可定量和不可定量两个方面予以衡量。

对技术方案进行评价时，不仅要计算分析可以用货币表示的成果，而且也要分析那些不能用货币表示的成果；不仅要重视可以计量的成果，也要对那些非数量化效果进行分析。在有些情况下，非数量化效果甚至成为决定方案取舍的决定性因素。

（二）经济效益的分类

从不同的角度分析，可以将经济效益划分成以下几类。

1. 企业经济效益和国民经济效益　根据受益分析对象的不同，经济效益可以分为企业经济效益（enterprise economic efficiency）和国民经济效益（national economic efficiency）。站在企业立场上，从企业的利益出发，分析得出的技术方案为企业带来的效果，称为企业经济效益。技术方案对整个国民经济以至整个社会产生的效果称为国民经济效益。由于分析的角度不同，对同一技术方案的企业经济效益评价结果与国民经济效益评价结果可能会不一致，这就要求不仅要做企业经济效益评价，而且还要分析国民经济效益。对技术方案的取舍应主要取决于国民经济评价的效益。

2. 直接经济效益和间接经济效益　一个技术方案的采用，除给实施企业带来直接经济效益（direct economic efficiency）外，还会对社会其他部门产生间接经济效益（indirect economic efficiency）。故按技术对经济影响形式的不同，经济效益可划分为直接经济效益和间接经济效益。如水电站建设，不仅给建设单位带来发电和旅游收益，而且给下游带来防洪收益。一般来说，直接经济效益容易看得见，不易被忽略。但从全社会角度考虑，则更应强调间接经济效益的作用。

3. 有形经济效益和无形经济效益　按经济效益是否可以计量，经济效益可划分为有形经济效益（visible economic efficiency）和无形经济效益（invisible economic efficiency）。有形经济效益是指能用货币计量的经济效益，如利润等；无形经济效益是指难以用货币计量的经济效益，如技术方案采用后对改善环境污染、保护生态平衡、提高劳动力素质、填补国内空白等方面产生的效益。在技术方案评价中，有形经济效益和无形经济效益的评价都应予以重视。

二、经济效益的评价原则

1. 技术、经济和政策相结合　技术的采用并不完全取决于技术本身，还要看其是否具有生产上的适用性和经济上的合理性，并且要分析它对国民经济发展的促进作用。此外，宏观上还要求它能符合国家技术政策和经济政策。对经济效益的评价应充分地将技术、经济和政策相结合进行考虑。

2. 宏观经济效益与微观经济效益相结合　宏观经济效益（macro economic efficiency）指的是社会效益或国民经济效益，而微观经济效益（micro economic efficiency）则是指企业或项目本身的经济效益。二者是紧密相连的，是整体和局部的关系。一般情况下，两者是一致的，但有时也有矛盾。在评价经济效益时，应按照局部利益服从整体利益的原则，选择宏观经济效益好的方案。

3. 短期经济效益与长期经济效益相结合　短期经济效益（short-term economic efficiency）体现眼前的利益，长期经济效益（long-term economic efficiency）体现长远利益。在评价技术方案时，不仅要看到眼前的利益，也要分析和考察长远利益。只顾眼前利益不符合社会的发展趋势，这样的技术方案不具有持久的生命力；只讲长远利益，人们得不到应有的眼前利益，会损害积极性。因此，正确处理好短期经济效益与长期经济效益的关系是很重要的，是保证医药行业可持续发展的重要内容。

4. 有形经济效益和无形经济效益相结合　有形经济效益是指当前可以显现或直接取得、看得见收得来的经济效益。有形经济效益是无形经济效益的基础，具有一定的现实意义，无形经济效益最终也要转化为有形经济效益。讲求经济效益不能只重视有形经济效益，而忽视无形经济效益。只要我们事先做好一些与无形经济效益有益的工作，在今后的一定时期，必然会显现出更大的经济效益来。如果我们只重视有形经济而忽视无形经济，那么有形经济效益就会逐渐减少，最终失去源泉而枯竭。因此，需将两者结合考虑。

5. 定性分析和定量分析相结合　经济效益有些是可以定量化的，有些则不能定量化，因而在评价技术方案时，不仅要从定量方面去衡量其经济效益的大小，而且还要从定性方面分析经济效益的优劣。由于某些定性的效果往往也可以通过定量的数值指标反映出来，所以，定量分析（quantitative analysis）比定性分析（qualitative analysis）更加有效和重要。定量分析是定性分析的基础，定性分析又为定量分析指明方向，二者是相辅相成的。

三、技术经济指标体系及其构成

（一）技术经济指标体系

不同的技术方案各有其特点，由此造成技术经济评价的复杂性，从而也决定了考察技术方案指标的多样性。只有对技术方案从不同的方面去比较、分析，才能全面地评价技术方案，为技术经济决策提供科学依据。因此，采用多种技术经济指标，从技术和经济的不同角度反映技术经济活动的效果，所有的技术经济指标就构成了衡量经济效益的指标体系。这些指标体系是全面、客观地衡量技术经济方案经济效益的基本依据。

（二）技术经济指标体系的构成

评价经济效益的指标体系，按照其应用范围可分为财务评价（financial evaluation）技术经济指标体系和全社会的国民经济评价（national economic evaluation）指标体系两类。

1. 财务评价技术经济指标体系　是对工程项目或技术方案进行技术经济评价的一系列指标。这些指标包括劳动成果类指标、劳动耗费类指标和综合经济效益类指标。

（1）劳动成果类指标：这类指标反映采用技术方案或实施项目后可直接获得的有用成果，表征劳动成果的有数量指标、质量指标、品种指标及时间指标等。

1）数量指标：该指标表示技术方案在一定时间所能提供的产品或产值数量水平的指标。产量指标包括可以直接、具体地反映技术方案在一定时期内能提供的劳动成果的数量，即实物量指标，也包括价值量指标，如制药企业总产值、工业净产值等。

2）质量指标：该指标表示产品满足必要功能的程度。判别产品质量的优劣是看其是否符合国家和部门规定的质量标准。工业产品的质量通常包括性能、寿命、可靠性、安全性等要素。

3）品种指标：该指标表示在基本功能相同的条件下，能满足社会各种特别需求从而在性能、形状等方面有明显差别的产品品种数量。例如，抗生素可分为 β-内酰胺类、氨基糖苷类、大环内酯类、林可霉素类等，而 β-内酰胺类又可进一步分为青霉素与头孢菌素等。产品品种的数量、新品种增加的速度等反映了一个国家技术水平和满足国民经济需要的程度。

4）时间指标：该指标表示与时间有关的指标，通常包括产品设计和制造周期、工程项目建设周期、使用年限、投资回收期、贷款偿还期等。

（2）劳动耗费类指标：指标可分为反映劳动消耗的指标和反映劳动占用情况的指标。这类指标可用实物量表示，也可用价值量表示。

1）劳动消耗经济效益指标：主要有反映活劳动消耗的指标和反映物化劳动消耗的指标。反映活劳动消耗的指标如劳动生产率指标，全员劳动生产率；反映物化劳动消耗的指标如原材料消耗、燃料和动力的消耗、单位产品折旧等。

2）劳动占用经济效益指标：主要有厂房和设备等固定资产占用和原材料储备、在制品等流动资金的占用量。

（3）综合经济效益类指标：反映了劳动收益与劳动耗费之比。这类指标包括利润率、投资收益率等。

2. 国民经济评价指标体系

（1）人均国民收入：是体现技术方案的社会经济效益的一项重要综合指标，该指标从总体上反映了人民生活的富裕程度和一个国家或地区经济的发展水平和实力。

（2）社会劳动生产率：是指生产部门劳动者平均每人每年创造的国民收入，该指标综合地体现了全社会的劳动生产率，是反映国民经济效益的一项重要指标。

（3）社会积累效果：是指单位社会积累基金所新增加的国民收入额。社会积累效果的高低反映了社会积累基金使用效率的高低和经济效益的大小。

（4）国民收入物质消耗率：是指单位国民收入的物质消耗额，是反映社会物质消耗的一项重要的经济效益指标。

（5）能源利用效果：是指每消耗相当于 1 吨标准煤的能量所创造的国民收入，反映了项目对能源利用效果的一项重要效益指标。

（6）资金利税率：资金利税率以单位资金所提供的利税总额反映社会资金的利用效果。资金利税率高，表明单位资金为社会提供较多的利税，即社会纯收入。所以，资金利税率是衡量项目国民经济效益很重要的指标。

（7）流动资金占用率：是指单位国民收入占用的流动资金数额，它反映了建设、生产和流通领域的经营管理水平。但许多化工生产企业的生产周期较长，所以流动资金的占用率可能在客观上较其他行业高。

（8）固定资产交付使用率：是指计划周期内建成投产并交付使用的固定资产投资额与同期固定资产投资总额之比，反映了固定资产投资后形成的固定资产的使用能力。固定资产交付使用率是衡量固定资产投资效益的一项综合经济效益指标。

由上可见，衡量经济效益的指标体系是由一系列指标构成的。当在选择或制定技术方案时，应根据其特点，用一些最重要的指标来衡量其企业经济效益和国民经济效益。

学习思考题（study questions，SQ）

SQ2-1　经济效益的基本含义是什么？经济效益可以用哪两种形式表达？

SQ2-2　评价经济效益的原则有哪些？其中的定性分析和定量分析有什么相互关系？

第二节　投资与融资

一、投资的含义及项目资产

（一）投资的基本概念

广义的投资（investment）是指人们的一种有目的的经济行为，即以一定的资源投入某项计划，以获取所期望的回报。投资可分为生产性投资（productive investment）和非生产性投资（non-productive investment），所投入的资源可以是资金，也可以是技术、人力或者其他形式，如产品品牌、商标等。本书所讨论的是狭义的投资，即指人们在社会经济活动中，为某种预定的生产、经营目的而预先支出的资金等。

在医药建设项目的技术经济分析、评价中，根据计算的范围和用途，可将投资分为几种，其构成也有所不同。建设项目总投资是指建成一座工厂或一套生产装置、投入生产并连续运行所需的全部资金，它主要由固定资产投资、建设期贷款利息及流动资金构成。对有的项目，还应包括固定资产投资方向调节税，如图 2-1 所示。

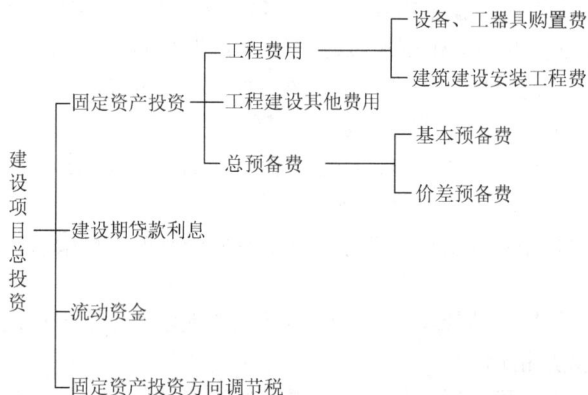

图 2-1　建设项目总投资的构成

1. 固定资产投资（fixed investment）　是指按拟定的建设规模、产品方案、建设内容等，建成一座工厂或一套装置所需的费用，包括工程费用、工程建设其他费用和总预备费。工程费用指设备、工器具购置费和建筑建设安装工程费。工程建设其他费用包括项目可行性研究费用、土地征用费、设计费、生产准备和职工培训等项目实施期间发生的费用。总预备费包括基本预备费和价差预备费。基本预备费是指在初步设计和概算中难以预见的工程和费用。价差预备费是指由于工程建设期间设备、材料等价格上涨而发生的价差。按我国的有关规定，固定资产投资又可分为基本建设投资和更新改造投资。基本建设投资是指完成新建和扩建项目全部工作所需的资金，即包括从项目建议书的提出、可行性研究、勘察设计，到施工、竣工、试车验收为止发生的所有费用。而更新改造投资是指用于现有企业已有设施进行技术改造和固定资产更新，以及相应的配套工程的投资。

2. 流动资金（working capital）　是使建设项目生产经营活动正常进行而预先支付并周转使用的资金。流动资金用于购买原材料、燃料动力、包装物、备品备件，支付工资和其他费用，以及垫支在制品、半成品和制成品所占用的周转资金。在一个生产周期结束时，流动资金的价值一次全部转移到产品中，并在产品销售后以货币形式返回。从而流动资金在每一个生产周期完成一次周转。

在项目寿命期内始终被占用，到项目寿命结束时，全部流动资金才能以货币形式回收。

3. 固定资产投资方向调节税　是国家为了引导和控制社会投资方向和规模，使社会投资符合国民经济、社会发展规划及产业政策而采用的税收杠杆。对于限制投资的项目，将征收这种调节税。国家列为重点支持的产业、产品的建设税率一般为 0～5%，一般产业、产品的建设项目税率为 10%～15%，国家严格限制的产业、产品的建设税率高达 30%。

（二）项目资产

项目资产（project assets）是指项目建成后将形成企业的资产，它是企业从事生产经营活动的物质基础，并以各种形态占用或分布在生产经营的全过程。根据资本保全原则，当项目建成投产运营时，固定资产投资、固定资产投资方向调节税和建设期贷款利息将形成企业的固定资产、无形资产及其他资产三部分。

1. 固定资产　是指使用期限超过一年，单位价值在规定标准以上，并且在使用过程中保持原有物质形态的资产。固定资产原值包括工程费用（即建筑工程费、设备购置费和安装工程费）、固定资产其他费用、预备费、建设期利息等。

2. 无形资产　是指企业长期使用可辨认但没有实物形态的非货币性资产，无形资产原值包括技术转让费或技术使用费（含专利权和非专利技术）、商标权、商誉等。

3. 其他资产　原称为递延资产，是指除流动资产、长期投资、固定资产、无形资产以外的其他资产，这些不能全部计入当年损益，应在以后年度内分期摊销。按照有关规定，除购置和建造固定资产以外，所有筹建期间发生的费用应先在长期待摊费用中归集，待企业开始生产经营起计入当期的损益。

一般将项目建成后按有关规定核定的固定资产价值称为固定资产原值，为前述固定资产、无形资产和其他资产三个部分的总和。按我国的现行规定，用基本建设贷款或基本建设拨款购建的固定资产，以建设单位交付使用的财产明细表中确定的固定资产价值为原值；而以专项拨款、专项基金和专用贷款购建的固定资产，以实际购建成本为原值；无形资产通常以取得该项资产的实际成本为原值。

二、固定资产投资估算

固定资产投资费用的估算是技术经济分析和评价的基础资料之一，也是投资决策的重要依据。在项目建议书阶段，不允许也不必要花费较多的时间和精力去做详细的投资估算，可依据同类已有工厂的资料进行粗略的估算。在项目可行性研究阶段和初步设计阶段，可做较为详细的测算。下面将分别介绍四种常用的计算方法。

（一）单位生产能力估算法

如果拟建的工厂与已建成工厂的产品品种和生产工艺相同，可以已知工厂单位生产能力的投资费用为基础，估算拟建工厂的投资额。其估算公式为

$$I_1 = \frac{I_2}{Q_2} \times Q_1 \tag{2-3}$$

式中，I_1 为拟建工厂投资额；I_2 为现有工厂投资额；Q_1 为拟建工厂生产能力；Q_2 为现有工厂生产能力。

该法虽简单，但是估算准确度受很多因素的影响。若拟建工厂的生产能力是已知同类工厂的两

倍以上或不到其 1/2，这种方法不宜采用。另外，地区的差别也不能忽略。厂址位于未开发地区，其投资费可能比已开发地区多 25%～40%，而在现有厂址基础上扩建，投资额则可能比全部新建少 20%～30%。此外，由于通货膨胀的影响，不同年份的投资额应按物价变动率做适当的修正。

（二）装置能力指数法

拟建工厂与已知工厂的生产工艺相同，也可用下式估算拟建工厂的投资：

$$I_1 = I_2 \left(\frac{Q_1}{Q_2} \right)^n \tag{2-4}$$

式中，n 称为规模指数，是一个经验数据。在没有文献可参考时，一般对于靠增加装置设备数量扩大生产能力的项目，可取 $n = 0.8～1.0$；对于靠增加装置设备尺寸扩大生产能力的项目，可取 $n = 0.6～0.7$；对于石油化工项目，通常取 $n = 0.6$。同时，也不能忽略物价变动的影响。用此方法进行项目投资估算时，生产规模扩大的幅度应小于 50 倍。

（三）费用系数法

费用系数法是以方案的设备投资为依据，分别采用不同的系数，估算建筑工程费、安装费、工艺管路费及其他费用等。其计算式为

$$K_{固} = [K_{设备}(1 + R_1 + R_2 + R_3 + R_4)] \times 1.15 \tag{2-5}$$

式中，$K_{固}$ 为建设项目固定资产总投资额；$K_{设备}$ 为设备投资额；R_1、R_2、R_3、R_4 分别为建筑工程费用系数、安装工程费用系数、工艺管路费用系数及其他费用系数，分别表示该项费用相对于设备投资额的比值；1.15 为综合系数。

上式中设备投资额 $K_{设备}$ 的估算方法一般是取各主要设备的现行出厂价之和，然后再乘以与次要设备、备品配件的投资及运杂费相关的附加系数，通常该系数可取 1.2。

案例 2-1 已知某制药工厂项目的主要设备总出厂价费用为 500 万元。根据同类项目建设决算资料分析结果，知其建筑工程费用系数 $R_1 = 0.74$，安装工程费用系数 $R_2 = 0.13$，工艺管路费用系数 $R_3 = 0.32$，其他费用系数 $R_4 = 0.40$。试估算该化工项目的总投资。

解： 设备投资额 $K_{设备} = 500 \times 1.2 = 600$（万元）

项目固定资产总投资为

$$\begin{aligned}
K_{固} &= [K_{设备}(1 + R_1 + R_2 + R_3 + R_4)] \times 1.15 \\
&= [600 \times (1 + 0.74 + 0.13 + 0.32 + 0.40)] \times 1.15 \\
&= 1787.1（万元）
\end{aligned}$$

（四）编制概算法

建设项目的一个阶段称为初步设计，编制概算法就是根据建设项目的初步设计文件内容，采用概算定额或概算指标、现行费用标准等资料，以单位工程为对象，按编制概算的有关规则和要求，分单项工程测算投资，最后汇总形成项目固定资产总投资。

编制概算法的计算依据较为详细、准确，是一种较精确的投资测算方法，应用最为广泛。该方法通常分以下几个步骤进行。

1. 单项工程和单位工程的划分 单项工程是指具有独立设计文件，建成后可以独立发挥生产能力或产生效益的工程，如项目建设中的各个车间、仓库、公用工程和宿舍工程等；单位工程是指

具有独立施工条件的工程，如机修车间、一幢宿舍楼等。一项建设项目可由两个或多个单项工程构成，而每一个单项工程又由一个或若干单位工程组成。以单位工程为对象，分别进行建筑安装工程概算、设备及工器具购置概算。

2. 编制设备工器具购置概算 设备工器具购置费由设备原价和运杂费构成。

（1）设备原价：在确定设备原价时，国产设备与引进设备有所不同，而标准设备和非标准设备的原价也不相同。

对于国产标准设备，其设备原价即是设备制造厂的交付价格或出厂价格。医药建设工程中，非标准设备的比重较大，对非标准设备的原价，一般可根据非标准设备的类别、材质、重量等按设备单位重量规定的估价指标计算；对于施工现场制作的非标准设备，按照全国统一安装工程预算定额第 16 册《非标准设备制作工程》和有关规定计算。

引进设备原价一般由货价、国外运费、运输保险费、关税、银行财务费等组成。上述货价是指设备采购合同规定的设备价格。如果该货价是指到岸价，则已包括了国外运费和运输保险费，在计算引进设备原价时应扣除这两项费用。其他费用应按有关规定计算。

（2）运杂费：设备运杂费是指设备在国内的运输费用，包括运输费（含基本运费、装卸费、搬运费、保险等杂费）、货物包装费、运输支架费、设备采购手续费等。

设备运杂费可按下式计算：

$$设备运杂费 = 设备原价 \times 设备运杂费率 \qquad (2-6)$$

式中的设备运杂费率可参考《化工建设设计概算编制办法》中的有关规定。依据建厂所在地区不同，运杂费率也有所差异，大多数为 3%～16%。根据设计文件所给出的设备、工器具清单，逐项计算出其购置费，汇总可得单位工程的设备、工器具费用。

3. 编制建筑安装工程概算 在建筑工程造价中，建筑安装工程费占有很大比例。为与计划、财务和统计部门数据一致，国家规定建筑安装费用由直接费用、间接费用、税金和计划利润等组成。

直接费用（direct expense）是指直接耗用在建筑安装工程上的各种费用，包括直接费（人工费、材料费、施工机械使用费）、现场经费和其他直接费。其中的人工费是指列入概预算定额的直接从事建筑安装工程施工的生产工人的工资、工资附加费及劳保费等。材料费是指列入概预算定额的材料、构件、零配件和半成品的用量及周转材料的摊销量，按相应的预算价格计算的费用。施工机械使用费是指按相应机械台班定额计算的建筑安装工程施工机械使用费。其他直接费是指概预算定额分项定额规定以外的，而施工又需要的属于工程直接性质的费用，包括的内容可能较多。

间接费用（indirect expense）是建筑安装企业为了施工的组织和管理所需消耗的人力和物力的费用。它包括企业管理费、财务费用和其他费用。

计划利润和税金按现行有关规定计算。

依据项目方案所提出的建筑安装内容逐项计算其费用，汇总可得单位工程的建筑安装工程费用。

4. 编制单项工程概算和工程费用概算 将构成该单项工程的各单位工程的概算进行汇总，即可得出单项工程概算。再将构成工程建设项目的各单项工程概算汇总，可得出工程费用概算。

5. 编制其他费用概算 工程建设其他费用是指在建设工程总费用中除设备、工器具购置费和建筑安装工程费用以外的一切费用。工程建设其他费用是设计概算的独立组成部分，不包括在单位工程设计概算内，不直接作为建筑安装工程的成本，但属于项目总费用不可缺少的部分。

工程建设其他费用包括土地、青苗等补偿费和安置补助费、耕地占用税和土地使用税、研究试验费、勘探设计费等，应根据项目建设的具体情况予以确定。

6. 编制建设项目固定资产投资概算 由图 2-1 可知，建设项目固定资产投资包括工程费用、工程建设其他费用及总预备费。总预备费包括基本预备费和价差预备费。

7. 编制建设项目固定资产总投资概算　建设项目固定资产总投资除主要为固定资产投资外，还应包括建设期贷款利息及固定资产投资方向调节税。这三项费用之和又称为建设项目总造价。将前述已编制出的各项费用汇总，即得建设项目的全部固定资产投资。

三、流动资金投资估算

流动资金是建设项目总投资的重要组成部分，是维持项目正常运营和产品流通的必不可少的周转资金。流动资金是指为使项目生产和流通正常进行所必须保证的最低限度的物质储备量和必须维持在制品与产成品量的那部分周转资金，亦称为定额流动资金。在技术经济分析和评价中，对项目流动资金量的估算主要是估算定额流动资金额。估算流动资金的方法有多种，但可大致分为两类。一是类比估算法，二是分项详细估算法。

（一）类比估算法

由于项目的流动资金需要量与项目的产业类别及产业特点有密切关系，所以可以参照同类现有企业的流动资金占经营成本、建设投资、销售收入、生产成本的比率及单位产量占用流动资金的数额等，来估算拟建项目的流动资金需要量。属于此类的具体估算方法有多种，运用时需结合具体项目的情况和特点，选用适宜的估算方法。

1. 按经营成本估算

$$流动资金额 = 经营成本流动资金率 \times 经营成本\qquad(2\text{-}7)$$

经营成本流动资金率是指企业的流动资金额与年经营成本的比值。例如，部分医药建设项目，其经营成本流动资金率可取 25% 左右。

2. 按建设投资估算

$$流动资金额 = 固定资产投资流动资金率 \times 固定资产投资\qquad(2\text{-}8)$$

国内外大多数化工制药类项目的固定资产投资流动资金率为 12%～20%。

3. 按销售收入估算

$$流动资金额 = 销售收入流动资金率 \times 年销售收入\qquad(2\text{-}9)$$

我国化工制药类行业的销售收入流动资金率一般较国外偏高，可取 15%～25%。

4. 按生产成本估算　国内无可借鉴的新建项目时，可按生产成本估算：

$$流动资金额 = 生产成本流动资金率 \times 年生产成本\qquad(2\text{-}10)$$

一般生产成本流动资金率可取 1.5～3 个月的生产成本与年生产成本的比率。

（二）分项详细估算法

对建设项目的流动资金额需要进行比较详细的估算时，可采用分项详细估算法，即按照流动资产和流动负债各细项的周转天数或年周转次数来估算各细项的流动资金需要量。

按有关规定，可采用下述方式进行估算：

$$流动资金额 = 流动资产 - 流动负债\qquad(2\text{-}11a)$$

其中，

$$流动资产 = 应收账款 + 预付账款 + 存货 + 现金\qquad(2\text{-}11b)$$

$$流动负债 = 应付账款 + 预收账款\qquad(2\text{-}11c)$$

1. 流动资产估算

（1）应收账款：是指企业销出商品、提供劳务等应收而尚未收回的本企业的资金。

（2）预付账款：是指企业为购买各类材料、半成品或服务所预先支付的款项。

（3）存货：是指企业在日常生产经营过程中持有以备出售，或者仍然处在生产过程中，或者在生产或提供劳务过程中将消耗的材料或物料等，包括各类材料、商品、在制品、半制成品和制成品等。为简化计算，项目评价中仅考虑外购原材料、燃料、其他材料、在制品和制成品，并分项进行计算。

（4）现金：是指企业库存的现金，包括人民币和外币。

2. 流动负债估算　流动负债是指将在 1 年（含 1 年）或者超过 1 年的一个营业周期内偿还的债务，包括短期借款、应付票据、应付账款、预收账款、应付工资、应付福利费、应付股利、应交税费、其他暂收应付款项、预提费用和 1 年内到期的长期借款等。在项目评价中，流动负债的估算可以只考虑应付账款和预收账款两项。

（1）应付账款：是指因购买原材料、商品或接受劳务等而应支付的款项或债务。

（2）预收账款：

$$预收账款 = \frac{预收的营业收入年金额}{预收账款周转次数} \tag{2-12}$$

流动资金通常应在投产前开始筹集。为便于估算，按规定在项目建成投产运营的第一年就开始按达到产量设计的百分比安排同比例的流动资金，流动资金借款部分按全年计算利息。流动资金的利息应计入财务费用。

四、项目融资的含义及作用

（一）项目融资的含义

项目融资是一种特定的融资方式，通常是指以项目为主体的贷款，其偿还来源通常是项目本身的经济效益，包括项目未来可用于偿还贷款的净现金流量和项目本身的资产价值，故其融资基础源自项目的经济效益、项目投资者和其他有关方面对项目所做出的承诺，负债比例较高，贷款期限较长。项目融资包含两个最基本的内容：其一，项目融资是以项目为主体安排的融资，项目的导向决定了项目融资的最基本的方法；其二，项目融资中的贷款偿还来源仅限于融资项目本身。简而言之，融资项目能否获得贷款完全取决于项目的经济强度。项目的经济强度从两个方面评价，一方面是项目未来可用于偿还贷款的净现金流量；另一方面是项目本身的资产价值。

一个成功的项目融资方案的标志是它在各参与方之间实现了令人满意和有效的项目收益及风险分配。项目发起人和优先债权人承受的风险可能大于或小于原材料、设备供货商、承包商、项目产品或服务的买方和最终用户等所承受的风险。任何一方所愿意接受的风险程度都取决于预期的回报。

（二）项目融资的作用

项目融资相对于传统融资来说，融资成本高。尽管如此，项目融资仍具有很多优势。如分担风险、规避政治风险、避免财务恶化、突破借款限额和享受税收减免等。对项目发起人和运营方来说，项目所带来的利益足以弥补其额外的成本。因此它成为项目筹集资金的首选方式。项目融资的作用可分为如下五点。

1. 风险分担　当项目贷款人完全或部分丧失对借款人和发起人的追索权时，贷款人必须全部或部分承担在项目不能产生足够现金流量情况下的风险。当借款人的实力相对于项目规模较小时，风险分担就变得十分重要。如果项目失败，应不至于造成借款人或项目发起人破产。

2. 规避政治风险　对海外进行大量投资的投资者希望由提供贷款的贷款人承担一定的政治风险，如价格控制、税收、进出口壁垒、市场竞争、国家征用或国有化等。事实上，当有来自各国的贷款人（特别是项目母国的贷款人）提供资金时，这些政治风险会大大降低。

3. 避免财务恶化　与项目融资特别是无追索权的融资相比，一般的借款可能对借款人或项目发起人的资产负债表有不利影响。但在项目融资的情况下，项目发起人在无货亦付款合同、收费合同、项目产量合同中承担的责任（甚至是担保责任）并不总是显示在资产负债表中，从而能使资产负债表保持一个良好的状态。

4. 突破借款限额　当项目发起人的公司章程或已存在的信贷协议规定了其借款限额时，该项目发起人也许希望使用一种法律上不视为借款的项目融资方式，如通过预先购买合同、受托人借款或产品支付合同等突破借款限额。

5. 享受税收优惠待遇　一些国家对资本性投资和新成立公司所采取的税收减让政策使项目发起人愿意采用项目融资的方式。为了享受税收减让的好处，必须在项目所在国成立项目公司。通常的做法是项目公司本身作为借款人，而且项目公司中的所有项目资产被孤立起来。这种融资结构的好处来自税收方面。例如，在英国，对工厂和机器设备的资本性投资的减税政策鼓励人们在项目融资中使用融资租赁。

学习思考题（study questions，SQ）

SQ2-3　简述投资的基本含义及工业项目总投资的基本构成。

SQ2-4　流动资金的作用是什么？其基本构成如何？

SQ2-5　与传统融资相比，项目融资有何特点？

第三节　成本与费用及其计算

一、成本与费用

在技术经济分析中，成本（cost）和费用（expense）既联系紧密，又相互区别，是很重要的概念。

（一）成本的概念及类型

成本是生产一定产品所消耗的全部物化劳动和活劳动的货币表现。成本由生产活动中所发生的各种费用构成，是对象化、"凝固化"的费用。成本对生产性项目来说，是指工程项目投产后花费在产品生产和销售方面的费用总和，其实质是产品生产过程中物化劳动和活劳动消耗的价值；对于非生产性项目来说，是指项目建成后为获得某种使用价值或服务所花费的各项费用的总和。

针对不同的对象或根据不同的需要使用不同的成本类型。下面讨论一些主要的成本类型。

1. 总成本费用（total cost）　是指运营期内为生产产品或提供服务所发生的全部费用，由生产成本、制造费用、管理费用、财务费用和销售费用组成。

$$总成本费用 = 制造成本 + 期间费用 \tag{2-13}$$

制造成本是指企业进行工业性生产所发生的各项产品费用，按下列公式估算。

$$制造成本 = 原材料费 + 燃料及动力费 + 工资及福利费 + 制造费用 - 副产品收入 \tag{2-14}$$

$$期间费用 = 管理费用 + 财务费用 + 销售费用 \tag{2-15}$$

2. 经营成本（operating cost）　是技术经济分析过程中，编制项目计算期内的现金流量表和方案比较选优时采用的非常重要的分析评价指标。经营成本是指生产和销售产品及提供劳务而实际发生的现金支出，不包括虽计入产品成本费用中但实际没有发生现金支出的费用项目。例如，固定资产折旧费、无形资产摊销费、维检费等虽然计入总成本费用，但它们只是项目系统内部的现金转移，而非现金支出，因而不属于经营成本。另外，贷款利息是项目实际发生的现金流出，但在分析项目融资前的经济效果时，并不考虑资金的来源问题，所以，在经营成本中也无须考虑贷款利息的支出问题，其计算公式为

$$\text{经营成本} = \text{总成本费用} - \text{折旧费} - \text{摊销费} - \text{维检费} - \text{借款利息} \tag{2-16}$$

3. 机会成本（opportunity cost）　就是把一定资源用于生产某种产品时所放弃的可能生产另一种产品的利益，或者说，机会成本是利用一定资源获得某种收益时放弃的另一种收益。可见，机会成本并不是通常意义的成本，不是实际发生的支出，只是一种理论上的成本或"代价"，其作用在于选择最佳方案。因为在进行某项决策时，对若干方案比较选优就是将准备放弃的方案可能取得的最佳收益看作所选定方案的机会成本，机会成本越小，方案越优。显然，当有限资源不能同时用于两个以上备选方案时，只有把失去的机会可能产生的收益也考虑进去，才能对备选方案最终取得的收益进行更为全面的技术经济分析，才能实现对有限资源的最佳利用。例如，某企业有一幢办公楼，可以自用，也可以出租，出租一年可以获得 100 万元的年净收益，自用一年可产生 70 万元的年净收益。当采用自用方案时，机会成本为 100 万元，当采用出租方案时，机会成本为 70 万元。很显然，选择机会成本较小的方案即出租方案，相对更优。

4. 固定成本（fixed cost）和可变成本（variable cost）　是指在一定生产规模限度内不随产量增减而变化的费用，如固定资产折旧费、修理费、管理人员工资及福利费、办公费、差旅费等。固定成本在一定时期和一定业务量范围内，其总额是保持不变的。但从产品的单位固定成本看，则恰恰相反，随着产量的增加，每个单位产品分摊的固定成本将会相应地减少。可变成本亦称为变动成本，是指产品成本费用中随产品产销量变化而变动的成本费用。一般包括构成产品实体的原材料费、燃料及动力费、计件工资及福利费等；催化剂要根据具体情况，计入固定成本或可变成本。可变成本显著的特点是其成本总额与产量的增加或降低呈比例地变化。变动成本总额会随着产量的增减呈正比例增减，但产品的单位变动成本则不受产量变动的影响。

有些成本费用介于固定成本和可变成本之间，称为半可变成本或半固定成本。例如化学制药类生产中的一些催化剂的活性与产品的产量有关，但也与催化剂本身寿命周期有关。从而催化剂的费用不与产量呈比例。通常也可以将半可变成本进一步分解为固定成本和可变成本两部分，所以产品总成本费用仍可划分为固定成本和可变成本。

长期借款利息应视为固定成本。流动资金借款和短期借款利息可能部分与产品产量相关，其利息应视为半可变成本。为简化计算，一般也将其作为固定成本。按要素成本法可将总成本费用区分为固定成本和可变成本，可计算达产期各年的成本，以及对项目进行盈亏平衡分析等，在项目技术经济分析和评价中有重要的作用。图 2-2 中给出了产品成本费用中的固定成本和可变成本的构成。

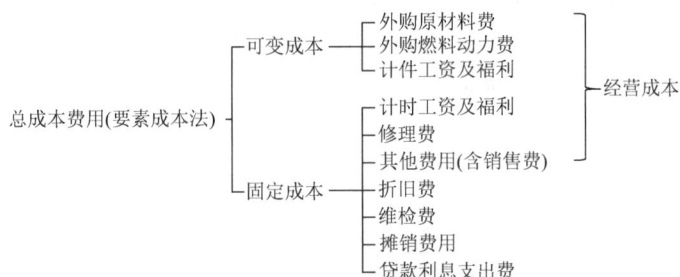

图 2-2　固定成本及可变成本的构成

5. 沉没成本（sunk cost） 指在制定决策前已经发生的，与以后方案选择无关的成本费用。这些费用对所有的备选方案都是相同的、无法改变的，而且管理决策的制定是针对未来的，而非针对过去，因此在进行技术经济分析时不予考虑。例如，考虑某台制药旧设备是否需要更新这一问题时，该设备几年前的购置费用即为沉没成本。

6. 环境成本（enviromental cost） 有些产品对环境有副作用，如工厂排放的三废、机器开动时的噪声、电视机和电冰箱对人体的辐射等。任何生产项目都会对环境造成轻重不同的污染。某一研究对象对环境的副作用称为它的环境成本。人们对环境的重视程度越来越高了，人们愿意看到环境成本小的项目实施，也愿意使用环境成本低的产品。

（二）费用的概念及类型

费用是指生产经营单位在一定时期内为建设、生产或经营而发生的一切耗费。在工业生产企业里，费用往往包括如下内容。

（1）直接材料的费用：生产经营过程中所消耗的各种原材料、辅助材料、外购半成品、燃料及动力等费用。

（2）直接工资：直接从事产品生产人员的工资、奖金、津贴和各类补贴、福利费。

（3）制造费用：发生在生产单位（车间）的间接费用。生产单位管理人员的工资、奖金、津贴和各类补贴、福利费；生产单位房屋、建筑物等固定资产折旧费、修理费、租赁费、低值易耗品摊销。

（4）管理费用：在生产经营过程中发生的各种管理费用，如办公费、差旅费、会议费、消防费、财务保险费、合同公证费等。

（5）销售费用：在销售活动过程中发生的销售费用，如包装费、运输费、广告费、销售机构管理费等。

（6）财务费用：在筹集资金过程中发生的各种财务费用，如支付的利息、汇兑损益、银行手续费等。

在我国的财务管理中，管理费用、财务费用及销售费用作为期间费用不计入产品成本，而直接计入当期损益，直接从当期收入中扣除。

（三）成本、费用估算

目前计算总成本费用有两种方法，即制造成本法和要素成本法。要素成本法较简单，易于掌握，前面已有介绍。制造成本法计算虽较为复杂，但能反映不同生产技术条件下的产品成本，有利于对各部分成本进行分析。这两种方法各有其特点，本书主要介绍制造成本法，它的构成如图 2-3 所示。

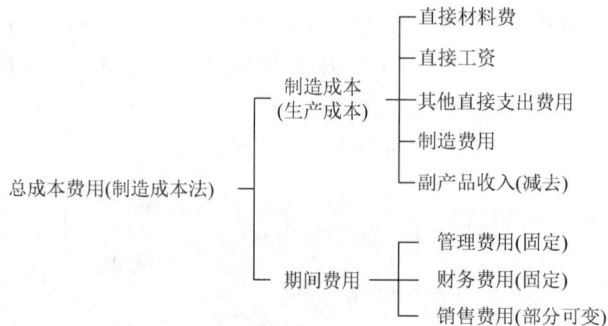

图 2-3　制造成本法的总成本费用的构成

1. 直接材料费

（1）原材料费（C_M）：原材料包括主要原材料和辅助材料。主要原材料是指经过加工构成产品实体的各种物料，在医药产品成本中通常占有最大的比例；辅助材料是指虽不构成产品实体，但能直接用于生产，有助于产品的形成，或使产品具有某些性能的物料，如催化剂、助剂等。

（2）燃料及动力费（C_P）：燃料指直接用于产品生产过程的各种固体、液体和气体燃料。动力包括直接用于生产过程的水、电、蒸汽、压缩空气等。医药产业是耗能大户，因此，燃料及动力的费用在医药产品成本中占有较大的比例。

需要指出的是，燃料及动力的单价因来源、品质不同而有很大的差异。如蒸汽有自备专用锅炉和废热锅炉之别，也有高、中、低压蒸汽之别，它们应分别估算和计价。

2. 直接工资（C_W）　包括直接从事生产人员的工资、津贴及奖金等附加费。

3. 其他直接支出费用（C_F）　主要是福利费，按有关现行规定，可按直接工资总额的14%计取。

4. 制造费用（manufacturing overhead）　是企业各生产单位（如车间、分厂）为管理和组织生产活动而开支的各项业务费用和管理费用。制造费用相当于以往成本计算中的车间经费。制造费用包括车间基本折旧费、车间维修费和车间管理费。基本折旧费（basic depreciation cost）是指按规定对车间拥有并管理的全部固定资产所提取的基本折旧费；维修费（maintenance cost）是指中、小修理费，如果当期的数额较大，可以实行预提或摊销的办法。维修费可按固定资产原值的一定比率（如4%）计取，或者按基本折旧额的一定比率（如50%）提取；管理费包括车间管理人员工资及附加费、劳动保护费、分析化验费、低值易耗品购置费等。

上述的直接材料费、直接工资和其他直接支出费用等都是生产及直接费用，直接计入产品制造成本或生产成本；而制造费用是间接费用，应按一定的标准分配后计入产品制造成本。

除了上述方法外，为简化计算，制造费用也可按直接材料费、直接工资及其他直接支出费用总额的一定比例计取。通常该比例为15%～20%，即

$$制造费用=（直接材料费+直接工资+其他直接支出费）×（15\%～20\%）$$
$$=（C_M+C_P+C_W+C_F）×（15\%～20\%） \tag{2-17}$$

5. 副产品收入　副产品是指在生产主要产品的同时附带生产的、具有一定经济价值的非主要产品，其是部分医药类生产的一个重要特点。医药类副产品的净收入应在主产品成本中扣除，其净收入可按下式估算。

$$副产品净收入S_F=销售收入-税金-销售费用 \tag{2-18}$$

由以上各项，可计算出产品制造成本或生产成本。

$$制造成本（生产成本）=直接材料费+直接工资+其他直接支出费+制造费用-副产品收入$$
$$=（C_M+C_P+C_W+C_F）×（1.15～1.20）-S_F \tag{2-19}$$

6. 管理费用（administration expense）　与企业组织管理形式、水平等有关。对于医药类企业，可按下式估算。

$$管理费用=制造费用×（6\%～9\%） \tag{2-20}$$

7. 财务费用　对于建设项目，财务费用（financial expense）主要是贷款利息，因而财务费用可用贷款利息来估算。贷款利息的具体计算方法可参见本章第六节相关部分。

8. 销售费用（selling expense）　各行业可能相差较大，对大多数医药类企业，其销售费用可按销售收入的一定比例估算。可计算如下。

$$销售费用=销售收入×(1\%\sim3\%) \tag{2-21}$$

分别计算以上费用后，产品的总成本费用可根据式（2-13）、式（2-14）、式（2-15）计算，在对项目进行技术经济计算和分析时，为简便起见，成本费用也可按下式计算。

$$总成本费用=原材料费+燃料及动力费+工资及福利费+修理费用$$
$$+折旧费用+摊销费用+利息支出+其他费用 \tag{2-22}$$

其他费用可按工资及福利费的 2～3 倍估算。如果有副产品净收入，应从上式中扣除该项收入。

二、固定资产折旧的含义及作用

固定资产在使用过程中不可避免地发生有形磨损（physical wear）和无形磨损（invisible wear），造成其使用价值和价值的损耗。与原材料、燃料等消耗一样，这种损耗的价值以某种形式转移到产品中去，构成产品的成本。为了补偿固定资产磨损，应将转移到产品中去的这部分价值收回。但固定资产的价值不是一次全部转移，而是分次逐渐转移到产品中去的。在产品销售后，将分次逐渐转移到产品中去的固定资产价值的回收称为固定资产折旧。

因此，应从以下三个方面来认识固定资产折旧的作用。

（1）就价值观念而言，折旧是对固定资产在使用过程中由于性能衰退、贬值和技术落后而损耗的价值补偿。

（2）就生产经营企业而言，折旧是为企业的固定资产能够得到及时更新而筹集资金的方式。

（3）就投资观念而言，由于固定资产投资往往是在建设期预先垫支的，所以在项目使用期内如何计提折旧实际上就是如何合理分摊投资费用并回收投资。

三、固定资产折旧的计算方法

折旧既涉及产品的成本，又涉及设备和技术更新的速度，因而，折旧是生产经营活动中一项很复杂而重要的工作。按财税制度规定，企业固定资产应当按月计提折旧，并根据用途计入相关资产的成本或者当期损益。财务分析中，按生产要素法估算总成本费用时，固定资产折旧可直接列支于总成本费用。

计算固定资产折旧时应当考虑三个因素，即固定资产成本、残值和使用寿命。①固定资产成本（fixed assets cost）：这里指固定资产的账面成本。例如，购买并安装一套设备花费 5000 万元，这 5000 万元就是固定资产成本。②残值（salvage value）：预计设备使用寿命结束时可售价值减去拆卸费用和处置费用。固定资产成本与残值的差额称为折旧基础。例如，说刚才所提到的设备使用寿命结束时，减去处置费后，回收得到 200 万元，这 200 万元就是残值。③使用寿命（service life）：固定资产在其报废处置之前所提供的服务单位的数量，服务单位既可用固定资产的服役时间表示（如年、月），也可用固定资产的业务量或产出量表示（如机器小时、钢铁的吨数、汽车行驶的千米数）。

固定资产的折旧方法、固定资产折旧年限、预计净残值率可在税法允许的范围内由企业自行确定。固定资产的折旧方法一般采用平均折旧法，包括年限平均法和工作量法。我国税法也允许对某些机器设备采用加速折旧法，即双倍余额递减法和年数总和法。项目评价中一般应按税法明确规定的分类折旧年限，也可按行业规定的综合折旧年限。

折旧的计算方法很多，下面介绍我国目前常用的平均折旧法和加速折旧法。

（一）平均折旧法

平均折旧法亦称直线折旧法，是在资产的折旧年限内平均地分摊资产损耗的价值，即假定资产的价值在使用过程中以恒定的速率降低。平均折旧法包括年限平均法和工作量法两种。

1. 年限平均法　计算年固定资产折旧额 D 的计算公式为

$$D=\frac{固定资产原值-预计资产净残值}{折旧年限}=\frac{P-S}{n} \tag{2-23a}$$

由式（2-23a）可导出年折旧率 r 的计算公式：

$$r=\frac{P-S}{nP} \tag{2-23b}$$

若残值 S 可以忽略不计，式（2-23b）可简化为

$$r=\frac{1}{n} \tag{2-23c}$$

可见，折旧率可以用折旧年限的倒数来估算，设备的折旧年限在我国通常是由主管部门根据设备分类、企业的承受能力及设备更新的速度等因素规定的。

各种医药类设备的具体折旧年限可参阅有关的资料。在缺乏资料的情况下，可以按下述内容估算最短折旧年限：房屋、建筑物等固定资产为 20 年；火车、轮船、机器、机械和其他生产设备类资产为 10 年；电子设备和火车、轮船以外的运输工具及与生产经营有关的器具、工具、家具等资产为 5 年。

企业固定资产折旧方法一般采用平均年限法，尤其适用于科技含量相对较低的房屋、仓库等建筑物性质的固定资产。由于生产企业各种生产性、非生产性固定资产往往成百上千，要分别一一计算其折旧额，工作量较大，也不容易准确。所以，平均年限法在实际应用时又有分类折旧法和综合折旧法两种方法：分类折旧法是按固定资产的某种性质、特征进行分类，确定不同类别固定资产的使用年限，再分别计算各类固定资产的折旧额；综合折旧法则是以综合考虑的项目（部门）全部固定资产的平均使用年限为所有固定资产的计算使用年限，项目所有的固定资产均以此年限作为计算折旧基础，无须按每项、每类固定资产计提折旧，使折旧计算更为简便，但准确性较差。

平均年限法因计算简便而应用较广。但该法也有不足之处，主要体现在按期平均计提折旧额上。因为通常情况下，都是固定资产使用初期效率较高、产出较多且维修费较低，所以应当向产品中转移较多的价值，分摊的折旧也应高些；而在使用后期，效率下降、产出降低、维修费上升，所以分摊到产品中的折旧总额也应当少些。此外，一旦发生无形磨损，平均年限法尚未分摊折旧的价值更大，对企业造成的经济损失也更大。显然，在固定资产使用期平均计算折旧并不合理。

2. 工作量法　这是一种根据固定资产实际工作量或业务量计算折旧额的方法，其基本计算公式为

$$单位工作量折旧额=\frac{固定资产原值-预计资产净残值}{总的工资量} \tag{2-24}$$

$$年折旧额=单位工作量折旧额×年工作量 \tag{2-25}$$

工作量法根据不同情况可分为如下三种。

（1）按照行驶里程计算折旧：

$$单位里程折旧额=\frac{固定资产原值-预计资产净残值}{总行驶里程} \tag{2-26a}$$

$$年折旧额=单位里程折旧额\times年行驶里程 \tag{2-26b}$$

（2）按照工作小时计算折旧：

$$每工作小时折旧额=\frac{固定资产原值-预计资产净残值}{总工作小时} \tag{2-27a}$$

$$年折旧额=每工作小时折旧额\times年工作小时 \tag{2-27b}$$

（3）按照台班计算折旧：

$$单位台班折旧额=\frac{固定资产原值-预计资产净残值}{总工作台班} \tag{2-28a}$$

$$年折旧额=每台班折旧额\times年工作台班 \tag{2-28b}$$

具体地讲，交通运输业和其他企业专业车队的客、货运汽车按行驶里程计算折旧额，大型设备按工作小时计算折旧额，大型建筑施工机械按工作台班计算折旧额。

（二）加速折旧法

生产经营单位为避免科学技术进步给已购建固定资产造成无形磨损而带来的经济损失，可以采用加速折旧法。采用加速折旧法时，固定资产每年计算的折旧金额是逐年递减而不是平均分摊，所以又称为递减折旧费法。这种方法在固定资产使用早期计提的折旧金额较多，在固定资产使用后期，计提的金额逐年减少。它是假定企业固定资产在早期能提供更多的服务，能创造更多的营业收入，且早期的维修保养费用总是比后期要少。因此，为使每年负担的固定资产使用成本基本一致，采用加速折旧法以便达到此目的。常用的加速折旧方法有年数总和法和余额递减法。

1. 年数总和法　此方法为假定折旧额随着使用年数的增加而递减。它是根据折旧总额乘以递减分数来确定折旧额的。

$$年折旧率=\frac{（折旧年限+1）-已使用年限}{折旧年限\times（折旧年限+1）/2} \tag{2-29a}$$

$$年折旧额=（固定资产原值-预计资产净残值）\times年折旧率 \tag{2-29b}$$

2. 余额递减法　也称为定率法，是按固定的折旧率 r 与各年固定资产的净值之乘积来确定该年的折旧额 D_t。余额递减法的折旧率为

$$r=1-\sqrt[n]{\frac{S}{P}} \tag{2-30a}$$

对于双倍余额递减法，其折旧率 r 为

$$年折旧率=\frac{2}{折旧年限} \tag{2-30b}$$

设折旧率为 r，则各年折旧额为

$$第1年 \quad D_1 = rP$$
$$第2年 \quad D_2 = r(1-r)P$$
$$第3年 \quad D_3 = r(1-r)^2 P \qquad (2\text{-}31)$$
$$\vdots$$
$$第t年 \quad D_t = r(1-r)^{t-1}P$$

式（2-31）是余额递减法的通式。

采用双倍余额递减法，不能使末年固定资产账面净值低于其预计残值，故使用双倍余额递减法时，应在折旧年限到期前两年内将固定资产净值扣除净残值后的净额平均摊销。

案例 2-2 有一设备原值 50 000 元，估计残值为 6000 元，使用期限为 5 年。试分别用下述方法算出各年的折旧额及折旧率：①年限平均法；②年数总和法；③双倍余额递减法。

解：①年限平均法：由式（2-23）可算出各年的折旧额 D。

$$D = \frac{P-S}{n} = \frac{50\,000-6000}{5} = 8800 \quad （元）$$

各年折旧率为

$$r = \frac{P-S}{nP} = \frac{50\,000-6000}{5 \times 50\,000} = 0.176$$

②年数总和法：由式（2-29a）可算出各年的折旧额和折旧率。

$$r_1 = \frac{(折旧年限+1)-已使用年限}{折旧年限 \times (折旧年限+1)/2}$$

第 1 年：

$$= \frac{(5+1)-1}{5(5+1) \times 0.5} = 0.333$$

$$D_1 = （固定资产原值-预计资产净残值）\times 年折旧率 = (50\,000-6000) \times 0.333 = 14\,652（元）$$

第 2 年：
$$r_2 = \frac{(5+1)-2}{5(5+1) \times 0.5} = 0.267$$
$$D_2 = (50\,000-6000) \times 0.267 = 11\,748（元）$$

其余各年的折旧额和折旧率用同样的方法计算出，列于表 2-1 中。

③双倍余额递减法：首先，由式（2-30b）算出双倍余额递减法的年折旧率。

$$年折旧率 = \frac{2}{折旧年限} = \frac{2}{5} = 0.40$$

代入式（2-31），计算出各年的折旧额。

第 1 年： $\qquad D_1 = rP = 0.40 \times 50\,000 = 20\,000（元）$

第 2 年： $\qquad D_2 = r(1-r)P = 0.40 \times (1-0.40) \times 50\,000 = 12\,000（元）$

第 3 年： $\qquad D_3 = r(1-r)^2 P = 0.40 \times (1-0.40)^2 \times 50\,000 = 7200（元）$

最后两年即第 4 年和第 5 年：

将固定资产净值(50 000–20 000–12 000–7200) = 10 800 元扣除净残值 6000 元后为(10 800–6000) = 4800 元，再将其平均摊销到最后两年，即各 2400 元。

上述结果一并列于表 2-1 中。表 2-1 为用三种折旧方法计算的各年折旧率及折旧额。

表 2-1　用三种折旧方法计算的各年折旧额及折旧率

t 年末	年限平均法		年数总和法		双倍余额递减法	
	折旧率（%）	折旧额（元）	折旧率（%）	折旧额（元）	折旧率（%）	折旧额（元）
1	17.6	8800	33.3	14 652	40.0	20 000
2	17.6	8800	26.7	11 748	40.0	12 000
3	17.6	8800	20.0	8800	40.0	7200
4	17.6	8800	13.3	5852	40.0	2400
5	17.6	8800	6.7	2948	40.0	2400
合计		44 000		44 000		44 000

四、项目成本的估算与预算

（一）项目成本估算

项目成本估算（project cost estimate）是指对完成项目所需费用的估计和计划，主要依据项目资源计划中确定的资源需求及市场上各种资源的价格。成本估算分为初步估算（preliminary cost estimate）、控制估算（controlled cost estimate）和最终估算（final cost estimate）三类，它们各自的特征如表 2-2 所示。

表 2-2　三类成本估算的特征

项目	初步估算	控制估算	最终估算
执行时期	可行性研究后期	项目计划阶段	项目实施阶段
主要依据	可行性研究报告	最新的市场价格	项目进程中一些重大工作的详细、最新估算或预测
要点	粗略	比较精细	非常详细
作用	为管理部门提供初步经济情况和筹措资金的依据	为筹措资金提供依据，亦可明确责任和实施成本控制	为不同时期的项目管理提供精确信息，以控制项目成本
算法	概念估算、可能性估算、量级估算	自上而下估算、分析估算、预测估算	详细估算、基于工作分解结构的估算、工程估算

成本估算的方法主要包括以下几种。

（1）经验估算法/专家意见法：当信息不全面、无法进行详细估算时采取的经验型方法，可以很快给出大概的数额，是一种粗略的、近似的猜测，常用于项目概念阶段或定义不明确的项目。

（2）类比估算法：以过去类似项目的成本数据作为依据，根据新旧项目之间的差异进行适当的调整，包括项目类型、产品功能、项目规模、物价变化等因素方面的差异，以此来估算新项目的成本，常用于项目初期或项目信息不足时。

（3）参数估算法：利用历史项目的数据建立合理的数学定量模型，以此来估算新项目的成本。

（4）基于工作包的估算法：根据项目的工作分解结构而确定的工作包，自下而上地对每个工作包的成本进行估算，项目经理再将所有工作包的估算成本进行汇总，即可得整个项目的估算成本。该法工作量最大，但估算结果最精确、最可靠，可使项目人员更加准确地了解资源需求状况，亦有助于获得项目发起人的接受。

（5）工程量清单法：根据详细的项目施工图中确定的工程量得到各项资源的需求量，再获取每项资源的单价，形成工程量清单，从而实现施工总价格的估算。作为合同的重要组成部分，工程量清单既是投标报价时计算标价的主要基础，又是分包商与项目团队核算工程款的重要依据，同时还是评估工程变更和工程结算的依据。

此外，在成本估算中还应有储备分析，加入不可预见费，用于弥补估算错误、遗漏或不确定性发生时的需求。储备分析分为预算储备和管理储备两类：前者是指为未规划、但可能发生的变更提供的补贴，通常由人员流失、天气变化等已知风险引起，又称为应急储备；后者是指针对未规划的、无法查明或估计的、不能确定是否发生的未知风险事件而做出的准备，如市场竞争、供应商破产等。

（二）项目成本预算

成本预算（project cost budget）是指将各个工作包或单个项目活动的估算成本进行汇总，从而建立一个经批准的成本基准。反过来，也可认为成本预算是对批准的项目总成本进行估算，分配到各项具体活动或各个工作包，以此作为测量项目实际执行的成本基准。成本预算决定了项目可以使用的资金，也决定了考核项目成本绩效的标准，一般通过设定目标成本而实现，具体设定方法包括目标利润法、技术进步法、按实计算法和历史资料法。

目标利润法是指根据项目产品或交付物的价格扣减目标利润，从而得到相应的目标成本，可直接反映成本控制对利润的影响关系。技术进步法是指以项目计划采取的技术组织措施和节约措施所能取得的经济效果作为成本降低额，从成本估算值中扣减掉这部分成本降低额，从而得到项目的目标成本，可以此鼓励项目团队的积极性，创造更多的利润。按实计算法则是以项目的实际资源消耗为基础，结合各项资源的价格，详细地计算各项活动的目标成本。历史资料法也可以成为定率估算法，是当项目过于庞大或复杂，一个总项目包括几个子项目时，采用的方法。即先将工程项目分为若干个子项目，然后参照同类项目的历史数据，采用算数平均数法计算子项目目标成本降低率，然后算出子项目成本降低额，汇总后得出整个项目成本降低额、成本降低率。

在成本预算管理中，需按成本构成要素、项目构成的层次、项目进度计划或上述标准的组合，自上而下、由粗到细地分解（与成本估算中基于工作包的估算法相反），将项目成本以此分解、归类，形成互相联系的分解结构，编制成本预算。分解时，可按项目组成将总预算分解到子项目、子项目下的主交付物、主交付物下的次级交付物，直到最低级、不可再分的交付物或工作包；或根据成本要素，将总预算分解为直接费用和间接费用，进一步分解为人工费、设备费、管理费、材料费等内容；亦可根据进度计划，将总预算分解到年、季度、月、周或日等不同时间单位，绘制事件-成本累计曲线，直观地将总预算随项目开展时间变化的关系展现出来，便于将资金的应用和筹集配合起来，减少资金的占用和利息支出，处理资金的时间价值和项目进度压力之间的矛盾。

五、项目成本决算

（一）项目成本决算的概念

项目成本决算（final cost account of project）是指项目从启动到项目结束为止的全部费用的确定。在项目的收尾阶段，有必要对项目实施的所有支出进行核算，以便确定项目的最终实际支出及项目实际成本是否超出项目成本预算。对工程项目而言，成本决算分为承包商编制的项目成本决算和业主编制的成本决算。

承包商编制的项目成本决算是以单位工程为对象，以工程竣工后的工程结算为依据，通过实际工程成本分析，为核算一个单位工程的预算成本、实际成本和成本降低额而编制的单位工程竣工成本决算。企业通过内部成本决算，进行实际成本分析，评价经营效果，以利于总结经验，不断提高企业的经营管理水平。

业主编制的成本决算也可以称为竣工决算或基本建设项目竣工决算，是在建设项目全部完工并经竣工验收合格后，由项目业主编制的反映项目财务状况和建设成果的总结性文件，是对建设项目的实际造价和投资效益的总结，是建设项目竣工验收报告的重要组成部分。由业主在整个建设项目竣工后，以业主自身开支和自营工程决算及承包商在每项单位工程完工后向业主办理工程结算的资料为依据进行编制，反映整个建设项目从筹建到竣工验收投产全部实际支出的费用，即建筑工程费用，安装工程费用，设备、工器具购置费用和其他费用等。竣工决算以实物量和货币为单位，综合反映项目的实际投入和投资效益，核定交付使用财产和固定资产价值的文件是项目的财务总结，是竣工验收报告的重要组成部分。基本建设竣工决算是基本建设经济效果的全面反映，是核定新增固定资产和流动资产价值、办理交付使用的依据。通过编制竣工决算，可以全面清理基本建设财务，做到工完账清，便于及时总结基本建设经验，积累各项技术经济资料，提高基建管理水平和投资效果。

（二）项目成本决算的内容及结果

项目成本决算的内容包括项目生命周期各个阶段支付的全部成本。项目成本决算的结果形成项目决算书，经项目各参与方共同签字后成为项目验收的核心文件。

决算书由两部分组成，即文字说明和决算报表。

文字说明主要包括工程概况、设计概算、实施计划及其执行情况、各项技术经济指标的完成情况、项目的成本和投资效益分析，以及项目实施过程中的主要经验、存在的问题、解决问题的建议等。

决算报表分大中型项目和小型项目两种，大中型项目的决算报表包括竣工项目概况表、财务决算表、交付使用财产总表、交付使用财产明细表等。

（三）项目成本决算的意义和作用

项目成本决算依据项目合同和合同的变更确定项目生命周期各个阶段所发生的全部支出，然后形成项目决算书，为最后项目的验收提供收据。

对业主而言，通过竣工决算的编制才能了解基本建设计划和设计概预算的执行情况，才能分析工程的实际成本与预算成本差异的原因，总结经验、吸取教训，为有关部门制定类似项目的建设计划和修订概预算定额提供有益的资料和经验。竣工决算是核定新增固定资产和流动资产，办理其交付使用的依据，是对建设项目实际造价和投资效益的总结，是对建设项目进行财务监督的手段。因此，要求竣工决算必须内容完整、核对准确、真实可靠。

项目竣工决算的作用具体表现在以下几个方面。

（1）正确校核固定资产的价值，考核和分析投资效果。

（2）及时办理竣工决算，并依此办理新增固定资产移交转账手续，可以缩短建设周期，节约基建投资。如不及时办理移交手续，不仅不能提取固定资产折旧，而且所发生的维修费用、职工工资都要在基建投资中支出。

（3）办理竣工决算后，工业项目可以正确计算投入的固定资产折旧费，合理计算生产成本和企业利润。

（4）通过办理竣工决算，可以全面清理基本建设财务，便于及时总结经验，积累各项技术经济资料。

（5）正确编制竣工决算，有利于正确地进行设计概算、施工预算、竣工决算之间的"三算"对比。

学习思考题（study questions，SQ）

SQ2-6　简述成本和费用的基本概念及其主要构成。

SQ2-7　何谓经营成本？它与产品总成本费用有何关系？

SQ2-8　什么是固定成本和可变成本？试指出产品总成本费用中哪些是固定成本，哪些是可变成本？

SQ2-9　试分析加速折旧对企业发展的利弊。

第四节　收入与利润

一、销售收入

衡量生产成果的一项重要指标是年销售收入（annual sales revenue）或年产值（annual production value）。销售收入是产品作为商品售出后所得的收入。

$$销售收入=商品单价\times销售量 \tag{2-32}$$

在经济评价中，销售收入是根据项目设计的生产能力和估计的市场价格计算的，是一种预测值。在进行项目的企业财务评价时，商品单价可采用现行市场价格；在进行国民经济评价时，应使用计算价格。

$$年产值=不变价格\times产品产量 \tag{2-33}$$

在年产值中采用不变价格是为了消除各时期、各地区价格差异而造成产值不可比较的问题。不变价格由国家有关部门定期公布。

二、税金及利润

（一）税金

税金（tax）是国家依据税法向企业或个人征收的财政资金，用以增加社会积累和对经济活动进行调节，具有强制性、无偿性和固定性的特点。无论是盈利还是亏损，都应照章纳税。税金是企业盈利的重要组成部分。与项目的技术经济评价有关的税种主要有增值税、城市维护建设税、教育费附加、资源税和所得税等。

1. 增值税（value-added tax）　是以商品生产流通和劳务服务各个环节的增值因素为征税对象的一种税。增值税的计算公式为

$$增值税额=销项税额-进项税额 \tag{2-34}$$

其中，

$$销项税额=\frac{含税销售收入}{1+税率}\times税率 \tag{2-35}$$

进项税是指企业购买各种物质而预交的税金，应从出售产品所交纳的增值税额中扣除。进项税额的计算为

$$进项税额=\frac{购入品的外购含税成本}{1+税率}×税率 \tag{2-36}$$

上述式中的税率即增值税率，按国家税制规定分为三个基本档次。第一档次是基本税率16%，该税率适用于大多数化工医药类制造企业；第二档次是低税率10%，适用于23大类特殊货物销售或进口行为，包括农产品、燃煤燃气、出版物及销售服务、不动产等；第三档次是零税率，主要适用于出口货物，以及境内单位和个人跨境销售国家规定范围内的服务、无形资产。此外，近期税制改革新增了6%档次，主要适用于境内部分销售服务、销售无形资产的情况。

进项税是指纳税者或纳税企业在购进原材料等时已支付增值税额，所以应该从应交纳增值税额中扣除。

2. 城市维护建设税　对于生产企业，其税额为

$$城市维护建设税额=(增值税+消费税+营业税)×城建税率 \tag{2-37}$$

城建税率因地而异，纳税者所在地是城市市区的为7%，所在地是县城、镇的为5%，大中型工矿企业所在地不在城市市区、县城、建制镇的，税率为1%。

3. 教育费附加

$$教育费附加=(增值税+消费税+营业税)×教育费附加税率 \tag{2-38}$$

教育费附加统一税率为3%，部分地方教育费附加税率为2%。

4. 资源税　是为调节资源级差收入、促进企业合理开发国家资源、加强经济核算、提高经济效益而开征的一种税，征收对象是涉及自然资源开发利用的项目。目前，对原油、天然气、煤炭等的开发企业征收。

资源税额的计算式为

$$资源税额=资源数量×单位税额 \tag{2-39}$$

5. 所得税（income tax）　是对有销售利润的企业普遍征收的一种税。依据《中华人民共和国企业所得税法》（2008年1月），对依法在中国境内成立，或者依照外国（地区）法律成立但实际管理机构在中国境内的企业（即居民企业），所得税率为25%；依照外国（地区）法律成立且实际管理机构不在中国境内，但在中国境内设立机构、场所的，或者在中国境内未设立机构、场所，但有来源于中国境内所得的企业（即非居民企业），所得税率为20%。

对于符合条件的小型微利企业，减按20%～0的税率征收企业所得税。国家需要重点扶持的高新技术企业，减按15%的税率征收企业所得税。

所得税额应按如下公式计算。

$$所得税额=应纳税所得额×所得税率 \tag{2-40}$$

此外，国家对重点扶持和鼓励发展的产业和项目，给予企业所得税优惠。企业的某些支出，在计算应纳税所得额时可以加计扣除或按一定比例抵扣应纳税所得额。例如，创业投资企业从事国家需要重点扶持和鼓励的创业投资；企业综合利用资源，生产符合国家产业政策规定的产品所取得的收入；企业购置用于环境保护、节能节水、安全生产等专用设备的投资额；开发新技术、新产品、新工艺发生的研究开发费用及符合条件的技术转让所得等。

（二）利润

利润（profit）是劳动者为社会劳动所创造价值的一部分，是反映项目经济效益状况的最直接、最重要的一项综合指标。利润以货币单位计量，有多种形式和名称，其计算公式如下。

$$毛利润=销售收入-总成本费用 \tag{2-41}$$
（盈利）

$$销售利润=毛利润-销售税金=销售收入-总成本费用-销售税金 \tag{2-42}$$
（税前利润）

$$利润总额=销售利润+营业外收支净额-资源税-其他税及附加 \tag{2-43}$$
（实现利润）

$$税后利润=利润总额-所得税 \tag{2-44}$$
（净利润）

上述销售税金包括增值税和城市维护建设税；其他税及附加包括调节税、教育费附加等。

三、销售收入、成本、利润与税金之间的关系

如前所述，销售收入与成本等费用密切相关，企业的净收益（税后利润）与销售利润和税金相关，而税金额又以销售收入或销售利润等为计算依据之一。它们之间的相互关系可参见图2-4。

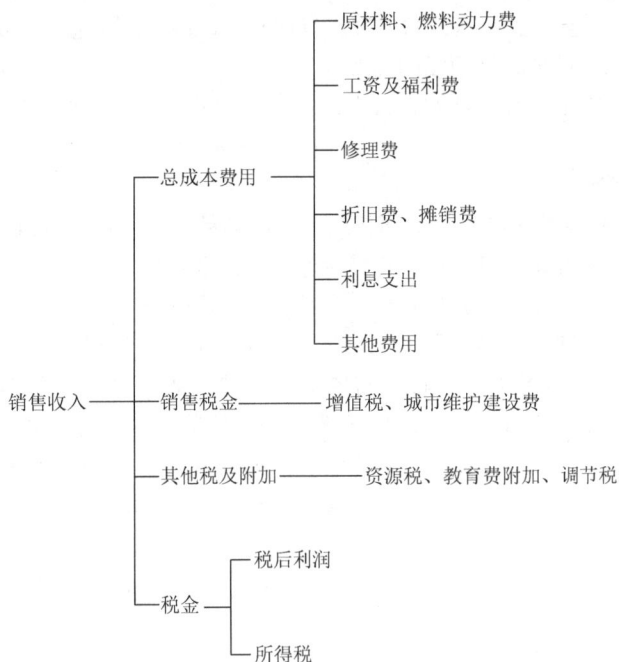

图 2-4　销售收入、成本、利润与税金的相互关系

学习思考题（study questions，SQ）

SQ2-10　销售收入与年产值的异同有哪些？销售税包括哪些？

SQ2-11　所得税的含义是什么？近期有哪些税收优惠政策？

第五节　项目可比性分析原则

为了达到某项目的经济目的，可采用不同的技术方案。在对这些可能的技术方案进行技术经济分析时，往往只分析这些方案的各自的经济效益，不足以对其有全面的评价。还应分析它们之间的相对经济效益，这样多方面结合才能确定最佳的技术方案。可比性原则（comparability principle）就是研究如何将不同的技术方案建立在同一基础上进行比较和评价，从而保证技术经济评价结果的科学性和可靠性。

技术经济评价的可比性原则主要包括四个方面，即满足需要的可比性、消耗费用的可比性、价格的可比性和时间的可比性。认识和掌握这四项原则是保证技术经济评价结论科学性、正确性的基础。

一、满足需要的可比性

任何技术经济方案的制定和实施都是为了达到一定的目的，即满足某种需要，如为了提供一定数量的产品，或者为了提高产品质量，或者为了增加产品的种类，或者为了改善生产条件，或者为了提供某种劳动服务。所以，任何技术方案都是为满足需要提出的。而达到同一目的或满足某一需要可采用多种多样的途径和方法，即会有多种技术方案。技术方案不同，其各自的投入、产出（即经济效益）也不同，因而就需对这些技术方案进行比较、评价，进而选优。要比较就必须具备相比较的共同基础，其中之一就是满足相同的需要。

满足需要的可比性原则一般从技术方案中提供产品的品种、产量和质量等方面进行比较。

（一）品种可比

要满足相同需要，首先是各技术方案所提供的产品品种或功能相同或基本相同，即具有产品品种可比性。对于这类技术方案，可直接进行技术经济比较和评价。

如果相比较的技术方案的产品品种结构差别较大，则各方案满足需要的效果将可能有较大的差别，不能相互比较，但可以做可比性处理。一般可采用分解法进行可比性处理，即将一个单品种方案与一个多品种方案进行比较，需要把多品种方案分解成多个单品种方案，并合理地把费用分摊到分解出的各个单品种方案上，然后，将相应的单品种方案进行比较。例如，方案 A 满足动力供应需要，方案 B 满足动力供应和医药产品的需要，这两个方案不能直接比较，但可以把方案 B 分解为 B_1（动力供应）和 B_2（医药产品）两个独立的方案，然后，将方案 A 与方案 B_1 进行比较。

（二）产量可比

相比较的各方案在产品品种和质量相同的条件下，如果产品产量相等或基本相等，则具有产量可比性，可直接进行技术经济比较和评价。但当相比较的各方案生产规模不同、产品产量不相等时，则没有可比性。不能直接进行比较，需进行可比性的产品产量修正。

当相比较的方案产量相差不大时，可用单位产品指标进行比较和评价。可采用的单位产品指标包括单位产品投资额、单位产品经营成本及单位产品净收益等。

对于相比较方案的产量指标相差较大时，可设想重复建设方案来满足产量可比原则。例如，一个年产 20 万吨制药中间体生产厂与一个年产 10 万吨制药中间体生产厂的方案比较时，需用两个年产 10 万吨制药中间体生产厂的方案与一个年产 5 万吨方案做比较，两者满足产量可比。

（三）质量可比

相对比方案在品种和产量相同的条件下，产品的寿命或有效成分的含量等主要质量指标相同或基本相同，即具备质量可比，可直接进行技术经济比较和评价。但有的时候由于不同技术方案的技术性能有差异，产品质量也不一定相同。为了满足质量可比条件，一般可把质量问题转化为数量问题进行比较。

二、消耗费用的可比性

消耗费用可比是指在计算和比较各技术方案的消耗费用时，必须考虑相关费用，以及各种费用的计算必须采取统一的规定和方法。医药行业技术方案的实施不仅对自身产生影响，也必然引起原材料供应和产品使用部门费用的变化。考虑相关费用就是要从整个国民经济出发，计算和比较因实施各技术方案而引起的生产相关环节或部门增加或减少的费用。例如，在计算以淀粉为原料发酵生产医用乙醇生产方案的费用时，还应考虑到淀粉类原料（如玉米、小麦等）的运输量增加所需的费用，并应分析治理废水、废气和废渣对环境污染而增加的社会费用。采取统一的规定和方法是指各方案费用构成项目的范围应当一致，同时各方案费用的计算方法也应一致。例如，在计算投资指标时，也要将流动资金包括在内。又如，对于上述医用乙醇生产方案费用计算，是否应将"三废"治理的社会费用考虑进去，以做到各方案一致。如果不采用统一的计算范围和方法，计算的投资费用的差别是显而易见的，就不满足消耗费用的可比性。

三、价格的可比性

在计算各技术方案的投入费用和产出效益时，不可避免地涉及价格。价格可比就是要求采用合理、一致的价格。价格合理是指价格能够真实地反映产品的价值、有关产品之间的比价合理。由于我国的价格体系不够完善，存在着价格背离价值、比价不合理的现象，为了避免这些现象对经济效益分析的影响，需要对价格进行修正。

在技术经济分析中，对不可比价格进行可比性修正有如下方式。

（一）确定合理价格

对于一些价格与价值严重背离的商品，为了合理地利用资源、保护环境，取得最佳的投入产出效益，使国民经济效益达到最优。

（二）采用国际贸易价格

对涉及产品进出口或利用外资、引进技术等项目的投入品或产出品的价格，可采用国际贸易价格进行方案的分析和评价。这种以国际贸易价格进行的价格可比性修正方式有利于加速技术进步、优化资源配置及正确地对方案进行国民经济评价。

（三）采用折算费用

对一些投入品或者产品比价不合理的方案，可不用现行市场价格，而采用各项相关费用之和来达到价格的可比性，称为折算费用。采用折算费用能合理地分析和评价对比方案的经济效益。

（四）采用影子价格

影子价格（shadow price）是在最佳的社会生产环境和充分发挥价值规律作用的条件下，供求达到均衡时的产品和资源的价格，也称为最优计算价格或经济价格。影子价格比较准确地反映了社会平均劳动量的消耗和资源的稀缺程度，达到了资源优化配置的目的，是发达国家较为普遍采用的一种价格可比性的修正方式。在我国，对技术方案进行国民经济评价时，应采用影子价格计算项目或方案的效益、费用，并进行各方案的比较和评价。

（五）采用不同时期的变动价格

由于技术进步、劳动生产率提高、产品成本降低，或者需求变化，价格将随时间的延长而发生变化。因而，在计算和比较方案的经济效益时，应考虑不同时间价格的变化。例如，近期方案相比较时，要采用现行价格或近期价格；远期方案相比较时，应采用预测的远期价格。当不同时期的方案相比较时，则应采用统一的、某一时期的不变价格，或者用价格指数折算成统一的现行价格，从而使相比较方案的价格具有可比性。

采用价格的可比性对各方案经济评价结果影响较大，由于采用不合理的价格，很可能选不出最优的技术方案。方案经济评价结果对价格很灵敏。此外，决定价格的因素很多，有些因素是难以预测或掌握的，因而价格反映的价值只能是相近的或近似的，比价合理也是相对的，在实际工作中，如何得到合理的价格是一个较复杂的问题。

四、时间的可比性

时间的可比性要求经济寿命不同的技术方案在进行比较时，应采用相同的计算期。此外，技术方案在不同时期发生的费用支出和收益不能简单地加和，而必须考虑时间因素的影响。对经济寿命不同的技术方案的比较，可采取它们寿命周期的最小公倍数作为共同的计算期。例如，有甲、乙两方案，甲方案的经济寿命是 5 年，乙方案是 10 年。在比较两方案时，它们共同采用的计算期应为两方案经济寿命周期的最小公倍数 10 年。这就是设想甲方案重复建设一次，即以两个甲方案的费用支出和收益与一个乙方案的费用支出和收益相比较，从而满足时间可比的要求。

考虑到时间因素的影响，即由于资金具有时间价值，各方案有关费用发生的时间不同，持续的时间长短不一致，各时期发生的数额不一样，因而所产生的费用和经济效益有差别。必须在同时期的基准上，考虑资金的复利后，才能进行计算和比较。这将在下一节讨论。

学习思考题（study questions，SQ）

SQ2-12　要满足需要可比性，应在哪些方面做到可比？如果存在不可比因素，有什么方法进行修正？

SQ2-13　在技术经济分析中，对不可比价格进行可比性修正的方法有哪些？它们的适用对象和特点是什么？

第六节　资金的时间价值及现金流量的概念

一、资金的时间价值、作用及衡量

（一）资金的时间价值概念

将一笔资金作为存款存入银行或作为投资成功地用于扩大再生产或商业循环周转，随着时间的推移，将产生增值现象，这些增值就是资金的时间价值（time value of money）。资金的时间价值最常见的表现形式是借款或贷款利息和投资所得到的纯利润。

从表现形式上，资金时间价值还可以进一步从两个方面来理解。一方面，如果通过直接投资可从生产过程中获得收益或效益。将资金用于某项投资，在资金的运动过程（流通、生产、流通）中获得一定的收益或利润，使资金得到增值，如直接投资兴办企业等。另一方面，通过间接投资出让资金的使用权来获得利息和收益，如存入银行、放贷、购买债券、购买股票等。

可以看出，如果放弃资金的使用权利，相当于失去收益的机会，也就相当于付出一定的代价。在一定时期内，这种代价就是资金的时间价值。

货币转化为资本进入流通领域并形成资本的循环是生产领域资金产生时间价值的根本原因。在此过程中，主要经历了三个阶段。首先是货币进入流通领域，通过购买过程转化成生产要素；其次是这部分生产要素进入生产过程，经过投入一定的劳力与资源转化成商品；最后商品进入流通领域，提供可用的产品，满足人们的需要，从而回收更多的货币。

这样回收的货币与最初投入的货币之间的差值就是资金的时间价值。这个过程就是生产领域资金产生时间价值的原因。

（二）资金的时间价值的作用

资金的时间价值来源于劳动者在社会生产中所创造的价值。认识和理解资金的时间价值具有重要现实意义，如果资金不投入到生产或流通领域，不与劳动者的劳动相结合，不可能形成增值。也就是说，没有存入银行参与生产和商品流通的"呆滞"资金，是不可能增值的。这实际上是一种经济损失。

为了缩减不必要的开支，最大限度、合理、充分有效地利用资金，取得最好的经济效益，应认识和树立资金的时间价值观念，注意对资金利用的动态分析。对方案的评价，不仅要看其投资是否节省，而且要看其投资运用是否合理，投资效益是否良好。这对于提高方案技术经济评价的科学性，促进全社会重视资金的合理利用和有效运作，以及资金运用的优化配置，具有重要意义。

（三）资金的时间价值的衡量

利息、纯利润或纯收益是体现资金的时间价值的基本形式，因而可用此作为衡量资金时间价值的基本尺度。这种尺度可分为绝对尺度和相对尺度。

借贷的利息和经营的纯利润或纯收益都可视为资金使用的报酬，体现了资金在参与生产流通运动过程中的增值，因此是衡量资金时间价值的绝对尺度。

作为绝对尺度的利息、纯利润或纯收益的数额与本金数额、原投入资金的多少与时间长短有关。在单位时间内的利息额、纯利润或纯收益与本金或原投入资金额的比率，分别称为利率、盈利率或收益率，也统称为资金报酬率，其是一种相对指标。这种相对指标反映了单位本金或单位原投入资金额的增值随时间的变化而变化，称为相对尺度，体现了资金随时间变化的增值率。技术经济分析中，在分析和计算资金的时间价值时，较多地采用相对尺度，单位时间通常为一年。

二、利息与利率

（一）利息与利率的计算

利息是指占用资金所付的代价。如果将一笔资金存入银行或借贷出去，这笔资金就称为本金。经过一段时间后，储户或出贷者可在本金之外再得到一笔金额，称为利息。这一过程可表示为

$$F = P + I \tag{2-45}$$

式中，F 为第 n 个计息周期末的本利和；P 为本金；I 为利息。

利率是在一个计息周期内所得的利息额与借贷金额或本金之比，一般以百分数表示，其表示式为

$$i = \frac{I_1}{P} \times 100\% \tag{2-46}$$

式中，i 为利率；I_1 为一个计息周期的利息。

式（2-45）表明，利率是单位本金经过一个计息周期后的增值额；利息也通常根据利率来计算。

（二）单利和复利

单利（simple interest）是只用本金计算利息，即不把前期利息累加到本金中去计算出的利息。我国银行存款利息实行单利，其计算公式为

$$F = P(1 + ni) \tag{2-47}$$

式中，n 为计息周期数。

计息周期是指计算利息的时间单位，如年、季度、月等。

复利（compound interest）是不仅本金要计算利息，而且先前周期中已获得的利息也要作为这一周期的本金计算利息。以这种方式计算出的利息称为复利。一般复利的计算公式为

$$F = P(1 + i)^n \tag{2-48}$$

在我国，银行贷款利息为复利。在技术经济分析中，一般是按复利计息的，因为复利计息比较符合资金在社会再生产过程中的实际运动状况。

（三）名义利率和实际利率

在技术经济分析中，利息的计算一般采用复利计算，利率是年利率，并以年为计息周期。但是在实际经济活动中，利率的时间单位可能与计息周期不一致，如计息周期可能是半年、一个季度，或者一个月等，这样一年对应的计息周期可能是两次、四次或十二次等。由于一年内计算利息的次数不止一次，因此在复利的条件下，每计息一次，都要产生一部分新的利息，由此产生的实际本利和，利率也就不同了，因而产生了名义利率和实际利率的问题。

名义利率（nominal interest rate）是计息周期的利率与一年内的计息次数的乘积。是央行或其他提供资金借贷的机构所公布的未调整通货膨胀因素的利率，即利息（报酬）的货币额与本金的货

币额的比率。名义利率通常指以年为计息周期的利率。实际利率（actual interest rate）是一年内按复利计息的利息总额与本金的比率，是指物价水平不变，从而货币购买力不变条件下的利息率。计息周期有年、半年、季、月、周、日等多种；当计息周期小于 1 年时，年实际发生的利率为实际利率。实际利率和名义利率的关系为

$$i=\left(1+\frac{r}{m}\right)^m-1 \tag{2-49}$$

式中，i 为实际利率；r 为名义利率；m 为年计息次数。

按年计息时，名义利率与实际利率是相同的，但当按季度、月、周等计算时，两者则不一致。例如，年利率为 12.0%，本金 5000 元，如果按年计息，一年后本利和为

$$F = P(1 + i)^n = 5000 \times (1 + 0.12)^1 = 5600 （元）$$

实际年利率为

$$i=\frac{5600-5000}{5000}\times100\%=12.00\%$$

可见，名义利率与实际利率相同。如果仍是年利率为 12.0%，本金 5000 元，但按月计息，即每月的利率为 0.12/12 = 1.0%。一年十二个月，即计息十二次，到一年后本利和为

$$F = 5000 \times (1 + 0.01)^{12} = 5634 （元）$$

实际年利率为

$$i=\frac{5634-5000}{5000}\times100\%=12.68\%$$

这个 12.68%是实际利率，高于名义利率（$r = 12.0\%$）。

三、现金流量及其构成

（一）现金流量的概念

我们将某一技术方案作为一个系统，对其在整个寿命周期内所发生的费用和收益进行分析和计量。在某一时间上，该系统实际支出的费用称为现金流出（cash outflow），该系统的实际收益称为现金流入（cash inflow）。现金流入和现金流出的净差额称为净现金流量（net cash flow）。其计算式为

$$净现金流量 = 现金流入–现金流出 = 收入款–支出款 \tag{2-50}$$

净现金流量可以是正、负和零。正数表示经济系统在一定寿命周期内有净收益，负数表示只有净支出或亏损，零表示盈亏平衡。

需要指出，技术经济学中的现金流量与会计学中的财务收支有较大的区别，主要表现如下。

（1）技术经济中，由于考察的角度和范围不同，现金流量包括的内容也不同。例如，企业缴纳的税金，从企业角度看是现金流出量，但从整个国民经济角度看则既不是现金流入也不是现金流出，因为社会的资源量没有变化，只是在国家范围内资金分配权和使用权的一种转移。而在会计学中，税金则作为企业财务支出。

（2）在技术经济学研究中，现金流量中现金的含义不仅仅是现钞，也包括其他结算凭证，如转账支票等。而会计学中的现金，仅指现钞，即货币现金。

（3）技术经济学中流入或流出的现金流量都视为现金流量而一次性地计入发生的时点。例如，固定资产投资和无形资产已在建设时发生的时点作为一次性支出而列为现金流出。因此，就不应在生产经营期以产品成本费用中的折旧、摊销费的形式再作为现金流出，以免重复计算。但在会计核算中，却以产品成本费用要素的形式逐期计提和摊销。

（4）技术经济学研究的是拟建项目未来不同时间将发生的现金流量，其数值是预测出的，因而预测的准确性很重要。而会计学涉及的是已经发生了的财务收支的实际数据，因而统计记录的完整性和真实性很重要。

（二）现金流量的构成

在项目技术经济分析与评价中，项目寿命周期内的现金流量主要由以下要素构成。

（1）固定资产投资及其贷款利息（I_P）：除了项目固定资产投资在建设期全部投入外，固定资产投资贷款建设期利息实际上也已转为本金投入。所以，在技术经济分析和财务评价中，应将固定资产投资及其建设期贷款利息都作为项目的现金流出项计算。

（2）流动资金投资（I_F）：在项目建成投产时还要投入流动资金，以支付试生产和正式投产所需的原料、燃料动力等费用，才能保证生产经营活动的正常进行。因而，在技术经济分析和财务评价中，应将流动资金投资作为现金流出项计算。

（3）经营成本（C）：经营成本是在项目建成投产后的整个运行期内，为生产产品或提供劳务等而发生的经常性成本费用支出。该经营成本应作为现金流出项计算。

（4）销售收入（S）：销售收入是项目建成投产后出售产品或提供劳务的收入。在技术经济分析和财务评价中，应将销售收入作为重要的现金流入项计算。

（5）税金（R）：国家颁布的税种有多种。在技术经济分析中，对项目进行财务评价时，税金作为重要的现金流出项计算。但在项目的国民经济评价时，税金既不属于现金流出，也不属于现金流入。

（6）新增固定资产投资（I_Φ）：与新增流动资金投资 I_W 在项目建成投产后的运行过程中，如果需增加投资，则新增加的固定资产投资和追加的流动资金在技术经济分析和评价中均作为现金流出项计算。

（7）回收固定资产净残值（I_s）：在项目经济寿命周期结束，固定资产报废时的残余价值扣除清理回收费用之后的余额，称为固定资产的净残值，应将其作为现金流入项计算。

（8）回收流动资金 I_r：在项目经济寿命周期结束，终止生产经营活动时，应收回投产时及投产后追加的流动资金，这部分回收的流动资金应作为现金流入项计算。

根据上述现金流量的构成要素，现金流量（CF）在不同时期的计算式可分别表示如下。

$$建设期：CF = I_P - I_F \tag{2-51}$$

$$生产期：CF = S - C - R - I_\Phi - I_W \tag{2-52}$$

$$最末年：CF = S - C - R + I_s + I_r \tag{2-53}$$

四、现金流量图

现金流量图是以图形方式反映技术方案在整个寿命周期内各时间点的现金流入和流出状况，其特点是直观、清晰，便于检查核对，可减少或避免差错。现金流量图以纵轴表示现金流量，以横轴表示时间坐标，其形式如图2-5所示。

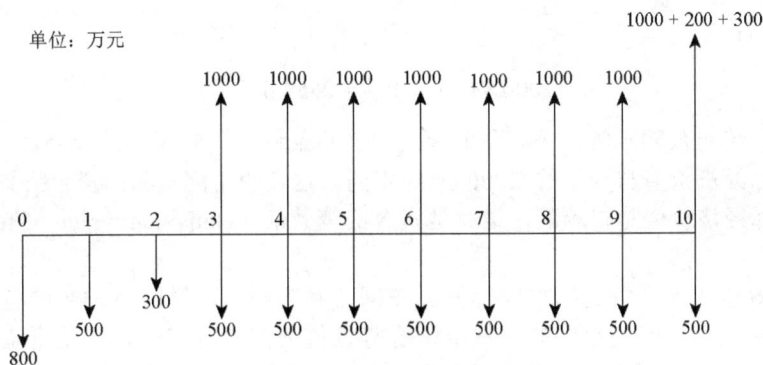

图 2-5 某医药项目现金流量

绘制现金流量图的规定与方法如下。

（1）以纵轴为现金流量坐标，单位可取元、万元等。

（2）以横轴为时间坐标，时间间隔相等，时间的单位可根据需要选取为年、季度、月、周、日等，但通常以年为时间单位。

（3）现金流入为正，在横轴的上方，箭头向上；现金流出为负，位于横轴的下方，箭头向下。箭头线段的长短应反映出现金流入流出量的大小，最好能成比例，使其具有直观等优点。

（4）时间坐标的原点通常为项目建设期开始的时点，有时也可根据需要将坐标原点取为投产期开始的时点。

（5）为简化和便于比较，通常规定在利息周期发生的现金流量均作为是发生在周期终了时，如销售收入、经营成本、利润、税金、贷款利息等发生在各时期的期末。回收固定资产净残值与回收流动资金则在项目经济寿命周期末发生。

现金流量图形象地描述了项目在整个寿命周期内不同时间（年）的现金流收支情况，这对于正确地进行经济效益分析和计算很有用。在实际工作中，一般也需将各年的现金流量列入表中再进行计算。图 2-5 反映了某医药项目的现金流量状况。该项目建设周期为 2 年，生产期为 8 年。第 1、2 年初固定资产投资分别是 800 万元和 500 万元，第 3 年初开始投产，投入流动资金 300 万元。投产后，年销售收入 1000 万元，年经营成本和税金支出是 500 万元。生产期最后一年回收固定资产余值 200 万元和流动资金 300 万元。

学习思考题（study questions，SQ）

SQ2-14 什么是资金的时间价值？任何资金都具有时间价值吗？为什么？

SQ2-15 设一个项目的现金流量，除了在年初和年末有现金流量流出或流入外，还在第 3 个月和第 7 个月也分别有现金流量流出或流入，该流出或流入应该算作年初还是年末的现金流量？

第七节 资金等效值及其计算

一、资金等效值的概念

由资金的时间价值可知，一笔资金投入社会流通或生产，随着时间的推移，在不同时间，其绝对值是变化的。假设有人今年存入银行 2000 元，在年利率为 5%时，3 年后可得本利和为

$$2000\times(1+0.05)^3=2315.3（元）$$

5 年后，本利和为

$$2000 \times (1 + 0.05)^5 = 2552.6 （元）$$

尽管资金的绝对数额不等，但在年利率为 5%的条件下，5 年后的 2552.6 元或 3 年后的 2315.3 元的实际经济价值与今年的 2000 元却相同。这表明不同数额的资金折算到某一相同时点所具有的实际经济价值是相等的，这就是资金的等效值（equivalent value of fund）或等值的基本概念。

资金的等效值考虑了资金的时间价值，在同一系列中，不同时点发生的有关资金，即使数额不等，其价值仍可能是相同的。决定资金等效值的因素有三个，一是资金的数额，二是资金发生的时间，三是利率。其中，利率是一个关键的因素，资金的等效值是以同一利率为依据的。

资金的等效值在技术经济评价中有着重要的作用。根据这一概念，可将不同时间点的现金流量分别换算成某一时间点的现金流量，并保持其价值相等。把不同时间发生的资金支出和收入换算到同一时间，这样，就可以满足时间可比的原则，便于对不同技术方案的经济情况进行比较和分析。

在资金等效值的计算中，把将来某一时间点的现金流量换算成现在时间点的等效值现金流量，称为"折现"（discount）或"贴现"。一般把将来时间点的等效值现金流量经折现后的现金流量称为"现值"，而把将来时间点与现值具有同等价值的现金流量称为"终值"或"未来值"。资金等效值的计算是以复利计算公式为基础的，并经常使用现金流量图作为重要的辅助计算工具。等效值计算中的基准点一般选取计算期的起点，即最初存款、借款或投资的时间。

资金等效值的计算，根据现金流量的状况（即计算现值还是终值），可分为几种类型，包括一次支付类型等效值的计算、等额分付类型等效值的计算、等差序列等效值计算，以及等比序列等效值计算。下面分别介绍上述几种类型等效值的计算。

二、一次支付类型等效值的计算

一次支付（single payment）又称为整付，是指流入或流出现金流量均在一个时点处一次发生，其典型的现金流量如图 2-6 所示。在所考虑资金的时间价值的条件下，若流入项目系统的现金流量正好能补偿流出的现金流量。则 F 与 P 就是等值的。一次支付 F 的等效值计算公式有两个，下面分别介绍。

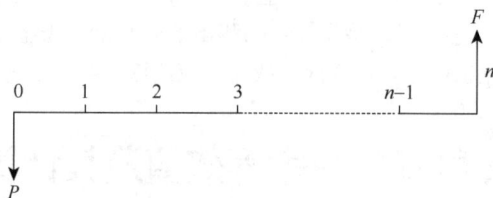

图 2-6　一次支付现金流量

（一）一次支付终值公式

一次支付终值公式就是前面求本利和的复利计算公式，亦称为一次支付复利公式。其是等效值计算的基本公式，其他计算公式可由此为基础导出。

一次支付终值公式为

$$F = P(1 + i)^n = P(F/P, i, n) \tag{2-54}$$

式中，F 为资金的终值；P 为资金的现值；i 为利率；n 为计息周期。

式（2-54）在形式上与式（2-48）相同，但 F、P 是等效值概念上的终值和现值。i 可以是银行利率，更一般地说，它是用于资金等效值计算的折现率，可取为银行利率，也可取为投资利润率，或者取为社会平均利润率。式中的 $(1 + i)^n$ 称为一次支付终值系数，可用符号 $(F/P, i, n)$ 表示。在该类型符号中，斜线（/）右边的 P、i 和 n 为已知条件，其左边的 F 是所求的未知量。

式（2-54）是用于已知支出本金（现值）P，当利率（报酬率或收益率）为 i 时，在复利计息的条件下，求第 n 期期末所取得的本利和，即终值 F。其现金流量图如图 2-7 所示。

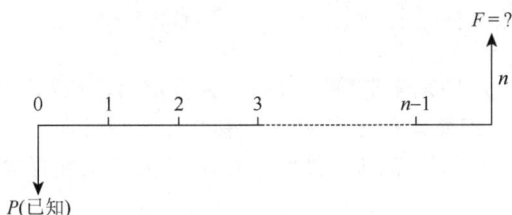

图 2-7　一次支付终值计算现金流量

案例 2-3　某制药企业计划开发一新的制剂产品，拟向银行贷款 300 万元，若年利率为 10%，借期为 5 年。问 5 年后，应一次性归还银行的本利和是多少？

解：$F = P(1 + i)^n = 300 \times (1 + 0.10)^5 = 483.15$（万元）

即 5 年后应一次性归还银行 483.15 万元。

（二）一次支付现值公式

一次支付现值公式实际上是一次支付终值公式的逆运算，表示如果欲在未来的第 n 期期末一次收入 F 数额的现金流量，在利率为 i 的复利计算条件下，求出现在应一次投入或支付的本金 P 是多少。其计算公式为

$$P = F(1+i)^{-n} = F \times \frac{1}{(1+i)^n} = F(P/F, i, n) \tag{2-55}$$

式中，$\dfrac{1}{(1+i)^n}$ 称为一次支付现值系数，或称折现（贴现）系数，可用符号 $(P/F, i, n)$ 表示。一次支付现值计算现金流量如图 2-8 所示。

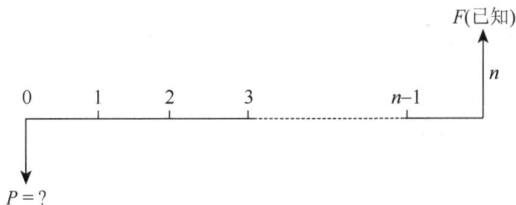

图 2-8　一次支付现值计算现金流量

案例 2-4　某医药企业拟在 4 年后购置一台新的紫外分析仪器，估计费用为 3 万元。设银行存款利率为 5%，现在应存入银行多少元？

解： $P = F(1+i)^{-n} = 3 \times (1+0.05)^{-4} = 2.468$（万元）

即，现在应存入 2.468 万元。

三、等额分付类型等效值的计算

等额分付（equal payment）是多次支付形式中的一种。多次支付是指现金流入和流出在各个时点上发生，而不是仅在一个时点上。各时点上现金流量的大小可以不相等，也可以相等。当现金流量序列是连续的，并且现金流量大小相等，则为等额系列现金流量。下面介绍等额系列现金流量的四个等效值计算公式。

（一）等额分付终值公式

该公式用于对连续若干周期期末等额支付的现金流量 A，按利率复利计算，求其第 n 周期期末的终值 F，即本利和。该类计算在实际生活中也常常会遇到。例如，银行有一种储蓄称为零存整取，如果每年都存入等额现金 A，利率为 i，n 年后可从银行取得多少现金？其现金流量图如图 2-9 所示。

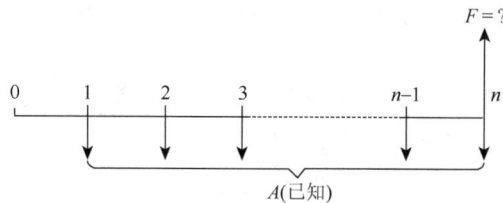

图 2-9　等额分付终值计算现金流量图

从图 2-9 可知，在 n 期末一次收回的总未来值（终值）F，应等于每期期末的等额支付序列值 A 对 n 期期末的终值之和，即

$$F = A(1+i)^0 + A(1+i)^1 + A(1+i)^2 + \cdots + A(1+i)^{n-1} = A[1+(1+i)+(1+i)^2+\cdots+(1+i)^{n-1}] \quad (2\text{-}56)$$

式中，$[1+(1+i)+(1+i)^2+\cdots+(1+i)^{n-1}]$ 是一公比为 $(1+i)$ 的等比数列。根据等比数列的求和公式，可求出此等比数列的和为 $\dfrac{(1+i)^n-1}{i}$。从而得到等额分付终值公式：

$$F = A\left[\frac{(1+i)^n-1}{i}\right] \quad (2\text{-}57)$$

式中，A 是连续的每期期末等额支付的序列值，或称为等额年金序列值；$\dfrac{(1+i)^n-1}{i}$ 称为等额支付序列终值系数，亦可用符号 $(F/A, i, n)$ 表示。

案例 2-5　某扩建项目的建设期为 5 年。在此期间每年年末向银行借贷 200 万元，银行要求在第 5 年年末一次性偿还全部借款和利息。若年利率为 10%，问第 5 年年末一次性偿还的总金额为多少？

解： $F = A\left[\dfrac{(1+i)^n-1}{i}\right] = 200\left[\dfrac{(1+0.10)^5-1}{0.10}\right] = 1221.02$（万元）

即第 5 年年末一次性偿还的总金额为 1221.02 万元。

（二）等额分付偿债基金公式

这种情况与上述等额年金终值计算相反，是等额分付终值的逆运算，即按计划在第 n 年年末需要资金 F，采用每年等额筹集的方式，在利率为 i 时，每年要存入多少资金 A？解决这样问题的计算公式为

$$A=F\left[\frac{i}{(1+i)^n-1}\right]=F(A/F,i,n) \tag{2-58}$$

称为等额分付偿债基金系数，可用符号 $(A/F,i,n)$ 表示。其现金流量图如图 2-10 所示。

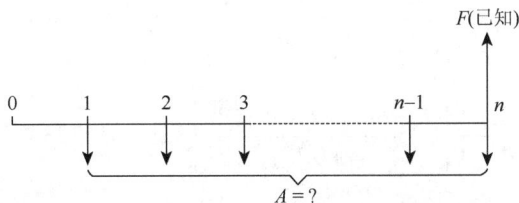

图 2-10　等额分付偿债基金计算现金流量

案例 2-6　某医药企业计划 3 年后建一职工食堂，估计投资额为 500 万元。欲用每年积累一定数额的福利专项基金解决。设银行存款利率为 5%，问每年年末至少应存入多少钱？

解： $A=F\left[\dfrac{i}{(1+i)^n-1}\right]=500\left[\dfrac{0.05}{(1+0.05)^3-1}\right]=158.60$ （万元）

即，每年年末至少应存入 158.60 万元。

（三）等额分付资金回收公式

等额分付资金回收公式用于现在投入的现金流量现值 P、利率为 i、复利计算的条件下，在 n 期内与其等值的连续的等额支付序列值 A 的计算。其现金流量如图 2-11 所示。

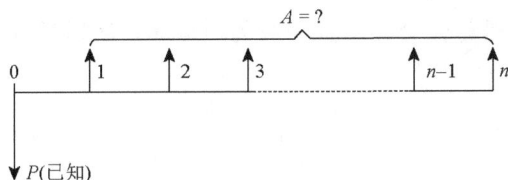

图 2-11　等额分付资金回收计算现金流量

等额分付资金回收公式可将一次支付终值公式（2-54）代入等额分付偿债基金公式（2-58）导出。

因　　　　　　　　　　　$F=P(1+i)^n$，$A=F\left[\dfrac{i}{(1+i)^n-1}\right]$

故
$$
\begin{aligned}
A &= P(1+i)^n \left[\frac{i}{(1+i)^n - 1} \right] \\
&= P \left[\frac{i(1+i)^n}{(1+i)^n - 1} \right] \\
&= P(A/P, i, n)
\end{aligned}
\tag{2-59}
$$

式中，$\dfrac{i(1+i)^n}{(1+i)^n - 1}$ 称为等额分付资金回收系数，可用符号 $(A/P, i, n)$ 表示。上式常用于现在投入的一笔资金，在今后若干年的每年年末等额回收，求每笔回收资金 A 的数额。

案例 2-7 某制药企业拟建一套废气回收再利用系统，需投资 25 万元，预计可用 10 年，设期末无残值。如果在投资收益率不低于 12% 的条件下，问该系统投入使用后，每年至少应节约多少费用，该方案才合算？

解： 已知 $P = 25$ 万元，$i = 12\%$，$n = 10$。

$$
A = P \left[\frac{i(1+i)^n}{(1+i)^n - 1} \right] = 25 \left[\frac{0.12 + (1+0.12)^{10}}{(1+0.12)^{10} - 1} \right] = 25 \times 0.1770 = 4.425 \ （万元）
$$

即每年至少应节约 4.425 万元的费用，该方案才合算。

（四）等额分付现值公式

式（2-60）表示要在每年末收入相同的金额 A、利率为 i、复利计息的条件下，现在必须投入多少资金（现金）P。常用于求分期付（收）款的现值，其流量如图 2-12 所示。

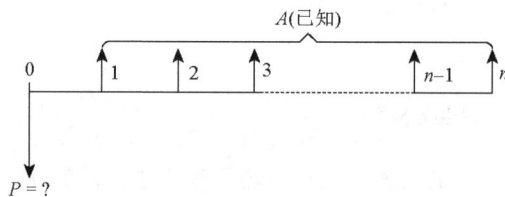

图 2-12 等额分付现值计算现金流量

等额分付现值实际上是等额分付资金回收的逆运算，所以其计算公式可由式（2-59）得到，为

$$
P = A \left[\frac{(1+i)^n - 1}{i(1+i)^n} \right] = A(P/A, i, n)
\tag{2-60}
$$

式中，$\dfrac{(1+i)^n - 1}{i(1+i)^n}$ 称为等额分付现值系数，可用符号 $(P/A, i, n)$ 表示。

案例 2-8 某医药企业在技术改造中欲购置一套制剂车间空调热能循环再利用系统，每年可增加收益 5 万元，该系统可使用 10 年，期末残值为 0。若预期年收益率 12%，问该设备投资的最高限额是多少？如果该设备售价为 30 万元，是否应购买？

解： 已知 $A = 5$ 万元，$i = 12\%$。根据式（2-60）得

$$P = A\left[\frac{(1+i)^n - 1}{i(1+i)^n}\right] = 5 \times \left[\frac{(1+0.12)^{10} - 1}{0.12(1+0.12)^{10}}\right] = 28.25 \text{（万元）}$$

即设备投资最高限额为 28.25 万元，但设备系统的售价超过该限额，故不宜购买。

四、等差序列等效值的计算

等差序列是指按一个定数增加或减少的现金流量序列。例如，某项费用的支出逐年增加一个相同的数额，或某项收入逐年减少一个相同的数额，这些都是等差序列。图 2-13 表示逐期递增相同数额 G 的等差分付序列现金流量。

从图 2-13 可见，上图的现金流量可以分解为两部分：第一部分是由第 1 期期末现金流量 A_1 构成的等额分付偿债基金流量，如图 2-14 所示；第二部分是由等差定额 G 构成的递增等差分付终值现金流量，如图 2-15 所示。所以，该类序列的计算可分别进行。

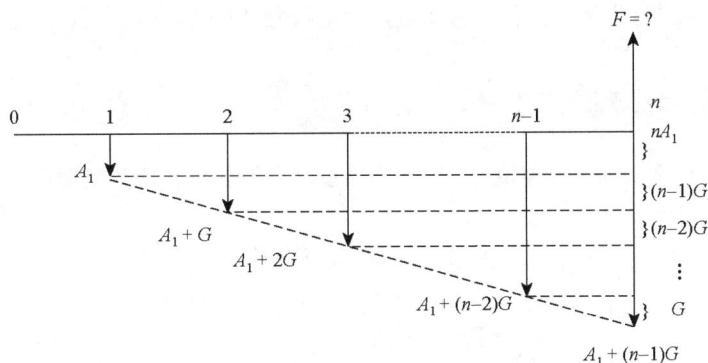

图 2-13　逐期递增等差支付序列终值现金流量

第一部分，如图 2-14 所示的等额值为 A_1 的终值计算式为

$$F_{A_1} = A_1\left[\frac{(1+i)^n - 1}{i}\right] = A_1(F/A_1, i, n)$$

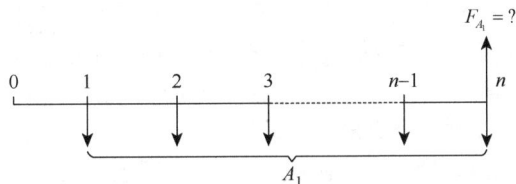

图 2-14　等额值为 A_1 的等额分付偿债基金流量

第二部分，如图 2-15 所示的等差额为 G 的等差分付的计算。

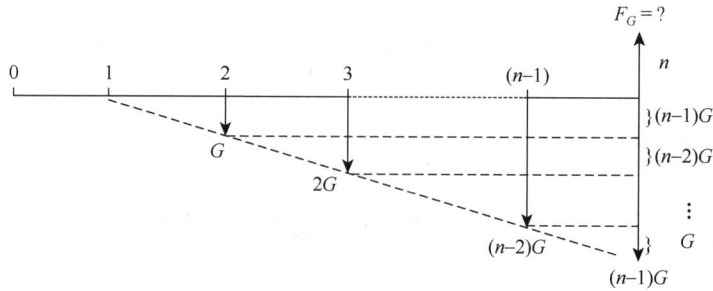

图 2-15　等差额为 G 的递增等差分付序列终值现金流量

（一）等差分付序列终值公式

图 2-15 表示已知等差额 G 和 i、n，求终值 F_G，可导出如下计算式。

$$F_G = \frac{G}{i}\left[\frac{(1+i)^n-1}{i}-n\right] = G(F/G,i,n) \tag{2-61}$$

式中，$\frac{1}{i}\left[\dfrac{(1+i)^n-1}{i}-n\right]$ 称为等差分付终值系数，可用符号 $(F/G,i,n)$ 表示。

（二）等差分付序列现值公式

用已知等差额 G 和 i，n，求现值 P。该公式可直接由等差分付序列终值公式（2-61）乘以相同条件下的折现系数导出。

$$\begin{aligned}
P &= F_G \times \frac{1}{(1+i)^n} = \frac{G}{i}\left[\frac{(1+i)^n-1}{i}-n\right]\times\frac{1}{(1+i)^n} \\
&= G\times\frac{1}{i}\left[\frac{(1+i)^n-1}{i(1+i)^n}-\frac{n}{(1+i)^n}\right] \\
&= G\left[\frac{(P/A,i,n)-n(P/F,i,n)}{i}\right] \\
&= G(P/F,i,n)
\end{aligned} \tag{2-62}$$

式中，$\frac{1}{i}\left[\dfrac{(1+i)^n-1}{i(1+i)^n}-\dfrac{n}{(1+i)^n}\right]$ 称为等差分付序列现值系数，可用符号 $(P/G,i,n)$ 表示。

案例 2-9　某医药企业在技术改造中第一年的收益额为 200 万元，其后逐年进行技术改造，优化工艺参数等，使收益逐年递增。设第一年以后至第 8 年末收益逐年递增额为 5 万元。试求在年收益率 12% 的条件下，该厂 8 年的收益现值及等额分付序列收益年金值。

解： 根据题意，这是递增等差分付序列，等差额 $G = 50\,000$ 元，其现金流量图如图 2-16 所示。

图 2-16 的递增等差分付序列现金流量可分解为两部分。

第一部分：以第一年收益额 200 万元为等额值 A_1 的等额分付序列现金流量，如图 2-17 所示。根据等额分付现值公式（2-60），得

$$\begin{aligned}
P_1 &= A_1\left[\frac{(1+i)^n-1}{i(1+i)^n}\right] \\
&= 200\times\left[\frac{(1+0.12)^8-1}{0.12(1+0.12)^8}\right] \\
&= 200\times 4.97 = 994（万元）
\end{aligned}$$

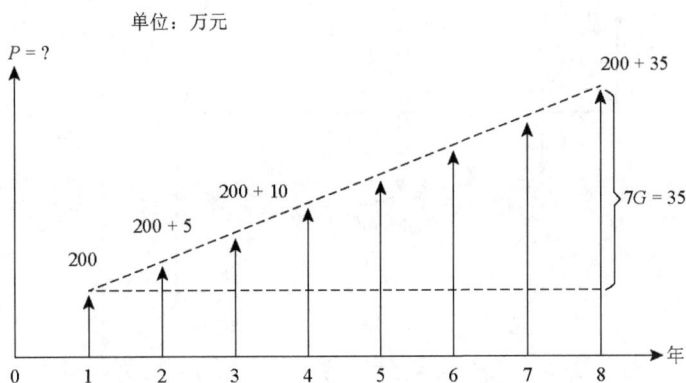

图 2-16　案例 2-9 的现金流量

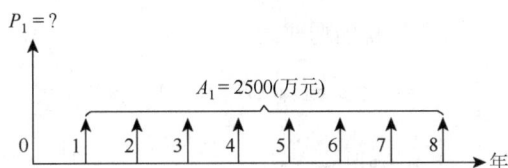

图 2-17　案例 2-9 的分解现金流量（一）

第二部分：以等差额 $G = 5$ 万元的递增等差分付序列现金流量，如图 2-18 所示。根据等差分付序列现值公式（2-61），得

$$P_2 = G \times \frac{1}{i}\left[\frac{(1+i)^n - 1}{i(1+i)^n} - \frac{n}{(1+i)^n}\right]$$

$$= 5 \times \frac{1}{0.12}\left[\frac{(1+0.12)^8 - 1}{0.12(1-0.12)^8} - \frac{8}{(1+0.12)^8}\right]$$

$$= 5 \times 14.47 = 72（万元）$$

所以　　　　　　　　　　$P = P_1 + P_2 = 994 + 72 = 1066（万元）$

因此，该厂通过逐年技术改造在 8 年内收益现值为 1066 万元。

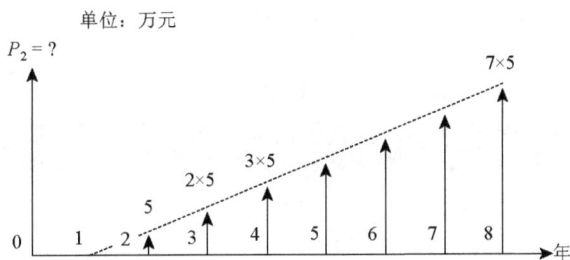

图 2-18　案例 2-9 的分解现金流量（二）

五、等比序列等效值的计算

有些技术方案的收益常呈现以某一固定百分率 h 逐年递增或递减的情形。这种情况下现金流量就表现为等比序列，也称为几何序列。其现金流量如图 2-19 所示。

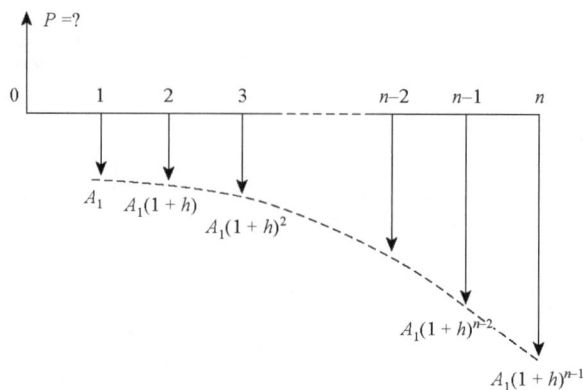

图 2-19 等比序列现金流量

从图 2-19 可知，等比序列现金流量的通式为

$$A_t = A_1(1+h)^{t-1} \quad t=1,2,\cdots,n \qquad (2\text{-}63)$$

其总现值应等于各期等比支付的现值之和。

经进一步整理可得

$$P=\begin{cases} A_1 \times \left[\dfrac{1-(1+h)^n(1+i)^n}{i-h} \right] & i \neq h \\[3mm] A_1 \times \left[\dfrac{n}{1+i} \right] & i = h \end{cases} \qquad (2\text{-}64)$$

式中，$\dfrac{1-(1+h)^n(1+i)^n}{i-h}$ 和 $\dfrac{n}{1+i}$ 称为等比现值系数，可表示为 $(P/A, i, n)$。

六、等效值计算公式汇总

为便于等效值的计算或复利公式的比较、分析和查阅，将各公式的类型、已知条件、要求的未知量、计算公式、复利系数及其符号等汇总于表 2-3。

表 2-3 资金等值计算公式汇总

类型		已知	求解	计算公式	复利系数及符号
一次支付	终值公式	现值 P	终值 F	$F = P(1+i)^n$	一次支付终值系数 $(1+i)^n = (P/F, i, n)$
	现值公式	终值 F	现值 P	$P = F(1+i)^{-n}$	一次支付现值系数 $(1+i)^{-n} = (P/F, i, n)$
等额分付	终值公式	年值 A	终值 F	$F = A\left[\dfrac{(1+i)^n - 1}{i}\right]$	等额分付终值系数 $\dfrac{(1+i)^n - 1}{i} = (F/A, i, n)$
	偿债基金公式	终值 F	年值 A	$A = F\left[\dfrac{i}{(1+i)^n - 1}\right]$	等额分付偿债基金系数 $\dfrac{i}{(1+i)^n - 1} = (A/F, i, n)$

续表

类型		已知	求解	计算公式	复利系数及符号
等额分付	现值公式	年值 A	现值 P	$P = A\left[\dfrac{(1+i)^n - 1}{i(1+i)^n}\right]$	等额分付现值系数 $\left[\dfrac{(1+i)^n - 1}{i(1+i)^n}\right] = (P/A, i, n)$
	资金回收公式	现值 P	年值 A	$A = P\left[\dfrac{i(1+i)^n}{(1+i)^n - 1}\right]$	等额分付资金回收系数 $\left[\dfrac{i(1+i)^n}{(1+i)^n - 1}\right] = (A/P, i, n)$
等差序列	终值公式	G	终值 F	$F_G = \dfrac{G}{i}\left[\dfrac{(1+i)^n - 1}{i} - n\right]$	等差分付终值系数 $\dfrac{1}{i}\left[\dfrac{(1+i)^n - 1}{i} - n\right] = (F/G, i, n)$
	现值公式	G	现值 P	$P = G \times \dfrac{1}{i}\left[\dfrac{(1+i)^n - 1}{i(1+i)^n} - \dfrac{n}{(1+i)^n}\right]$	等差分付现值系数 $\dfrac{1}{i}\left[\dfrac{(1+i)^n - 1}{i(1+i)^n} - \dfrac{n}{(1+i)^n}\right] = (P/G, i, n)$
等比序列	现值公式	A_1 h	现值 P	$P = \begin{cases} A_1 \times \dfrac{1 - (1+h)^n(1+i)^n}{i - h} & i \neq h \\ A_1 \times n(1+i)^{-1} & i = h \end{cases}$	等比现值系数 $\begin{cases} \dfrac{1 - (1+h)^n(1+i)^n}{i - h} & i \neq h \\ n(1+i)^{-1} & i = h \end{cases} = (P/A_1, i, n)$

学习思考题（study questions，SQ）

SQ2-16　什么是现金流量图？绘制现金流量图有哪些规定？

SQ2-17　资金等效值的计算值，何谓"折现"或"贴现"？

SQ2-18　等效值计算中的基准点一般如何选取计算期的起点？

SQ2-19　何谓等差序列现金流量图和等比现金流量图？它们的异同是什么？

练　习　题

2-1　经济效益的定性分析和定量分析有什么相互的关系？

2-2　什么是固定成本和可变成本？试指出产品总成本费用中哪些是固定成本？哪些是可变成本？

2-3　什么叫折旧？有哪些较常用的折旧方法？各有什么特点？

2-4　各种医药类设备的折旧年限在无详细参考资料的情况下，可如何快速估算其最短折旧年限？

2-5　项目成本的估算、预算及决算格式有什么含义？它们之间有何联系？

2-6　毛利润、销售利润、利润总额及净利润有什么相互关系？

2-7　销售收入、产品总成本费用、税金及利润之间有何相互关系？

2-8　进行项目的技术经济评价时为什么要遵循可比性原则？可比性原则包括哪些方面？

2-9　如何衡量资金的时间价值？这些方法各有何特点？

2-10　在项目技术经济分析与评价中，项目寿命周期内现金流量主要是由哪些要素构成？

2-11　简述资金等效值的含义；影响资金等效值的要素有哪些？

2-12　设建设 20 万吨/年的原料药项目，投资额为 15 000 万元，试用指数法估算建设 40 万吨/年的同类项目需投资多少元？

2-13　某企业购置一套设备需花费 50 000 元，预计残值为 1000 元，计算使用期为 5 年。试用下列方法计算各年的折旧费及折旧率：（1）年限平均法；（2）年数总和法；（3）双倍余额递减法。

2-14　某医药企业拟向国外银行商业贷款 2000 万美元，5 年后一次性还清。现有一家美国银行可按年利率 12%贷出，按年计息。另有一家日本银行愿按年利率 10%贷出，按月计息。问该企业从哪家银行贷款较合算？

2-15　某医药企业 QA 部门拟购买一套药物纯度分析检测设备，若货款一次付清，需 20 万元；若分 3 年，每年年末付款 8 万元，则共付款 24 万元。如果利率为 10%，选择哪种支付方式经济上更有利？

2-16　一制药企业计划 5 年后更新一套制药纯水设备，预计那时新设备的售价为 10 万元，若银行利率为 10%，试求：

（1）从现在开始，企业每年应等额存入多少钱，5 年后才能够买一台新设备？

（2）现在企业应一次性存入多少钱，5 年后刚好够买一台新设备？

2-17　近来市场新推出一种性能更佳的高速制粒机，售价为 10 万元。如果用该新型的高速制粒机取代现有的同类设备，估计每年可增加收益 3 万元，使用期为 8 年，期末残值为 0。若预期年利率为 12%，现用老式设备的现在残值为 0.6 万元。问从经济上看，能否购买新设备取代现有设备？

第三章 技术经济的评价方法

1. 课程目标 理解技术经济静态评价指标和动态评价指标的含义及作用，初步掌握静态投资回收期法和静态投资效果系数法的计算原理和方法，掌握动态指标的计算原理和方法，包括投资回收期法、投资效果系数法、净现值法和内部收益率法，理解净值法中净现值法、净现值比率法，以及净年值三种类似方法的相互关系及各自特点。能够将上述原理和方法运用于独立型、互斥型、混合型及其他类型方案的评价。通过本章的学习，学生应理解各评价指标的经济含义及其评价的适用范围，并能将其运用到多方案评价和选择中，具备技术经济评价的基本理念和技能。

2. 重点和难点

重点：投资回收期法、投资效果系数法、净现值法、内部收益率法的原理、适用条件和计算方法；多方案评价的原则和处理方法。

难点：追加投资回收期和差额投资内部收益率法的计算方法；寿命不相同的互斥型方案的评价方法。

第一节 技术经济评价概述

一、技术经济评价的基本内容及作用

（一）技术经济评价的基本内容

由于医药项目的复杂性，任何一种具体的评价指标都只能反映项目的某一方面或者某些方面，或多或少会忽略一些因素。仅仅单凭一个指标很难达到全面地评价项目的目的，因此需要对项目进行系统并且全面的评价，其中往往涉及多个评价指标和多个方面。这些相互联系又相对独立的评价指标就构成了项目的技术经济评价体系。因此，项目技术经济评价是指对影响项目的各项技术经济因素进行预测、分析和计算，评价投资项目的直接经济效益和间接经济效益，为投资决策提供依据的活动。对工程项目进行经济性评价，其核心内容是经济效果的评价。

根据技术经济评价的出发点不同，经济评价的内容也有所不同。

按评价角度、目标和费用与效益识别方法的不同，项目经济评价可分为财务评价（financial evaluation）和国民经济评价（national economic evaluation）。财务评价是在国家现行财税制度和价格体系下，计算项目范围内的效益和费用，分析项目的盈利能力、清偿能力，从而考察项目在财务上的可行性；国民经济评价是在合理配置国家资源的前提下，从国家整体的角度分析计算项目对国民经济的净贡献，从而考察项目的经济合理性。财务评价与国民经济评价的主要区别在于角度不一样，财务评价是站在企业角度看盈亏，国民经济评价是站在全民的角度去分析评价。

根据所处的阶段不同，经济评价可以分为三类，即投资前期评价、投资期评价、投资运行期评价。投资前期评价属于预测性和探索性评价，如果投资项目的经济效益不佳，可另选项目；投资期评价属于进行中评价，在此期间若发现问题，可采用改进措施，或暂时终止，以保证预期投资效益的实现；投资运行期评价属于事后评价，是在项目投产后，将设计能力与实际生产能力、预计经济效益与实际达到的经济效益相比较，考察投资项目是否符合投资目标及设计要求。

（二）技术经济评价的作用

项目技术经济评价或分析是项目建议书和可行性报告的重要组成部分，其任务是在完成市场预测、厂址选择、工艺技术方案选择等研究的基础上，对拟建设项目的投入和产出的各种经济因素进行调查研究、计算和分析论证，比较选出最佳的方案，为投资决策提供参考性的意见。技术经济分析是项目实施前最重要的一个环节。

二、技术经济指标体系及分类

经济效益是一个综合性指标，而任何一种具体的评价指标都只是反映项目的某一侧面或某些侧面，却忽视了另外的因素。因此，经济效益应采用不同的指标予以反映，从多个方面进行分析考察。目前国内外提出的经济评价指标和方法很多，在项目评价中常用的有几十种。这些评价方法根据资金的回收速度、获利能力及使用效率可以分为以下三类。

第一类分类方法是以时间作为计量单位的时间型指标（timeliness index）。时间型指标是指利用时间长短来衡量项目对投资回收期清偿能力的指标，兼顾了经济性和风险性，主要有静态投资回收期（static payback period）、动态投资回收期（dynamic payback period）、静态追加投资回收期（static superaddition investment payback period）、动态追加投资回收期（dynamic superaddition investment payback period）等。

第二类分类方法是以货币单位计量的价值型指标（valuable index），反映了项目投资的净收益绝对量的大小，如净年值（net annual value，NAV）、净现值（net present value，NPV）、损耗费用现在值（简称费用现值，present cost，PC）和费用年值（annual cost，AC）等。

第三类分类方法则是反映资源利用效率的比率型指标（proportionality index），反映项目单位投资的获利能力或项目对贷款利率的最大成熟能力，如净现值比率（net present value rate，NPVR）、内部收益率（internal rate of return，IVR）等。

这三类指标从不同的角度考察了项目的经济性，在对项目的方案进行经济性评价的时候，应当尽可能同时选用这三类指标以利于较全面地反映项目的经济性。其中，这些进行技术经济评价的指标按照是否考虑资金的时间价值，又可以分成静态评价指标和动态评价指标。

静态评价指标是指不考虑资金的时间价值的评价指标，如静态投资回收期、简单投资收益率、投资利润率等，其特点是计算简便、直观、易于掌握，因此传统的经济评价多采用静态评价指标。但是由于其忽略资金的时间价值这一特性，常常会造成反映的项目经济效益并不准确，以此作为投资决策容易导致资金的积压和浪费。

动态评价指标则将资金的时间价值纳入了经济评价的考量，如动态投资回收期、净现值、内部收益率等。动态评价指标克服了静态评价指标的缺点，但是因为动态评价需要计算更多的数据，指标也更加复杂，工作量比较起来更大，需要计算机等辅助工具。

这两种分类有一定的交叉性，而项目的决策结构是多种多样的，各类指标的适用范围和应用方法也是不同的。为了方便理解，这些交叉性可以部分概括为表 3-1。

表 3-1 交叉后的技术经济评价指标

	时间型评价指标	价值型评价指标	比率型评价指标
静态评价指标	静态投资回收期 静态追加投资回收期	累计净现金流量	简单投资收益率 投资利润率 投资利税率

续表

	时间型评价指标	价值型评价指标	比率型评价指标
动态评价指标	动态投资回收期 动态追加投资回收期	净现值 净年值 净终值	内部收益率 外部收益率 净现值比率 费用效益比率

在项目经济评价指标中，净现值、内部收益率和投资回收期是最常用的项目经济评价指标。净现值反映项目投资所获得净收益的现值价值的大小，它的极大化与企业经济评价目标是一致的，因此，净现值是项目经济评价时常用的首选评价指标，并且常用来检验其他评价指标。

学习思考题（study questions，SQ）

SQ3-1　技术经济评价的基本内容有哪些？
SQ3-2　技术经济评价的分类方法，分别是以什么为考虑指标的？

第二节　静态评价方法

在评价项目经济效益的指标中，一类不考虑资金时间价值的指标称为静态评价指标。利用这类指标对技术方案进行评价，称为静态评价方法。一般地讲，静态评价比较简单、直观、运用方便，但不够准确。静态评价主要用于项目可行性研究初始阶段的粗略分析和评价，以及技术方案的初选阶段。

一、静态投资回收期法

投资回收期（payback period），也称为投资偿还期或投资返本期，是指技术方案实施后的净收益或净利润抵偿全部投资额所需的时间，一般以年表示。

不考虑资金的时间价值因素的投资回收期，称为静态投资回收期。静态投资回收期是反映项目财务上资金回收能力的重要指标，是用来考察项目投资盈利水平的经济效益指标。

（一）静态投资回收期的计算

投资回收期是反映技术方案清偿能力的重要指标，希望投资回收期越短越好，其一般计算公式为

$$\sum_{t=0}^{P_t}(\mathrm{CI}-\mathrm{CO})_t = 0 \tag{3-1}$$

式中，P_t 为以年表示的静态投资回收期；CI 为现金流入量；CO 为现金流出量；t 为计算期的年份数。

如果投产后每年的净收益 $(\mathrm{CI}-\mathrm{CO})$ 相等，即

$$(\mathrm{CI}-\mathrm{CO})_1 = (\mathrm{CI}-\mathrm{CO})_2 = \cdots = (\mathrm{CI}-\mathrm{CO})_t = Y$$

或者用年平均净收益计算，则静态投资回收期的计算可简化为

$$P_t = \frac{I}{Y} \qquad\qquad (3\text{-}2)$$

式中，I 为总投资；Y 为年平均净收益。

投资回收期的起点一般从建设开始的年份算起，也可以从投产年或达产年算起，但应予以注明。

但是在实际工作中，累计净现金流量等于零的节点往往不是某一自然年份，这个时候可以采用财务现金流量表累计其净现金流量来计算静态投资回收期 P_t，计算公式如下。

$$P_t = \left[\text{累计净现金流量开始出现正值年份数}\right] - 1 + \left[\frac{\text{上年累计净现金流量绝对值}}{\text{当年净现金流量}}\right] \qquad (3\text{-}3)$$

求得的技术方案的投资回收期 P_t 应与部门或行业的标准投资回收期 P_s 进行比较。当 $P_t \leqslant P_s$ 时，认为技术方案在经济上是可以考虑接受的；当 $P_t > P_s$ 时，认为技术方案在经济上不可取。

案例 3-1 对某建设项目的计算结果显示，该项目第一年建成，投资 120 万元。第二年投产并获净收益 30 万元，第三年的净收益为 40 万元，此后连续五年均为每年 50 万元。试求该项目的静态投资回收期 P_t。

分析 题目中已知每年的净收益，可直接进行现金流入量和现金流出量的比较，很明显第四年为该项目的投资回收期，所以可以直接采用公式进行计算。

解： 将已知条件代入静态投资回收期计算式（3-1）得

$$\sum_{t=0}^{P_t}(\text{CI} - \text{CO}) = -120 + 30 + 40 + 50 = 0$$

即该项目的静态投资回收期从建设开始算起为 4 年，从投产年算起为 3 年。

案例 3-2 某医药工程项目各年净现金流量如表 3-2 所示。

表 3-2 净现金流量 （单位：万元）

年份	0	1	2～9
净现金流量	−25	−20	12

如果行业的基准投资回收期为 8 年，试用静态投资回收期指标分析该项目的可行性。

分析 用静态投资回收期判别项目可行性的方法是计算项目的投资回收期，将其与行业基准投资回收期比较，然后做出判别。现在已知行业的基准投资回收期是 8 年，需要计算实际的投资回收期。通过初步计算可知，累计净现金流量为正时，静态投资回收期不是整数年份，所以本题采用式（3-3）求解。

解： 计算各年的累计净现金流量：

$$(\text{CI} - \text{CO})_{t=0} = -25（\text{万元}）$$

$$\sum_{t=0}^{1}(\text{CI} - \text{CO}) = -25 + (-20) = -45（\text{万元}）$$

$$\vdots$$

$$\sum_{t=0}^{9}(\text{CI} - \text{CO})_t = -25 + (-20) + 8 \times 12 = 51（\text{万元}）$$

各年的累计净现金流量计算结果如表 3-3 所示。

表 3-3　累计净现金流量 （单位：万元）

年份	0	1	2	3	4	5	6	7	8	9
净现金流量	−25	−20	12	12	12	12	12	12	12	12
累计净现金流量	−25	−45	−33	−21	−9	3	15	27	39	51

从表 3-3 中可以看出各年累计净现金流量首次出现正值的年份为第五年，该年对应的净现金流量为 12 万元，第四年对应的累计净现金流量绝对值为 9 万元，代入式（3-3）得到静态投资回收期。

$$P_t = 5 - 1 + \frac{|-9|}{12} = 4.75 \text{（年）}$$

由于静态投资回收期小于行业基准，因此，该项目可以考虑接受。

（二）静态追加投资回收期

评价单一方案时，可以用静态投资回收期判断该方案在经济上是否可取。当多方案比较时，也可以分别计算每一方案的静态投资回收期，判断哪些方案在经济上是否可行；然后对经济上可行的方案进行比较和分析。在经济上可行的方案中可以选择一种方案为参比方案，其余的分别与它比较，从而选出最优方案。

但当进行两方案比较时，经常会有这样的情况，即投资额大的方案经营费用少，而投资额小的方案经营费用多。这时，可采用追加投资回收期，即用投资额大的方案比投资额小的方案所节约的经营费用来回收其多追加的投资额所需的时间，故称为追加投资回收期，也称为差额投资回收期。

当两方案的生产能力相同时，即 $Q_1 = Q_2$，其计算式为

$$\begin{aligned}
P_{2/1} &= \frac{I_2 - I_1}{C_1 - C_2} \\
&= \frac{I_2 - I_1}{Y_2 - Y_1}
\end{aligned} \tag{3-4}$$

当两个方案的生产能力（年产量）不同时，$Q_1 \neq Q_2$，可以采用下式进行计算。

$$\begin{aligned}
P_{2/1} &= \frac{I_2/Q_2 - I_1/Q_1}{C_1/Q_1 - C_2/Q_2} \\
&= \frac{I_2/Q_2 - I_1/Q_1}{Y_2/Q_2 - Y_1/Q_1}
\end{aligned} \tag{3-5}$$

式中，$P_{2/1}$ 为追加投资回收期；I_1、I_2 分别为方案 1 和方案 2 的投资额，$I_2 > I_1$；C_1、C_2 分别为方案 1 和方案 2 的经营费用，$C_1 > C_2$；Q_1、Q_2 分别为方案 1 和方案 2 的年产量；Y_1、Y_2 分别为方案 1 和方案 2 的年均净收益。

用追加投资回收期进行方案优选，当 $P_{2/1} \leqslant P_s$ 时，投资额大的方案 2 较优；反之，则投资额小的方案 1 较优。

案例 3-3　某企业在扩大生产能力时，有两种技术方案。第 1 种方案是再建一套现有的装置，投资额 $I_1 = 70$ 万元，年经营费用 $C_1 = 45$ 万元；第 2 种方案是采用一套新型的装置，投资额 $I_2 = 85$ 万元，经营费用 $C_2 = 40$ 万元。两方案生产能力相同，问哪种方案经济效益较优（设 $P_s = 5$ 年）？

分析　已知这两种方案的生产量相同，但是由于投资额和经营费用各有优势，所以采用简单的

静态投资回收期无法很好地进行比较，这里采用静态追加投资回收期进行分析。

解：因为$I_2 > I_1$，$C_1 > C_2$，所以采用式（3-4）进行计算。

$$P_{2/1} = \frac{I_2 - I_1}{C_1 - C_2} = \frac{85 - 70}{45 - 40} = 3 \ （年）$$

很明显$P_{2/1} < P_s$（$P_s = 5$年），所以第2种方案更有优势。

需要指出的是，追加投资回收期只反映了两个方案对比的相对经济效益，没有反映两个方案自身的经济效益。为了正确地进行多方案的评价和选优，相比较的方案应是经济上可接受的，通常将其中投资额最小的方案作为参比方案。应用追加投资回收期对多方案进行择优决策的方法：先按照各可进行方案投资额的大小顺序，由小到大依次排列，然后采用环比法计算追加投资回收期，逐个进行比较，替代式淘汰，最后留下的一个方案作为最优方案。

（三）静态投资回收期的特点

1. 主要优点

（1）经济含义直观、明确，计算方法简单易行。

（2）明确地反映了资金回收的速度，是投资者十分关心的指标之一。投资回收期的长短，在一定程度上反映了投资风险性的程度，也意味着项目盈利能力的大小。

（3）常用于方案的初选或概略评价，是项目评价的重要辅助性指标。

2. 主要缺点

（1）因为没有考虑资金的时间价值，所以计算方法不科学，计算结果不准确，以此为依据的评价有时不可靠。

（2）没有反映投资回收后项目的收益和费用，而任何投资的目的不仅是收回投资，更主要的是要有收益。因此，静态投资回收期没有全面地反映项目的经济效益，难以对不同的方案进行正确的评价和选择。

二、静态投资效果系数法

投资效果系数（effect coefficient of investment），又称为投资收益率或投资报酬率，是指项目方案投产后取得的年净收益与项目总投资额的比率。投资效果系数体现了项目投产后，单位投资所创造的净收益额，是考察项目投资盈利水平的重要指标。

在不考虑资金的时间价值的条件下得出的投资效果系数称为静态投资效果系数。依据静态投资效果系数对项目进行评价，称为静态投资效果系数法。

（一）静态投资效果系数法

静态投资效果系数E可按下式计算：

$$E = \frac{Y}{I} \tag{3-6}$$

式中，Y为项目年平均净收益；I为项目总投资额。

根据比较的基准或分析的目的的不同，Y也可以是年平均利润总额，或者年平均利税总额等。

用静态投资效果系数对项目进行评价时，应将计算出的项目静态投资效果系数E与部门或行业的标准投资效果系数E_s相比较。若$E \geq E_s$，则表明在经济上该项目方案可以接受；反之，则在经济上不可取。投资回收期P_t与投资效果系数E有直接的联系。由式（3-2）和式（3-6）可得

$$E=\frac{1}{P_t} \text{ 或 } E_s=\frac{1}{P_s} \tag{3-7}$$

■（二）静态投资效果系数的应用

实际工作中，应该依据分析项目的具体情况，主要计算三种静态投资效果系数指标，即投资利润率（rate of profit on investment）、投资利税率（rate of profit-tax on investment）和投资本金利润率（profit rate on bankroll）。

1. 投资利润率 是指项目达到设计能力后的一个正常年份的年利润总额或生产期年平均利润总额与项目总投资的比率，它表示项目正常年份中单位投资每年所创造的利润。其计算公式为

$$投资利润率=\frac{年利润总额或年平均利润总额}{总投资} \times 100\% \tag{3-8}$$

式中，年利润总额＝年产品销售收入−年总成本费用−年销售税金及附加

年销售税金及附加＝年增值税＋年城市维护建设税

＋年教育费附加＋年资源税

总投资＝固定资产投资＋建设期借款利息

＋流动资金＋固定资产投资方向调节税

计算出的项目投资利润率应与部门或行业的以往 10～20 年平均投资利润率进行比较，以判别项目的单位投资盈利能力是否达到本行业的平均水平。若项目的投资利润率大于或等于标准投资利润率或行业平均利润率，则认为项目投资效果好、风险小，企业有较强的清偿债务能力，在经济上是可以接受的；否则一般不可取。

2. 投资利税率 是指项目达到设计生产能力后正常年份的年利税总额或生产期年平均利税总额与项目总投资的比率，它反映了在正常年份中，项目单位投资每年所创造的利税。项目利税率越大，表明项目提供的利润和对国家缴纳的税金越多。其计算公式为

$$投资利税率=\frac{年利税总额或年平均利税总额}{总投资} \times 100\% \tag{3-9}$$

式中，年利税总额＝年产品销售收入−年总成本费用＝年利润总额＋年销售税金及附加

同项目的投资利润率一样，计算出的项目投资利税率应与标准投资利税率或行业过去 10～20 年平均投资利税率进行比较。若项目的投资利税率大于或等于标准投资利税率或行业平均投资利税率，表明项目在经济上可接受；否则，一般不可取。

3. 投资本金利润率 是指项目达到设计生产能力的正常年份的年利润总额或生产期年平均利润总额与投资本金的比率，反映了投入项目的投资本金的盈利能力。其计算公式为

$$投资本金利润率=\frac{年利润总额或年平均利润总额}{投资本金} \times 100\% \tag{3-10}$$

式中，投资本金是指项目的全部注册资金。

计算出的项目投资本金利润率应与标准的投资本金利润率或行业平均投资本金利润率进行比较。如果项目的投资本金利润率大于或等于标准或行业的平均投资本金利润率，表明该项目在经济上可接受；否则，一般不可取。

案例 3-4 某拟建项目建设期为 2 年，第一年初投资 200 万元，第二年初投资 300 万元，固定资产投资全部为银行贷款，年利率为 8%。该项目寿命周期为 15 年，生产期第一年达到设计生产能力，正常年份的产品销售收入为 375 万元，总成本费用为 225 万元，增值税率为 14%（设已经扣除进项税部分），忽略其他税金及附加，流动资金为 85 万元。若项目的全部注册资金为 1000 万元，试求该项目的投资利润率、投资利税率及投资本金利润率各是多少？

分析　题目已知固定资产投资、建设期利率、流动资金、年销售收入、年总成本费用、年销售税金和投资本金等要素，根据公式就可以很容易求出项目的投资利润率、投资利税率和投资本金利润率。本题旨在强化对静态投资效果系数法的公式的理解。

解：根据已知的公式可以列出下面的表达式。

$$项目总投资 = 固定资产投资+建设期利息+流动资金$$
$$= 200\times(1+0.08)^2+300\times(1+0.08)+85$$
$$= 642.3（万元）$$

$$正常年份利润 = 年销售收入-年总成本费用-年销售税金及附加$$
$$= 375-225-375\times14\%$$
$$= 97.5（万元）$$

$$正常年份利税总额 = 年销售收入-年总成本费用$$
$$= 375-225 = 150（万元）$$

根据上述要素，代入待求量的计算公式中，可以得到：

$$投资利润率 = \frac{年利润总额或年平均利润总额}{总投资}\times100\%$$
$$= \frac{97.5}{642.3}\times100\%$$
$$= 15.2\%$$

$$投资利税率 = \frac{年利税总额或年平均利税总额}{总投资}\times100\%$$
$$= \frac{150}{642.3}\times100\%$$
$$= 23.4\%$$

$$投资本金利润率 = \frac{年利润总额或年平均利润总额}{投资本金}\times100\%$$
$$= \frac{97.5}{1000}\times100\%$$
$$= 9.75\%$$

综上所述，该项目的投资利润率为15.2%，投资利税率为23.4%，投资本金利润率为9.75%。

（三）静态追加投资效果系数

静态追加投资效果系数（state effect of additional investment coefficients），亦称静态差额投资效果系数，是指在不考虑资金的时间价值的条件下，相比方案的净收益差额与投资差额的比率，它表示单位差额投资所引起的年成本的节约额或年利润的变化值。在多方案分析中，常用于方案之间的比较和选优。

当两个方案的生产能力相同时，即$Q_1 = Q_2$时，静态追加投资效果系数可用如下公式进行计算：

$$E_{2/1} = \frac{C_1-C_2}{I_2-I_1} = \frac{Y_2-Y_1}{I_2-I_1} \tag{3-11}$$

当两种方案的生产能力不同，但是相差不太大时，可以采用如下公式进行计算：

$$E_{2/1} = \frac{C_1/Q_1-C_2/Q_2}{I_2/Q_2-I_1/Q_1} = \frac{Y_2/Q_2-Y_1/Q_1}{I_2/Q_2-I_1/Q_1} \tag{3-12}$$

式中，$E_{2/1}$ 为静态追加投资效果系数，C、I、Q 和 Y 的含义与式（3-5）中的含义一致；此外，$C_1 > C_2$，$I_2 > I_1$，$Y_2 > Y_1$。

计算出的项目静态追加投资效果系数 $E_{2/1}$ 应与基准或行业的平均投资利润率 E_s 相比较，当 $E_{2/1} \geq E_s$ 时，则投资额较大、净收益多、经营成本低的方案2较优；反之，方案1较优。

但需要注意的是，静态追加投资效果系数只反映两个方案相对的盈利能力，并没有反映这些方案自身的盈利能力或经济效益是否可接受。所以，相互比较的方案应首先通过绝对经济效益的评价，即均是在经济上可接受的方案，然后用追加投资效果系数进行这些方案的比较和选优。

（四）静态投资效果系数法的特点

1. 优点
（1）经济含义明确、计算方法简单、使用方便。

（2）明确地体现了项目的获利能力。投资利润率和投资利税率等都是以单位投资额的利润或利税表示，从而便于同类项目的相互比较。

2. 缺点
（1）由于没有考虑资金的时间价值因素，所以计算方法不科学，其结果不准确，评价结论的可靠性、准确性可能受到较大影响。

（2）只反映了项目投资的获利能力，但投资所承担的风险性完全没有体现。一个获利能力很好的项目，若投资回收期较长，在科学技术迅速发展的时代，该项目在收回其投资时，项目的技术经济性能可能已经落后于那时的社会平均指标，从而难以取得原先所预期的盈利水平。

案例 3-5 试用静态追加投资效果系数法，对案例 3-3 的两个方案进行经济效益的比较。

分析 已知案例 3-3 中两种方案的产量相同，通过式（3-11）进行计算即可。

解： 根据式（3-11）可得

$$E_{2/1} = \frac{C_1 - C_2}{I_2 - I_1}$$

$$= \frac{45 - 40}{85 - 70} = 0.33$$

而行业标准 $P_s = 5$ 年，所以有 $E_s = \frac{1}{P_s} = 0.2$

可见，$E_{2/1} = 0.33 > E_s$

故，投资额较大的第2种方案较优，这与前述用静态追加投资回收期的评价效果一致。

三、评 价 标 准

从前面的分析和评价可知，无论是使用投资回收期还是追加投资回收期，对项目方案进行评价、比较和选优时，都不可避免地要与标准的指标或参数进行比较。所以，如何保证评价标准的相对统一性、评价标准参数或指标取值的合理性，是决定项目方案评价结论可靠性和可比性的重要因素，应予以重视。

国家发展和改革委员会及住房和城乡建设部组织约 500 名专家、有关研究机构及各行业对财务基准收益率等进行了调研，于 2006 年 8 月发布了《建设项目经济评价方法与参数（第三版）》，部分行业的有关结果列于表 3-4 中。其中的"基准投资回收期""平均投资收益率""平均投资利税率"等指标可供在无其他数据时参考。

表 3-4 中的基准收益率 i_0 和标准投资回收期 P_s 可作为项目财务评价的基准判断依据；而平均投资利润率与平均投资利税率是用来衡量项目的投资利润率和投资利税率是否达到本行业平均水平的依据，不一定作为判别项目是否可行的标准，但可依据行业的平均参数进行估量。

表 3-4　化工制药类及相关行业经济评价参数

行业	财务基准收益率（融资前税前指标）i_0（%）	财务基准收益率（项目资本金税后指标）i_0（%）	标准投资回收期 P_s（年）	平均投资收益率（%）	平均投资利税率（%）
化工	9~13	9~15	9~11	8~15	11~23
石油化工	12~14	13~16	9~12	4~15	11~20
轻工	10~16	12~18	7~11	13~19	12~36
建材	11~13	12~14	11~13	8~14	12~22
有色金属	8~15	13~15	9~15	8~15	12~25
煤炭	12~13	3~15	8~13	14~18	11~19
医药	15~18	16~20	6~10	17~22	15~25

学习思考题（study questions，SQ）

SQ3-3　什么是静态评价方法？其有什么特点？常用哪些静态评价指标？

SQ3-4　静态投资回收期的经济含义是什么？有何优点和不足？

SQ3-5　静态投资效果系数的经济含义是什么？它包括哪几项具体的指标？各自适用于哪些情况下的技术经济评价？

SQ3-6　在多方案评选中，是否可以直接采用静态追加投资回收期法进行比较？为什么？

第三节　动 态 评 价

项目方案的动态评价，是指对项目方案的效益和费用的计算考虑了资金的时间价值因素，用复利计算的方式，将不同时点的支出和收益折算为相同时点的价值，从而完全满足时间可比性的原则，能够科学、合理地对不同的项目方案进行比较和评价。而且，动态评价中采用的大多数动态评价指标考虑了项目在整个寿命周期内支出与收益的全部情况，使动态评价比静态评价更加科学、全面，其评价结论的科学性、准确性及全面性更好。动态评价方法是现代项目经济评价常用的主要方法。

动态评价方法指依据项目的一系列动态指标对项目进行评价。每一个动态指标都从不同角度、不同范围体现项目的主要技术经济特点，从而形成了多种动态评价方法，它们各有其特点和适用条件，下面将分别介绍一些常用的动态评价方法。

一、动态投资回收期法

在采用投资回收期对项目进行评价时，为了克服静态投资回收期法未考虑资金的时间价值的缺点，应采用动态投资回收期法。动态投资回收期，是指在考虑资金的时间价值的条件下，按一定利率复利计算项目各年净收益的现值来回收全部投资现值所需要的时间。动态投资回收期一般从投资开始年算起。

（一）动态投资回收期的计算

1. 以累计净收益计算 该方法是以现值法计算各时期资金流入与流出的净现值，由此计算出当其累计值正好补偿全部投资额时所经历的时间。这也是动态投资回收期计算的一般化方法，其计算式可从前一章的资金回收公式导出为

$$\sum_{t=0}^{P_t'}(CI-CO)_t(1+t)^{-t}=0 \qquad (3-13)$$

或

$$\sum_{t=0}^{P_t'}Y_t(1+t)^{-t}=0 \qquad (3-14)$$

式中，P_t' 为动态投资回收期；Y_t 为每年的净收益或净现金流量；i 为贷款利率或基准收益率。

在实际计算中，由于各年的净现金流量常常是不等额的，因此，用与求静态投资回收期相似的"累计计算法"可直接从财务现金流量表中计算累计净现金流量求出，相应的计算式如下。

$$P_t'=\left[累计净现金流量开始出现正值年份数\right]-1+\left[\frac{上年累计净现金流量绝对值}{当年净现金流量}\right] \qquad (3-15)$$

2. 以平均净收益或等额净收益计算 如果项目每年的净收益可用平均净收益表示，或者能将各年净收益折算为年等额净收益 Y，设 I 为总投资现值，则动态投资回收期 P_t' 的计算可简化为

$$P_t'=-\frac{\lg\left(1-\dfrac{I\cdot i}{Y}\right)}{\lg(1+i)} \qquad (3-16)$$

采用动态投资回收期法计算出来的动态投资回收期仍需要和标准投资回收期进行比较，其判断标准和静态投资回收期基本相同，即当 $P_t'\leqslant P_s$ 时，认为技术方案在经济上是可以考虑接受的；当 $P_t'>P_s$ 时，认为技术方案在经济上不可取。

案例 3-6 利用动态投资回收期对案例 3-2 进行评价（$i=8\%$）。

分析目前已知每年的净现金流量如案例 3-2 中表 3-2。

所以要想计算动态投资回收期，可以通过式（3-15）和式（3-16）进行计算，根据公式中的相关要素去找条件即可。

解： 采用"累计计算法"进行计算，可以得到各年的累计净现金流量，如表 3-5 所示。

表 3-5 累计净现金流量现值计算 （单位：万元）

年份	净现金流量	折现系数	净现金流量现值	累计净现金流量现值
0	-25	1.000	-25.00	-25.00
1	-20	0.926	-18.52	-43.52
2	12	0.857	10.28	-33.24
3	12	0.794	9.53	-23.71
4	12	0.735	8.82	-14.89
5	12	0.681	8.17	-6.72

续表

年份	净现金流量	折现系数	净现金流量现值	累计净现金流量现值
6	12	0.630	7.56	0.84
7	12	0.583	7.00	7.84
8	12	0.540	6.48	14.32
9	12	0.500	6.00	20.32

根据式（3-15），可以计算

$$P_t' = 6 - 1 + \frac{|-6.72|}{7.56} = 5.89 \ （年）$$

即该项目的动态投资回收期为 5.03 年，满足 $P_t' < P_s = 8$ 年，所以该项目在经济上是可接受的。

案例 3-7　某医药企业的兴建需从银行贷款，基建总投资（现值）为 1000 万元，流动资金（现值）500 万元。投产后每年净收益为 250 万元，贷款年利率为 8%。试分别用静态投资回收期法和动态投资回收期法，对该项目进行评价（设基准投资回收期 $P_s = 7$ 年）。

分析　静态投资回收期按照公式进行计算即可。而动态投资回收期，题目中已知每年的年利率且每一年的净收益是等额的，所以合理选择计算方法很重要。

解：（1）静态投资回收期法：根据题意，由式（3-2）得

$$P_t = \frac{I}{Y} = \frac{1000 + 500}{250} = 6 \ （年）$$

（2）动态法：利用式（3-16），可得

$$P_t' = -\frac{\lg(1 - \frac{I \times i}{Y})}{\lg(1+i)}$$

$$= -\frac{\lg(1 - \frac{1500 \times 0.08}{250})}{\lg(1+0.08)} = 8.5 \ （年）$$

以上计算表明，用静态投资回收期法评价时，因 $P_t < P_s$，该项目可接受；但用动态投资回收期法评价，却因 $P_t' > P_s$，使该项目一般不可取。

当出现这种矛盾时，因为动态投资回收期考虑了资金的时间价值，所以一般以动态投资回收期的计算结果为准。

（二）动态追加投资回收期

上述动态投资回收期法可用于对单一或独立方案的评价，以判别其在经济上是否可行。对于多个方案的比较和评价，与静态方法类似，用动态追加投资回收期法对两种方案进行比较并选优。

动态追加投资回收期，是指在考虑资金的时间价值的条件下，用投资额大的方案比投资额小的方案所节约的经营费用或增加的年净收益来回收其多追加的投资额所需的时间，亦称为动态差额投资回收期。其计算式可由等额分付现值公式导出，为

$$P_{2/1}' = \frac{\lg \Delta C - \lg(\Delta C - \Delta I \cdot i)}{\lg(1+i)} \tag{3-17}$$

或

$$P'_{2/1} = \frac{\lg \Delta Y - \lg(\Delta Y - \Delta I \cdot i)}{\lg(1+i)}$$ （3-18）

式中，$P'_{2/1}$ 为动态追加投资回收期；ΔC 为相比较方案的经营费用差额，$\Delta C = C_1 - C_2$ 且 $C_1 > C_2$；ΔI 为相比较方案的投资差额，$\Delta I = I_2 - I_1$ 且 $I_2 > I_1$；ΔY 为相比较方案的净收益差额，$\Delta Y = Y_2 - Y_1$ 且 $Y_2 > Y_1$；i 为设定的利率。

将上述求出的动态追加投资回收期与基准或行业的平均投资回收期 P_s 相比较。如果 $P'_{2/1} \leqslant P_s$，表明该投资大、经营成本低或净收益高的方案 2 较方案 1 为优；否则，方案 1 较优。

但是应当注意的是，追加投资回收期虽然可以用来比较两种方案的好坏或优劣，但是对于较优方案是否可行，需要另外做判定。因此，通常是先用动态投资回收期 P' 判别多方案中的可行方案；然后在可行方案中，用动态追加投资回收期 $P'_{2/1}$ 进行比较和选择最优方案。追加投资回收期更加适用于可行的两个互斥方案之间的比较和选优。

案例 3-8 试用动态追加投资回收期法，对例 3-3 中的两种方案进行选优（设 $i = 8\%$）。

分析 题目中已知条件为 $C_1 = 45$ 万元，$C_2 = 40$ 万元，$I_1 = 70$ 万元，$I_2 = 85$ 万元，$i = 8\%$。根据式（3-17）可以计算结果。

解： 两种方案的动态追加投资期计算如下。

$$\Delta C = C_1 - C_2 = 45 - 40 = 5 \ （万元）$$

$$\Delta I = I_2 - I_1 = 85 - 70 = 15 \ （万元）$$

由此代入式（3-17），有

$$\begin{aligned}
P'_{2/1} &= \frac{\lg \Delta C - \lg(\Delta C - \Delta I \cdot i)}{\lg(1+i)} \\
&= \frac{\lg 5 - \lg(5 - 15 \times 0.08)}{\lg 1.08} \\
&= 3.6 （年）
\end{aligned}$$

根据计算结果，因为 $P'_{2/1} < P_s = 5$ 年，所以方案 2 优于方案 1。

（三）动态投资回收期法的特点

1. 优点

（1）与静态投资回收期法相同，经济意义明确、直观。

（2）由于考虑了资金的时间价值，计算方法科学、合理，所反映的项目风险性和盈利能力也更加真实、可靠，是对投资方案进行技术经济评价的重要指标。

2. 缺点

（1）与静态投资回收期法相比，当年净收益各不相同时，计算方法和过程较为复杂。

（2）没有反映投资收回以后，项目的收益、项目使用年限和项目的期末残值等，不能全面地反映项目的经济效益。

静态投资回收期法和动态投资回收期法的评价标准相同，均应满足小于或等于 P_s。在投资回收期不长和基准收益率不大的情况下，两种投资回收期计算结果差别不太大，不会影响方案的选择，所以这种情况下优先考虑静态投资回收期法。只有在静态投资回收期较长和基准收益率较大的情况下，才需要计算动态投资回收期。

二、动态投资效果系数法

动态投资效果系数是指在考虑资金的时间价值的条件下,按复利法计算出的项目净收益与总投资的比率,较真实地反映了单位投资额所能获得的收益,是项目的重要经济效益指标之一。

由于投资效果系数与投资回收期互为倒数,从而可直接由动态投资回收期计算式(3-16)导出,为

$$E' = \frac{1}{P'_t} = -\frac{\lg(1+i)}{\lg\left(1-\dfrac{I \cdot i}{Y}\right)} \tag{3-19}$$

式中, E' 为动态投资效果系数。

动态投资效果系数法的判别原则与静态投资效果系数法相同。将 E' 基准或行业的平均投资收益率 E_s 相比较,当 $E' \geqslant E_s$,则方案可接受。反之,一般不应采纳。

动态投资效果系数法的特点如下。

1. 优点

(1)经济意义明确,直观。

(2)考虑了资金的时间价值,反映的经济效益更加精确。

2. 缺点 最大的不便就是如果用于两个方案之间的比较,动态投资效果系数法计算量庞大,十分复杂,有其他更好的方法可以替代。所以动态投资效果系数法主要用于判别单一或独立方案是否可接受及对盈利和风险程度的大致分析。

三、净现值法

(一)概述

净现值法是动态评价最重要的方法之一。它不仅考虑了资金的时间价值,也考虑了项目在整个寿命周期内收回投资后的经济效益状况,从而弥补了投资回收期法的缺陷,是更为全面、科学的技术经济评价方法。

1. 净现值的概念及计算 净现值(NPV)是指技术方案在整个寿命周期内,对每年发生的净现金流量,用一个规定的基准折现率 i_0 ,折算为基准时刻的现值,其总和称为该方案的净现值,其计算公式为

$$\text{NPV} = \sum_{t=0}^{n}(\text{CI}-\text{CO})_t(1+i_0)^{-t} = \sum_{t=0}^{n}\text{CF}_t(1+i_0)^{-t} \tag{3-20}$$

如果每年的净现金流量相等,投资方案只有初始投资 I ,则净现值可用等额分付现值公式导出,为

$$\text{NPV} = \text{CF}\frac{(1+i_0)^n-1}{i_0(1+i_0)^n} - I = \text{CF}(P/A, i_0, n) - I \tag{3-21}$$

式中, NPV 为净现值; i_0 为基准折现率; CI 为现金流入量; CO 为现金流出量; CF 为净现金流量; n 为项目的寿命周期。其中, $(\text{CI}-\text{CO})_t = \text{CF}_t$ 称为第 t 年的净现金流量; $(1+i_0)^{-t}$ 称为第 t 年的折现因子, $\text{CF}_t(1+i_0)^{-t}$ 为第 t 年的净现金流量现值。净现值的折算一般以投资开始年份为基准。

净现值的计算步骤通常如下。

（1）列表或作图表明整个寿命周期内逐年现金的流入和现金的流出，从而算出逐年的净现金流量。

（2）将各年的净现金流量乘以对应年份的折现因子，得出逐年的净现金流量的现值。

（3）将各年的净现金流量现值加和，即得该项目的净现值。

2. 净现值的经济意义及用于经济评价　净现值是反映技术方案在整个寿命周期内获利能力的动态绝对值评价指标。对于投资者来说，投资的目的除了要收回全部投资外，主要是期望能获得额外的盈利。净现值 NPV 直观、明确地体现了投资的期望。所以，净现值是表示项目经济效益最重要的综合指标之一。

根据净现值的经济含义，可对项目进行判别。

（1）净现值大于零时，表明该方案的投资不仅能获得基准收益率所预定的经济效益，还能获得超过基准收益率的现值收益，说明该方案在经济上是可取的。净现值越大，表明获利能力越佳。

（2）净现值等于零时，表明技术方案的经济收益刚好达到基准收益水平，说明在经济上是合理的，一般可取。

（3）净现值小于零时，表明方案的经济效益没有达到基准收益水平，说明方案一般不可取。

将净现值指标用于单方案评价时，如果 $\text{NPV} \geqslant 0$，方案通常可取；而用于多方案评价时，当各方案投资额的现值相等时，净现值最大的方案最优。因此，也可按净现值的大小将项目排队，优先考虑净现值大的项目。

案例 3-9　某项目各年净现金流量如表 3-6 所示，试用净现值评价项目的经济性（设 $i = 8\%$）。

表 3-6　某项目的现金流量　　　　　　　　　　　　　（单位：万元）

项目	年份				
	0	1	2	3	4～10
投资	550	200	140		
收入				520	550
其他支出				400	300
净现金流量	−550	−200	−140	120	250

分析　题目中给出了项目的净现金流量，按照已有的净现值公式进行等比数列求和计算即可。

解：根据表 3-6 中的各年的净现金流量和式（3-20），可计算净现值为

$$\text{NPV} = \sum_{t=0}^{n} \text{CF}_t (1+i_0)^{-t}$$

$$= -550 + \frac{-200}{1+0.08} + \frac{-140}{(1+0.08)^2} + \frac{120}{(1+0.08)^3}$$

$$+ 250 \times \frac{1}{(1+0.08)^3} \times \frac{(1+0.08)^7 - 1}{0.08(1+0.08)^7}$$

$$= 273 (万元)$$

通过计算得出，净现值大于零。所以该项目在经济上是可取的。

3. 基准折现率对 NPV 的影响　计算净现值时，折现率 i_0 的选取对净现值的影响比较明显，在项目现金流量一定的条件下，此时净现值仅仅是折现率的函数，称为折现率函数，即

$$NPV = f(i_0)$$

用净现值指标评价和选择方案时，正确选择和确定折现率很重要，这关系到方案评价的正确性和合理确定项目的盈利水平。目前常用的折现率主要有三种情况：行业财务基准收益率、计算折现率和社会折现率。

行业财务基准收益率，是项目财务评价时计算财务净现值的折现率，以此折现率计算的净现值称为行业评价的财务净现值。行业财务基准收益率体现了行业内投资应获得的最低财务盈利水平。表 3-4 给出了我国制定的部分行业的财务基准收益率，供实际使用时参考。有些情况下，也可以投资贷款利率为参考，制定适宜的折现率。

计算折现率，是从代偿的角度，充分考虑时间因素补偿的收益率、社会平均风险因素补偿的收益率和通货膨胀因素应补偿的收益率。使用计算折现率可以使算得的净现值更接近客观实际，但是求解计算折现率比较复杂。

社会折现率，是项目进行国民经济评价时计算经济净现值的折现率，以此折现率计算的净现值称为国民经济评价的经济净现值，通常是上面两种方法的实施发生困难时才会采取的手段。社会折现率反映了从国家角度对资金机会成本、资金的时间价值及对资金盈利能力的一种估量。目前我国一般将社会折现率取为 12%。

4. 净现值法的特点

（1）经济概念清晰、直观、容易理解。

（2）不仅考虑了资金的时间价值，而且计算了项目整个寿命周期的现金流量，因而较全面地反映了项目方案的经济效益状况。

（3）计算结果稳定不会因为计算方法的不同而带来任何差异。

（4）评价多方案时，可初选净现值最大的方案较优，但还应计算净现值比率指标，才能正确地反映资金的使用效率，选出效益最优的方案。

（5）用净现值和净现值比率评价和比较方案时，各方案的寿命周期应基本相同，才能满足可比性。对不同寿命周期方案进行比较时，应采用适宜的方式将其寿命周期转换或折算成相同年限。

（二）净现值比率法

用净现值评价投资项目时，没有考虑其投资额的大小，因而不能直接反映资金的使用效率。为此，引入净现值比率作为净现值的辅助指标。

净现值比率，又称净现值率或净现值指数，它是指净现值与投资额的现值之比值。其计算公式为

$$NPVR = \frac{NPV}{I_p} = \frac{NPV}{\sum_{t=0}^{n} I_t \times \frac{1}{(1+i_0)^t}} \tag{3-22}$$

式中，NPVR 为项目方案的净现值比率；I_p 为项目方案的总投资现值；I_t 为项目方案第 t 年的投资。其余符号与式（3-20）相同。

净现值比率反映了方案的相对经济效益，即反映了资金的使用效率，它表示单位投资现值所产生的净现值，也就是单位投资现值所获得的超额净效益。

用净现值比率评价方案时，当 NPVR ≥ 0 时，表示方案可行；当 NPVR ＜ 0 时，方案一般不可行。用净现值比率进行方案比较时，以净现值较大的方案为优。

案例 3-10　设有 A、B 两种方案，它们的各自初始投资额和各年净收益如表 3-7 所示。如果折现率 $i_0 = 0.1$，试分别用净现值和净现值比率比较方案的优劣。

表 3-7　已知条件

方案	初始投资（万元）	年净收益（万元）				
		第 1 年	第 2 年	第 3 年	第 4 年	第 5 年
A	2000	560	560	560	560	560
B	1100	320	320	320	320	320

　　分析　题目中已知两种方案的初始投资、每年的净收益和折现率，通过净现值和净现值比率的计算公式进行计算。

　　解：（1）净现值法

$$NPV(A) = \sum_{t=0}^{n} CF_t (1+i_0)^{-t}$$

$$= 560 \times \frac{(1+0.1)^5 - 1}{0.1 \times (1+0.1)^5} - 2000$$

$$= 560 \times 3.7908 - 2000 = 122.8（万元）$$

$$NPV(B) = \sum_{t=0}^{n} CF_t (1+i_0)^{-t}$$

$$= 320 \times \frac{(1+0.1)^5 - 1}{0.1 \times (1+0.1)^5} - 1100$$

$$= 113.1（万元）$$

　　因为 NPV(A)＞NPV(B)，故仅从净现值大小看，方案 A 较优。

　　（2）用净现值比率法

$$NPVR(A) = \frac{NPV(A)}{I_p(A)} = \frac{122.8}{2000}$$

$$= 0.0614（万元）$$

$$NPVR(B) = \frac{NPV(B)}{I_p(B)} = \frac{113.1}{1100}$$

$$= 0.1028（万元）$$

　　因 NPVR(B)＞NPVR(A)，故方案 B 较优。

　　由计算结果可见，两种方法对方案的比较结果截然不同。但认真分析表 3-7 中的数据可知，方案 A 的投资是方案 B 的两倍，而其年净收益现值却不到方案 B 的两倍。根据净现值比率的含义，方案 B 除确保投资得到 10% 的基准收益率或偿还贷款利息外，每万元还带来 0.1028 万元的额外经济收益（现值），而方案 A 仅能带来 0.0614 万元的额外经济收益。实际上，方案 B 优于方案 A。

　　以上表明，在进行多方案对比时，有时不能简单地根据净现值的大小来优选。因为净现值只反映了盈利额的多少，并没有指出这种盈利额所花费的投资额，也就是说没有直接反映资金的利用效率。因而，净现值大的方案不一定是经济效果最好的方案。只用净现值指标来评价方案的效益对投资额大的方案有利，而可能忽略掉投资额较小、经济效益好的方案。因此，在用净现值评价方案时，还应同时计算净现值比率作为辅助评价指标。尤其是两种方案的投资额相差较大时，净现值比率指标在优选方案时更显重要。

（三）净年值

当用净现值法比较和评价方案时，如果方案的寿命周期不同，需要转换成相同的年限，其过程较为烦琐。有的情况下，这种年限的处理结果不合理，难以正确地进行方案的比较。因此，经常采用年值法来解决此类问题。

年值法是将项目方案在寿命周期内不同时间点发生的所有现金流量，均按设定的折现率换算为与其等值的等额分付年金。由于都换算为一年内的现金流量，而且各年现金流量相等，满足时间可比较性，从而可对方案进行评价、比较和选优。年值法一般可分为净年值法和年费用法两种。

净年值（NAV）将方案寿命期内逐年的现金流量换算成等额净年金。求一个项目的净年值，可以先求该项目的净现值或净终值，然后乘以资金回收系数进行等值变换求解。净年值的计算公式为

$$NAV = NPV(A/P, i, n)$$
$$= \left[\sum_{t=0}^{n} CF_t (1+i_0)^{-t} \right] \left[\frac{i_0(1+i_0)^n}{(1+i_0)^n - 1} \right] \tag{3-23}$$

当投资方案只有初始投资 I，而每年等额净收益为 CF，方案寿命周期结束时的残值为 F 时，上式可简化为

$$NAV = CF + F(A/F, i_0, n) - I(A/P, i_0, n) \tag{3-24}$$

应用净年值法来评价对比方案时，一般是以净年均值为标准，故也称为净年均值法。

根据式（3-23）可以看出对一个项目进行评价时，净现值（NPV）和净年值（NAV）的结论是一样的。因为 NPV＞0 时，NAV＞0 表明项目可行；NPV＜0 时，NAV＜0，表明项目一般不能接受。因此，在技术经济评价中，很少采用净年值指标。

而比较多方案时，因为净年值的大小体现了方案在寿命周期内每年除能获得设定收益率的收益外，还能获得等额超额收益。所以，对于寿命不相等的互斥方案进行比较和选择时，净年值法比净现值法有独到的便捷之处。

案例 3-11　某医药企业拟购置一套生产装置，已知 A、B 两种方案均能满足使用要求，有关的经济情况列于表 3-8。试在基准折现率为 10%的条件下选择经济上有利的方案。

表 3-8　案例 3-11 的已知条件

方案	初始投资（万元）	年收益（万元）	寿命期（年）
A	150	50	4
B	240	60	6

分析　很明显，由于两种方案的使用年限不一致，同时使用寿命默认为方案寿命结束时残值为 0，所以采用式（3-24）净年值求解比较方便。

解：用净年值指标选择方案，因投资方案仅有初始投资 I，故可用式（3-24）。

$$NAV(A) = 50 - 150(A/P, 10\%, 4)$$
$$= 50 - 150 \times \frac{0.1 \times (1+0.1)^4}{(1+0.1)^4 - 1}$$
$$= 2.7 (万元)$$

$$\text{NAV(B)} = 60 - 240(A/P,10\%,6)$$
$$= 60 - 240 \times \frac{0.1 \times (1+0.1)^6}{(1+0.1)^6 - 1}$$
$$= 4.9(万元)$$

NAV(A)<NAV(B)，故方案 B 优于方案 A。

在这个案例中，两种方案的寿命周期不同。如果用前面介绍的净现值法，就需将计算期扩大到两种方案寿命（4 年和 6 年）的最小公倍数（12 年）。在这样的条件下计算出的结果很难保证有实际意义。而采用净年值法，在对寿命期不同的多方案进行比较时，则避免了净现值法的不足。这是净年值法独特的优点。

（四）年费用法

在对多个方案进行比较和评价时，如果各方案只有费用的差异，而产出效果相同，或者满足相同需要的程度基本相同，但其效益难以用价值形态计量（如教育、卫生保健、环境保护、国防等）时，可采用年费用法。

年费用法亦称年费用比较法或费用年值法，是按设定的收益率将各方案寿命周期内、不同时间点发生的所有支出费用换算为与其等值的等额分付序列年费用，从而以此年费用比较、评价和选择方案。其计算式为

$$AC = PC(A/P,i_0,n)$$
$$= \left[\sum_{t=0}^{n} CO_t(P/F,i_0,t)\right](A/P,i_0,n) \tag{3-25}$$

式中，AC 为年费用或费用年值；CO_t 为第 t 年现金流出；PC 为费用现值。其他符号与式（3-21）相同。

费用现值可以看作是由净现值转化而来的，费用现值和年费用的关系类似于净现值和净年值的关系，两者是等效评价指标，但各有其计算特点及适用范围。年费用通常只用于多方案的比较和选择，其评判准则如下：年费用或费用现值最小者为最优方案。

案例 3-12 某拟定项目有三个方案，它们都满足同样的需求，其费用如表 3-9 所示。基准折现率 $i_0 = 10\%$，试用年费用法和费用现值法选择最优方案。

表 3-9　三个方案的费用情况　　　　　　　　　　（单位：万元）

方案	总投资（第 0 年）	年运营费用（第 1 年到第 10 年末）
A	100	30
B	80	35
C	200	25

分析 题目中已知每年的总投资和年费用，运用公式进行计算即可。

解： 依据题意和式（3-25），各方案的费用现值为

$$PC_A = 100 + 30 \times \frac{(1+0.1)^{10}-1}{0.1 \times (1+0.1)^{10}}$$
$$= 284.3（万元）$$

$$PC_B = 80 + 35 \times \frac{(1+0.1)^{10} - 1}{0.1 \times (1+0.1)^{10}}$$
$$= 295.1（万元）$$

$$PC_C = 200 + 25 \times \frac{(1+0.1)^{10} - 1}{0.1 \times (1+0.1)^{10}}$$
$$= 353.6（万元）$$

可进一步计算各方案的年费用为

$$AC_A = 284.3 \times \frac{0.1 \times (1+0.1)^{10}}{(1+0.1)^{10} - 1} = 46.27（万元）$$

$$AC_B = 295.1 \times \frac{0.1 \times (1+0.1)^{10}}{(1+0.1)^{10} - 1} = 48.03（万元）$$

$$AC_C = 353.6 \times \frac{0.1 \times (1+0.1)^{10}}{(1+0.1)^{10} - 1} = 57.61（万元）$$

根据选优准则，费用现值和年费用的计算结果都表明，方案 A 最优，方案 B 其次，方案 C 最差。

四、内部收益率法

内部收益率（internal rate of return，IRR），又称内部报酬率。在技术经济评价方法中，除净现值法以外，内部收益率法是另一种最为重要的动态评价方法。

（一）内部收益率的概念

对于任何一项技术方案，在寿命周期内，其净现值通常是随着折现率的增大而减小。当折现率增大到某一特定的数值（$i_0 = IRR$）时，净现值为零，即收益现值等于成本现值。该指标反映的是工程项目投资所能达到的收益率水平，其大小完全取决于方案本身，因此称为内部收益率。内部收益率的表达式如下。

$$\sum_{t=0}^{n} CF_t (1 + IRR)^{-t} = 0 \qquad (3\text{-}26)$$

如果投资现值为 I，投产以后每年都取得相等的年净收益 CF，内部收益率 IRR 可按如下公式计算。

$$CF(P/A, IRR, n) = I \qquad (3\text{-}27)$$

将计算得到的内部收益率 IRR 与项目的基准收益率 i_0 相比较。当 IRR $\geqslant i_0$ 时，则表示项目方案的收益率已超过或者达到基本的或通常的水平。若 IRR$<i_0$，表明项目方案的收益率未达到设定的收益水平，不应接受。

内部收益率的经济含义可以理解为工程项目对占用资金的恢复能力，同时也可以理解为工程项目对初始投资的偿还能力或该项目对贷款利率的最大承受能力。对于一个工程项目来说，如果折现率取其内部收益率时，则该整个计算期内的投资恰好得到全部回收，净现值等于零。也就是说，该方案的动态投资回收期等于方案的计算期。一般来说，内部收益率越高，项目的投资效益越好。

采用内部收益率的优点主要如下。

（1）揭示了工程项目所具有的最高获利能力，从而成为评价项目效益的非常有效的工具。

（2）它可以在项目寿命期的任何时间点上进行测算，并获得同一结果，即时间点的选择并不影响项目获利能力的表现。

应用 IRR 对单独一个项目进行经济评价的标准是：IRR 大于或等于行业基准收益率时，则认为项目在经济上是可以接受的；若 IRR$<i_0$，则该项目在经济上予以拒绝。

（二）内部收益率的计算及方案评价

由于式（3-26）是一个高次方程，难以直接求解，常采用试差法求得 IRR 的值。一般的计算程序如下：先假设一个初值 i 代入式（3-26），当净现值［即式（3-26）的左边］为正时，增大 i 值；如果净现值为负，则减少 i 值。直到净现值等于零，这时的折现率即为所求的内部收益率 IRR。

常采用的试差法有如下两类。

1. 手动试差法 给定一初值 i 试算，直到两个折现率 i_1 和 i_2 之差一般不超过 2%～5%，且 i_1 和 i_2 所对应的净现值 NPV_1 和 NPV_2 分别为正值和负值，可以用下述插值公式计算 IRR。

$$\frac{IRR-i_1}{i_2-i_1}=\frac{\left|NPV_1\right|}{\left|NPV_1\right|+\left|NPV_2\right|} \tag{3-28}$$

即

$$IRR=i_1+\frac{\left|NPV_1\right|}{\left|NPV_1\right|+\left|NPV_2\right|}(i_2-i_1) \tag{3-29}$$

2. 计算机迭代法 用计算机试差求内部收益率更快捷、准确，通常采用牛顿迭代法。其迭代公式为

$$X_{K+1}=X_K-\frac{F(X_K)}{F'(X_K)} \tag{3-30}$$

迭代计算框图如图 3-1 所示。

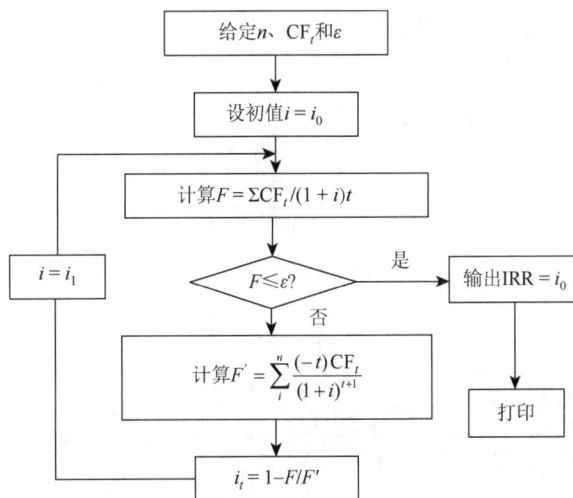

图 3-1 收益率计算

案例 3-13 某技术方案在其寿命周期（$n=7$ 年）内各年的净收入列于表 3-10 中。试求该方案的内部收益率。

表 3-10 技术方案各年的净收入   （单位：万元）

年份	1	2	3	4	5	6	7
净收入	−1000	190	240	280	300	320	320

分析 题目中已知各年的净收入，求解方案的内部收益率，采用手动试差法。用试差法计算的基本步骤如下。

（a）先假设一折现率 i，计算出各年的折现系数 $\dfrac{1}{(1+i)^t}$。

（b）计算出各年的现值 $\mathrm{NPV}_t = \mathrm{CF}_t \dfrac{1}{(1+i)^t}$。

（c）将各年的现值加和，得到净现值 $\mathrm{NPV} = \sum \mathrm{NPV}_t$。

（d）如果计算出的 $\mathrm{NPV}>0$，则增大原假设的折现率 i，再从头计算，一直到新的折现率 i_2 使 NPV_2 小于零。前一个折现率为 i_1，净现值为 $\mathrm{NPV}_1>0$。

（e）代入式（3-27），计算出内部收益率 IRR。

解：假设 $i=14\%$ 时，各年的折现系数及现值分别为

第一年：折现系数 $= \dfrac{1}{(1+0.14)} = 0.887$

$\qquad\qquad$ 现值 $= -1000 \times 0.887 = -887$

第二年：折现系数 $= \dfrac{1}{(1+0.14)^2} = 0.769$

$\qquad\qquad$ 现值 $= 190 \times 0.769 = 146$

$\qquad\qquad\vdots$

各年的折现系数、现值列于表 3-11 的第三、四列中，将各年的现值加和，得

$$\mathrm{NPV}_1 = -887 + 154 + \cdots = 17.0（万元）>0$$

此时，再假设一个折现率 $i_2 = 15\%$，此时也可算出各年的折现系数、现值等，相应的净现值 $\mathrm{NPV}_2 = -1.0$ 万元 <0，如表 3-11 的第五、六列所示。以上表明，使 $\mathrm{NPV}=0$ 的 IRR 一定位于 $14\%\sim 15\%$。用插值公式（3-29）计算。

$$
\begin{aligned}
\mathrm{IRR} &= i_1 + \frac{|\mathrm{NPV}_1|}{|\mathrm{NPV}_1| + |\mathrm{NPV}_2|}(i_2 - i_1) \\
&= 0.14 + \frac{17.0}{|17.0| + |-1.0|}(0.15 - 0.14) \\
&= 0.149 = 14.9\%
\end{aligned}
$$

表 3-11 计算结果

年份	各年净收入 CF_t（万元）	折现率 $i_1 = 14\%$		折现率 $i_2 = 15\%$	
		折现系数 $\dfrac{1}{(1+i)^t}$	现值 NPV_t（万元）	折现系数 $\dfrac{1}{(1+i)^t}$	现值 NPV_t（万元）
1	−1000	0.877	−887	0.870	−870
2	190	0.769	146	0.756	144
3	240	0.675	162	0.658	158
4	280	0.592	166	0.572	160

续表

年份	各年净收入 CF_t（万元）	折现率 $i_1=14\%$		折现率 $i_2=15\%$	
		折现系数 $\frac{1}{(1+i)^t}$	现值 NPV_t（万元）	折现系数 $\frac{1}{(1+i)^t}$	现值 NPV_t（万元）
5	300	0.519	156	0.497	149
6	320	0.456	146	0.432	138
7	320	0.400	128	0.376	120
净现值 NPV		$NPV_1=17.0$		$NPV_2=-1.0$	

（三）内部收益率方程多解的问题

内部收益率方程式（3-26）是一元高次方程。为清楚起见，令 $(1+IRR)^{-1}=X$，$CF_t=a_t$，则式（3-26）可变为

$$a_0+a_1X+a_2X^2+\cdots+a_nX^n=0 \tag{3-31}$$

即上式为一元 n 次方程，n 次方程有 n 个根（包括复数根和重根），其正数根的个数可能不止一个。有可能出现多个解的情况，也可能出现无解。

内部收益率方程有、无解，或出现多解，与项目现金流量的变化状况有关，可能有如下几种情况。

（1）净现金流量序列的正负号变化一次，故只有一个正实数根。例如，案例 3-13 中的净现金流量，见表 3-11。这类项目称为常规项目，内部收益率可得到有物理意义的唯一解。

（2）净现金流量序列都是正值或负值，净现值曲线与水平轴不相交，内部收益率无解。这种情况极少出现。这是非常规项目的一种，不适宜用内部收益率法评价。

（3）净现金流量序列正负号变化一次以上，内部收益率仅有一个正实数根。例如，表 3-12 中的方案 A，其净现金流量正负号变化三次，从而内部收益率计算式可解出三个实数根，分别如下：$r_1=0.1591$，$r_2=-2.06$，$r_3=1.44$。作为内部收益率方程的解，负数无实际经济意义，只有实根正数 r_1 可能为内部收益。

（4）现金流量序列正负号变化一次以上，内部收益率方程有多个正实数根。例如，表 3-12 中的方案 B，其净现金流量变化三次，经计算求出三个正实数根，分别为 $r_1=0.17$，$r_2=0.35$，$r_3=1.48$，如图 3-2 所示。这三个正实数根是否都是内部收益率，或者某些是内部收益率？这需要依据内部收益率的经济含义对这些根进行分析才能确定。

表 3-12　具有不同实根的两个方案净现金流量　　（单位：万元）

方案	年份					
	0	1	2	3	4	5
A	−80	60	40	−100	70	50
B	−92	460	−720	360	0	0

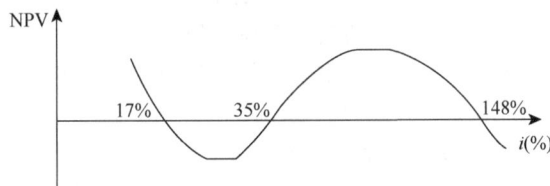

图 3-2　方案 B 的净现金流量曲线

对于多解时，判别或检验方程的根是否为内部收益率的法则如下：在该折现率（实根）条件下，项目寿命期内是否始终存在未被收回的投资，且只有在寿命周期末才完全收回。

依据上述法则，对表 3-12 中的方案 A 进行判别，计算在 $r_1 = 0.1563 = 15.63\%$ 条件下的净现金流量现值及其累计值，即资金的回收状况，见表 3-13。

表 3-13 方案 A 的净现金流量现值及其累计值 （单位：万元）

年份	0	1	2	3	4	5
净现金流量	−80.00	60.00	40.00	−100.00	70.00	50.00
净现金流量现值	−80.00	51.76	29.78	−64.22	38.78	23.90
净现金流量现值累计值	−80.00	−28.24	1.54	−62.68	−23.9	0.00

判断内部收益率方程的解是否是所求的内部收益率时，遵循的规则是各年的净现金现值累计值在项目周期最后一年刚好为零，即收回投资外，其余各年的累计值均为负，即均有未收回的投资余额。但是从表 3-13 中可见，当内部收益率为 0.1591 时，方案 A 的净现值累计在第 2 年出现了正值的情况，说明当年项目已经有收回的投资余额。所以，方案 A 的解 $r_1 = 0.1591$ 不是内部收益率。

依据上述判别法则，对方案 B 的三个正实根分别进行检验，可知它们均不符合内部收益率的经济意义，所以都不是方案 B 的内部收益率。

其实在大多数情况下，项目寿命初期（投资建设期和投产初期），净现金流量一般为负值（现金流出大于流入），而当项目进入正常生产期后，收入便会大于支出，净现金流量大于零，IRR 就有唯一的正数解。但是在某些项目中，如果生产期内大量追加投资，或者在某些年份集中偿还债务，或者经营费用支出过多，都有可能会导致净现金流量的正负号变化多次出现，如表 3-12 中 A 的非常规项目。

（四）差额投资内部收益率

1. 概念和计算 差额投资内部收益率（differential internal rate of return），又称为追加投资内部收益率或增量投资内部收益率，是两个方案净现值差额为零时的折现率。其计算公式为

$$\sum_{t=0}^{n} (CF_{t_2} - CF_{t_1})(1 + \Delta IRR_{2/1})^{-t} = 0 \qquad (3-32)$$

如果方案中各年的净收益相同，式（3-32）可简化为

$$\Delta CF(P/A, \Delta IRR_{2/1}, n) - \Delta I = 0 \qquad (3-33)$$

式中，CF_{t_2} 为投资额大的方案第 t 年的净现金流量；CF_{t_1} 为投资额小的方案第 t 年的净现金流量，$\Delta CF = CF_2 - CF_1$；$\Delta IRR_{2/1}$ 为差额投资内部收益率；$\Delta I = I_2 - I_1$。由上式可导出：

$$NPV_2 - NPV_1 = 0$$

即

$$NPV_1 = NPV_2$$

可见，差额投资内部收益率也是两个方案净现值相等时的内部收益率。

式（3-32）也是一个高次方程，所以，求解差额投资内部收益率 $\Delta IRR_{2/1}$ 的方法与前述介绍的求解内部收益率 IRR 的方法相同。

2. 差额投资内部收益率用于多方案评价 设有两个技术方案，它们的内部收益率 i_1 和 i_2 均大于基准收益率 i_0，方案 1 的投资额比方案 2 的投资额大。如果 $\Delta IRR_{2/1} > i_0$，则表明投资额小的第 2 方案优于第 1 方案；如果 $\Delta IRR_{2/1} < i_0$，则表明投资额大的第 1 方案优于第 2 方案。

当用于多方案评选时，首先，从所有可供考虑的方案中选出 IRR≥i_0 的方案。然后，对选出的方案，按初始投资额从少到多的顺序排列，从投资额最少的方案开始，与后一个投资额较多的方案进行比较，即计算前后两个方案的差额投资内部收益率 $\Delta IRR_{j+1/j}$，如果 $\Delta IRR_{j+1/j}>i_0$，则选择投资额较大的方案；反之，则选择投资额较小的方案。将选出的方案再与后一个投资额较大的方案比较，计算出它们的 $\Delta IRR_{j+1/j}$。按上述方式顺次比较，直到选出最优方案。

应当注意，用差额投资内部收益率法比较和评选方案时，相比较的方案必须具有相同的寿命周期，即相同的计算期，这样才能保证方案的时间可比性。差额投资内部收益率也只能体现两对比方案的相对经济能力或经济效益。这些对比的方案在经济上是否可以接受应用内部收益率判别。

案例 3-14 某制药生产厂拟处理生产中排放的废水并回收其中的有用成分。有如下三种技术方案可供选择（表 3-14），设基准折现率为 12.0%，方案寿命周期均是 5 年。试比较并选优。

表 3-14 已知条件表

技术方案	1	2	3
投资（万元）	600	1050	1380
年净收益（万元）	180	300	400

分析 按照上述多个方案的比选，需要确认这些方案是否都可行。题目中已知基准折现率，所以采用内部收益率对 3 个方案进行判断，再在可行的方案中用差额投资内部收益率进行评价。

解： （1）三种技术方案每年的年净收益相同，根据式（3-27），各方案的内部收益率可计算如下：

方案 1：
$$180(P/A, IRR_1, 5) - 600 = 0$$

即
$$180 \times \frac{(1+i_1)^5 - 1}{i_1(1+i_1)^5} - 600 = 0$$

当

$$i_1 = 0.15, NPV_1 = 3.39（万元）$$
$$i_2 = 0.08, NPV_2 = -10.62（万元）$$

所以

$$IRR = 0.15 + \frac{|3.39|}{|3.39| + |-10.62|} \times (0.16 - 0.15)$$
$$= 0.1524 = 15.24\%$$

方案 1 的投资内部收益率大于基准收益率，故方案 1 可行。

方案 2：
$$300(P/A, IRR_2, 5) - 1050 = 0$$

用与方案 1 同样的试差法和插值公式，解得 $IRR_2 = 13.20\% > 11.0\%$ 表明方案 2 也是可行的。

方案 3：
$$400(P/A, IRR_1, 5) - 1380 = 0$$

同理可解得
$$IRR_3 = 13.80\% > 11.0\%$$

方案 3 可行，并且 $IRR_1 > IRR_3 > IRR_2$。

（2）尽管上述结果表明三种方案都是可行的，但它们的投资额不同，有的甚至相差较大，应计算差额投资内部收益率，从而判断哪种方案更有优势。

根据式（3-33），方案 2 与方案 1 相比较：

$$\Delta CF(P/A, \Delta IRR_{2/1}, 5) - \Delta I = 0$$

即

$$(300-180)(P/A, \Delta IRR_{2/1}, 5) - (1050-600) = 0$$

$$120(P/A, \Delta IRR_{2/1}, 5) - 450 = 0$$

用试差法解得

$$\Delta IRR_{2/1} = 10.45\% < 11.0\%$$

说明方案 1 优于方案 2，故取方案 1。

方案 3 与方案 1 比较：

$$(400-180)(P/A, \Delta IRR_{3/1}, 5) - (1380-600) = 0$$

即

$$220(P/A, \Delta IRR_{3/1}, 5) - 780 = 0$$

解得

$$\Delta IRR_{3/1} = 12.68\% > 11.0\%$$

此差额投资内部收益率大于基准收益率，应选择方案 3。所以，方案 3 是最优方案。

注意：当用 NPV 和 IRR 对多方案进行评价和选优时，可能出现矛盾的情况，即 $NPV_1 > NPV_2$，而 $IRR_1 < IRR_2$。由于相比较方案的投资额不同，应用差额投资内部收益率 ΔIRR 来比较，其与用净现值大小比较、选优的结果一致。

但对案例 3-14，因为 $IRR_1 > IRR_3 > IRR_2$。若依据内部收益率大小选优，应认为方案 1 为最优方案。但它们的净现值分别为

$$NPV_1 = CF \frac{(1+i_0)^n - 1}{i_0(1+i_0)^n} - I$$

$$= 180 \times \frac{(1+0.12)^5 - 1}{0.12(1+0.12)^5} - 600$$

$$= 48.9 \text{（万元）}$$

$$NPV_2 = 300 \times \frac{(1+0.12)^5 - 1}{0.12(1+0.12)^5} - 1050$$

$$= 31.4 \text{（万元）}$$

$$NPV_3 = 400 \times \frac{(1+0.12)^5 - 1}{0.12(1+0.12)^5} - 1380$$

$$= 61.9 \text{（万元）}$$

可见，$NPV_3 > NPV_1 > NPV_2$，方案 3 为最优，这与用差额投资内部收益率选优的结果吻合，但却与用内部收益率法的选优结果不一致。所以，内部收益率一般不作为方案比较和选优的指标，即不能以内部收益率大小排序来判别各方案的优劣，仅用来判断方案是否可行。

学习思考题（study questions，SQ）

SQ3-7 用净现值法对投资额相差较大的两个方案进行比较时，其结果是否准确？有什么辅助的判断方法？

SQ3-8 将净现值方法用于多方案比较和评价时，这些方案应满足什么条件才具有可比性？

SQ3-9 用净现值法对投资额相差较大的两个方案进行比较时，其结果是否准确？有什么辅助的判断方法？

SQ3-10 当用内部收益率方程求解项目的内部收益率时，求出的解是否一定是项目的内部收益率？如何判别？

第四节　多方案评价与选择

一、概　　述

对单个项目的评价，运用价值型指标、比率型指标和时间型指标得到的结论是一致的，但是在实际工作中，为一项拟议的投资，通常要提出不止一个项目方案，因而就需对多方案进行比较和选优。对多项目方案的决策采用不同类型的指标，得到的评价结论未必一致，甚至是截然相反也是有可能的。这是因为在多项目方案的决策问题中，考察的对象不是一个方案，而是一个由多种方案组成的方案集：所追求的目标不是单个方案的局部最优，而是方案集的整体最优。因此，首先应该明确方案间的相互关系，然后才能考虑采用合适的评价指标和方法进行方案的比较和选择。根据方案的特点，可分为如下几种类型。

独立型方案（independent project），是指项目方案的采纳与否，只受自身条件的制约，不影响其他方案的采纳或拒绝。这种类型方案的现金流量是独立的，互不相关。如果评价的对象是单一方案，可以认为是独立型方案的特例。

互斥型方案（exclusive project），是指各方案之间存在互不相容、互相排斥的关系。对各个互斥方案只能选择其中之一，其余必须放弃。

混合型方案（hybrid schemes），是指在一组可选方案中，既有互斥型又有独立型方案的情况。

除了以上三种较常见的类型外，还有相互依存型方案、现金流相关型方案和互补型方案。

由于各方案的性质、类型及相互之间的关系各不相同，经济效益比较和评价有一定的复杂性。所以简单地使用前述介绍的一些评价指标和方法，有可能难以获得正确的结论。为此，本节将在投资方案类型认识的基础上，根据其类型、相互之间的关系等，进一步讨论如何运用前面介绍的各种指标和方法对各方案进行全面的评价和选择。

二、独立型方案的评价与选择

所谓独立型方案，就是诸方案之间没有排他性，只要条件（如资金）允许，就可以选择符合条件的多个方案，多个方案之间可以共存，各方案是否被取舍完全取决于方案本身。独立型方案的效果之间具有加和性，即投资、经营费用与投资效益之间具有可加性。独立型方案的评价和选择可分为资金不受限制和资金有限制两种情况。

（一）资金不受限制时的评价与选择

在资金不受限制的条件下，独立型方案的采纳与否只取决于方案自身的经济效益如何。所以，只需检验它们能否通过净现值、净年值或内部收益率指标的评价标准，即方案在经济上是否可行。在这种条件下，独立方案的评价和选择与单一方案是相同的。

案例 3-15　两个独立方案 A、B，方案 A 的初始投资为 250 万元，从第一年到第十年每年的净收入为 50 万元；方案 B 的初始投资为 210 万元，从第一年到第十年每年的净收入为 30 万元（$i_0 = 10\%$）。

分析　已知两个方案的初始投资和净现金流量，并且没有其他的限制条件，判断两者的净现值的大小即可。

解：运用式（3-21），两个方案的净现值分别为

$$NPV_A = CF_A(P/A, i, n) - I_A$$
$$= 50 \times \frac{(1+0.10)^{10} - 1}{0.1(1+0.10)^{10}} - 250$$
$$= 57.23 \text{ (万元)}$$

$$NPV_B = CF_B(P/A, i, n) - I_B$$
$$= 30 \times \frac{(1+0.10)^{10} - 1}{0.1(1+0.10)^{10}} - 210$$
$$= -5.66 \text{ (万元)}$$

由于 $NPV_A > 0$，而 $NPV_B < 0$，则方案 A 可接受，方案 B 予以拒绝。对于这类方案，也可用净年值 NAV 或内部收益率 IRR 进行评价，结论一样。

（二）资金有限制的评价与选择

对于资金有限的条件，不能保证通过绝对经济效益检验的所有方案被采纳，必须放弃其中一些方案。在这种条件下的评价和选择应使一定的总投资发挥最佳的效益。为此，通常可采用净现值比率排序法和互斥组合法。

1. 净现值比率排序法 这种方法是首先计算各方案净现值比率，然后将其比率大于或等于零的方案按净现值比率大小排序；最后依此排序情况从大至小选取方案，直到所选方案的投资总额接近或等于投资总额限制条件为止。这样，所选出的方案是在一定投资限制条件下，具有最大的净现值。

净现值比率排序法的基本思路是单位投资的净现值越大，在一定投资限额内能获得的净现值总额也越大。用这种方法比较和选优的特点是含义明确、计算简便、使用方便。

但由于各方案投资额各不相同，有时很难保证所选出方案的投资累计额能达到计划的资金总额，从而也难以真正获得在一定总资产条件下的最佳效益。另外需注意的是，用这种方法比较和选择方案时，各方案的寿命周期应相同。如果不同，应用净年值的概念或者将其计算期换算为相同，这种情况下以项目的最大寿命 n_{max} 为研究周期，计算第 j 个项目的净现值 $NPV_j(i_0)$ 的公式为

$$NPV_j = \left[\sum_{t=0}^{nj} CF_{jt}(1+i_0)^{-t}(A/P, i_0, n_j)(P/A, i_0, n_{max}) \right] \quad (3\text{-}34)$$

然后根据式（3-21）求出净现值比率即可。

案例 3-16 如表 3-15 所示为 6 个独立投资小项目，$i_0 = 10\%$，总计划投资为 30 000 元，试按净现值比率法进行最佳项目组合的选择。

表 3-15 独立投资项目案例

方案	初始投资（元）	寿命（年）	年净收益（元）
A	10 000	8	2500
B	15 000	10	2800
C	8000	8	2100
D	5000	5	1500
E	12 000	10	2600
F	18 000	10	3000

分析 因为每个项目的寿命不同，所以需要采用式（3-34）进行计算，再按照净现值比率的方法进行排序。

解： 根据式（3-34）计算有

$$NPV_A = \left[\sum_{t=0}^{n_j} CF_A (1+i_0)^{-t} (A/P, i_0, n_j)(P/A, i_0, n_{\max})\right]$$

$$= \left[2500 \times \frac{(1+0.10)^8 - 1}{0.1(1+0.10)^8} - 10\,000\right] \times \frac{0.1(1+0.10)^8}{(1+0.10)^8 - 1} \times \frac{(1+0.10)^{10} - 1}{0.1(1+0.10)^{10}}$$

$$= 3845.9 \text{ （元）}$$

$$NPVR_A = \frac{NPV_A}{I_p}$$

$$= \frac{3845.9}{10\,000} = 0.3846 = 38.46\%$$

依照同样的方法，可以得出各项目的净现值及排序，如表 3-16。

表 3-16 独立方案的净现值比率

方案	初始投资	净现值（NPV）	净现值比率（NPVR，%）	按 NPVR 排序
A	10 000	3845.9	38.46	①
B	15 000	2204.5	14.70	⑤
C	8000	3074.7	38.43	②
D	5000	1112.0	22.24	④
E	12 000	3975.2	33.13	③
F	18 000	434.0	2.41	⑥

从表 3-16 中根据净现值比率法从大到小进行方案选择，直到所选的方案投资累计额满足计划总投资，这些方案依次是 C、A、E，所用资金总额为 30 000 元。

2. 互斥型方案组合法 互斥型方案组合法的基本思想是，将各独立型方案排列组合成若干相互排斥的方案组，再对各方案组用净现值法进行比较，选出在满足投资总额限制条件下净现值最大的方案组合。

这种方法是实现独立型方案最优选择的可靠方法，能保证所选方案的净现值总额最大。

案例 3-17 设有三个独立方案 A、B、C，其初始投资及收益见表 3-17。基准收益率为 10%。若投资限额为 500 万元，试进行方案选择。

表 3-17 独立方案 A、B、C 的投资及收益 （单位：万元）

方案	总投资	第 1~10 年净收益
A	200	40
B	270	60
C	220	38

分析 独立方案的选优可采用前面介绍的两种方法选择方案。

解： （1）净现值比率法：计算过程参照案例 3-16，先计算净现值再计算净现值比率。采用该方法的计算表为表 3-18。各方案的净现值比率均大于 0；按净现值比率大小的顺序，应选择方案 A、B，其净现值总额为 156.8 万元，总投资为 470 万元。

表 3-18 方案 A、B、C 的净现值比率　　　　　　　　　（单位：万元）

方案	投资	第 1～10 年净收益	净现值	净现值比率	净现值比率排序
A	200	42	58.1	0.290	②
B	270	60	98.7	0.365	①
C	220	46	62.7	0.285	③

（2）互斥方案组合法

第一步：对于 k 个独立方案，全部相互排斥的方案组合数共有 2^k 个。对本例有 $2^3 = 8$ 个，列于表 3-19 中。

第二步：计算各组合方案的总投资及净现值总额，具体结果列于表 3-19。

第三步：淘汰净现值总额小于 0 或总投资总额超过总投资限制的方案组，并在余下的组合方案中选出净现值最大的可行方案组，即最优方案组合。从表 3-19 可见，方案组 1、8 应淘汰。

应当指出的是，互斥型方案组合法适用于方案数目较少的情况，若方案数目较多，其组合数目就会很大，计算过程就会显得很复杂。

在余下的方案组 2、3、4、5、6 和 7 中，方案组 7 的投资总额接近计划资金限额，并且净现值总额最大，为 161.3 万元，高于按净现值比率法选出的方案 A、B，所以方案 B、C 为最优。

表 3-19 方案 A、B、C 的互斥组合方案及指标　　　　　　　（单位：万元）

组合方案编号	组合方案构成			投资	第 1～10 年净收益	净现值
	A	B	C			
1	0	0	0	0	0	0
2	1	0	0	200	42	58.1
3	0	1	0	270	60	98.7
4	0	0	1	220	46	62.7
5	1	1	0	470	102	156.7
6	1	0	1	420	88	120.7
7	0	1	1	490	106	161.3
8	1	1	1	690	138	219.4

三、互斥型方案的评价与选择

在技术经济评价中，更多的是对互斥型方案的比较和选优问题。对于一组互斥型方案，只要方案的投资额在规定的投资限额之内，均有资格参加评选。对互斥型方案的评价与选择通常包括两个方面的内容：一是考察各方案自身的经济效益，即进行方案绝对经济效益检验；二是考察哪一个方案相对最优，亦称为相对经济效益检验。两种检验的目的和作用不同，通常缺一不可。只有在多个互斥方案中必须选择一个时，才可以只进行相对经济效益检验。

互斥型方案经济效果评价的主要内容是进行多个方案的比较和选择。要进行方案比较，就应满足方案间的可比性。而实际工作中方案的寿命或计算期可能相同，但更多的是不相同。针对方案寿命周期是否相同，所采用的比较和评价指标也不一样，其方法也有差异。可采用价值型指标（如净现值、费用现值或费用年值）进行方案比较评价，也可用效率型指标（如追加投资内部收益率等）比较和评价方案。但无论采用何种评价指标和方法，都应满足方案间具有可比性的基本要求。

（一）寿命相等的互斥型方案的评价与选择

对于寿命相等的互斥型方案，通常将它们的寿命周期作为共同的计算期或分析期，这样在利用资金等值原理进行经济效果评价时，方案间在时间上才具有可比性。在进行寿命相同方案的比较和选择时，若采用价值型指标，则选择价值型指标最大者为最优；若采用比率型指标，则需要考察不同方案之间追加投资的经济效益，否则可能会导致错误的判断。

1. 净现值、净年值等方法

案例 3-18 有 3 个可供选择的互斥型方案 A、B、C，A 的初始投资为 50 万元，每年的净现金流量为 10 万元；B 的初始投资为 60 万元，每年的净现金流量为 15 万元；C 的初始投资为 56 万元，每年的净现金流量为 9 万元。3 个方案的寿命周期均为 10 年。试用净现值对比方案选优（$i_0 = 10\%$）。

分析：采用净现值对三者进行选优，只需要对各个方案的绝对效果和相对效果进行比较即可。

解：（1）对各方案进行绝对经济效益检验，即分别计算各方案的净现值。运用式（3-21），各方案的现值为

$$NPV_A = CF_A(P/A,i,n) - I_A$$
$$= 10 \times \frac{(1+0.10)^{10}-1}{0.1(1+0.10)^{10}} - 50$$
$$= 11.46（万元）$$

$$NPV_B = 15 \times \frac{(1+0.10)^{10}-1}{0.1(1+0.10)^{10}} - 60$$
$$= 32.17（万元）$$

$$NPV_C = 9 \times \frac{(1+0.10)^{10}-1}{0.1(1+0.10)^{10}} - 56$$
$$= -0.70（万元）$$

因为 $NPV_A > 0$，$NPV_B > 0$，$NPV_C < 0$，所以方案 A、B 经济效果可接受，而方案 C 不予考虑。

（2）对可行方案进行相对经济效益检验，即计算两方案的差额净现值：

$$NPV_{B-A} = NPV_B - NPV_A = 32.17 - 11.46 = 20.71（万元）$$

由于 $NPV_{B-A} > 0$，方案 B 较方案 A 好，即方案 B 的净现值最大。

从上述内容可见，用净现值法对寿命相同的互斥型方案进行评价和选择时，可依据净现值不为负且最大即为最优方案的原则来进行选优。用净现值指标进行互斥型方案评价的上述原则可以推广至净现值的等效指标净年值，即净年值大于或等于零且净年值最大者为最优方案。

对于各方案间只需计算费用差异的互斥型方案，可只进行相对经济效益检验，选择的原则是费用现值或费用年值最小者为最优方案。

2. 内部收益率法

是反映投资使用效率的指标，是测定资金利用好坏的指示器。采用内部收益率评价互斥型方案时，同样需要进行绝对效果检验和相对效果检验。通过各方案内部收益率的计算和比较，内部收益率最高的方案应该是各互斥型方案中经济效果最好的方案。内部收益率本质上是不同于净值法的另外一种项目评价方法，它着眼于资金利用的好坏而不是所得的绝对效果的好坏。

案例 3-19 对案例 3-18 的方案，用内部收益率法评价和选择方案（$i_0 = 10\%$）。

分析　按内部收益率的计算步骤和公式进行计算即可。

解：用内部收益率法评价和选择方案的步骤如下。

（1）计算各方案的内部收益率，检验其绝对经济效益。根据式（3-27）和式（3-29），可得

对于方案 A，假设第一个收益率 $i_1 = 12\%$，则

$$\mathrm{NPV}_1 = \mathrm{CF}(P/A, i, n) - I$$

$$= 10 \times \frac{(1+0.12)^{10} - 1}{0.12(1+0.12)^{10}} - 50 = 6.5（万元）$$

假设第二个收益率 $i_2 = 16\%$，则

$$\mathrm{NPV}_2 = 10 \times \frac{(1+0.16)^{10} - 1}{0.16(1+0.16)^{10}} - 50 = -1.7（万元）$$

根据式（3-29），有

$$\mathrm{IRR}_A = i_{A1} + \frac{|\mathrm{NPV}_{A1}|}{|\mathrm{NPV}_{A1}| + |\mathrm{NPV}_{A2}|}(i_{A2} - i_{A1})$$

$$= 0.12 + \frac{|6.5|}{|6.5| + |-1.7|} \times (0.16 - 0.12)$$

$$= 0.152 = 15.2\%$$

同理，可求出方案 B 的内部收益率 $\mathrm{IRR}_B = 21.4\%$，方案 C 的内部收益率 $\mathrm{IRR}_C = 9.7\%$。

A、B 方案的 IRR 均大于 $i_0 = 10\%$，经济上可行。C 的内部收益率小于 10%，经济上不可取。

（2）对可行方案进行相对经济效益检验，即计算它们的追加投资内部收益率。根据题意，结合式（3-32），可得

$$(15-10)(P/A, \Delta\mathrm{IRR}, 10) - (60 - 50) = 0$$

同样，按照内部收益率的计算方法进行计算得到 $\mathrm{IRR}_{B/A} = 49.2\% > 10\%$，所以方案 B 优于方案 A。这与前面用净现值法的结论是一致的。

但是，在各方案投资额不同、寿命期不同的情况下，采用内部收益率法和净现值法可能得出不同的结论，此时采用内部收益率可能得到错误的结论，应该考虑方案间增量投资的内部收益率。

（二）寿命不相同的互斥型方案的评价与选择

就寿命不相同的互斥型方案的评价与选择原则而言，与寿命相同的互斥型方案一样，均应通过绝对效益检验和相对效益检验（只有费用现金流的互斥方案只需进行相对效果检验）。由于方案的寿命期不一样，其比较的基础就不一样，无法直接进行比较。所以，寿命不相同的互斥型方案的经济效果的比较和选优的关键在于使其相互比较的基础一致，以下介绍几种方法。

1. 净年值法　对寿命不相同的互斥型方案进行评价和选择时，用净年值法是最为简便的方法。设 k 个互斥型方案的寿命周期分别为 n_1、n_2、$\cdots$、n_k，方案 $j(j=1、2、\cdots、k)$ 在其寿命周期内的净年值为

$$\mathrm{NAV}_j = \mathrm{NPV}_j(A/P, i, n_j)$$

$$= \left[\sum_{t=0}^{n_j} \mathrm{CF}_{tj}(P/F, i_0, n) \right](A/P, i_0, n_j) \tag{3-35}$$

式中，CF_{tj} 为方案 j 在第 t 年的净现金流量。

用净年值法评价和选择的准则如下：净年值大于或等于零且净年值最大者为最优可行方案。对于只需计算费用现金流量的互斥型方案，可以用费用年值指标进行评价和选择，其准则是费用年值最小的方案为最优方案。

用净年值对寿命期不相同的互斥型方案进行比选，实际上隐含着做出这样一种假定：各备选方案在其寿命结束后均可按原方案重复实施或以与原方案经济效果水平相同的方案持续。因为一个方案无论重复实施多少次，其净年值是不变的。所以净年值法实际上假设各方案可以无限多次重复实施。在这一假定前提下，净年值以"年"为时间单位比较各方案的经济效果，从而使寿命期不相同的互斥型方案具有可比性。

案例 3-20 有两台功能相同的设备，其不同的部分指标如表 3-20 所示，试在 $i_0 = 12\%$ 的条件下进行选择。

表 3-20 设备 A、B 的差异指标

设备	初始投资（元）	预期寿命（年）	年操作成本（元）
A	3000	6	2000
B	4000	9	1600

分析 题目中已知两种设备的费用支出，使用费用年值法进行计算，只需要比较相对效果即可。

解： 由于两方案的产出相同，是仅需计算费用现金流量的互斥型方案。依据表 3-20 中的数据和式（3-25），可得各方案的费用年值分别为

$$
\begin{aligned}
\text{AC}_A &= \left[\sum_{t=0}^{n}\text{CO}_t(P/F,i_0,t)\right](A/P,i_0,n) \\
&= \left[3000+2000\times\frac{(1+0.12)^6-1}{0.12\times(1+0.12)^6}\right]\times\frac{0.12\times(1+0.12)^6}{(1+0.12)^6-1} \\
&= 2729.7(\text{元})
\end{aligned}
$$

$$
\begin{aligned}
\text{AC}_B &= \left[4000+1600\times\frac{(1+0.12)^9-1}{0.12\times(1+0.12)^9}\right]\times\frac{0.12\times(1+0.12)^9}{(1+0.12)^9-1} \\
&= 2350.7(\text{元})
\end{aligned}
$$

因为 $\text{AC}_A > \text{AC}_B$，所以选择方案 B。

2. 净现值法 当互斥型方案的寿命不相同时，各方案在各自寿命期内的净现值不具有时间可比性，需要设定一个共同的分析期或计算期。计算期的设定应依决策的需要和方案的技术经济特征来决定。一般可采用以下几种处理方法来决定共同的计算期。

（1）寿命期最小公倍数法：此方法亦称原方案重复法，其基本原理是假定可选方案中的一个或者若干个在其寿命期结束后，按原方案重复实施若干次，取各方案寿命期的最小公倍数作为共同的计算期，然后再进行计算和分析比较。这是处理寿命不相同的互斥型方案计算期最常用的方法。

案例 3-21 现有两寿命不相同的互斥方案，其有关数据列于表 3-21。设基准收益率为 10%，试用净现值法选择最优可行方案。

表 3-21 寿命不相同的互斥型方案的数据 （单位：元）

	投资 I	年净收益 CF	使用寿命 n（年）	净残值 F
A	7000	3000	4	400
B	20 000	3300	12	850

分析 在进行两个方案的净现值计算时要尤其注意资金的时间价值。

解：因两个方案寿命的不相同，选两个方案使用寿命的最小公倍数 12 年为共同计算期，因此方案 A 需要在 12 年计算期中的第 4 年末和第 8 年末将原方案进行两次重复。两个方案的现金流量图如图 3-3 和图 3-4 所示。

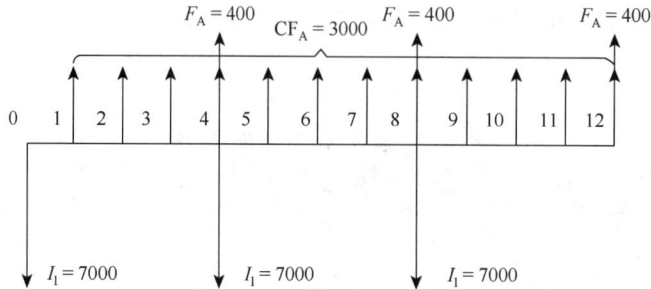

图 3-3　方案 A 的现金流量

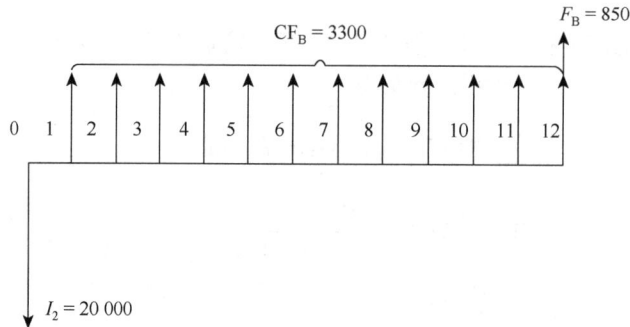

图 3-4　方案 B 的现金流量

则两个方案的净现值计算如下：

$$
\begin{aligned}
\mathrm{NPV_A} &= I_A - I_A(P/F,0.10,4) - I_A(P/F,0.1,8) + \mathrm{CF}_A(P/A,0.1,12) \\
&\quad + F_A(P/F,0.1,4) + F_A(P/F,0.1,8) + F_A(P/F,0.1,12) \\
&= -7000 - 7000 \times 0.683 - 7000 \times 0.4665 + 3000 \\
&\quad \times 6.814 + 400 \times (0.683 + 0.4665 + 0.3186) \\
&= 5982.7(\text{元}) \\
\mathrm{NPV_B} &= -I_B + \mathrm{CF}_B(P/B,0.10,12) + F_B(P/F,0.1,12) \\
&= -20\,000 + 3300 \times 6.814 + 850 \times 0.3186 \\
&= 2757.0(\text{元})
\end{aligned}
$$

因为 $\mathrm{NPV_A} > \mathrm{NPV_B}$，所以选择方案 A。

（2）分析截止期法：依据对未来市场状况和技术经济发展前景的估测，直接选取一个适宜的分析期或计算期，假定寿命短于此计算期的方案重复实施，并对各方案在计算期末的资产余值进行估算，在计算期结束时回收资产余值。如果各方案的寿命期相差不大，一般取最短方案寿命期作为共同计算期。

（3）年值折现法：按设定的共同分析期，将各方案的净现值折现得到方案的净年值，从而对方案进行比较。这实际上是净年值法的另一种形式。设方案 j 的寿命期为 n_j，共同分析为 N，方案 j 的净现值可按如下计算：

$$\text{NPV}_j = \left[\sum_{t=0}^{n_j} \text{CF}_{tj} \cdot (P/F, i_0, t) \right] (A/P, i_0, n_j)(P/A, i_0, N) \tag{3-36}$$

式中，CF_{tj} 为方案 j 在第 t 年的净现金流量；NPV_j 为方案 j 的净现值。

用年值折现法求现值时，共同分析期 N 的取值大小一般不会影响方案的比较和选择结果。但 N 的取值通常不大于最长的方案寿命期，不小于最短的方案寿命期。

用上述分析期处理方法计算出的净现值，用于寿命不相同的互斥型方案比较和选择的准则时：净现值大于或等于零且净现值最大的方案为最优者。对于只需计算费用现金流量的互斥型方案，可参照净现值的准则，即费用现值最小的方案为最优。

案例 3-22　寿命不相同的互斥型方案 A、B 的投资及年净收益列于表 3-22，若 $i_0 = 11\%$，试用净现值法比较和选择方案。

表 3-22　寿命不相同的互斥型方案投资及收益情况　　　　　（单位：万元）

方案	年数						
	0	1	2	3	4	5	6
A	−120	40	40	40	40	/	/
B	−300	90	90	90	90	90	90

分析　按照年值折现的方法进行计算即可。

解：可取最短的方案寿命期 4 年作为共同分析期，用年值折现法分别计算各方案的净现值如下。

$$
\begin{aligned}
\text{NPV}_A &= \left[\sum_{t=0}^{n_j} \text{CF}_{tj} \cdot (P/F, i_0, t) \right] (A/P, i_0, n_j)(P/A, i_0, N) \\
&= \left[40 \times \frac{(1+0.11)^4 - 1}{0.11 \times (1+0.11)^4} - 120 \right] \times \frac{0.11 \times (1+0.11)^4}{(1+0.11)^4 - 1} \times \frac{(1+0.11)^4 - 1}{0.11 \times (1+0.11)^4} \\
&= 4.1 \text{（万元）}
\end{aligned}
$$

$$
\begin{aligned}
\text{NPV}_B &= \left[90 \times \frac{(1+0.11)^6 - 1}{0.11 \times (1+0.11)^6} - 300 \right] \times \frac{0.11 \times (1+0.11)^6}{(1+0.11)^6 - 1} \times \frac{(1+0.11)^4 - 1}{0.11 \times (1+0.11)^4} \\
&= 59.2 \text{（万元）}
\end{aligned}
$$

由于 $\text{NPV}_B > \text{NPV}_A$，所以选择方案 B。

3. 内部收益率法　用内部收益率法也可以对寿命不相同的互斥型方案进行评价和选择。首先对方案的可行性进行评价，然后对可行的方案用追加投资内部收益率进行比较和选优。

对方案可行性的判别一般用净年值、净现值或内部收益率等。计算寿命不相同的互斥型方案的追加投资内部收益率方程，可用使两个方案净年值相等的形式表达。设互斥方案 A、B 的寿命期分别为 n_A、n_B，计算其追加投资内部收益率的方程为

$$
\begin{aligned}
&\left[\sum_{t=0}^{n_A} \text{CF}_{tA} \cdot (P/F, \Delta\text{IRR}, t) \right] (A/P, \Delta\text{IRR}, n_A) - \\
&\left[\sum_{t=0}^{n_B} \text{CF}_{tB} \cdot (P/F, \Delta\text{IRR}, t) \right] (A/P, \Delta\text{IRR}, n_B) = 0
\end{aligned} \tag{3-37}
$$

如果相比较方案各年的净现金流量相同，要采用年均净现金流量 CF_A、CF_B，则式（3-37）可简化为

$$
\begin{aligned}
&\left[-I_A + CF_{tA}(P/A, \Delta IRR, n_A)\right](A/P, \Delta IRR, n_A) - \\
&\left[-I_B + CF_{tB}(P/A, \Delta IRR, n_A)\right](A/P, \Delta IRR, n_B) = 0
\end{aligned}
\tag{3-38}
$$

通常，用追加投资内部收益率对寿命不相同的互斥型方案进行比较和选择时，应满足如下条件：初始投资额大的方案年均净现金流量大，且寿命期较长，或者初始投资额小的方案年均净现金流量小，且寿命期较短。设方案 j 的寿命期为 n_j，则方案 j 的年均净现金流量可表示为

$$
CF_j = \frac{1}{n_j} \sum_{t=0}^{n_j} (CI - CO)_{tj}
\tag{3-39}
$$

若 ΔIRR 存在，当 $\Delta IRR > i_0$，表明年均净现金流量大的方案为优；当 $0 < \Delta IRR < i_0$，则年均净现金流量小的方案为优。

案例 3-23　对案例 3-22 的方案，用内部收益率法选择方案。

分析　已知寿命不相同的互斥型方案的投资和年净收益，采用内部收益率法进行比较时，与寿命相同的互斥方案的比较方法和原理类似。

解：（1）检验绝对经济效益，即计算两个方案在各自寿命周期内的内部收益率，其方程式分别为

$$
-120 + 40 \times (P/A, IRR_A, 4) = 0
$$

$$
-300 + 90 \times (P/A, IRR_B, 6) = 0
$$

用手动试差法求得 $IRR_A = 12.6\%$；$IRR_B = 19.9\%$。

由于 IRR_A、IRR_B 均大于基准收益率 11.0%，两个方案均可接受。

（2）追加投资内部收益率比较两个方案。

初始投资大的方案 B 的年均净现金流量（$-300/6 + 90 = 40$）大于初始投资小的方案 A 的年均净现金流量（$-120/4 + 40 = 10$），且方案 B 的寿命周期比方案 A 长，可以用式（3-38）计算追加投资内部收益率如下

$$
\begin{aligned}
&\left[-300 + 95(P/A, \Delta IRR, 6)\right](A/P, \Delta IRR, 6) - \\
&\left[-120 + 43(P/A, \Delta IRR, 4)\right](A/P, \Delta IRR, 4) = 0
\end{aligned}
$$

解得 $\Delta IRR = 24.4\%$

由于 $\Delta IRR > i_0$，应选择投资额较大的方案 B。这与案例 3-22 中采用净现值法的结论一致。

对于仅需计算费用现金流量的相比较方案，求解这类寿命不相同的互斥型方案追加投资内部收益的方程，可采用使两个方案费用年值相等的形式。设 A、B 为只有费用现金流量差异的寿命不相同互斥型方案，求解 ΔIRR 的方程式为

$$
\begin{aligned}
&\left[\sum_{t=0}^{n_A} CA_{tA} \cdot (P/F, \Delta IRR, t)\right](A/P, \Delta IRR, n_A) - \\
&\left[\sum_{t=0}^{n_B} CA_{tB} \cdot (P/F, \Delta IRR, t)\right](A/P, \Delta IRR, n_B) = 0
\end{aligned}
\tag{3-40}
$$

如果各方案的每年费用相等或用年均费用 CA_A、CA_B 表示。则可用如下方程求解 ΔIRR：

$$
\begin{aligned}
&\left[I_A + CA_{tA}(P/A, \Delta IRR, n_A)\right](A/P, \Delta IRR, n_A) - \\
&\left[I_B + CA_{tB} \cdot (P/A, \Delta IRR, n_A)\right](A/P, \Delta IRR, n_B) = 0
\end{aligned}
\tag{3-41}
$$

式（3-40）和式（3-41）中，CA_{tA} 为方案 A 第 t 年的经营费用；CA_{tB} 为方案 B 第 t 年的经营费用；I_A 为方案 A 的投资；I_B 为方案 B 的投资；n_A 为方案 A 的寿命期；n_B 为方案 B 的寿命期。

用费用现金流量计算追加投资内部收益率，以此来对寿命不相同的互斥型方案进行比较和选择时，通常方案应符合如下条件：初始投资额大的方案年均费用现金流量较小，且寿命期较大，或者初始投资额小的方案年均费用现金流量较大，且寿命期较短。

其判别的准则如下：在 ΔIRR 存在的情况下，如果 $\Delta IRR > i_0$，表明年均费用现金流量较小的方案为优；如果 $0 < \Delta IRR < i_0$，则年均费用现金流量较大的方案为优。

方案 j 的年均费用可如下计算：

$$CA_j = \left(\sum_{t=0}^{n_j} CO_{tj}\right)/n_j \qquad (3-42)$$

案例 3-24 根据案例 3-20 的数据，用追加投资内部收益率比较和选择方案。

分析 已知案例 3-20 中 A、B 两种设备的初始投资分别为 3000 元和 4000 元，基准利率为 12%，A 的年操作成本为 2000 元，寿命 6 年。B 的年操作成本为 1600 元，寿命 9 年。

解： 应用式（3-42）可分别计算各方案的年均费用为

$$CA_A = \left(\sum_{t=0}^{n_A} CO_{tA}\right)/n_A$$
$$= 3000/6 + 2000 = 2500.0（元）$$

$$CA_B = \left(\sum_{t=0}^{n_B} CO_{tB}\right)/n_B$$
$$= 4000/9 + 1600 = 2044.4（元）$$

可见，初始投资额大的方案 B 其年均费用 CA_B 小于初始投资额小的方案 A 的年均费用 CA_A，且方案 B 的寿命期长于方案 A 的寿命期，从而可以使用追加投资内部收益率。

根据式（3-41），求解追加投资内部收益率的方程为

$$[3000 + 2500.0 \times (P/A, \Delta IRR, 6)](A/P, \Delta IRR, 6) -$$
$$[4000 + 2044.4(P/A, \Delta IRR, 9)](A/P, \Delta IRR, 9) = 0$$

采用手动试差，解得 $\Delta IRR = 54.1\%$。

由于 $\Delta IRR > i_0$，应选择初始投资额大但年均费用较小的方案 B。

四、混合型方案的评价与选择

对于这类的方案选择，应认真研究各方案的相互关系，最终选择一个最佳的方案组合，而非某一独立方案。通常，混合型方案的评价和选择应按如下基本过程进行。

（1）构成所有可能的组间独立、组内方案互斥的方案组合。

（2）以互斥型方案的比较和选择原则，对各组内的方案进行评价和选择。

（3）在总投资限额条件下，以独立型方案的比较和选择原则，选出最佳的方案组合。

案例 3-25 某医药集团公司拟在其下属的 A、B 两个子公司各投资一个项目，两个子公司各提出三个方案供选择，有关的投资及利润预测如表 3-23 所示。设投资总额分别为 300 万元和 400 万元，试选择最佳方案组合。

表 3-23   A、B 两公司的拟建项目情况   （单位：万元）

工厂	投资方案	初始投资	利润
A	A$_1$	100	40
	A$_2$	200	52
	A$_3$	300	74
B	B$_1$	100	30
	B$_2$	200	46
	B$_3$	300	76

分析   题中已知的 A、B 两个公司之间的方案是独立的，但是内部的方案提出则是互斥的，所以这是一个典型的混合型方案的选择。而每个独立方案组内部互斥型方案的选择应根据题中已知条件提出的利润和初始投资额，所以采用投资利润率进行比较更方便。

解：依据题意，这是一类混合型方案。其比较和选择步骤如下。

（1）形成 A、B 两种方案组合：A、B 两组之间是独立的，但组内 A$_1$、A$_2$、A$_3$ 相互排斥；同样 B$_1$、B$_2$、B$_3$ 也相互排斥，三者中仅能取一个。

（2）组内各方案的比较：根据本题的已知条件，可采用投资效果系数法中的投资利润率指标比较。参照差额或追加投资效果系数的计算，可计算各方案的追加投资利润率。例如，对 A 组方案，以 A$_1$ 为基准，其追加投资利润率计算如下：

$$E_1 = \frac{Y_1}{I_1} = \frac{40}{100} = 40\%$$

$$E_{2/1} = \frac{Y_2 - Y_1}{I_2 - I_1} = \frac{52 - 40}{200 - 100} = 12\%$$

$$E_{3/1} = \frac{Y_3 - Y_1}{I_3 - I_1} = \frac{74 - 40}{300 - 100} = 17\%$$

B 组内各方案的追加投资利润率也以类似方式计算。各方案的结果列于表 3-24。在 A、B 两组内依据追加投资利润率的大小排序，见表 3-24。

表 3-24   各方案的追加投资利润率

	方案 A$_1$	方案 A$_2$	方案 A$_3$	方案 B$_1$	方案 B$_2$	方案 B$_3$
追加投资利润率（%）	40	12	17	30	13	23
利润率的大小排序	①	③	②	①	③	②

组内各方案的比较和选择除可用追加投资利润率指标比较外，还可用作图法进行比较。如图 3-5 和图 3-6 所示，横坐标为投资额，纵坐标为利润额。将各方案所处的点用直线连接起来，则连接直线的斜率即是方案的追加投资利润率。

（3）选择最优方案组合：综合考虑不同方案的投资额、利润额及利润率排序情况，可列出不同的组合方案（表 3-25）。从表 3-25 可见，在总投资额为 300 万元的限制条件下，应选择方案组合 A$_1$ 和 B$_2$；而在总投资额为 400 万元的条件下，以方案组合 A$_1$ 和 B$_3$ 为最佳。

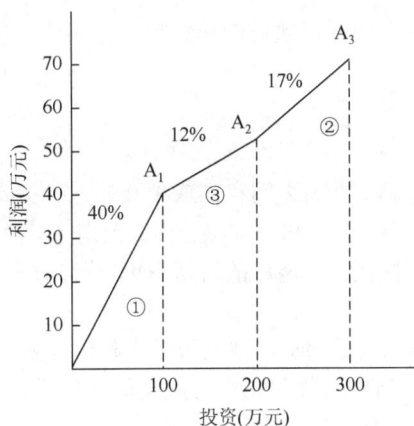

图 3-5 A 组方案比较

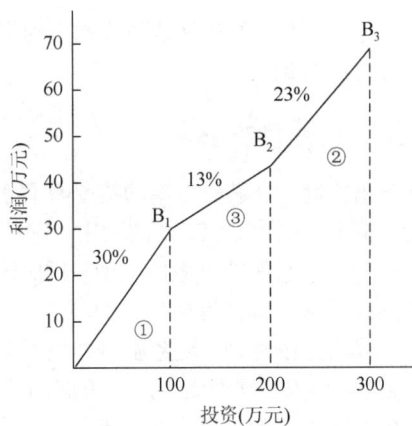

图 3-6 B 组方案比较

表 3-25 方案组合与盈利额 （单位：万元）

	总投资额								
	200	300	400	300	400	600	400	500	600
方案 A	A_1	A_1	A_1	A_2	A_2	A_2	A_3	A_3	A_3
方案 B	B_1	B_2	B_3	B_1	B_2	B_3	B_1	B_2	B_3
总盈利额	70	86	116	82	98	128	104	120	150

五、其他类型方案的评价与选择

在进行各方案的评价和选择时，除可能会有上述介绍的独立型、互斥型和混合型方案外，还可能有其他几种不同类型的方案。下面将分别介绍。

（一）相互依存型方案

在两个或多个方案之间，某一方案的实施要求同时接受另一方案，那么方案之间具有相互依存性。由于某一方案的实施以另一方案的接受为条件，故亦称为条件性。例如，制药企业生产注射剂项目（方案 B）必须建立注射用纯化水系统项目（方案 A），尽管引进纯化水系统并不一定非要用于生产注射剂；但是如果不是为了生产注射剂，也不必实施注射用纯化水系统项目。在这种情况下，生产注射剂的投资方案和引进纯化水系统的方案实际上是相互依存的。再如，某医药集团计划投资建设无菌制剂的生产车间（方案 B），就必须考虑建设合适的空调系统（方案 A），尽管空调系统的建设不一定非要用于无菌制剂的生产车间。但是正是无菌制剂车间的建设直接导致空调系统的需要，所以这两个投资方案也是相互依存的。

（二）现金流相关型方案

一组方案中，方案间不完全互斥，也不完全依存，但某一方案的取舍将导致其他方案现金流量的变化，这类方案称为现金流相关型方案。例如，目前市场的抗病毒药齐多夫定主要有片剂和胶囊剂两种剂型，某齐多夫定制剂生产企业为了更大的市场份额，准备引进生产线，同时生产片剂（方案 A）和胶囊剂（方案 B）。尽管生产片剂和胶囊剂这两种方案存在隐形的竞争关系，但并不是互斥的,只是任一方案的实施或放弃都会对另一个方案所带来的经济效益造成影响,从而影响方案经济效益评价的结论。

■ (三)互补型方案

在一组方案中,某一方案的接受有利于其他方案的采纳,方案之间存在着相互补充的关系。例如,为了提高知名度,某医药集团准备投资建设一家冠名医院 A 和一家综合性大药房 B,大药房的建设有利于冠名医院方案的实现,同时因为位于冠名医院附近,药房的日常销售量可望增加,二者是面向患者这一群体治病阶段的不同环节。

对上述相互依存型、现金流相关型及互补型方案的评价和选择,原则上可以将其化为独立型或互斥型方案,并按独立型或互斥型方案的评价和选择方法来评选。如果两个方案是依存型或互补型,其经济效益评价一般可以合在一起作为独立方案的特例,即按单一方案来处理。

案例 3-26 为了满足市场需求,某制药企业提出引进生产线,生产拉米夫定的片剂和(或)胶囊剂,只生产一种剂型的净现金流量列于表 3-26。如果片剂和胶囊剂同时生产,受市场的影响,生产片剂和胶囊剂两种方案的净收入都将减少,净现金流量如表 3-27 所示。当基准折现率 $i_0 = 10\%$ 时,应如何选择方案?

表 3-26   只生产一种剂型时的项目净现金流量 （单位：万元）

方案	年数			
	0	1	2	3～10
片剂 A	−1000	−160	−160	350
胶囊剂 B	−800	−180	−180	310

表 3-27   片剂和胶囊剂都生产时的项目净现金流量 （单位：万元）

方案	年数			
	0	1	2	3～10
片剂 A	−1000	−140	−140	210
胶囊剂 B	−800	−170	−170	200
两项合计（A＋B）	−1800	−310	−310	410

分析 这是一种现金流相关型多方案的比较与选择问题。可以先将两个相关方案 A、B 组合成三个互斥型方案：A、B 和 A＋B,然后再用互斥型方案的评价方法对其进行比较和选择。

解：根据式（3-20）计算出三个互斥型方案的净现值。

$$\text{NPV}_A = \sum_{t=0}^{n} \text{CF}_t (1+i_0)^{-t}$$

$$= -1000 - 160 \times \frac{1}{1+0.1} - 160 \times \frac{1}{(1+0.1)^2} + 350 \times \frac{(1+0.1)^7 - 1}{0.1 \times (1+0.1)^7} \times \frac{1}{(1+0.1)^2}$$

$$= 130.53 \text{（万元）}$$

$$NPV_B = \sum_{t=0}^{n} CF_t (1+i_0)^{-t}$$

$$= -800 - 180 \times \frac{1}{1+0.1} - 180 \times \frac{1}{(1+0.1)^2} + 310 \times \frac{(1+0.1)^7 - 1}{0.1 \times (1+0.1)^7} \times \frac{1}{(1+0.1)^2}$$

$$= 134.89 \text{（万元）}$$

$$NPV_{A+B} = \sum_{t=0}^{n} CF_t (1+i_0)^{-t}$$

$$= -1800 - 310 \times \frac{1}{1+0.1} - 310 \times \frac{1}{(1+0.1)^2} + 410 \times \frac{(1+0.1)^8 - 1}{0.1 \times (1+0.1)^8} \times \frac{1}{(1+0.1)^2}$$

$$= -530.32 \text{（万元）}$$

根据净现值判别准则，在三个互斥方案中，由于 $NPV_B > NPV_A > 0 > NPV_{A+B}$，B 方案为最优可行方案。

学习思考题（study questions，SQ）

SQ3-11　将内部收益率的概念用于多方案比较时，是否以各方案的内部收益率大小判别方案的优劣？应该用何种方法和指标？

SQ3-12　在多方案评价时，独立型方案在资金不受限制和受限制的条件下，其评价方法有什么不同？

SQ3-13　在多方案评价中，除了独立型方案和互斥型方案外，还有哪些类型的方案？评价这些方案的原则方法是什么？

练　习　题

3-1　同一方案用不同的经济评价指标分析，结果总是一致吗？试举例说明。

3-2　与静态评价方法相比较，动态评价方法有什么特点？它包括哪些常用的方法和指标？

3-3　与净现值法相比较，年值法有何优点？

3-4　将净现值的概念用于比较和评价投资额不同的两个或两个以上方案时，可采用何指标？该指标的经济含义是什么？

3-5　与净现值法相比较，年值法有何优点？年值法包括哪两种具体方法？如何用这些方法评价项目？

3-6　净现值的含义是什么？为什么说净现值弥补了动态投资回收期的不足？用净现值对项目进行判别的准则是什么？

3-7　将净现值用于多方案比较和评价时，这些方案应满足什么条件才具有可比较性？

3-8　内部收益率的经济含义是什么？如何用于方案的评价？

3-9　在多方案评价时，寿命相等和不相等的互斥型方案的评价方法有哪些？

3-10　多项目方案的经济分析与单个项目的经济分析，二者各自的任务是什么？它们之间有哪些联系和区别？

3-11　用 15 000 元能建造一个任何时候均无残值的临时仓库，估计平均年收益为 2500 元，若基准投资收益率为 12%，仓库能用 8 年，问该项投资是否可行？仓库使用多少年后才能使投资可行？

3-12　为了更准确地控制和调节微生物制药发酵罐的温度，提高产率，有人建议采用一套自动控制调节设备。该套设备的购置及安装费用为 4 万元，使用寿命为 8 年，每年维修费为 0.15 万元。

采用此设备后，因产率提高，每年增加净收入为 1 万元。设折现率为 10%，试计算此项投资方案的静态和动态投资回收期。

3-13　某医药项目有两个可供选择的方案。方案 A 应用一般技术，投资额为 4000 万元，年均经营成本为 2000 万元；方案 B 应用先进技术，投资额为 6300 万元，年均经营成本为 1600 万元。设折现率为 8%，基准投资回收期为 6 年。试用动态差额投资回收期法计算差额投资回收期，并选择最佳方案。

3-14　某制药中间体生产项目建设期为 2 年，第 1 年初和第 2 年初分别投资 1500 万元和 2200 万元。固定资产投资全部为银行贷款，年利率 8%。项目寿命周期估计为 20 年，开始生产的第 1 年即达到稳定设计能力 2 万吨/年，总成本费用为 2400 万元。增值税率为 14%（设已经扣除进项税部分）。产品售价为 3000 元/吨，项目流动资金为 750 万元。如果项目的全部注册资金为 9700 万元，试计算该项目的投资利润率、投资利税率和资本金利润率。

3-15　购买某台三维混合设备需 15 000 元，若每年净收益为 3000 元，忽略设备残值，试求：

（1）若使用 8 年后报废，其内部收益率为多少？

（2）若希望内部收益率为 12%，则该设备至少应使用多少年才值得购买？

3-16　某医药工程项目设计方案的现金流量如下表所示。设基准收益率为 10%，要求：

（1）计算该方案的净现值、净现值比率；

（2）若基准投资回收期 $P_s = 4$，试判断该方案是否可行。

设计方案现金流量　　　　　　　　　　　（单位：万元）

	年数					
	0	1	2	3	4	5
年收入	0	10	30	100	100	100
年支出	−100	−20	−10	−10	−10	−10

3-17　现有 A、B 两套方案，其现金流量如下表所列，设 $i_0 = 12\%$，$P_s = 5$ 年。试从经济效益的角度对 A、B 两套方案进行综合评价。

A、B 方案现金流量　　　　　　　　　　　（单位：元）

	年数					
	0	1	2	3	4	5
方案 A	−1000	3000	3000	3000	3000	3000
方案 B	−500	160	160	160	160	160

3-18　某制药企业技术改造时，有两个方案可供选择，各方案的有关数据列于下表。试在折现率为 10%的条件下，选择最佳方案。

两个方案的有关数据

方案	初始投资（万元）	年净收益（万元）	寿命周期（年）
A	100	50	8
B	80	42	4

3-19 有三个项目方案可供选择，它们的生产规模相同，投资和年成本如下表所示。设 $P_s = 5$ 年，试比较三个方案的经济效益，并选择方案。

三个方案的投资与成本　　　　（单位：万元）

方案	Ⅰ	Ⅱ	Ⅲ
总投资	1100	1000	800
年成本	1200	1300	1000

3-20 某医药集团有下属三个子公司 A、B、C，每个子公司向集团提出若干个技术改造方案，如下表所示。已知各子公司内部方案之间是互斥的，但各子公司之间是相互独立的。假定各方案每年净收益不变，且所有方案的寿命为 10 年，取内部收益率为 8%，试讨论资金不限额和限额 300 万元时的较优方案。

医药集团下属三个子公司所提议的技术改造方案

工厂	投资方案	初始投资（万元）	年净收益（万元）
A	A_1	100	30
	A_2	200	50
	A_3	300	60
B	B_1	100	50
	B_2	200	30
	B_3	300	40
C	C_1	100	30
	C_2	200	25

第四章　不确定性分析及风险决策

1. 课程目标　理解盈亏平衡的基本含义及其主要的表示方式，能够应用其基本原理和方法进行线性盈亏平衡的计算和分析。理解敏感性分析的含义和主要作用，能够进行基本的敏感性分析。初步理解可能性分析的含义及其作用，了解其应用的条件和局限性。初步理解风险决策的意义，初步掌握分析风险决策的原则及其应用方法。通过本章的学习，学生应理解盈亏平衡分析、敏感性分析及可能性分析的各自含义及其相互关系，进一步理解风险决策的原则及其应用方式，具备进行方案风险分析及其决策的基本能力。

2. 重点和难点

重点：线性盈亏平衡、单因素敏感性分析的原理及方法，可能性分析的含义及应用条件，风险决策的原则及其应用。

难点：线性盈亏平衡、单因素敏感性分析及可能性分析三者之间的相互关系，可能性分析与风险决策的关系。

第一节　盈亏平衡分析

一、盈亏平衡分析的概念

方案的经济效益受各种不确定性因素的影响，如销售量、成本、产品价格等。这些因素发生了变化，方案的经济效果也会有相应的变化。当这些不确定因素变化达到某一临界值时，就会影响方案的取舍。此时，方案处于一种特殊的临界状态，即不盈不亏的盈亏平衡状态。

盈亏平衡分析又称收支平衡分析、平衡点分析或量本利分析，是项目经济评价中常用的一种不确定性的分析方法，也是一种现代化管理的方法。它着重从销量、成本及利润三方面对各方案的效益进行分析。盈亏平衡分析的目的就是通过确定方案的盈亏平衡状态，判断某些不确定因素的变化对方案经济效益的影响，为决策提供依据。盈亏平衡分析实质上是分析产量、成本和盈利三者的相互关系。当它们之间的关系均是线性时，称为线性盈亏平衡分析；反之，称为非线性盈亏平衡分析。此外，其还有一种称谓，就是优劣盈亏平衡分析。

二、线性盈亏平衡分析

盈亏平衡与预计的正常年份的产品产量或销售量、生产成本、产品售价等相关。盈亏平衡可以用产量、销售收入或生产能力利用率等表示。

（一）以实际产品产量或销售量表示的盈亏平衡

线性盈亏分析是对企业总成本和总收益的变化做线性分析的一种方法。其目的是掌握企业经营的盈亏界限，辅助企业做出合理的决策。在生产企业中，企业的总成本和总收益总是与企业产品的产量密切相关的。因此，对总成本与总收益的分析，其主要的因素往往是产品的产量或销售量。

以实际产品产量或销售量表示的盈亏平衡的含义如下：在销售价格 P 不变的条件下，必须至少生产或销售多少产品 Q，才能使收入和支出达到平衡。项目的销售收入 S 与产品产量或销售量 Q 为线性关系，如图 4-1（a）所示，即

$$S = P \cdot Q \tag{4-1}$$

而产品的产量与总成本又有如下关系：

$$C = V_c Q + C_f \tag{4-2}$$

式中，V_c 为单位产品的可变成本；C_f 为总固定成本（含基本折旧费）。

产品产量与总成本的这种关系也可用图 4-1（b）表示。在盈亏平衡时，销售收入等于生产总成本，设此状态时的产量为 Q_0，则

$$P \cdot Q_0 = V_c \cdot Q_0 + C_f$$

所以

$$Q_0 = \frac{C_f}{P - V_c} \tag{4-3}$$

式中，Q_0 即项目不亏本时的最低产量（销售量），或称为保本产量 Q_0。这种关系如图 4-1（c）所示。

在图 4-1（c）中，总成本线 C 与销售收入线 S 相交的点 BEP，称为盈亏平衡点，此时的销售收入等于总成本。当产量低于 Q_0 时，销售收入低于总成本，出现亏损；当产量大于 Q_0 时，销售收入高于总成本，获得盈利。盈亏平衡点越低，表明项目盈利的机会越大，亏损的风险就越小。项目盈亏点所对应的保本产量 Q_0 也反映了项目生产能力的最低允许利用程度。在评价项目或选择方案时，应该选择盈亏点较低的一个。

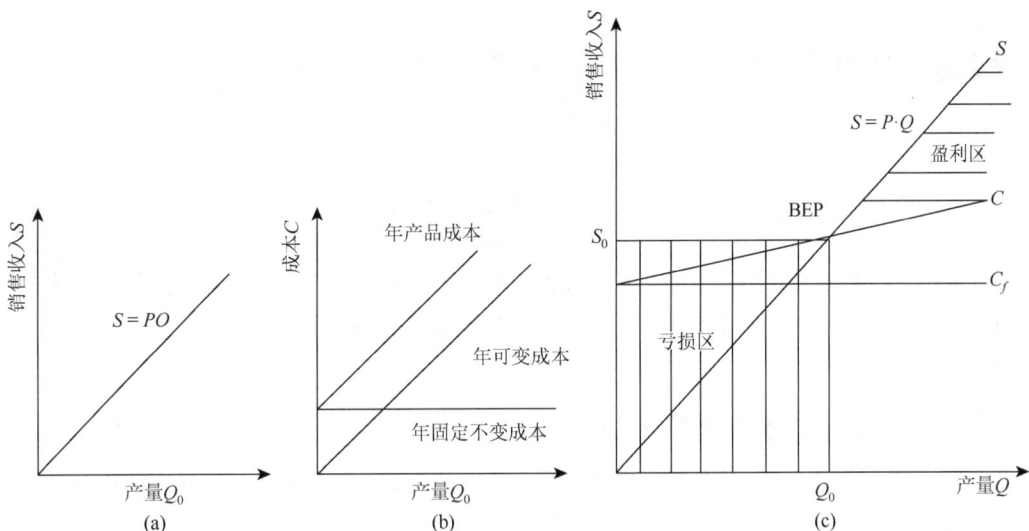

图 4-1　盈亏平衡分析

（二）以销售价格表示的盈亏平衡

以销售价格表示的盈亏平衡是指在一定的生产条件下，销售总收入与总成本达到收支平衡时的

产品售价。当盈亏平衡分析的不确定性因素为价格时，设盈亏平衡点价格为 P_0，因为

$$S-C = P_0 \cdot Q-(V_cQ + C_f) = 0$$

则

$$P_0 = V_c + \frac{C_f}{Q} \tag{4-4}$$

从式（4-4）可以看出，盈亏平衡价格 P_0 不仅与 V_c（单位产品的可变成本）有直接的关系；同时也与总固定成本及产量有关。对确定的项目，V_c 和 C_f 不变，盈亏平衡价格 P_0 随产量而变化，如图 4-2 所示。

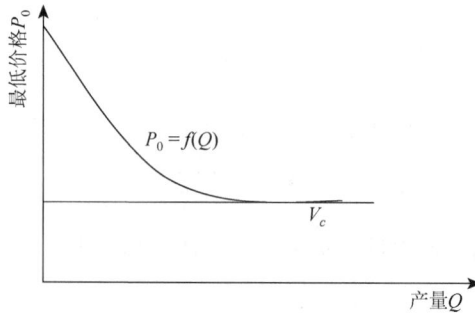

图 4-2　价格盈亏平衡分析

（三）以生产能力利用率表示的盈亏平衡

通常来说，项目的生产能力越大，其固定成本或支出也越大。项目的生产能力是确定的，在单位产品售价一定的条件下，要维持收支平衡，必须有一个最低规模的产量，即最低的生产能力利用率。

设 Q_s 为设计的生产能力，Φ 为生产能力利用率，其计算式可表达为

$$\Phi = \frac{Q_0}{Q_s} \times 100\%$$
$$= \frac{C_f}{(P-V_c)Q_s} \times 100\% \tag{4-5}$$

式（4-5）中的 Φ 反映了最低的生产能力利用率。在实际盈亏平衡分析时，应根据具体情况具体分析，选择适当的因素表示盈亏平衡，并分析可变化因素对盈亏情况的影响，使其达到最大的经济效益和社会效益。

（四）多品种产品盈亏平衡分析

在工程项目中，特别是大型综合加工项目，可生产和销售的往往不止一种产品。由于生产中的总成本很难合理地分摊到每一种产品上，而且即使确定了每一种产品的盈亏平衡也并不能反映项目总体的盈亏状况。对这类多品种产品的盈亏平衡，应该运用临界收益法来分析。临界收益是指销售收入减去变动成本之后剩下的余额。临界收益的高低说明了该产品能够为补偿总固定成本所做出的绝对贡献的大小。

设某医药多品种项目的产品销售及收益如表 4-1 所示。

临界收益法盈亏平衡分析的一般步骤如下。

表 4-1 多种产品销售及收益

产品代号	销售量 Q_i	临界收益 R_i	固定成本 C_f
1	Q_1	R_1	
2	Q_2	R_2	
⋮	⋮	⋮	C_f
n	Q_n	R_n	

（1）根据表 4-1 所示的资料，用下式计算各产品的临界收益率 r_i：

$$r_i = \frac{R_i}{Q_i}(i=1,2,\cdots, n) \tag{4-6}$$

临界收益率 r_i 表示产品 i 能够为补偿总固定成本所做出的相对贡献的大小。通常，为有效地补偿总固定成本，达到项目盈亏平衡，应当依据各产品临界收益率大小的次序安排生产，即优先安排盈利较大产品的生产。

（2）将表 4-1 所示的资料按照临界收益率的大小次序进行调整，并计算累计销售量和累计临界收益，如表 4-2 所示。

表 4-2 各产品按临界收益率大小排列的收益情况

r_i 的大小次序	各产品的 r_i	ΣQ_i	ΣR_i
1	r_1	Q_1	R_1
2	r_2	$Q_1 + Q_2$	$R_1 + R_2$
⋮	⋮	⋮	⋮
n	r_n	$Q_1 + \cdots + Q_n$	$R_1 + \cdots + R_n$

（3）确定盈亏平衡点所在的产品区域，即按表 4-2 中的排列，依次用累计临界收益与总固定成本 C_f 比较。当累计临界收益首次大于或等于 C_f 时，则首次大于 C_f 的产品即盈亏平衡点所在的产品区域。

（4）计算与盈亏平衡相对应的销售量，设盈亏平衡点所在产品区域的产品序号为 k，则盈亏平衡销售量为

$$Q_0 = \sum_{i=1}^{k-1} Q_i + \frac{C_f - \sum_{i=1}^{k-1} R_i}{r_k} \tag{4-7}$$

案例 4-1 某药厂综合项目建成投产后可生产 A、B、C 和 D 四种药品，有关的销售及收益情况列于表 4-3，试确定该项目的盈亏平衡点。

表 4-3 四种产品的销售及收益情况 （单位：万元）

产品代号	销售收入 Q_i	临界收益 R_i	固定成本 C_f
A	300	120	—
B	800	260	—

续表

产品代号	销售收入 Q_i	临界收益 R_i	固定成本 C_f
C	700	350	—
D	300	180	—
合计	—	—	600

解：（1）计算各产品的临界收益率

$$r_A = \frac{R_A}{Q_A} = 40.0\% \; ; \; r_B = \frac{R_B}{Q_B} = 32.5\%$$

$$r_C = \frac{R_C}{Q_C} = 50.0\% \; ; \; r_D = \frac{R_D}{Q_D} = 60.0\%$$

（2）按 r_i 的大小次序，对产品进行排序，并计算累计销售量和累计临界收益，如表4-4所列。

（3）确定盈亏平衡点所在的产品区域，将表4-4中的 R 累计值从小到大与固定成本 C_f 进行比较，即计算 $\Sigma R_i - C_f$。当产品 C、A、B 的 ΣR_i 首次大于 C_f，说明 B 是盈亏平衡点所在的产品区域，即 $k = 3$。

表4-4　四种产品按临界收益率大小排序后的收益情况

产品代号	r_i 的大小次序	各产品的 r_i（%）	ΣQ_i（万元）	ΣR_i（万元）	$\Sigma R_i - C_f$（万元）
D	1	60.0	300	180	−420
C	2	50.0	1000	530	−70
A	3	40.0	1300	650	50
B	4	32.5	2100	910	310

（4）计算盈亏平衡点销售量，根据式（4-7）和表4-4中的数据，其盈亏平衡点销售量为

$$
\begin{aligned}
Q_0 &= \sum_{i=1}^{k-1} Q_i + \frac{C_f - \sum_{i=1}^{k-1} R_i}{r_k} \\
&= Q_D + Q_C + \frac{C_f - (R_D + R_C)}{r_A} \\
&= 300 + 700 + \frac{600 - (180 + 350)}{0.40} \\
&= 1175 \text{（万元）}
\end{aligned}
$$

（五）成本结构与经营风险

经营风险是指销售量、产品价格及成本等可变因素变化对项目盈利额的影响。通过盈亏平衡分析，可以了解这些因素对项目所造成的影响及其程度。

设固定成本占总成本的比例为 E，即

固定成本

$$C_f = C \cdot E \qquad\qquad (4\text{-}8)$$

单位产品可变成本

$$V_c = \frac{C(1-E)}{Q} \qquad (4\text{-}9)$$

式中，C 为预期的总成本；Q 为预期的产量销售量。

将 $C_f = C \cdot E$ 和 $V_c = \dfrac{C(1-E)}{Q}$ 代入式（4-3），可得产品价格为 P 时的盈亏平衡产量。

$$\begin{aligned} Q_0 &= \frac{C \cdot E}{P - \dfrac{C(1-E)}{Q}} \\ &= \frac{C \cdot E}{\dfrac{1}{E}(PQ - C) + C} \end{aligned} \qquad (4\text{-}10)$$

从式（4-10）可见，固定成本占总成本的比例 E 越大，盈亏平衡产量 Q_0 越高。这意味着在不确定因素发生变化时，出现亏损的可能性较大。

对于预期的产量和成本，项目的年净收益 M 为

$$\begin{aligned} M &= P \cdot Q - C_f - V_c Q \\ &= P \cdot Q - C \cdot E - \frac{C(1-E)}{Q} \cdot Q \end{aligned} \qquad (4\text{-}11)$$

$$\frac{\mathrm{d}M}{\mathrm{d}Q} = P - \frac{C(1-E)}{Q} \qquad (4\text{-}12)$$

式（4-10）反映了产量或销售量对年净收益的影响。当 E 较大时，年净收益受产量变化的影响较大。也就是说，固定成本占成本的比例越大，受市场需求变化可能导致亏损的风险也越大。

三、非线性盈亏平衡分析

（一）基本概念

在实际生产中，销售收入和生产总成本与销售量之间不一定都是线性变化关系，而往往是非线性变化的。例如，要进一步增加销售额，通常需要适当地降低产品售价，使销售收入不再随产量增减呈线性变化；在新产品研制中，变动成本与生产量之间就不是直线关系，而是呈曲线变化，原因是研制阶段产量少成本高；正式投产以后，大批量生产工效高，单位变动成本就会下降，这时就要采用非线性盈亏平衡分析。

非线性产生的原因有很多种，主要由以下两个方面造成：首先，从总成本方面来看，如下因素都会使总成本与产量的关系由线性变为非线性。成本发生变化，原材料价格发生变化，即当生产扩大到一定程度后，用正常的价格获得的原料、动力等不能保证满足供应，必须付出较高的代价才能获得；设备磨损加剧、寿命缩短、维修费用增加；加班等造成增大劳务费用，正常的生产班次已经不能完成生产任务，不得不采用加班加点的做法。其次，从销售收入方面考虑，在产品的销售税率不变的情况下，由于市场供求关系发生变化，或发生批量折扣，这样会使销售收入与产量不呈线性关系。由于上述两方面的原因，导致产量、成本和盈利三者的变化关系为非线性，相应的盈亏平衡分析称为非线性盈亏平衡分析。较为常见的非线性盈亏平衡分析是二次曲线型分析。设：

$$P = g - h \cdot Q \qquad (4\text{-}13)$$

$$V_c = a + b \cdot Q \qquad (4\text{-}14)$$

式中，a、b、g 和 h 为常数，上式表示产品价格 P 和单位产品可变成本 V_c 也随产量变化的情况。

$$S = P \cdot Q = (g - h \cdot Q) \cdot Q = gQ - hQ^2 \qquad (4\text{-}15)$$

$$C = C_f + V_c \cdot Q = C_f + aQ + bQ^2 \tag{4-16}$$

盈亏平衡时，$S = C$，即

$$(b+h)Q^2 - (g-a)Q + C_f = 0$$

解上述一元二次方程，可得两个根，即

$$Q_0 = \frac{(g-a) - \sqrt{(g-a)^2 - 4(b+h) \cdot C_f}}{2 \cdot (b+h)} \tag{4-17a}$$

$$Q_0' = \frac{(g-a) + \sqrt{(g-a)^2 - 4(b+h) \cdot C_f}}{2 \cdot (b+h)} \tag{4-17b}$$

这种销售收入 S、成本 C 随产量 Q 的非线性变化，以及 Q_0 和 Q_0' 的含义如图 4-3 所示。

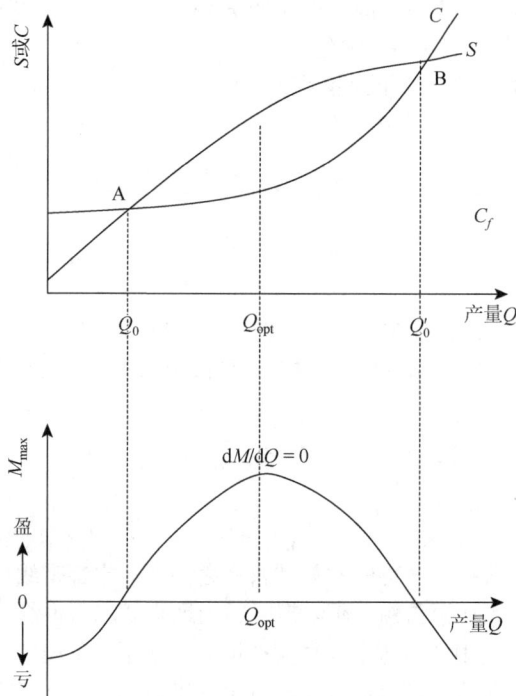

图 4-3 非线性盈亏平衡分析

从图 4-3 可见，产量 Q 需满足下述条件：

$$Q_0 < Q < Q_0'$$

才能保持盈利 $M = S - C > 0$。使盈利 M 达到最大 M_{max} 时的最优化产量 Q_{opt} 应满足：

$$\frac{\mathrm{d}M}{\mathrm{d}Q} = 0$$

即

$$\frac{\mathrm{d}M}{\mathrm{d}Q} = -2(h+b)Q + (g-a) = 0 \tag{4-18}$$

从而可得

$$Q_{opt} = \frac{g-a}{2(b+h)} \tag{4-19}$$

$$M_{\max} = \frac{(g-a)^2}{4(b+h)} - C_f \qquad (4\text{-}20)$$

其最优化产量 Q_{opt} 和最大盈利 $M_{\max}$ 如图 4-3 所示。

（二）确定最佳设计或经营规模

非线性盈亏平衡分析也给项目最佳设计规模或最优产量的确定提供了重要的依据。从图 4-3 可知，A 点为一个盈亏平衡点，当产量 $Q > Q_0$ 时，项目处于盈利状态。但当产量 Q 超过 B 点对应的产量 Q_0' 以后，产品成本高于销售收入，项目进入亏损状态。所以点 A、B 间两条曲线形成的区域为盈利区，该盈利区也就是最佳设计规模区，或称为经济规模区。项目的设计规模或运营规模一般在此区域内选定。

案例 4-2　设某医药企业的年销售总收入 S 与产量 Q（吨）的关系为 $S = 550Q - 0.08Q^2$（元），总固定成本 $C_f = 200\,000$ 元，总可变成本为 $V_c \cdot Q = 300Q - 0.03Q^2$。试对该项目进行盈亏平衡分析。

解：依据题意，总成本为

$$C = C_f + V_c \cdot Q = 200\,000 + 300Q - 0.03Q^2 \text{（元）}$$

盈利函数 M 为

$$\begin{aligned} M &= S - C \\ &= 250Q - 0.05Q^2 - 200\,000 \text{（元）} \end{aligned}$$

达到盈亏平衡时，$M = 0$。解上式得

$$Q_0 = 1000 \text{（吨/年）}$$
$$Q_0' = 4000 \text{（吨/年）}$$

即该企业的年产量要控制在 1000～4000 吨才能盈利。如要获得最大盈利额，则有

$$\frac{\mathrm{d}M}{\mathrm{d}Q} = 250 - 0.1Q_{opt} = 0$$

即 $Q_{opt} = 2500$（吨/年）。相应的最大盈利额为

$$\begin{aligned} M_{\max} &= 250 \times 2500 - 0.05 \times (2500)^2 - 200\,000 \\ &= 112\,500 \text{（元）} \end{aligned}$$

四、优劣盈亏平衡分析

（一）基本方法

技术经济经常要解决的问题主要是不同方案的分析、比较和筛选，选出经济效益最佳的方案。对多个方案的盈亏平衡状况进行分析和比较，应采用优劣盈亏平衡分析，从而可帮助投资者做出正确的决策。如果要对若干个方案进行比选，有某个不确定因素影响各方案的取舍，这时将各方案的经济效果指标作为因变量，建立各经济效果指标与不确定因素之间的函数关系。

在对两个或两个以上方案进行盈亏平衡分析时，通常是将各方案的费用支出与某同一参数相联系，求出各方案间费用相等时所对应的该参数值，以此来评价各方案之间的相对优劣。设有 I、II 两种方案，它们各自的总成本可按 $C = f(x)$ 计算，即

$$C_I = f_I(x) = V_{cI}x + C_{fI} \qquad (4\text{-}21)$$
$$C_{II} = f_{II}(X) = V_{cII}x + C_{fII} \qquad (4\text{-}22)$$

若上式中的参数 x 表示产量，C_I 和 C_{II} 随产量变化，必有一交点 x_0，称为优劣盈亏平衡点，如图 4-4 所示。

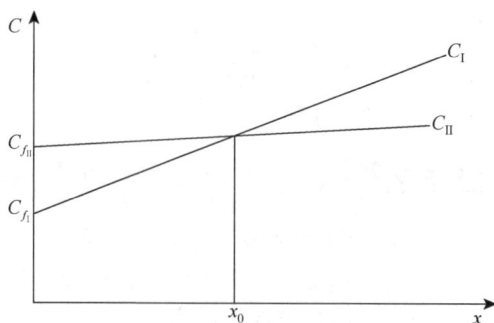

图 4-4 优劣盈亏平衡分析示意图

从图 4-4 可见，当产量 $Q<x_0$ 时，方案 I 的总成本 C_1 较小，方案 I 较优；当 $Q>x_0$ 时，方案 II 较优。根据对市场需求的预测，确定生产规模后，就可以根据图 4-4 所提供的分析结果，确定选择何种方案。

（二）动态盈亏平衡分析

以上没有涉及资金的时间价值问题，属静态盈亏平衡分析。盈亏平衡分析也可做动态分析，以下面例子予以说明。

案例 4-3 某医药企业拟建一产品生产线，有 A、B 两套装置可供选择，有关的投资及成本列于表 4-5。试求：

（1）若折现率为 15%，使用年限均为 10 年，问年产量为多少时，选用装置 A 较有利？

（2）若折现率为 15%，年产量均为 10 000 吨，则装置使用多少年限时，选用装置 A 较有利？

表 4-5 A、B 两套装置的投资和成本情况

装置代号	初始投资（万元）	成本（元/吨）
A	1500	500
B	2000	300

解：（1）此问即是求 A、B 两套装置的产量优劣平衡点。考虑了资金的时间价值后，两方案的年固定费用分别为

$$C_{f_A}=1500\times\frac{0.15(1+0.15)^{10}}{(1+0.15)^{10}-1}$$

$$C_{f_B}=2000\times\frac{0.15(1+0.15)^{10}}{(1+0.15)^{10}-1}$$

根据优劣盈亏平衡点的含义，有 $C_{f_A}=C_{f_B}$

即

$$C_{f_A}+C_{V_A}\cdot Q_0=C_{f_B}+C_{V_B}\cdot Q_0$$

化简得

$$Q_0=\frac{C_{f_A}-C_{f_B}}{C_{V_B}-C_{V_A}}$$

$$=25\,000\times\frac{0.15(1+0.15)^{10}}{(1+0.15)^{10}-1}=4981.3(\text{吨／年})$$

即当产量小于 4981.3 吨/年时，宜选择 A 装置较佳，其总成本曲线如图 4-5 所示。

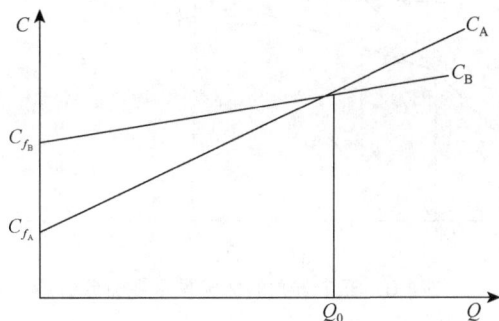

图 4-5　A、B 装置优劣盈亏平衡分析

（2）所求的实际是不确定性因素，即设备使用年限 n，依据 $C_{f_A} = C_{f_B}$，得

$$1500 \times \frac{0.15(1+0.15)^n}{(1+0.15)^n - 1} + 500 \times 1.0 = 2000 \times \frac{0.15(1+0.15)^n}{(1+0.15)^n - 1} + 300 \times 1.0$$

化简为

$$\frac{0.15(1+0.15)^n}{(1+0.15)^n - 1} = 0.4$$

解得 $n = 3.36$（年）

即当装置的使用年限小于 3.36 年时，宜选择装置 A；否则应选择装置 B。

案例 4-4　某医药项目拟定了三个互斥型方案，分别如下。

第一种，从国外引进全套装置，固定成本为 800 万元/年，单位可变成本为 10 元/吨。

第二种，采用较自动化装置，固定成本为 500 万元/年，单位可变成本为 12 元/吨。

第三种，采用一般国产装置，固定成本为 300 万元/年，单位可变成本为 15 元/吨。

试对三种方案进行优劣盈亏平衡分析。

问题：由于不知道各方案的收益情况，如何对以上三种方案进行分析比较？

分析：每一种方案固定成本及单位可变成本已知，由于不知道各方案的收益情况，则依据产品成本进行分析。

解：各方案的产品总成本为

$$\begin{aligned}
C_1 &= C_{f_1} + C_{v_1} \cdot Q \\
&= 800 + 10Q \\
C_2 &= C_{f_2} + C_{v_2} \cdot Q \\
&= 500 + 12Q \\
C_3 &= C_{f_3} + C_{v_3} \cdot Q \\
&= 300 + 15Q
\end{aligned}$$

可以看出，三个方案的总成本都是产量单一变量的函数，各方案的总成本随产量变化的情况如图 4-6 所示。从该图可见，三条直线两两相交于 i、j 和 k 三个交点。其中 i、j 两点将最低成本线分为三段，是三个方案转折的两个优劣平衡点，i、j 两点所对应的产量 Q_i 和 Q_j 即为优劣平衡产量。

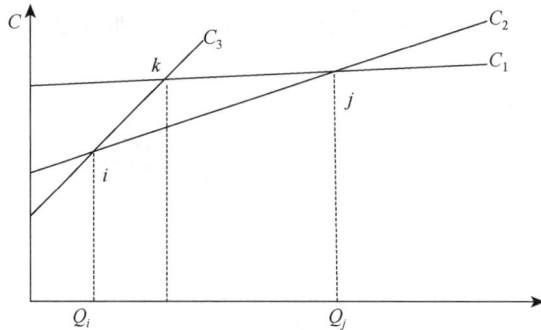

图 4-6   三个方案的优劣盈亏平衡分析

从图 4-6 中可见：当 $Q<Q_i$ 时，第三种方案总成本最低；当 $Q_i<Q<Q_j$ 时，第二种方案总成本最低；当 $Q>Q_j$ 时，第一种方案总成本最低。

所以，i 点为第二种和第三种方案的优劣平衡点，j 点则为第一种和第二种方案的优劣平衡点。各平衡点的对应产量计算如下。

在 i 点，$C_2=C_3$，即 $500+12Q_i=300+15Q_i$

解得 $Q_i=66.7$（万吨）

在 j 点，$C_1=C_2$，即 $800+10Q_j=500+12Q_j$

解得 $Q_j=150$（万吨）

若根据市场调查，预测市场需求量为 80 万吨，则应选择第二种方案。

学习思考题（study questions，SQ）

SQ4-1   临界收益的经济含义是什么？对多个品种的项目，应采用何种方法进行盈亏平衡分析？

SQ4-2   如果在盈亏平衡计算中要求考虑资金的时间价值，应如何处理。

第二节   敏感性分析

一、敏感性因素与敏感性分析

（一）敏感性因素及敏感性分析的概念

影响项目经济效益的不确定性因素有很多，如投资额、项目建设期限、产品产量或销售量、经营成本、项目寿命期限、折现率等。其中一些因素产生微小的变化就会对项目的经济效益产生较大的影响，我们称这些因素为敏感性因素。敏感性分析就是通过分析和预测经济评价中的各种不确定因素发生变化时对项目经济评价指标的影响，从而找出敏感性因素，并确定其影响的程度。敏感性分析中设定的变化因素和受影响的经济效益评价指标应根据项目的特点和实际需要确定。可能发生变化的因素有产品产量、产品价格、固定成本、可变成本、总投资、主要原材料及燃料动力价格、项目建设工期等。受影响的经济效益评价指标通常选择净年值、净现值、内部收益率、投资回收期等。

（二）敏感性分析的作用

敏感性分析有助于发现工程项目中哪些风险项对该项目有着较大的潜在影响，提出风险预判，把其他所有的不确定风险项保持在基准风险值下，单一考察该风险项对目标所产生的敏感程度，从而确定其对项目整体的风险高低，继而提高投资者对投资项目的风控把握能力，进一步帮助投资者掌控全局。

（三）敏感性分析的目的

（1）找出影响项目整体经济效益的敏感性因素并且分析其影响的原因，为进一步进行不确定性分析提供依据。

（2）研究不确定性因素变动所引起的项目经济效益值变动范围及其耐受程度，分析预判该项目的最大风险承受力。

（3）对多种方案的敏感值进行比较，从而在经济效益值相等的情况下寻找出最不敏感的项目投资方案。

二、敏感性分析的一般步骤与内容

项目的敏感性分析一般包括如下的步骤和内容。

1. 选择不确定因素及确定其变动范围 尽管影响方案经济效益的不确定因素有多个，但其影响程度或重要性却可能有很大的差别，因此没有必要对所有的不确定因素进行敏感性分析。可依据以下原则选择主要的不确定性因素：①在可能的变动范围内，预计该因素的变化将较强烈地影响方案的经济效益指标。②在确定性经济分析中，对于采用该因素及数据的准确性把握不大。

对于化学工业类项目，可能作为敏感性分析的因素通常包括投资额、项目建设期限、产品产量或销售量、产品价格、经营成本、项目寿命期限、折现率等。在选择需要分析的不确定因素过程中，应根据实际情况确定这些因素的变动范围。同时，还要注重该投资项目的周期性，尤其是对于周期性化工产品，如煤化工、化肥工业等强周期化工产业，产品产量需求、产品价格等会随着季节周期变动有着较大的波动，其敏感性分析也会有着较大的变化。

2. 确定敏感性分析的指标 敏感性分析都是在确定性经济分析的基础上进行，因而敏感性分析的指标参数应与确定性分析所使用的指标一致，不应超出确定性分析所用指标的范围。

当确定性分析中所用的指标较多时，敏感性分析可将其中最能体现该项目的经济效益、最能反映该项目是否经济合理的一个或者几个重要的指标作为敏感性分析的对象，来进行敏感性分析。常用指标包括净现值、净年值、内部收益率、投资回收期等，其中最常用的是净现值。

3. 计算不确定因素对指标的影响 影响项目经济效益的不确定性因素很多，基本上所有的项目规划决定性因素都具有一定的不确定性，但事实上并不需要对所有的不确定性因素都进行敏感性分析，因为各个不确定性因素对项目整体经济效益的影响程度不同，有的因素虽然具有不确定性，但其对经济效益的整体影响相当小，可以忽略。

一般来说，可以根据以下原则来找出对项目整体经济效益影响较大的不确定因素：找出那些在成本、收益构成所占比重较大并且对项目整体经济效果指标有较大影响的因素，同时影响因素指标的周期性较强，会随着周期有较大波动或者在确定性分析过程中采用该指标分析的数据准确性差，将这些因素作为敏感因素。对于化学工业来说，常用的不确定性因素包括建设成本、原料成本、基本运营成本、产品价格及项目周期寿命等。

在主要的不确定因素和拟考察的敏感性分析指标确定后，分别计算各不确定因素单独变动或者多个因素同时变动对敏感性分析指标的影响结果，获得不确定因素变动与敏感性分析指标变化的对应关系，通常用图或表格的形式表示出来。

4. 确定敏感性因素的影响程度，对方案风险做出判断　通过分析第 3 步中的结果，可确定哪些因素是敏感性因素，即这类因素较小程度地增大或减小可引起所关心的指标较大幅度的变化。也可由此估计敏感性因素变化对指标的影响情况，对方案的可能风险大小做出一定的判别，并能预先提出一些减小不利影响的措施，使方案的主要指标能达到预定的水平。

在敏感性分析中，不同因素变化相同的比例，如均变化±10%，但所引起的指标的变化程度却可能很不相同，或者同一因素在不同的条件下，其变动对指标的影响结果也不一样。敏感性分析的首先任务就是找出其数值变化能显著影响方案经济效益或主要经济指标的因素，即敏感性因素。衡量一个因素是否为敏感性因素可用相对衡量法或绝对衡量法。

（1）相对衡量法：这种方法是设定要分析的因素都从确定性经济分析中所采用的数值开始变动，并且各因素每次变动的幅度相同。从而比较在相同变动幅度条件下，各因素的变动对经济效益指标的影响程度，那些对指标影响程度较大的即为该方案的敏感性因素。

相对衡量法是敏感性分析中最常采用的方法，其经济含义明确，表达形式直观，易于理解，并且各因素影响情况的可比性较好。

（2）绝对衡量法：本法的基本做法之一是设定各因素都向对方案不利的方向变化，并取其有可能出现的对方案最不利的数值，据此计算方案的经济效益指标，看其在这样的条件下是否可达到使方案无法被接受的程度。

如果某一因素可能出现的最不利数据值可使方案变得不能接受，表明该因素是方案的敏感性因素。判别方案能否接受是看其经济指标是否达到临界值。例如，使用净现值或净年值指标，要看其值是否大于或等于零；而使用内部收益率则要看其是否大于或等于基准折现率。

运用绝对衡量法时，也可以先设定拟考察的经济效益指标为其临界值，如令净现值等于零，然后求出在此条件下，待分析因素的最大允许变动幅度，并与其可能出现的最大变动幅度相比较。如果某一因素可能出现的变动幅度超过最大允许变动幅度，则表示该因素是方案的敏感性因素。

三、单因素敏感性分析

单因素敏感性分析是指仅变动某一个因素，保持其他因素不变，看其对经济效益指标的影响程度；然后，再只变动另一个因素，进行类似的计算。

案例 4-5　某投资方案初始投资为 200 万元，预计项目寿命为 5 年，每年可提供净收益 40 万元，基准收益率为 5%，项目期末残值为 50 万元。试分析考虑项目寿命、基准收益率的变化对经济效益指标净年值的影响。

解：设 n 和 i 分别是项目寿命和基准收益率，经济效益指标净年值与它们的关系按照第三章的式（3-24）计算，即

$$\begin{aligned}
\text{NAV}(n,i) &= \text{CF} + \text{F}(A/F,i,n) - I(A/P,i,n) \\
&= 40 + 50(A/F,i,n) - 200(A/P,i,n) \\
&= 40 + 50 \times \frac{i}{(1+i)^n - 1} - 200 \times \frac{i(1+i)^n}{(1+i)^n - 1}
\end{aligned}$$（4-23）

在上述 n 和 i 中，维持其中之一不变，对另一因素每变动一定幅度，就对应一个 NAV 的值，如表 4-6 所示。例如，保持 i 不变，考察 n 变动对 NAV 的影响，从表 4-6 中可知

$n = n_0 = 5$（年），$i = i_0 = 5\%$时，代入上式，得

$$\begin{aligned}
\text{NAV}(5,5\%) &= 40 + 50 \times \frac{0.05}{(1.05)^5 - 1} - 200 \times \frac{0.05(1.05)^5}{(1.05)^5 - 1} \\
&= 2.85（万元）
\end{aligned}$$

当项目寿命 n 减小 20%时，从表 4-6 中可见，对应的 $n = n_0 \times 0.8 = 4.0$（年），i 不变为 5%，从而得

$$\text{NAV}(4,5\%) = 40 + 50 \times \frac{0.05}{(1.05)^4 - 1} - 200 \times \frac{0.05(1.05)^4}{(1.05)^4 - 1}$$
$$= -4.8（万元）$$

类似地，也可计算出当 n 保持不变，仅 i 变化时 NAV 的变化情况。从而可分别计算出当 n 或 i 变化 ±10%、±20%、±30% 及 ±40% 时的净年值 NAV，其计算结果见表 4-6。表 4-6 中还给出了 NAV 的变化率，其定义为

$$\Delta \text{NAV}\% = \frac{\text{NAV}(n,i) - \text{NAV}(n_0,i_0)}{\text{NAV}(n_0,i_0)} \times 100\% \tag{4-24}$$

像表 4-6 这样的计算分析表称为敏感性分析表。根据敏感性分析表中的数据，也可画出直观的敏感性分析图，如图 4-7 所示。

表 4-6　案例 4-5 的敏感性计算表

因素	因素变化率 x（%）	因素变化值		指标变化值 NAV（万元）[由式（4-23）计算]	指标变化率 ΔNAV（%）
		n（年）	I（%）		
寿命周期 n（年）	+40	7.0	5	11.6	+306
	+30	6.5	5	9.9	+247
	+20	6.0	5	7.9	+178.8
	+10	5.5	5	5.6	+97.7
	0	5	5	2.8	0
	−10	4.5	5	−0.5	−119
	−20	4.0	5	−4.8	−268.5
	−30	3.5	5	−10.3	−460
	−40	3.0	5	−17.6	−716
折现率 i（%）	+40	5	7.0	−0.1	−100
	+30	5	6.5	0.6	−77.1
	+20	5	6.0	1.4	−51.3
	+10	5	5.5	2.1	−25.5
	0	5	5.0	2.8	0
	−10	5	4.5	3.6	+25.5
	−20	5	4.0	4.3	+50.8
	−30	5	3.5	5.0	+76.2
	−40	5	3.0	5.7	+100

表 4-6 和图 4-7 分析如下。

（1）项目寿命周期 n 的变化对经济指标净年值 NAV 的影响比较突出。例如，当 n 减小约 20% 时，净年值由原预计的 2.8 万元减小为 −4.8 万元，使项目从盈利转为亏损。而且，从曲线 NAV-n 的变化趋势还可进一步看出，n 减少对 NAV 的不利影响明显大于 n 增大同样幅度对 NAV 的有利影

响。例如，比较表 4-6 中的"因素变化率 x（%）"列和"指标变化率 ΔNAV（%）"列中对应的数据，当 $x = -20\%$，ΔNAV% $= -268.5\%$，即寿命周期比预计缩短 20%时，经济效益指标 NAV 比预计的减少 268.5%，是因素 n 变化的 10 倍多；类似地，当 $x = +20\%$，ΔNAV $= +178.8\%$，仅是因素 n 变化的 9 倍左右。可见寿命周期增长或缩短同样幅度，对 NAV 的影响程度则有明显差别。上述分析揭示，我们应特别注意项目寿命周期比预计的缩短所导致的项目经济效益的不利变化，也即指出了该项目的主要风险之一。

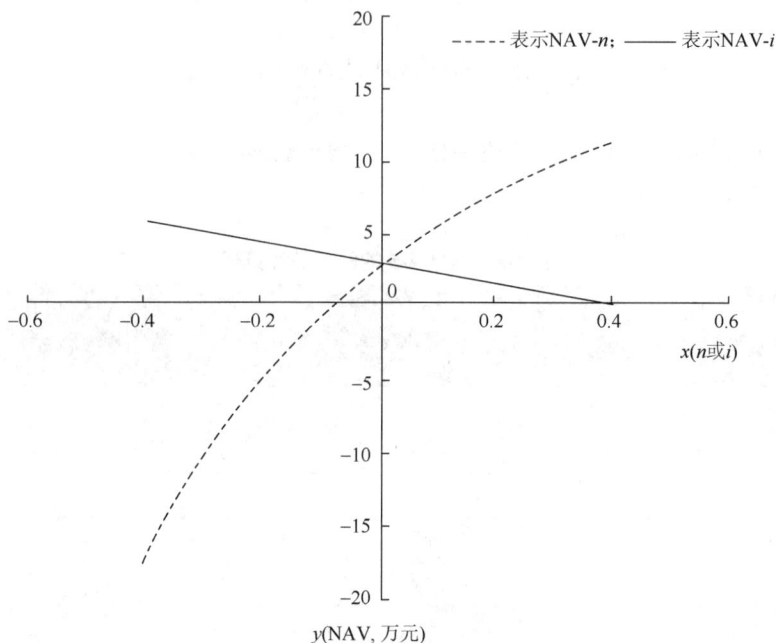

图 4-7 案例 4-5 的敏感性分析

（2）NAV-i 是一条直线，而且 NAV 随 i 的变化幅度较 NAV-n 的变化幅度小。例如，当基准收益率增加 30%时，经济指标 NAV 也仍保持为正值，即当因素 i 向不利于经济指标 NAV 的方向变化达到很大幅度时，项目的经济效益指标仍可接受。这表明基准收益率或项目贷款利率的变动对项目经济效益的影响不大，是一个不敏感的因素。

（3）从图 4-7 中的 NAV-i 和 NAV-n 的变化关系，或者从表 4-6 中可见，当 n 或 i 均变化 + 10%时，前者引起经济指标 NAV 变化 97.7%，而后者仅使 NAV 变化 25.5%；考察 n 或 i 的其余幅度变化时对 NAV 的影响，也存在类似的关系。这表明，经济指标净年值 NAV 对项目寿命周期 n 的变化比对基准收益率 i 的变化更为敏感。因而，对寿命周期 n 的估计应尽可能地准确，以提高可行性分析中经济指标净年值的预计准确度。同时也揭示，我们在项目投产后，应尽量延长项目的寿命周期，这样将很有利于项目的经济效益。

四、多因素敏感性分析

实际上，许多因素的变化具有相关性，某一特定因素的变化也会引起其他因素的变化。为了更准确地进行因素的敏感性分析，有必要考虑多个因素同时变化的相互作用和综合效果，即进行多因数分析。

多因数敏感性分析更为真实地反映了因素变化对经济指标的影响,较常用的有双因素敏感性分析和三因素敏感性分析。

（一）双因素敏感性分析

在多个不确定的因素中,保持其他因素不变化,仅考虑两个因素变化对经济指标的影响,称为双因素敏感性分析。因为有两个可变因素,所以双因素敏感性分析的图示结果是一个敏感面或区域。

案例 4-6 在案例 4-5 中,由于初始投资 200 万元是估算值,实际上有偏差,而且受物价变化的影响,原材料和燃料动力价格的变化引起预计的年收益也发生变化。因此,试分析当初始投资额和年净收益额同时为可变因素时它们对项目净年值的影响。

解： 设初始投资额的变化率为 x,年净收益变化率为 y,则净年值为

$$\text{NAV}=(x,y)=40(1+y)+50(A/F,5\%,5)-200(1+x)(A/P,5\%,5)$$

$$=40(1+y)+50\times\frac{0.05}{(1.05)^5-1}-200(1+x)\times\frac{0.05(1.05)^5}{(1.05)^5-1}$$

$$=40y-46x+3$$

要使项目盈利,必须有 NAV≥0,即

$$y\geq1.15x-0.07$$

盈亏平衡时,NAV = 0,即

$$y=1.15x-0.07$$

上式为两参数,是一直线方程。当初始投资额保持不变,即 $x=0$ 时,要保证净年值 NAV≥0,则年净收益变化率:

$$y\geq-0.07=-7\%$$

当 $y=0$ 时,$x\leq0.07/1.15=0.06$,即 $x\leq6\%$。

将 $x=0$,$y=-0.07$ 和 $x=0.06$,$y=0$ 两点绘于二维平面坐标系上,连接两点并延伸,如图 4-8 所示。

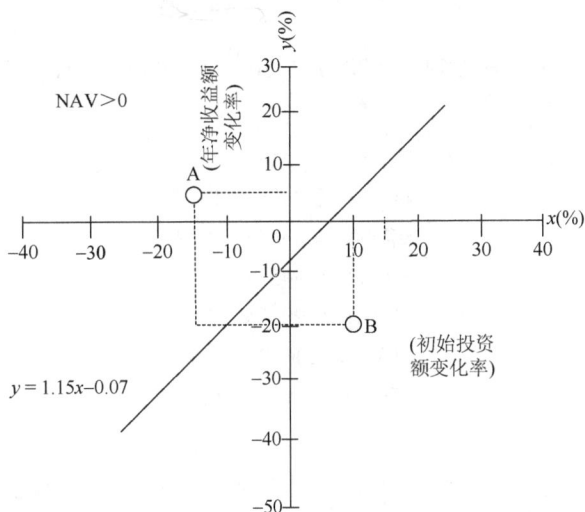

图 4-8 双因素敏感性分析

从图 4-8 可见,当初始投资 I、年净收益 CF 同时变化的范围位于斜线上方区域时,如 I 减小

15%即 $x=-15\%$，同时 CF 增大 5%即 $y=5\%$，NAV 的值即图中 A 点位于直线 $y=1.15x-0.07$ 的上方，NAV>0；而当 I 增大 10%即 $x=10\%$，CF 减少 20%即 $y=-20\%$时，NAV 值即图中的 B 点位于直线下方区域，NAV<0。这就直观地表示出初始投资和年净收益额的变化在什么范围内，项目可获得盈利或者亏损。

进一步分析还可看出，当投资额增加 10.00%，即 $x=0.10$ 时，相应的年净收益额的变化 $y=0.045=45.00\%$，可见变化率$|y|\geqslant|x|$。所以，净年值 NAV 对于初始投资额的敏感性比对于年净收益额的敏感性要小一些。

（二）三因素敏感性分析

以上仅是两个因素同时变化的敏感性分析，若变化因素多于两个，就比较难以用图形表示。但对于三个因素，可以将其中一个因素依次改变，就可以得到另两个因素同时变化的一组临界曲线族。

案例 4-7 对于案例 4-5，若也同时考虑基准收益率 i 为可变因素，试分析这三个因素对净年值的影响。

解：根据题意，净年值为

$$NAV=28(1+y)+20(A/F,i,5)-100(1+x)(A/P,i,5)$$

当基准收益率 i 分别为 6%、8%、10%、12%、15%和20%时，可得净年值的一组临界曲线。

$$NAV(6\%)=28(1+y)+20(A/F,6\%,5)-100(1+x)(A/P,6\%,5)$$
$$=0$$
$$NAV(8\%)=28(1+y)+20(A/F,8\%,5)-100(1+x)(A/P,8\%,5)$$
$$=0$$
$$NAV(10\%)=28(1+y)+20(A/F,10\%,5)-100(1+x)(A/P,10\%,5)$$
$$=0$$
$$NAV(12\%)=28(1+y)+20(A/F,12\%,5)-100(1+x)(A/P,12\%,5)$$
$$=0$$
$$NAV(15\%)=28(1+y)+20(A/F,15\%,5)-100(1+x)(A/P,15\%,5)$$
$$=0$$
$$NAV(20\%)=28(1+y)+20(A/F,20\%,5)-100(1+x)(A/P,20\%,5)$$
$$=0$$

即

$$y(6\%)=0.8479x-0.2789$$
$$y(8\%)=0.8946x-0.2271$$
$$y(10\%)=0.9421x-0.1749$$
$$y(12\%)=0.9907x-0.1217$$
$$y(15\%)=1.0653x-0.0406$$
$$y(20\%)=1.1943x-0.09829$$

将上面这些曲线绘在以 x 和 y 为坐标的平面图上，即是图 4-9。

从图 4-9 可以看出，基准收益率 i 上升，临界线向上方移动，使净现值 NAV>0 的范围缩小，基准收益率降低，临界线向下方移动，使净现值 NAV>0 的区域扩大。根据这种三因素敏感性分析图，我们能够直观地了解投资额、年净收益和基准收益率这三个因素同时变动对项目经济效益的影响，有助于做出正确的决策。

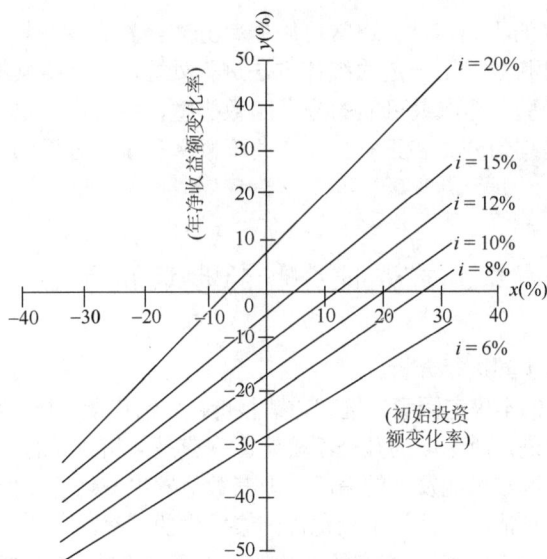

图 4-9　三因素敏感性分析

五、敏感性分析的作用及局限性

敏感性分析在一定程度上就各种不确定因素的变动对方案的经济效果的影响做了定量描述。这有助于决策者了解方案的风险情况,有助于确定在决策的过程中及方案实施的过程中需要重点研究和控制的因素。敏感性分析没有考虑到各种不确定因素在未来发生变动的概率,这可能会影响分析结论的准确性。实际上,各种不确定因素在未来发生某一幅度变动的概率是不一样的。可能有这样的情况,通过敏感性分析找出的某一敏感性因素未来发生不利变动的可能性非常小,因而实际上所带来的风险并不大,以至于可以忽略不计,而另外一个不敏感的因素未来发生不利变动的概率却很大,实际上,所带来的风险比那个敏感性因素更大。这种问题是敏感性分析所不能解决的,必须借助概率分析的方法。

学习思考题（study questions，SQ）

SQ4-3　在进行敏感性分析的过程中,怎样找出敏感性因素?

第三节　可能性分析

一、可能性分析的目的

通过盈亏平衡分析和敏感性分析,我们可进一步了解不确定性因素的变化对项目经济效益产生的影响,为方案的选择和投资决策提供了进一步的依据。但这些方法仍然具有一定的局限性,它们是在我们假定这些因素发生的条件下进行的分析。而实际上,这些因素的变化并不一定会发生,只是有发生的可能性。也许,有些对项目经济效益产生较大影响的因素变化几乎不可能发生,对这些因素变化的担忧显然是不必要的。要解决诸如发生可能性大小的问题,就需进一步应用可能性分析或概率分析的方法。

可能性分析就是利用概率的方法来分析和预测不确定性因素影响投资项目经济效益可能性的大小,或确定某些不确定因素发生的概率值,为项目的风险分析和决策提供更全面的依据。

对于经济数据或因素的不确定性，通常可用概率分布函数表示，其基本方法是，对有历史数据的不确定性因素，可对其数据用一定的统计方法进行处理，以获得其概率分布函数；对无历史数据的因素，可以根据经验，选取最可能的分布函数类型，并给出一定的参数值。在经济分析和决策中，使用最普遍的是均匀分布和正态分布。关于概率和统计方面的详细概念和方法，请读者参见有关文献。

二、可能性分析的步骤和方法

可能性分析依据以下步骤进行分析。

（1）列出各种欲考虑的不确定因素。例如，销售价格、销售量、投资和经营成本等，均可作为不确定因素。需要注意的是，所选取的几个不确定因素应是互相独立的。

（2）设想各个不确定因素可能发生的情况，即其数值发生变化的几种情况。

（3）对可能发生的各种情况，计算不确定性因素发生的概率。

（4）计算目标值的期望值。可根据方案的具体情况选择适当的方法。假若采用净现值为目标值，则一种方法是，将各年净现金流量所包含的各不确定因素在各可能情况下的数值与其概率分别相乘后再相加，得到各年净现金流量的期望值，然后求得净现值的期望值。另一种方法是直接计算净现值的期望值。

三、期望值与标准差

不确定因素也可以认为是随机变量，定量化描述随机变量的主要参数是期望值与方差。期望值就是在大量的重复事件中，随机变量取值的平均值，也是最大可能的取值，它最接近实际值。其计算公式为

$$E(x)=\sum_{i=1}^{m}x_iP_i$$
$$=x_1P_1+x_2P_2+\cdots+x_mP_m \quad (4\text{-}25)$$
$$\sum_{i=1}^{m}P_i=1$$

式中，$E(x)$ 为随机变量 x 的期望值；x_i 为随机变量 x 的各种可能取值；P_i 为对应于出现 x_i 的概率值。从式（4-25）可见，期望值也就是随机变量所有可能取值的加权平均值。我们可以把每一方案的期望值作为评价的标准。

标准差表示随机变量的离散程度，也就是与实际值的偏离程度。其计算公式为

$$\sigma(x)=\sqrt{\sum_{i=1}^{m}(\overline{X}-x_i)^2P_i} \quad (4\text{-}26)$$

式（4-26）中，$\sigma(x)$ 为随机变量 x 的标准差；$\overline{X}$ 为随机变量 x 的平均值。

在实际计算时，可用期望值代替 x 的平均值，则

$$\sigma(x)=\sqrt{\sum_{i=1}^{m}[E(x)-x_i]^2P_i} \quad (4\text{-}27)$$

案例 4-8　设某投资方案的估计净年值及相应的概率如表 4-7 所示。试计算该方案净年值的期望值标准差。

表 4-7 案例 4-8 的数据

	净年值（万元）				
	-40	100	200	250	300
概率	0.15	0.20	0.30	0.20	0.10

解：根据式（4-25），该方案净年值的期望值为

$$E(\text{NAV})=\sum_{i=1}^{5}\text{NAV}_iP_i$$
$$=-40\times0.15+100\times0.2+200\times0.3+250\times0.2+300\times0.10$$
$$=154（万元）$$

方案净年值标准差的平方为

$$\sigma^2(\text{NAV})=\sum_{i=1}^{5}[E(\text{NAV})-\text{NAV}_i]^2P_i$$
$$=(154+40)^2\times0.15+(154-100)^2\times0.2+(154-200)^2\times0.3$$
$$+(154-250)^2\times0.2+(154-300)^2\times0.10$$
$$=10838.2$$

故净年值的标准差为

$$\sigma(\text{NAV})=\sqrt{\sigma^2(\text{NAV})}=104.1（万元）$$

四、投资方案风险分析

分析投资方案风险常用的方法有解析法和模拟法两类。

（一）解析法

如果投资方案的经济效益指标，如净年值服从某种已知的概率分布，并能计算出它的期望值和方差，就可以用解析法进行方案的风险分析。

案例 4-9 假定在案例 4-8 中方案的净年值服从正态分布，试利用案例 4-8 的计算结果求：（1）净年值大于等于 0 的概率；（2）净年值小于-40 万元的概率；（3）净年值大于或等于 300 万元的概率。

解：根据概率的知识，若连续型随机变量 x 服从 μ、σ 的正态分布，则 x 具有如下标准正态分布函数。

$$F(x)=\frac{1}{\sqrt{2\pi}}\int_{-\infty}^{\frac{x-\mu}{\sigma}}e^{-\frac{\mu_2}{2}}\mathrm{d}\mu=\phi\left(\frac{x-\mu}{\sigma}\right) \quad (4-28)$$

令 $Z=\left(\frac{x-\mu}{\sigma}\right)$，由标准正态分布表可直接查出 $x<x_0$ 的概率值为

$$P(x<x_0)=P\left(Z<\frac{x-\mu}{\sigma}\right)$$
$$=\phi\left(\frac{x_0-\mu}{\sigma}\right) \quad (4-29)$$

在本案例中，我们将方案净年值 NAV 看成是连续随机变量。从案例 4-8 已知：

$$\mu = E(\text{NAV}) = 154 \text{（万元）}$$

$$\sigma = \sigma(\text{NAV}) = 104.1 \text{（万元）}$$

则

$$Z = \frac{\text{NAV} - E(\text{NAV})}{\sigma(\text{NAV})}$$

$$= \frac{\text{NAV} - 154}{104.1}$$

由此，可计算出不同 NAV 取值时的概率。

（1）净年值大于或等于 0 的概率

$$P(\text{NAV} \geqslant 0) = 1 - P(\text{NAV} < 0)$$

$$= 1 - P\left(Z < \frac{0 - 154}{104.1}\right)$$

$$= 1 - P(Z < -1.48)$$

$$= 0.9306$$

（2）净年值小于−40 万元的概率

$$P(\text{NAV} < -40) = P\left(Z < \frac{-40 - 154}{104.1}\right)$$

$$= P(Z < -1.86)$$

$$= 0.0314$$

（3）净年值大于或等于 300 万元的概率

$$P(\text{NAV} \geqslant 300) = 1 - P(\text{NAV} < 300)$$

$$= 1 - P\left(Z < \frac{300 - 154}{104.1}\right)$$

$$= 1 - (Z < 1.40)$$

$$= 0.5808$$

从以上计算结果可见，该方案能够取得满意的经济效果，即 NAV ≥ 0 的概率为 93.06%；不能取得满意经济效果，即 NAV < 0 的概率为 6.94%。而且经济效果指标净年值小于−40 万元的概率仅为 3.14%，投资亏损的可能性小。而取得很好的经济效果的可能性，即净年值大于 300 万元的概率为 58.08%。

一般来讲，对于服从正态分布的经济指标，可根据正态分布的特点估计出其概率，而不必像案例 4-9 那样计算，从而对方案的风险情况做出大致的判断。例如，在正态分布条件下，随机变量实际取值，在 $\mu \pm \sigma$（μ 为期望值，σ 为标准差）范围内的概率为 68.3%，在 $\mu \pm 2\sigma$ 范围内的概率为 95.4%，在 $\mu \pm 3\sigma$ 范围内的概率为 99.7%，对于案例 4-8 来说，方案实际净年值在（154±104.1）万元，即在 49.9 万~258.1 万元的可能性为 68.3%，而在（154±2×104.1）万元，即−54.2 万~362.2 万元的可能性为 95.4%。不过，有时这种可能的范围太宽，不便于较准确地把握风险程度。

（二）蒙特卡罗模拟技术

前面介绍的期望值法和方差分析法，含义明确，计算过程较方便，统称为解析法。在实际工作中，用解析法进行方案风险分析有时会受到一定的限制。例如，没有足够的数据和参考文献无法对方案经济效果指标的概率分布类型做出明确的判断，或者这种分布无法用典型的分布函数来描述等问题。尽管不能用解析法对方案经济效果指标的概率进行分析，但如果已知影响方案经济效果的不确定因素的概率分布，就可以采用模拟法进行方案的风险分析。

模拟法也称为蒙特卡罗模拟技术，其是一种动态模拟的方法，是用反复进行随机抽样的方法模拟各种随机变量的变化，进而通过计算了解方案经济效果指标的概率分布。换言之，就是将影响经济效果指标的因素的概率分布利用模拟技术归纳成经济效果指标的概率分布。

蒙特卡罗模拟技术需要进行大量的计算，只有借助电子计算机才能实现。随着计算机技术的发展和普及，蒙特卡罗模拟技术在经济分析中将获得更多的应用。感兴趣的读者可参考有关的文献。

学习思考题（study questions，SQ）

SQ4-4　什么情况应采用蒙特卡罗模拟法，用模拟法对方案的风险进行分析有什么特点？

第四节　风　险　决　策

前述的可能性分析可以给出方案经济效益指标的期望值和标准差，以及经济效益指标的实际值发生在某一区间的可能性，为风险条件下的方案决策提供了依据，但没有指出风险条件下方案取舍的原则和多方案比较及选择的方法，下面的风险决策将讨论这些问题。

一、风险决策的原则

风险条件下的决策涉及多种因素和考虑，较为复杂，但所应遵循的基本原则是明确的。风险决策的原则是风险条件下决策的基本依据，包括如下内容。

1. 优势原则　风险决策的优势原则是指，在 A、B 两个可选方案中，如果无论什么状态下方案 A 总是优于 B，则认为 A 是优势方案，B 是劣势方案，应将 B 从可选方案中剔除。应用优势原则一般不能决定最佳方案，但能够减少可选方案的数量，缩小决策范围，通常在运用其他决策原则对多方案进行比较、选择之前，应先用优劣原则剔除劣势方案。

2. 期望值原则　该原则是依据各可选方案损益值的期望值大小进行决策。如果损益值以费用或成本表示，应选择期望值最小的方案；如果损益值以收益表示，则应选择期望值最大的方案。

3. 最小方差原则　方差反映了实际发生的方案损益值偏离其期望值的程度，所以方差较大，方案的风险也较大，或者其稳定性和可靠性较小。因而倾向选择损益值方差较小的方案，这就是最小方差原则。有时收益期望值大的方案，其方差也较小，期望值原则与最小方差原则没有矛盾。但在不少情况下，期望值原则与最小方差原则并不一致。

对于按照期望值原则与最小方差原则选择结论不一致情况下的决策，目前尚难以确定一个广泛接受的解决方案，因为不同决策者对方案风险大小的判断不一样。一般来说，风险承受能力较强的决策者倾向按期望值原则进行决策，而风险接受能力较弱者则宁愿按最小方差原则选择期望收益不太高但更为安全的方案。

4. 最大可能原则　是指若一种状态发生的概率显著大于其他状态，则根据这种状态下各方案损益值的大小进行决策，而置其余状态的情况于不顾。这实际上是把风险决策问题化为确定性决策问题来解决。

最大可能原则有一定的适用条件，只有当某一状态发生的概率大大高于其他状态发生的概率，并且各方案在不同状态下的损益值差别不是很大时，才可应用最大可能原则。

5. 满意原则　对于比较复杂的风险决策，往往难以找出最佳方案，因此可采用一种比较现实的决策原则，即满意原则。满意原则是定出一个足够满意的目标值，将各可选方案在不同状态下的损益值与此目标值相比较，损益值优于或等于此目标值的概率最大的方案为应选择的方案。

二、不确定型决策

盈亏平衡分析是明确其分析对象及影响因素的关系，在此条件下进行决策。概率分析是计算不确定因素发生的可能性，为决策提供依据。不确定型决策是在对未来情况有一定程度的了解，但又无法确定各种情况可能发生的概率条件下，对多方案进行决策。

不确定型决策方法有多种，常用的有乐观决策法、中庸决策法、小中取大法及后悔值法。

（一）乐观决策法

乐观决策法是从各方案中选出最大估计值，然后再从最大值中选出最大者为最优方案。各方案的获益期望值可以按如下公式计算：

$$E_i = \alpha x_i + (1-\alpha) y_i \tag{4-30}$$

式中，E_i 为方案的期望值；x_i 为方案的最乐观获利值；y_i 为方案的最悲观获利值；α 为乐观系数。

乐观系数 α 的取值范围 $0 < \alpha < 1$，一般取 $\alpha = 0.5$。下面举例说明该方法的运用。

案例 4-10 某公司为开发一种新产品进行了市场调查，表 4-8 列出了开发这种新产品的三种方案及相应市场情况下的盈利额。

表 4-8　各方案市场调查可能盈利情况　　　　　　　（单位：万元）

市场情况	方案 A	方案 B	方案 C
畅销	50	30	10
一般	10	25	10
滞销	–6	0	5

解： 依据式（4-30）和表 4-8 的数据，各方案的期望值可计算如下。

$$E_A = 0.5 \times 50 + (1-0.5) \times (-6)$$
$$= 22 (万元)$$
$$E_B = 0.5 \times 30 + (1-0.5) \times 0$$
$$= 15 (万元)$$
$$E_C = 0.5 \times 10 + (1-0.5) \times 5$$
$$= 7.5 (万元)$$

因 E_A 最高，所以应选择方案 A。

（二）中庸决策法

中庸决策法的基本思想是随大流，其期望值可用如下公式计算：

$$E_i = \frac{x_i + y_i + z_i}{6} \tag{4-31}$$

式中的 z_i 为方案 i 的一般估计值，其余符号与式（4-30）相同。

对于上述案例 4-10，用中庸决策法，各方案期望值分别计算如下：

$$E_{A} = \frac{60 - 6 + 4 \times 40}{6} = 15.7（万元）$$

$$E_{B} = \frac{30 + 0 + 4 \times 25}{6} = 21.7（万元）$$

$$E_{C} = \frac{10 + 10 + 4 \times 10}{6} = 10.0（万元）$$

由于 E_B 最大，依据中庸决策法，应选择方案 B。

（三）小中取大法

该方法着眼于最悲观获利值上，即着眼于小上，然后从中选择获利最大的方案，也即取大。这种方法亦称为悲观决策法。

对案例 4-10，各方案的最悲观值分别为

$$y_{A} = -6, \quad y_{B} = 0, \quad y_{C} = 10$$

由于 $y_C > y_B > y_A$，y_C 最大，应选择方案 C。

（四）后悔值法

后悔值法着眼于不正确决策后的损失，从而决策者应尽量使后悔值减至最小。后悔值是指每种市场情况下的最高获利额与该市场情况下的其他获利额之差。

用后悔值法决策的一般步骤如下。

（1）列出市场各种情况下的最高获利值，对案例 4-8，如表 4-9 所示。

表 4-9　不同市场情况下的最高获利值

	市场情况		
	畅销	一般	滞销
最高获利值（万元）	60	25	10

（2）按式（4-32）计算不同市场情况下的后悔值，其计算结果列于表 4-10。

$$\begin{aligned} \mathrm{h}x_{i} &= x_{\max} - x_{i} \\ \mathrm{h}y_{i} &= y_{\max} - y_{i} \\ \mathrm{h}z_{i} &= z_{\max} - z_{i} \end{aligned} \qquad (4\text{-}32)$$

表 4-10　各方案的后悔值 （单位：万元）

方案	市场情况		
	畅销	一般	滞销
A	10	15	16
B	30	0	10
C	50	15	10

（3）找出各方案中的最大后悔值。从表 4-10 可知，方案 A、B 和 C 的最大后悔值分别为 16、30 和 50。

（4）选择最大后悔值最小的方案为最优方案。本例中方案 A 的最大后悔值最小，故应选择方案 A。

从上述可见，不确定型决策方法有多种，各有其特点，而且其决策结果往往各异。所以对不确定型决策，应根据投资方案的类型和特点，对决策方法进行选择。

三、风险决策的方法

如果决策者对未来情况无法做出肯定的判断，但可判断其各种情况发生的概率，在这样条件下的决策，称为风险决策。实施过程中应以风险决策的原则为基本依据，选择合适的决策方法。

（一）期望值分析法

该方法就是计算出所有备选方案及期望值，对此加以比较，从中选出具有最优期望值的方案作为最优方案。运用期望值分析法，需明确分析目标，有两个或两个以上的可选方案，并已知其概率等。运用期望值分析法，可以对多个方案进行比较和选择，下面举例说明。

案例 4-11 已知某项目决策有"投资"和"不投资"两个方案。若投资，又面临"有竞争"和"无竞争"两种客观状态。当采用投资方案时，拟建项目的寿命周期为 3 年，报酬率为 10%，有关的损益情况列于表 4-11。若采用不投资方案，将资金存入银行可获得净现值 150 万元。设"有竞争"和"无竞争"状态发生的概率分别为 0.25 和 0.75。试比较两个投资方法的优劣。

表 4-11　两种方案的损益　　　　　　　　　　（单位：万元）

年份	有竞争时的损益	无竞争时的损益	年份	有竞争时的损益	无竞争时的损益
0	−320	−320	2	80	300
1	55	210	3	100	470

解：（1）求出"有竞争"和"无竞争"状态下的损益净现值。

$$P_有 = -320 + 55(P/F,10\%,1) + 80(P/F,10\%,2) + 100(P/F,10\%,3)$$
$$= -320 + 55 \times 0.909\,09 + 80 \times 0.826\,45 + 100 \times 0.751\,31$$
$$= -128.8(万元)$$
$$P_无 = -320 + 210(P/F,10\%,1) + 300(P/F,10\%,2) + 470(P/F,10\%,3)$$
$$= -320 + 210 \times 0.909\,09 + 300 \times 0.826\,45 + 470 \times 0.751\,31$$
$$= 472(万元)$$

（2）列出矩阵表，见表 4-12。

表 4-12　投资损益分析矩阵

方案	自然状态及相应的概率	
	有竞争 $P_1 = 0.25$	无竞争 $P_2 = 0.75$
投资	−128.8	472.0
不投资	150	150

（3）计算两个方案净现值的期望值(E)：投资方案的净现值期望为

$$E_1 = (-128.8) \times 0.25 + 472 \times 0.75$$
$$= 322（万元）$$

不投资方案的净现值期望为

$$E_2 = 150 \times 0.25 + 150 \times 0.75$$
$$= 150（万元）$$

因 $E_1 > E_2$，故应选择"投资"方案。

（二）方差分析法

在用期望值分析的基础上，对项目方案的比较和选择也可运用方差法进一步分析。期望值法比较方案的依据是最大可能取值，表明其可能性较大。方差反映可选方案经济效益指标期望值的上下波动，其波动性大小与方案的稳定性、可靠性程度有关。方差分析可对方案经济效益指标的稳定性进行表述。

案例 4-12 某化工企业需从 4 个相互排斥的方案中选择一个方案，各方案的净现值及其可能发生的概率等列于表 4-13。试用方差分析法评价和选择方案。

表 4-13 各方案的净现值和概率

概率方案	净现值（万元）				
	160	110	60	10	−40
1	0.1	0.3	0.3	0.2	0.1
2	0.1	0.2	0.4	0.2	0.1
3	0.1	0.2	0.3	0.4	0.0
4	0.2	0.2	0.2	0.2	0.2

解： （1）计算各方案净现值的期望值 E。

$$E_1 = 160 \times 0.1 + 110 \times 0.3 + 60 \times 0.3 + 10 \times 0.2 - 40 \times 0.1$$
$$= 65（万元）$$

$$E_2 = 160 \times 0.1 + 110 \times 0.2 + 60 \times 0.4 + 10 \times 0.2 - 40 \times 0.1$$
$$= 60（万元）$$

$$E_3 = 160 \times 0.1 + 110 \times 0.2 + 60 \times 0.3 + 10 \times 0.4 - 40 \times 0.0$$
$$= 60（万元）$$

$$E_4 = 160 \times 0.2 + 110 \times 0.2 + 60 \times 0.2 + 10 \times 0.2 - 40 \times 0.2$$
$$= 60（万元）$$

（2）计算各方案的方差：各方案的方差可按下式计算。

$$D = \mathrm{P}(E^2) - E^2 \tag{4-33}$$

则有

$$D_1 = 160^2 \times 0.1 + 110^2 \times 0.3 + 60^2 \times 0.3 + 10^2 \times 0.2 + (-40)^2 \times 0.1 - 65^2$$
$$= 3225（万元）$$

$$D_2 = 160^2 \times 0.1 + 110^2 \times 0.2 + 60^2 \times 0.4 + 10^2 \times 0.2 + (-40)^2 \times 0.1 - 60^2$$
$$= 3000(\text{万元})$$

$$D_3 = 160^2 \times 0.1 + 110^2 \times 0.2 + 60^2 \times 0.3 + 10^2 \times 0.4 + (-40)^2 \times 0.0 - 60^2$$
$$= 2500(\text{万元})$$

$$D_4 = 160^2 \times 0.2 + 110^2 \times 0.2 + 60^2 \times 0.2 + 10^2 \times 0.2 + (-40)^2 \times 0.2 - 60^2$$
$$= 5000(\text{万元})$$

（3）依据上述结果对方案进行分析：从期望值来看，方案 2、3、4 的净现值期望值相同，都为 60 万元，三者无优劣之分。但从方差分析角度来看，因为 $D_4 > D_2 > D_3$，方案 3 的方差最小，应该为最优方案。而方案 1 的期望值最大，若以净现值期望值判别，应为最佳方案。但从方差分析看，其在 4 个方案中仅次于方案 4，表明其获利的稳定性和可靠性较差。

对方案的最终选择应综合各方案的因素，最终由决策者权衡利弊做出抉择。对本例，应选择方案 1 还是方案 3，请读者决策。

学习思考题（study questions，SQ）

SQ4-5   前面的盈亏平衡分析、敏感性分析及可能性分析与风险决策有何关系？

练 习 题

4-1   盈亏平衡分析的作用是什么？常以哪些方式表示盈亏平衡？

4-2   盈亏平衡产量与项目的哪些因素有关？据此就产品成本结构与经营风险进行分析。

4-3   何谓非线性盈亏平衡分析？产品售价和单位产品可变成本随产量或销售量变化的经济含义是什么？

4-4   实际工作中，是否产量高于盈亏平衡产量就一定能盈利，为什么？如何确定最佳设计或经营生产规模？

4-5   对两个或两个以上方案进行盈亏平衡分析时，可采用什么方法？

4-6   什么是敏感性因素及敏感性分析？为什么要对一个项目进行敏感性分析？

4-7   什么是单因素和多因素敏感性分析？试述它们的异同。

4-8   概率分析的作用是什么，盈亏平衡分析、敏感性分析和概率分析这三者有何相互关系？

4-9   概率分析中的期望值分析法和方差分析法各表示什么经济含义，适用于单一方案的判别还是多方案的选择？

4-10   某医疗器械厂年产某医疗耗材 150 万件，售价为 12.5 元/件，每件成本 8.5 元，其中，可变成本为 8 元/件，固定成本为 0.5 元/件。按照年计，试求：

（1）盈亏平衡产量；

（2）盈亏平衡销售价格；

（3）如果售价由最初的 8.5 元/件降至 8.0 元/件或升至 9.0 元/件，求各自的盈亏平衡产量；

（4）假定可变费用增减 10%，同时折旧和固定费用保持不变，求盈亏平衡产量。

4-11   某公司拟开建一项新项目，计划投资方案如下：

初始投资：1850 万元   残值：65 万元

年净收益：875 万元   计算期：15 年

销售收入：900 万元   基准收益率：12.5%

设固定成本为 100 万元，试做以下三种变化对内部收益率的单因素分析：

（1）投资额增加 10%、20%；

（2）因价格变化导致年净收益下降 10%、20%；

（3）项目周期寿命变化±20%；

以上的三个因素中，哪一个是最敏感因素？如何减少此因素对项目经济效益的影响？

4-12　某项目设计年生产能力为 4 万吨，产品售价为 2500 元/吨，生产总成本为 1500 元/吨，其中，固定成本为 600 元/吨，可变成本为 900 元/吨。试求：

（1）以产量、销售价格、生产能力利用率表示的盈亏平衡点；

（2）如果当年实际生产量为 3 万吨，试分析该项目的盈亏状况；

（3）如果计划年盈利 30 万元，应如何安排产量？

4-13　某医疗器械厂年产医疗耗材 200 万件，售价为 6.25 元/件，产品成本为 3.64 元/件，其中，可变成本为 3.25 元/件，固定成本为 0.39 元/件。如果按年记，试求：

（1）盈亏平衡产量；

（2）盈亏平衡销售价格；

（3）如果售价由最初的 6.25 元/件降到 5.75 元/件，或升到 6.75 元/件，求各自的盈亏平衡产量；

（4）假定可变费用增减 10%，同时折旧和固定费用及固定成本均保持不变，求盈亏平衡产量。

4-14　某医药厂准备推出一种新型消洗液。购买配方等花费 12 000 元，每 1 000 瓶消洗液的包装、灌装及消洗液本身的费为 4 000 元。消洗液的销售最终取决于售价，其关系如下表所示。

每瓶售价（元）	20	14	7
预计销售（瓶）	2000	4000	10000

试求：（1）在上述哪种售价条件下，该厂能获得最大利润？

（2）营销人员认为，如果花 20 000 元做宣传广告，在每一个售价水平下，消洗液的销售量都会增加一倍。若采纳该建议，售价以哪种最有利？

4-15　产品的价格与销售量的关系为 $P = 300-0.025Q$（元/吨），固定成本为 2 万元，单位产品的可变成本与产量的关系为 $V_C = 90-0.01Q$（元/吨）。试求：

（1）该项目的盈亏平衡产量范围；

（2）最大的盈利额及相应的最佳产量。

4-16　某企业拟建一条新的生产线，有三种方案可供选择，有关情况列于下表中，各方案的产品情况相同，基准收益率为 10%。

三种方案的投资与成本

方案	初始投资（万元）	可变成本（元/吨）
A	1500	1600
B	2500	720
C	3500	500

试求：（1）各方案使用年限都是 10 年，若要选择投资额最小的方案，项目产量应为多少？在此产量条件下，能否选择方案 B？

（2）若要求年产量为 15 000 吨，生产线的使用寿命有多长时，宜选方案 B？

4-17　已知某化学原料药厂的年生产能力为 15 000 吨，固定成本为 22 万元，产品单价为 62 元/吨，净收益 22 元/吨。试求：（1）盈亏平衡产量是多少？

（2）当可变成本和产品售价都上涨 20%时，年盈亏平衡产量是多少？

（3）若为促销降低价格，在保证年净收益不低于 30 万元的条件下，价格最低是多少？

4-18 某项目投资方案的各年净现金的期望值与标准差列于下表。如果各年的现金流量之间不相关，基准折现率为 12%，求下列概率，并对方案的风险大小做出自己的判断。

（1）净现值大于或等于零的概率；

（2）净现值小于–60 万元的概率；

（3）净现值大于 600 万元的概率。

各年净现金的期望值与标准差 （单位：万元）

	年数					
	0	1	2	3	4	5
净现金期望值	–1000	600	600	600	600	600
净现金标准差	300	300	350	400	450	500

4-19 对于某拟定的项目提出了三个相互排斥的方案，各方案的净年值及其概率列于下表。试分别用期望值分析法和方差分析法比较和选择方案。

各方案的净现值及其概率

概率方案	净现值（万元）				
	170	130	70	20	–25
1	0.2	0.2	0.3	0.1	0.2
2	0.1	0.2	0.3	0.4	0.0
3	0.1	0.3	0.4	0.2	0.0

第五章 医药项目市场分析

1. 课程目标 了解市场分析和市场预测的基本概念，理解市场分析及预测的意义。培养学生对医药项目市场分析的基本能力。熟悉市场定性预测方法和定量预测方法的含义，掌握基本分析方法及其优缺点。熟悉各种方法的关键步骤，理解各种方法的适用条件，培养学生面临具体医药项目时能够具备选择适宜的分析方法的能力。

2. 重点和难点

重点：市场定性预测方法和定量预测方法的含义、基本分析方法及其优缺点。掌握各种方法的关键步骤，理解各种方法的适用条件。

难点：理解各种分析方法的优缺点。合理选择适合项目特点的市场分析方法。

第一节 医药项目市场分析及预测的特点与作用

医药行业项目一般分为原料药类、化学药品制药类、生物制药类、中药类。面对复杂的投资环境，医药项目投资在立项前进行项目市场分析和预测是非常必要的。通过市场分析，有助于投资者充分了解、认识市场，分析研究市场的发展变化规律。一般应用各种科学的调查方式方法，搜集、整理、分析市场资料，对市场状况进行反映或描述，以认识市场的发展变化规律。从时间的角度看，可以通过市场分析着重整理市场过去和现在的表现，并在长期的研究中认识市场规律。市场预测是根据市场过去和现在的表现，运用科学的预测方法对市场未来的发展变化进行预测或估计，为科学决策提供依据，因此市场预测着重分析市场未来的表现。

市场分析与市场预测二者之间有着密切的联系，被认为是一个连贯分析市场过程的两个阶段，它们之间的联系突出表现在以下两个方面：一是从时间的连续性来看，只有将二者作为一项连贯的工作，对市场的分析研究才能更系统更全面，也才能为科学的决策提供更有利的依据。二是从方法论的角度看，市场预测有赖于市场分析。市场预测必须依据市场分析的资料，市场分析的水平和质量决定着市场预测的水平和质量，因此我们说，市场分析是市场预测的基础，市场预测是市场分析的延伸和深化。

一、市场分析在方法上突出表现的特点

1. 抽样调查方法广泛应用 抽样调查方法具有节省费用、应用广泛等特点，它适应于市场现象数量方面的调查研究，它能够以样本指标推断总体指标，并能够计算出样本指标与总体指标之间的抽样误差，还能将误差控制在一定允许的误差范围内，在一定可靠的程度下，对总体的数量做出推断。因而它得到了广泛的应用，这也使得在现有人力、财力、物力的条件下可以取得的市场资料数量大大增加、质量也得到提高，为市场预测创造了有利条件。

2. 问卷法和访问法应用的精密化 它们是市场分析中搜集资料最常用的方法，访问法是一种典型的直接调查法，问卷法是一种典型的间接调查法。这两种方法经过长期的使用，其方法本身都在不断发展完善，日趋精密化，使市场分析取得直接资料，且在准确性、全面性、系统性方面都有

很大的提高，并为市场分析准确性、全面性的提高，以及市场预测精确度的提高提供了基本保证，保证了市场预测的发展。

3. 计算机技术在资料整理和分析中的广泛应用　在市场分析所涉及的调查数据和各种信息的处理中，广泛应用计算机及互联网平台，大大提高了信息处理能力，也提高了信息处理的标准化和准确性。计算机技术在市场分析中的广泛应用使市场分析取得的市场资料在数量上和质量上都得到较大的提高，增强了市场分析的时效性。

二、市场分析和预测的作用

市场分析和市场预测的作用主要综合体现为以下几个方面。

1. 市场分析和预测为制定科学的计划和策略提供依据　项目投资存在巨大机遇与风险。一方面，必须根据行业过去和现在的各种发展的统计指标，结合企业实际来制定计划和规划，否则计划和规划就会脱离实际，缺少科学性和可行性。市场分析资料最集中地反映出与行业相关产品的数量、结构，以及商品的供求关系等；市场分析与预测的资料对于投资决策者来说，是可最直接、最综合地反映市场的。另一方面，还必须依据经济预测的情况，即根据对未来一定时期的经济情况进行估计，遵循经济发展的客观规律来制定各项计划与规划，确保项目的科学性和可行性。科学系统的市场分析与预测资料无疑为决策和政策的科学性提供了保证。

2. 市场分析和预测是管理决策和提高经济效益的必要条件　正确的管理决策能够使经济活动取得成功，不适当的或错误的决策则对经济活动造成损失或使其失败。而正确决策的前提之一就是对经济做出科学的调查和预测。没有科学的市场分析和预测结果为依据，必然会导致盲目的、主观的不合理决策；有了科学的市场分析预测，才能使科学的决策有基础、有依据，使决策取得预期的效果。市场分析与预测可以为商品营销部门或企业提供一定时间、一定空间、一定商品需求数量及其他有关信息，是他们组织营销活动的重要依据之一，根据市场分析和预测结果所进行的投资决策大大减少了盲目性，增强了自觉性，必然给医药项目投资带来较高的经济效益和社会效益。其也促进了医药商品的多样化，满足了患者的需要。

3. 市场分析和预测对医药产业的合理化起促进作用　随着我国经济体制改革和对外开放的继续发展，人民群众的收入水平不断提高，我国社会的国民健康需求也会不断发展变化。需求总量增长，需求的多样化、多层次化问题将越来越突出，这就要求我国的医药产品也要不断增长，各种产品的生产朝着多样化、多层次化的方向发展，这时市场分析和预测就起到了重要的作用。从而为医药产业提供准确的、全面的、系统的调查和预测数据，大大减少了投资的盲目性，增强了有序性。

4. 市场分析和预测对促进和满足患者需求有显著作用　通过市场分析和市场预测，可以全面系统地了解社会对医药产品的需求状况，包括需求数量、需求结构和需求发展变化的规律等。市场预测通过对需求数量、结构及其发展变化规律等方面的预测，向投资者提供可靠的信息；生产部门的生产在数量、结构、品种各方面都以消费需要为前提，这样才能使患者各方面的需求得到满足，使生产和消费需求结合得更紧密。同时，通过市场可反映出消费者对医药新产品某种新功能的需求。市场预测可以根据市场分析资料，对这些方面的需求做出预测，向投资决策者提供信息，促进新的医药产品的开发与生产；由此，新产品投放市场时会更加受到消费者的喜爱，这也正是市场分析和预测对消费所起到的引导、满足和促进作用。

综上所述，市场分析和预测对于社会生产，对于满足和促进消费需要，对于投资项目的规划及各项决策的科学性等都具有非常重要的作用。

学习思考题（study questions，SQ）

SQ5-1　市场分析与市场预测之间有何联系？

SQ5-2　试分析市场分析与市场预测对项目管理产生的影响有哪些？

SQ5-3　随着计算机技术的快速发展，计算机应用在市场分析中越来越普遍。谈谈计算机技术在资料整理和分析中的优势。

SQ5-4　市场定性预测方法和定量预测方法之间有何异同点？

第二节　医药项目市场定性预测方法

市场定性预测是指预测者依靠熟悉业务知识、具有丰富经验和综合分析能力的人员与专家，根据已掌握的历史资料和直观材料，运用个人的经验和分析判断能力，对事物的未来发展做出性质和程度上的判断。通过一定形式综合各方面的意见，作为预测未来的主要依据，它的依据是类推原则。常用的方法有目标客户意向调查法、销售人员综合意见法、专家意见法。主要优点：简便易行，一般不需要先进的计算设备，不需要高深的数学知识储备，易于普及和推广，但因其缺乏客观标准，往往受预测者的认知、经验的局限，从而带有一定的主观片面性。定性预测和定量预测并不是相互排斥的，而是可以相互补充的，在实际预测过程中应该把两者正确地结合起来使用。

定性预测法被广泛使用，且特别适合于对预测对象的数据资料（包括历史的和现实的）掌握不充分，或影响因素复杂而且难以用数字描述，或对主要影响因素难以进行数量分析等情况。定性预测偏重对市场行情的发展方向和施工中各种影响施工项目成本因素的分析，能发挥专家的经验和主观能动性，比较灵活，而且简便易行，可以较快地提出预测结果。但是在进行定性预测时，也要尽可能地搜集数据，运用数学方法，其结果通常也是从数量上做出测算。

因为医药项目的特殊性，其市场的定性预测方法常用专家调查法和集合意见法。

一、专家调查法

专家调查法最为典型的是德尔菲法，即根据有专业知识的人的直接经验，采用系统的程序，互不见面和反复进行的方式，对某一未来问题进行判断的一种方法。首先，草拟调查提纲，提供背景资料，轮番征询不同专家的预测意见，最后再汇总调查结果。对于调查结果，要整理出书面意见和报表。这种方法具有匿名性、费用不高、节省时间的特点。采用德尔菲法要比一个专家的判断预测或一组专家开会讨论得出的预测方案准确一些，一般用于较长期的预测。对专家调查法的程序和方法做以下简单介绍。

（1）组织领导开展德尔菲法预测需要成立一个预测领导小组。领导小组负责草拟预测主题，编制预测事件一览表，选择专家，以及对预测结果进行分析、整理、归纳和处理。

（2）专家的选择是关键。专家一般指掌握某一特定领域知识和技能的人。人数不宜过多，一般以 10~20 人为宜。可避免当面讨论时容易相互干扰，或者当面表达意见可能受到约束等弊病。该方法以信函方式与专家直接联系，专家之间没有任何联系。

（3）预测内容：根据预测任务，制定专家应答的问题提纲，说明做出定量估计、进行预测的依据及其对判断的影响程度。

（4）预测程序：第一次，提出要求，明确预测目标，用书面通知被选定的专家或专门人员。要求每位专家说明有什么特别资料可用来分析这些问题及这些资料的使用方法。同时，请专家提供有关资料，并请专家进一步提出需要哪些资料。第二次，专家接到通知后，根据自己的知识和经验，对所预测事件的未来发展趋势提出自己的观点，并说明其依据和理由，以书面答复主持预测的单位。第三次，预测领导小组，根据专家预测的意见，加以归纳整理，对不同的预测值分别说明预测值的依据和理由（根据专家意见，但不注明是哪个专家的意见），然后再寄给各位专家，要求专家修改自己原先的预测，并提出还有什么要求。第四次，专家等人接到第二次信后，就各种预测的意见及其依据和理由进行分析，再次进行预测，提出自己修改的意见及其依据和理由。如此反复征询、归纳、修改，直到意见基本一致为止。修改的次数根据需要决定。

专家调查法是根据有专门知识的人的直接经验，对研究的问题进行判断、预测的一种方法。该法具有反馈性、匿名性和统计性的特点，选择合适的专家是实施该方法的关键环节。

专家调查法的优点：①可以加快预测速度和节约预测费用。②可以获得各种不同但有价值的观点和意见。③适用于长期预测和对新产品的预测，在历史资料不足或不可测因素较多时尤为适用。

专家调查法的缺点：①对于产品区域跨度大的顾客群或产品的预测可能不可靠。②责任比较分散。③专家的意见有时可能不完整或不切实际。

二、集合意见法

集合意见也被称为专家会议法。集合意见法是将有关人员集中起来，针对预测的对象，交换意见预测项目的可行性。参加会议的人员一般选择具有丰富经验、对医药项目经营和管理熟悉，并有一定专长的各方面专家。

这个方法可以避免依靠个人的经验进行预测而产生的片面性。例如，对原料药价格市场行情进行预测，可请材料设备采购人员、计划人员、经营人员等；对产品成本进行分析，可请技术人员、项目管理人员、材料管理人员、劳资人员等；估计工程成本，可请预算人员、经营人员、施工管理人员等。使用该方法，预测值经常出现较大的差异，在这种情况下，一般可采用预测值的平均值或加权平均值作为预测结果。

学习思考题（study questions，SQ）

SQ5-5　为什么采用德尔菲法要比一组专家面对面开会讨论得出的预测方案准确一些？
SQ5-6　谈谈集合意见法对专家专业背景的要求有哪些？

第三节　医药项目市场定量预测方法

一、市场定量预测方法的作用及分类

定量预测法是使用一组历史数据或因素变量来预测需求的数学模型，是根据已掌握的比较完备的历史统计数据，运用一定的数学方法进行科学的加工整理，借以揭示有关变量之间的规律性联系，用于预测和推测医药项目未来发展变化情况的一类预测方法。有些行业专家认为定量预测方法也称统计预测法，其主要特点是利用统计资料和数学模型来进行预测。然而，这并不意味着定量方法完全排除主观因素，相反，主观判断在定量方法中仍起着重要的作用，只不过与定性方法相比，各种主观因素所起的作用小一些罢了。

定量预测的优点：注重事物发展在数量方面的分析，重视对事物发展变化的程度在数量上的描述，更多地依据历史统计资料，较少受主观因素的影响。定量预测的缺点：比较机械，不易处理有较大波动的资料，更难以对事物变化进行预测。

市场定量预测法基本上可分为两类：外推法和因果法。

二、外推法（时间序列方法）

（一）外推法的基本含义

该方法也被称为时间序列法，是一种历史资料延伸预测。对时间数列所能反映的社会经济现象的发展过程和规律性进行引申外推，预测其发展趋势的方法。所谓时间序列，又称为时间数列、历史复数或动态数列，它是将某种统计指标的数值按时间先后顺序排到所形成的数列中。时间序列预测法就是通过编制和分析时间序列，根据时间序列所反映出来的发展过程、方向和趋势，进行类推或延伸，借以预测下一段时间或以后若干年内可能达到的水平。其内容包括：收集与整理某种市场现象的相关历史资料；对这些资料进行检查鉴别，排成数列；分析时间数列，从中寻找该现象随时间变化而变化的规律，得出一定的模式；以此模式去预测该现象将来的情况。

（二）外推法的分类

外推法可用于短期预测、中期预测和长期预测。根据对资料分析方法的不同，又可分为简单序时平均数法、简单移动平均法、指数平滑法、季节性趋势预测法、市场寿命周期预测法等。

1. 简单序时平均数法　该方法也称算术平均法，即把若干历史时期的统计数值作为观察值，求出算术平均数作为下期预测值。这种方法基于"过去这样，今后也将这样"的假设，把近期和远期数据等同化和平均化，因此只能适用于事物变化不大的趋势预测。如果事物呈现某种上升或下降的趋势，就不宜采用此法。加权序时平均数法就是把各个时期的历史数据按近期和远期的影响程度进行加权，求出平均值，作为下期预测值。

2. 简单移动平均法　该方法是将相继移动计算若干时期的算术平均数作为下期预测值。加权移动平均法，即将简单移动平均数进行加权计算。在确定权数时，近期观察值的权数应该大些，远期观察值的权数应该小些。这两种方法虽然简便，能迅速求出预测值，但没有考虑整个市场经济发展的新动向和其他因素的影响，所以准确性较差。应根据新的情况，对预测结果做必要的修正。

3. 指数平滑法　该方法是根据历史资料的上期实际数和预测值，用指数加权的办法进行预测。此法实质是由内加权移动平均法演变而来的一种方法，优点是只要有上期实际数和上期预测值，就可计算下期的预测值，这样可以节省很多数据和处理数据的时间，减少数据的存储量，方法简便。

4. 季节性趋势预测法　该方法是根据市场每年重复出现的周期性季节变动指数，预测其季节性变动趋势。推算季节性指数可采用不同的方法，常用的方法有季（月）别平均法和移动平均法两种：①季（月）别平均法就是把各年度的数值分季（或月）加以平均，除以各年季（或月）的总平均数，得出各季（月）指数。这种方法可以用来分析生产、销售、原材料储备、预计资金周转需要量等方面的经济事务的季节性变动。②移动平均法，即运用移动平均数计算比例求典型季节指数。

5. 市场寿命周期预测法　该方法是对产品市场寿命周期的分析研究。例如，对处于成长期的产品预测其销售量，最常用的一种方法就是根据统计资料，按时间序列画成曲线图，再将曲线外延，即得到未来的销售发展趋势。最简单的外延方法是直线外延法，适用于对耐用消费品的预测。这种方法简单、直观、易于掌握。

（三）外推法的步骤

第一步：收集历史资料，加以整理，编成时间序列，并根据时间序列绘成统计图。时间序列分析通常是把各种可能发生作用的因素进行分类，传统的分类方法是按各种因素的特点或影响效果分为四大类：长期趋势、季节变动、循环变动、不规则变动。

第二步：分析时间序列。时间序列中的每一时期的数值都是由许许多多不同的因素同时发生作用后的综合结果。

第三步：求时间序列的长期趋势（T）、季节变动（s）和不规则变动（I）的值，并选定近似的数学模式来代表它们。对于数学模式中的诸多未知参数，使用合适的技术方法求出其值。

第四步：利用时间序列资料求出长期趋势、季节变动和不规则变动的数学模型后，就可以利用它来预测未来的长期趋势值（T）和季节变动值（s），在可能的情况下预测不规则变动值 I。然后用以下模式计算出未来的时间序列的预测值（Y）。通常有两种模式：加法模式 $T+S+I=Y$；乘法模式 $T\times S\times I=Y$。如果不规则变动的预测值难以求得，就只求长期趋势和季节变动的预测值，以两者相乘之积或相加之和为时间序列的预测值。如果市场现象本身没有季节变动或不需预测分季分月的资料，则长期趋势的预测值就是时间序列的预测值，即 $T=Y$。但要注意这个预测值只反映现象未来的发展趋势，即使很准确的趋势线在按时间顺序的观察方面所起的作用，本质上也只是一个平均数的作用，实际值将围绕着它上下波动。

三、因果法（回归分析方法）

（一）基本原理及分类

因果法，也称为回归分析方法，包括一元回归法、多元回归法和投入产出法。回归分析方法是市场定量预测法中很重要的一种，即在掌握大量观察数据的基础上，利用数理统计方法建立因变量与自变量之间的回归关系函数表达式，来描述它们之间数量上的平均变化关系。这种函数表达式称回归方程式。

回归分析中，当研究的因果关系只涉及因变量和一个自变量时，称为一元回归分析；当研究的因果关系涉及因变量和两个或两个以上自变量时，称为多元回归分析。回归分析中，又依据描述自变量与因变量之间因果关系的函数表达式是线性的还是非线性的，分为线性回归分析和非线性回归分析。

线性回归分析是最基本的方法，也是市场预测中的一种重要预测方法。总之，它从一个指标与其他指标的历史和现实变化的相互关系中，探索它们之间的规律性联系，作为预测未来的依据。

时间序列中每一时期的数值都是由很多不同因素同时发生作用后的综合反映。总的说来，这些因素可分为以下三大类。

1. 长期趋势　这是时间序列变量在较长时间内的总势态，即在长时间内连续不断地增长或下降的变动势态。它反映预测对象在长时期内的变动总趋势，这种变动趋势可能表现为向上发展，如劳动生产率的提高，也可能表现为向下发展，如物料消耗的降低，也可能表现为向上发展转为向下发展，如物价变化。长期趋势往往是市场变化情况在数量上的反映，因此它是进行分析和预测的重点。

2. 季节变动　这是指一再发生于每年特定时期内的周期波动。即这种变动上次出现后，每隔一年又再次出现。所以简单地说，每年重复出现的循环变动就称为季节变动。

3. 不规则变动　又称随机变动，其变化无规则可循。这种变动都是由偶然事件引起的，如自然灾害、政治运动、政策改变等影响经济活动的变动。不规则变动幅度往往较大，而且无法预测。当预测目标变量（称因变量）由于一种或几种影响因素变量（称自变量）的变化而发生变化时，根据某一个自变量或几个自变量的变动来解释推测因变量变动的方向和程度,常用回归分析法建立数学模型。

（二）因果法中的因果关系类型

因果法中通常要考虑因果关系类型,再据此展开分析。其因果关系类型可分为以下三大类。

1. 函数关系　是指几种经济行为之间存在着确定的数量关系。在预测具有此种函数关系的经济事物中,常用的方法有直线回归模型、二次曲线模型、指数曲线模型等预测方法。

2. 相关关系　指两种或两种以上的社会经济现象间存在着相互依存的关系,但在数量上没有确定的对应关系。在这种关系中,对于自变量的每一个值,因变量可以有几个数值与之相对应,表现出一定的波动性、随机性,但又总是围绕着它们的平均数并遵循一定的规律而变动。相关关系与函数关系是性质不同的两类变量间的关系。变量之间存在确定性数量对应规律的称为函数关系,可以用数学函数式表达。变量间不存在确定性数量对应规律的要用统计学的方法来研究。

统计学上研究有关社会经济现象之间相互依存关系的密切程度时,相关分析可以得到一个表明相关程度的指标,称为相关系数。这种方法对于不能在实验室用实验方法分析的社会经济现象显得特别重要。通过相关分析,还可以测定和控制预测的误差,掌握预测结果的可靠程度,把误差控制在一个范围内。社会经济现象之间的相互关系是非常复杂的,表现出不同的类型和形态。从变量之间相互关系的方向来看,可分为正相关和负相关。

3. 因子推演法　即根据引起某种社会经济现象变化的因子来推测某种现象的变化趋势。例如,每年新建立的家庭数目是住房需要量的因子,婴儿出生人数是玩具需要量的因子,汽车的销售量是汽车配件需求量的因子,等等。根据某经济现象的因子就可以预测它的需求量的变化趋势。

（三）因果法分析步骤

因果法预测应用的基本思路如下:首先,通过对市场经济现象之间因果关系的分析探讨,获得现象之间相互联系的规律性;然后,选择恰当的数学模型描述因果关系主要变量间的关系形态;最后,根据数学模型预测市场发展前景及可能达到的水平。

利用资料分析市场现象之间的因果关系,确定预测目标及因变量和自变量。分析市场现象因果关系必须做到以下几点。

（1）凭借人们拥有的经验、知识及思维判断能力,在对预测问题的质的分析基础上,明确表征预测目标的运动规律及影响其变化的因素的诸多市场变量。

（2）选定因变量和自变量。通常情况下,表征预测目标的变量称为因变量（如卷烟零售量或零售额）;表征影响预测目标变化的各种因素的变量称为自变量。从市场预测过程来讲,明确预测目标选定因变量是首要任务,但能从众多影响预测目标的因素中选定参与预测的自变量是保证预测结果可信度的关键。

（3）根据变量之间的因果关系类型选择数学模型,并经过运算求出有关参数,通过统计检验建立预测模型。

（4）预测分析,确定预测值。市场的客观经济现象是十分复杂的,数学预测模型只能明确、形象地显示出市场从过去至现在发展过程中有关事件观察数据中呈现的因果关系,而如何确定符合市场需要及其变化客观实际的预测值,还需要预测者掌握丰富的市场信息,依靠个人的经验和分析判断能力,最后做出科学判断。运用量的分析中的因果法进行市场预测时,还需要与质的分析相结合,把各种主要因素考虑进去,参照已经出现和正在出现的可能性,综合分析判断,对预测模型计算出来的预测值做恰当调整,确定最终预测值,使预测结果更接近实际。

学习思考题（study questions，SQ）

SQ5-7　外推法的特点有哪些？

SQ5-8　因果法中因果关系类型有哪几种？

SQ5-9　试举例说明市场定量分析中应用数学建模的局限性。

练 习 题

5-1　医药项目的市场分析有什么特点？

5-2　市场分析有哪些方法？

5-3　简述医药项目的市场定性预测常用方法及其特点。

5-4　专家调查法有什么优缺点？

5-5　什么是指数平滑法？有哪些作用？

5-6　外推法有哪些步骤？

5-7　简述回归分析方法在市场分析中的作用。

5-8　回归分析方法包括哪些类型？

5-9　什么是相关关系？

5-10　回归分析包括哪些步骤？

第六章 医药项目可行性研究案例

1. 课程目标 通过案例学习，了解西药注射剂类型和中药饮片类型生产线建设项目可行性研究报告的编写要求、报告基本构架及组成单元。结合实际案例，系统地了解注射剂类型项目和新型饮片项目市场分析、产品方案、技术路线、生产布局、设备选型、环境保护、人员管理、成本估算、财务分析、风险评估等两类项目的共同点和差异，能够将本书其他章节理论学习的内容融合、贯穿在两个实际案例中，初步掌握医药类项目可行性研究的核心模块、编写方法、主要评价指标及影响项目建设的政策条件、地理环境、原材料供应等基本条件，加深学生对医药类建设项目工程建设的理解，从而初步培养学生独立编写医药类生产建设项目可行性研究报告的能力。

2. 重点和难点

重点：项目建设背景分析，市场预测、建设规模及产品方案的确定、投资方案、成本估算、财务评价的运用，建设规模、产品方案、技术路线、设备选型的基本规则及其使用，成本估算及财务评价方法的使用。

难点：产品市场预测、成本估算及财务评价。

第一节 概 述

一、项目可行性研究的定义、目的和作用

1. 可行性研究的历史沿革 可行性研究自 20 世纪 30 年代美国开发田纳西河流域时开始采用以后，已逐步形成一套较为完整的理论、程序和方法。1978 年，联合国工业发展组织编制了《工业可行性研究编制手册》。1980 年，该组织与阿拉伯国家工业发展中心共同编制《工业项目评价手册》。我国从 1982 年开始，已将可行性研究列为基本建设中的一项重要程序。项目可行性研究是工程建设项目投资决策前进行技术经济分析论证的一种科学方法和工作手段。1983 年 2 月，当时的国家计划委员会将可行性研究工作正式列入我国基本建设程序，并颁布了《建设项目进行可行性研究的试行管理办法》。

2. 可行性研究的定义（feasibility study） 是指在调查的基础上，通过市场分析、技术分析、财务分析和国民经济分析，对各种投资项目的技术可行性与经济合理性进行的综合评价。

3. 可行性研究的目的及任务

（1）可行性研究的目的：其运用科学的、多学科手段综合论证拟议中的工程项目在技术上是否现实、实用和可靠，在财物上是否盈利；做出环境影响、社会效益、经济效益及工程抗风险能力等的分析和评价，为投资决策提供科学依据。

（2）可行性研究的基本任务：是对新建或改建项目的主要问题从技术经济角度进行全面的分析研究，并对其投产后的经济效果进行预测，在既定的范围内进行方案论证的选择，以便最合理地利用资源，达到预定的社会效益和经济效益。

4. 可行性研究的作用 进行建设项目可行性研究是建设前期工作的重要环节，其主要作用有以下几个方面。

（1）可以作为建设项目投资决策和编制设计任务书的依据。

（2）作为向银行或贷款单位申请贷款的依据。

（3）是建设部门申请建设执照和与有关部门签订合同的依据。

（4）是项目进行初步设计的基础。

（5）是采用新技术、新设备研制计划的依据。

（6）是建设项目补充基础资料的依据。

（7）作为环保部门审查建设项目对环境影响的依据。

二、项目可行性研究的主要内容

项目可行性研究总体上有三个大的核心模块，即市场需求、工艺技术、财务评价。

各类投资项目可行性研究的内容及侧重点因行业特点而差异很大，但一般应包括以下内容。

1. 投资的必要性　在投资必要性的论证上，一是要做好投资环境的分析，对构成投资环境的各种要素进行全面的分析论证；二是要做好市场研究，包括市场供求预测、竞争力分析、价格分析、市场细分、定位及营销策略论证。

2. 技术的可行性　主要从项目实施的技术角度，合理设计技术方案，并进行比选和评价。各行业不同项目技术的可行性研究的内容及深度差别很大。对于工业项目，可行性研究的技术论证应达到能够比较明确地提出设备清单的深度；对于各种非工业项目，技术方案的论证也应达到工程方案初步设计的深度，以便与国际惯例接轨。

3. 组织的可行性　制定合理的项目实施进度计划、设计合理的组织机构、选择经验丰富的管理人员、建立良好的协作关系、制定合适的培训计划等，以保证项目顺利执行。

4. 风险因素及对策　主要对项目的市场风险、技术风险、财务风险、组织风险、法律风险、经济及社会风险等风险因素进行评价，制定规避风险的对策，为项目全过程的风险管理提供依据。

一般项目可行性研究的内容均应设专章论述投资的必要性、技术的可行性、财务的可行性、组织的可行性和风险分析的内容。对于医药工业项目，应设多个章节对原材料供应方案、厂址的选择、工艺方案、设备选型、土建工程、总图布置、辅助工程、安全生产、节能措施等技术可行性的各方面内容进行研究。

三、项目可行性研究的程序

项目的可行性研究工作是由浅到深、由粗到细、前后连接、反复优化的一个研究过程。前阶段研究是为后阶段更精确的研究提出问题创造条件。可行性研究要对所有的商务风险、技术风险和利润风险进行准确落实，如果经研究发现某个方面的缺陷，就应通过敏感性参数的揭示，找出发生主要风险的原因，从市场营销、产品及规模、工艺技术、原料路线、设备方案及公用辅助设施方案等方面寻找更好的替代方案，以提高项目的可行性。

项目可行性研究一般包括以下程序。

1. 机会研究（又称为立项建议）　它是给投资的方向提出建议，企业及基层单位根据生产中发现的问题和市场中的机会，以充分利用自然资源为基础，寻找最有利的投资机会。从企业来看，应根据资金实力的大小、现有技术能力，寻求新的效益较好的投资机会。

2. 初步可行性研究（又称为立项审查）　它是进行可行性研究的前期活动，是大体收集材料，对投资项目的前景粗略估价的过程。由初步可行性研究决定是否继续进行可行性研究。

3. 考察调研　考察调研需要对项目各方面的详细材料进行全面搜集、掌握，依此对项目的技术和经济诸方面进行综合分析考察，并对项目建成后提供的生产能力、产品质量、成本、费用、价格及收益情况进行科学的预测，为决策提供确切的依据。

4. 报告编制　报告的具体内容包括资产投资项目的预测；提出投资概算，筹划投资来源；拟定投资方案，测算投资效果。

5. 专家评审　报告编制完成后还要邀请同行业专家对项目进行评审，广泛听取专家意见，认真修改、补充完善后提交投资人或者相关部门决策。

学习思考题（study questions，SQ）

SQ6-1　可行性研究的基本含义是什么？项目可行性研究有什么作用？

SQ6-2　可行性研究包括哪些内容，需要哪些程序？

第二节　西药类建设项目可行性研究案例

医药制造业是关系国计民生的基础性、战略性产业，我国目前已经形成包括化学原料药制造、化学药品制剂制造、中药材、中药饮片及中成药加工、兽用药制造、生物制品与生化药品制造等门类齐全的产业体系。西药是相对于祖国传统中药而言的，指现代医学用的药物，一般用化学合成的方法制成或从天然产物提制而成，如阿司匹林、青霉素、他汀类药物等。西药分为有机化学药品、无机化学药品和生物制品。

一、总　　论

（一）项目概述

项目名称：年产 350 万支紫杉醇注射液加工生产线建设。

项目承办单位基本情况：云南某公司是按照现代企业制度建立的高新技术企业，公司创立于 2010 年，注册资本 5000 万元。公司拥有一支优秀的管理团队，由以 3 名博士为首的行业资深人士组成的科研队伍长期从事红豆杉的种植及产品开发研究工作，并与国内外科研机构建立了长期良好的合作关系。到 2019 年公司在文山市建成红豆杉基地约 20 万亩（1 亩≈666.67 平方米），丘北县 13 万亩。公司红豆杉的提取技术成熟，新药研发取得进展，并取得了紫杉醇注射液的新药证书。

项目建设地点：云南省文山州文山市工业园区。

项目建设性质：新建。

项目负责人：王某某。

项目建设规模：建设注射液加工生产车间、提取车间、原辅料仓库、成品库，同时建设办公楼及公用辅助配套设施。

资金构成：项目总投资 21 662.00 万元，其中项目建设投资 18 749.00 万元，铺底流动资金 2139.00 万元。

资金筹措：建设投资 18 749.00 万元，其中企业自筹 6749.00 万元，申请银行贷款 12 000.00 万元；铺底流动资金 2139.00 万元，全部由企业自筹。

经济效益：项目年销售收入 91 000.00 万元，利润总额 11 397.82 万元，净利润 8548.37 万元，销售税金及附加和增值税 2757.94 万元，年所得税 2849.46 万元。

项目建设期：24 个月。

（二）可行性研究报告编制依据

《投资项目可行性研究指南》《云南省生物医药"十三五"发展规划》《建设项目经济评价方法与参数（第三版）》《建设项目环境保护管理条例》（2017 年修订）《工业企业设计卫生标准》（GBZ1-2010）《建筑抗震设计规范》（GB50011-2010，2016 年修订）《建筑与建筑群综合布线系统工程设计规范》《药品生产质量管理规范》（2015 年版）《建筑设计防火规范》（GBJ50016-2014，2018 年版）《可行性研究与项目评价》《民用建筑工程室内环境污染控制规范》（GB50325），以上为可行性研究开动前已经形成的工作成果及文件，根据项目需要进行调查和收集的设计基础资料。

项目建设单位提供的有关本项目的各种技术资料、项目方案及基础材料。文山市自然、地理、气象、水文、地质、经济、社会、环保等基础资料。

（三）项目建设的背景及必要性

1. 有利于资源综合开发利用　紫杉醇注射液是一种技术含量高、竞争力强、价格合理、市场需求迫切、前景广阔的产品，云南有大量的红豆杉种植，但没有一家企业用来提取紫杉醇及生产成药，随着国内市场需求量的增加，市场空间巨大，项目的建设显得十分必要。

2. 促进扶贫，带动农户增收　本项目建成后，年耗红豆杉叶 160 吨以上，可带动基地周围2000 户农户创收增收约 1000 万元，社会效益明显。

3. 扩大就业途径，改善民生，提高就业　本项目作为一项劳动力密集型的产业，项目建设和投产后，不但能够直接解决 139 个就业岗位，还通过其他原辅材料供应、销售、服务等方式间接解决上下游产业 1000 个左右就业岗位。与此同时，本项目通过直接和间接带动就业，使每个就业家庭都得到一份稳定的收入，从而对扩大消费、带动相关就业人员起到推动作用。

因此，综上所述，年产 350 万支紫杉醇注射液加工生产线的建设符合文山州医药行业发展的需求、符合该公司本身的发展要求，项目的建设是有必要的。

（四）项目主要建设的内容

项目厂区占地面积为 36 630.00m²（55 亩），建设内容包括紫杉醇注射液生产车间、提取车间、原辅料库、成品库、办公楼及企业技术中心大楼等相应的生产生活辅助设施。同时包括厂区绿化、道路、水电综合管理、消防等公共设施建设。

（五）主要技术经济指标

该项目的主要技术经济指标列于表 6-1。

表 6-1　主要技术经济指标

序号	项目	单位	指标
一	基础数据		
1	生产规模		
1.1	紫杉醇注射液	万支	350.00
2	建设规模		
2.1	厂区占地面积	m²	36 630.00

续表

序号	项目	单位	指标
2.2	建设面积	m²	17 950.00
2.3	容积率	%	0.49
2.4	项目定员	人	185
2.5	燃料动力消耗		
2.5.1	水	吨	14 604.00
2.5.2	电	万 kW·h	906.73
2.5.3	天然气	m³	25 000.00
二	项目投资组成		
1	总投资	万元	21 662.00
1.1	建设投资	万元	17 573.00
1.2	铺底流动资金	万元	2139.00
1.3	建设期利息	万元	1176.00
2	项目计算期	年	15
3	总成本	万元	76 844.24
4	经营成本	万元	75 828.09
5	销售收入	万元	91 000.00
6	销售税金及附加和增值税	万元	2757.94
7	利润总额	万元	11 397.82
8	净利润	万元	8548.37
9	评价指标		
9.1	财务内部回收率（税后）	%	28.00
9.2	财务净现值（税后）	万元	25 341.40
9.3	投资回收期（税后）年	年	5.50
9.4	财务内部回收率（税前）	%	35.00
9.5	财务净现值（税前）	万元	38 776.20
9.6	投资回收期（税前）年	年	4.80
9.7	盈亏平衡点	%	50.50

（六）研究结论

本项目的实施能促进本地区医药产业化战略的实施和高新技术产业的发展，能增加地方财政收入水平，带动本地区经济的发展。同时可以安排部分职工再就业，缓解本地区就业压力，经济和社会效益较好。

财务评价结果表明，本项目全部投资所得税前内部收益率为 35.00%，财务净现值 38 776.20 万元，投资回收期 4.80 年（含建设期）；全部投资所得税后内部收益率为 28.00%，财务净现值 25 341.40 万元，投资回收期 5.50 年（含建设期）。敏感性分析表明，本项目有着很强的抗风险能力。

建议进行科学周密的决策，充分考虑各种可能的风险因素，制定充分的应对措施，以最大限度地减少建设风险。

二、市 场 预 测

（一）南方红豆杉

本品提取所用原料为南方红豆杉叶。南方红豆杉，又名杉公子、美丽红豆杉，为红豆杉属，红豆杉科植物。红豆杉大多分布于我国的长江流域及长江流域以南的各个省份，是在我国分布最广泛的红豆杉属的一种植物，也是国家一级重点保护植物。南方红豆杉具有明显的药用价值，20 世纪 70 年代，美国科学家自短叶红豆杉的树皮中提取出了有极高药用价值的紫杉醇。紫杉醇能够通过与人体中的微管蛋白进行结合，抑制癌细胞的分裂，有效减少癌细胞的复制与繁殖。

（二）紫杉醇的市场现状和前景分析

紫杉醇是从红豆杉树或叶中提取的一种具有广谱抗癌作用的药物，广泛用于治疗肺癌、卵巢癌、乳腺癌及获得性免疫缺陷综合征（艾滋病）相关疾病。在我国，随着研究机构及众多制药公司对紫杉醇类产品深入的研究，产品的临床应用得到逐步扩大，除了应用于肺癌、卵巢癌、乳腺癌等以外，紫杉醇的应用研究在复发性皮肤硬化症、银屑病（牛皮癣）、风湿性关节炎、运动神经障碍症、多囊肾病、心脏病等其他非肿瘤疾病中也不断取得进展，特别是紫杉醇与其他产品的联合治疗，使得紫杉醇产品的适用范围进一步扩大。

紫杉醇类最先上市的产品是由美国百时美施贵宝公司（BMS）于 1992 年底开始在美国上市的紫杉醇（TAXOL），从现在了解到的情况来看，国外上市的紫杉醇产品主要有 4 个，分别是 BMS 公司的 TAXOL、美国安维世制药有限公司（IVAX）的 ONXOL、NAPRO 公司的 PAXENE 及 Mayne 公司的紫杉醇注射剂。这 4 个产品的全球销售额接近 30 亿美元。在我国，生产紫杉醇产品的主要有北京四环制药厂、海南海药实业股份有限公司海口市制药厂、北京协和药厂、太极集团、南京振中及安徽大东方等。北京四环、海口制药及北京协和是国内最早生产紫杉醇针剂的厂家，同时也是国内目前紫杉醇针剂销售额最大的 3 家厂家。根据报道，国内生产厂家的销售额占全年国内总紫杉醇销售额的比例约为 72%，进口产品比例约为 28%。由此可见，与进口产品相比，由于在价格上存在明显优势，国内生产的产品在紫杉醇市场占据着主要地位。

世界许多制药企业和研究机构对紫杉醇进行了大量的研究工作后发现：一方面，紫杉醇产品具有更多的新适应证，包括复发性皮肤硬化症、牛皮癣、风湿性关节炎等其他非肿瘤疾病，部分研究已进行了人体临床试验，并投入到临床使用；另一方面，紫杉醇产品与其他产品联合治疗使得紫杉醇产品的适用范围进一步扩大，因此全球对紫杉醇产品需求越来越大。根据世界卫生组织的估计，全世界人口中有近 4000 万人患有恶性肿瘤，每年新增恶性肿瘤患者 900 万人，死亡 600 万～700 万人。而全世界这类病患及其他可利用紫杉醇治疗的癌症患者大约是 2000 万人。目前全球对紫杉醇的市场需求量约为每年 3000kg，随着研究工作的深入，市场需求量还将不断增大。现阶段产量仅为每年 1500kg，仍有较大的市场缺口。

综上所述，紫杉醇是最有生命力的抗癌药物，在未来几年内，全球需求量仍将上升。紫杉醇当前生产的关键是原料不足，红豆杉原料林种植成为紫杉醇药物产业发展的热点问题。文山州红豆杉种植面积约有 50 万亩，在文山市建立紫杉醇提取生产加工基地具有充足的原料保障和良好的社会经济效益。

三、厂址建设与条件

（一）厂址

占地面积：55 亩。

地块位置：文山市工业园区。

地块形状：规则矩形。

取得方式：招标、拍卖、挂牌（招拍挂）。

取得价格：总出让金为 1650.00 万元。

总土地费用为 1650.00 万元。

（二）建设条件

1. 场址现状　本项目位于文山市工业园区，项目地址距文山市 6km。本项目厂址地区公路交通条件较优越。厂址位于文山城南边，接近文山至马关、麻栗坡二级路，距昆广高速路约 15km。距普者黑机场仅约 35km，距国家二级口岸——天保口岸——120km，交通十分便利。

2. 地形、地貌、地震情况　场地位于文山市工业园区，场地平坦开阔。地震基本烈度为 6 度。根据国家标准《建筑抗震设计规范》（GB50011）的规定，本场地的抗震设防烈度为 7 度，设计基本加速度值 0.15g，设计地震分组为一组，经判别各土层不存在液化。

3. 工程地质与水文地质　地质勘察报告表明，项目建设场址地层由上往下可划分为几个岩性层：即填土、耕作土、黏土、淤泥质土、粉质黏土、粉细砂、砂砾石及中等风化泥灰岩层。岩土工程条件良好，地基属稳定不均匀地基，适合于工程建设。

4. 气候条件　北回归线横穿文山市境，市境大部在北回归线以南，属中亚热带季风气候。大部地区冬无严寒，夏无酷暑，春秋长，冬夏短，四季气候宜人。年平均日照时数为 2028h，年均积温 6829.3℃。年平均气温为 18.4℃，全年昼夜温差为 11.7℃，平均相对湿度为 75%，常年平均降雨量为 1187.80mm，全年降雨量约为 28 亿 m^3。

5. 交通运输条件　文山市工业园区地理位置优越，位于文山城南边，距文山主城区 6km，东临文砚公路、广昆高速路，西临文天、文都二级公路联络线，交通区位优势明显。本项目厂址地区公路交通条件较为优越。工业园区周边公路网完善，西临文都二级公路，北临文天、文都二级公路联络线，通过公路网可方便快捷地通往文山市城区及周边县，交通十分便利。

6. 公用设施社会依托条件　本项目建在文山市工业园区。项目投资范围只包括厂区内的生产装置和必须配套的公用工程和辅助设施。水、电等的供应由工业园区负责并送至厂区围墙外。公路由工业园区统一规划建设。

7. 防洪、防潮设施条件　项目建设地地势开阔，防洪防潮条件较好，年降水量约为 1200.00m^3，雨水排入规划河堤中，不存在洪涝灾害。

8. 环境保护条件　文山市工业园区为新开发区，从拟建的企业规划看，尚无污染较大的企业。目前该区空气环境质量良好，基本符合《环境空气质量标准》（GB3095-2012）对二类地区的要求。

四、建设规模及产品方案

（一）建设规模

本项目建设规模：建设注射液生产车间 1 个，生产线 2 条；提取车间 1 个，生产线 2 条。原辅料仓库 2 个，成品库存 2 个，办公楼 1 栋，企业技术中心 1 栋及其相应的生产辅助设施，项目总占地面积 36 630.00m²。

建（构）筑物占地面积：37 330.00m²；建筑物面积：17 950.00m²；构筑物面积：19 380.00m²；建（构）筑物情况见表 6-2。

表 6-2　建（构）筑物总表

序号	名称	单位	数量	层数	占地面积	结构
一	建筑物	m²	35 950.00		17 950.00	
1	注射液 GMP 标准净化车间	m²	2400.00	1	2400.00	轻钢
2	提取车间	m²	2400.00	1	2400.00	轻钢
3	原辅料库 1	m²	4800.00	2	2400.00	轻钢
4	原辅料库 2	m²	4800.00	2	2400.00	轻钢
5	成品库 1	m²	4800.00	2	2400.00	轻钢
6	成品库 2	m²	4800.00	2	2400.00	轻钢
7	污水处理站	m²	350.00	1	350.00	轻钢
8	企业技术中心	m²	4800.00	4	1200.00	框架
9	综合办公楼	m²	6000.00	5	1200.00	框架
10	锅炉房	m²	400.00	1	400.00	砖混
11	水泵房	m²	100.00	1	100.00	砖混
12	配电室	m²	100.00	1	100.00	砖混
13	发电机房	m²	100.00	1	100.00	砖混
14	2 个值班室	m²	100.00	1	100.00	砖混
二	构筑物	m²	23 640.00		19 380.00	
1	化粪池	m³	160.00		0	浆石
2	污水池	m³	300.00		0	浆石
3	道路	m²	7700.00		7700.00	砼筑
4	围墙	m	1800.00		0	铁艺
5	绿化	m²	9480.00		9480.00	
6	综合管网	m	1500.00		0	延长米
7	大门	个	2		0	自动伸缩
8	消防蓄水池	m³	500.00		0	浆石
9	停车场	m²	2200.00		2200.00	砼筑
三	合计				37 330.00	

（二）产品及包装方案

紫杉醇注射液：5 毫升/瓶×10 瓶/盒，年生产量：350 万瓶，规格：5 毫升/瓶，总产量 350 万瓶。本项目依据产品特性，使用不同的包装方式，具体包装方案见表 6-3。

表 6-3　产品包装方案表

序号	产品品种	单位	年生产规模	包装规格	盒包装规格	箱包装规格	包装物	年包装量（万）
1	紫杉醇注射液	万支	350	5 毫升/瓶	10 瓶/盒	40 盒/箱	西林瓶	350.00
							盒	35.00
							纸箱	0.88

（三）产品价格

本项目产品价格根据市场综合价格平均值取值，具体价格见表 6-4。

表 6-4　产品价格表

序号	产品品种	年生产规模	产品包装形式/规格	单位产品包装	单位产品销售价格	年销售额（万元）
1	紫杉醇注射液	350 万瓶	5 毫升/瓶	350 万瓶	260.00 元/支	91 000.00

五、设 计 方 案

（一）技术原则

本项目主要特征为以选用成熟、可靠的生产工艺及先进设备为基础，做到工艺合理、运输方便、路线短捷。室内装修、水、电、管道严格遵循产品生产的有关规定，设计施工高起点、严要求，使企业硬件达到和超过国内同类企业水平。严格遵循国家环境保护、劳动安全、消防、节能等方面的有关规定。

（二）工艺流程

1. 紫杉醇提取工艺　本项目根据国家 GMP 标准筹建厂房，以充分利用当地丰富的红豆杉资源，进行紫杉醇的提取。

以人工种植的红豆杉树枝、树叶、树皮为原料，采用常规方法浸提萃取得 1%紫杉醇浸膏；1%紫杉醇浸膏内含紫杉醇、紫杉素、巴苦丁、三尖杉宁碱，为抗癌有效成分，或合成紫杉醇的化学中间体。用氧化法对紫杉醇浸膏伴生物三尖杉宁碱等杂质进行氧化，改变杂质结构性质，提高伴生物之间的极性差别。

采用中压正相色谱柱，以正己烷、乙酸乙酯为洗脱液，制得纯度为 95.00%～98.00%的紫杉醇。

采用制备高效液相色谱方法，对 95.00%～98.00%的紫杉醇再纯化到 99.50%～99.90%的紫杉醇，详见图 6-1。

人工种植红豆杉树枝、
叶、树皮

组合溶剂A ←————————————┐
                      减压旋转蒸发

1.00%～30.00%紫杉醇粗制品

Flash中压
快速色谱柱

组合溶剂B淋洗 ←————————————┐
                      减压旋转蒸发、极性调配

95.00%～98.00%紫杉醇制品

组合溶剂C ←————————————┐ 制备高效液相色谱

                      减压旋转蒸发，极性调配

99.50%～99.90%紫杉醇

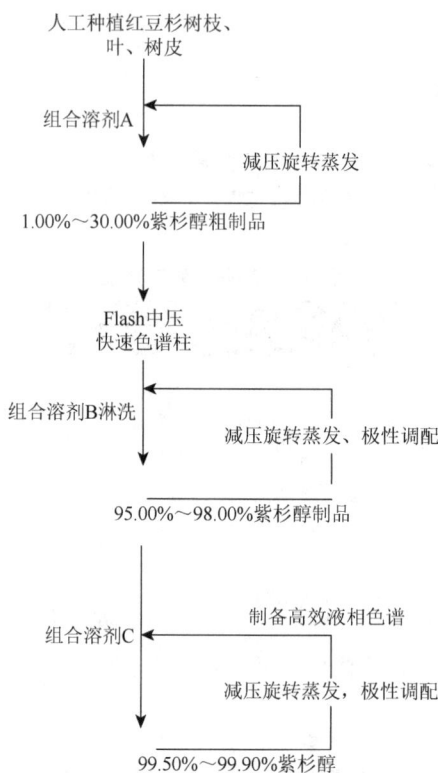

图 6-1　紫杉醇提取工艺流程

2. 注射液生产工艺　注射液工艺流程见图 6-2。

（三）工艺设备的选择

　　工艺设备的选择立足于国内先进水平，选用先进可靠、符合 GMP 要求的设备，即选择经生产实践证明自动化程度高、操作维修方便的更新换代的新型设备。考虑到远期发展规划，提高在激烈的市场竞争中的应变能力，在设备选型时适当留有余地，以便建成投产后生产条件达到国内先进水平，建设一座具有一定规模、功能配套、严格按 GMP 规范实施的注射液生产车间及提取车间进行设备选型。

（四）生产控制方案

　　目前制剂技术发展过程中最显著的特点是工艺装备的自动化、电脑化、应用微处理机进行在线监控，使产品质量恒定处于最佳状态。为此对关键的工艺设备或工序设置自动检测或自动调节系统；对一般的工艺设备或工序采用常规仪表就地检测，以利精确操作，保证产品质量和设备安全进行。

　　考虑到国内外现状及发展趋势对自动化水平起点要求较高，故选用的单机或成套单元装置均自带自控仪表，由设备供货商配套提供，集中在现场操作台进行显示、记录、计算或调节，本项目自控部分包括车间内、空调、冷冻及空压，采用直接数字控制，对车间进行动态画面监控、过程数据超常报警及电气设备故障报警。仅有少量就地显示温度计和压力表。

```
                                    合格物料
                                       │
                                   按指令领料
                                       ↓
            物料          物料脱外包清洁          人员        洗手更衣
                  ┌─────────────────────────────────────────────┐
                  ┊           缓冲                      手消毒    ┊
                  ┊            │                         │       ┊
                  ┊            ↓                         ↓       ┊
                  ┊         物料贮存  ←────  缓冲  ←──────         ┊
                  ┊            │                                 ┊
                  ┊            ↓                                 ┊
                  ┊           配料                                ┊
      生产用水      └────────────┼─────────────────────────────────┘
         │      ┌───────────────┼─────────────────────────────────┐
         │      │              缓冲                     洗手更衣     │
         ↓      │               │                         │        │
     纯化水制备  │          按工艺配液 ← 缓冲 ← 手消毒         │
         │      │               │                                 │
         ↓      │               ↓                                 │
     注射用水制备 │            过滤                                 │
         │      │               │                                 │
         │      │               ↓                                 │
  安瓿  安瓿  灭菌  净安瓿存贮 → 灌装、封口                        │
  粗洗  精洗  干燥  └────────────┼─────────────────────────────────┘
                                 │
                                 ↓
                               缓冲
                                 │
                                 ↓
                               灭菌
                                 │
                                 ↓
                               检漏
                                 │
                                 ↓
                               灯检            ┌─────────────────────┐
                                 │             ┊ 100 000级洁净生产区域 ┊
                                 ↓             └─────────────────────┘
                               印字
                                 │             ┌─────────────────────┐
                                 ↓             ┊ 10 000级洁净生产区域  ┊
                               包装             └─────────────────────┘
                                 │
                                 ↓
                               成品
                                 │
                                 ↓
                             成品检验
```

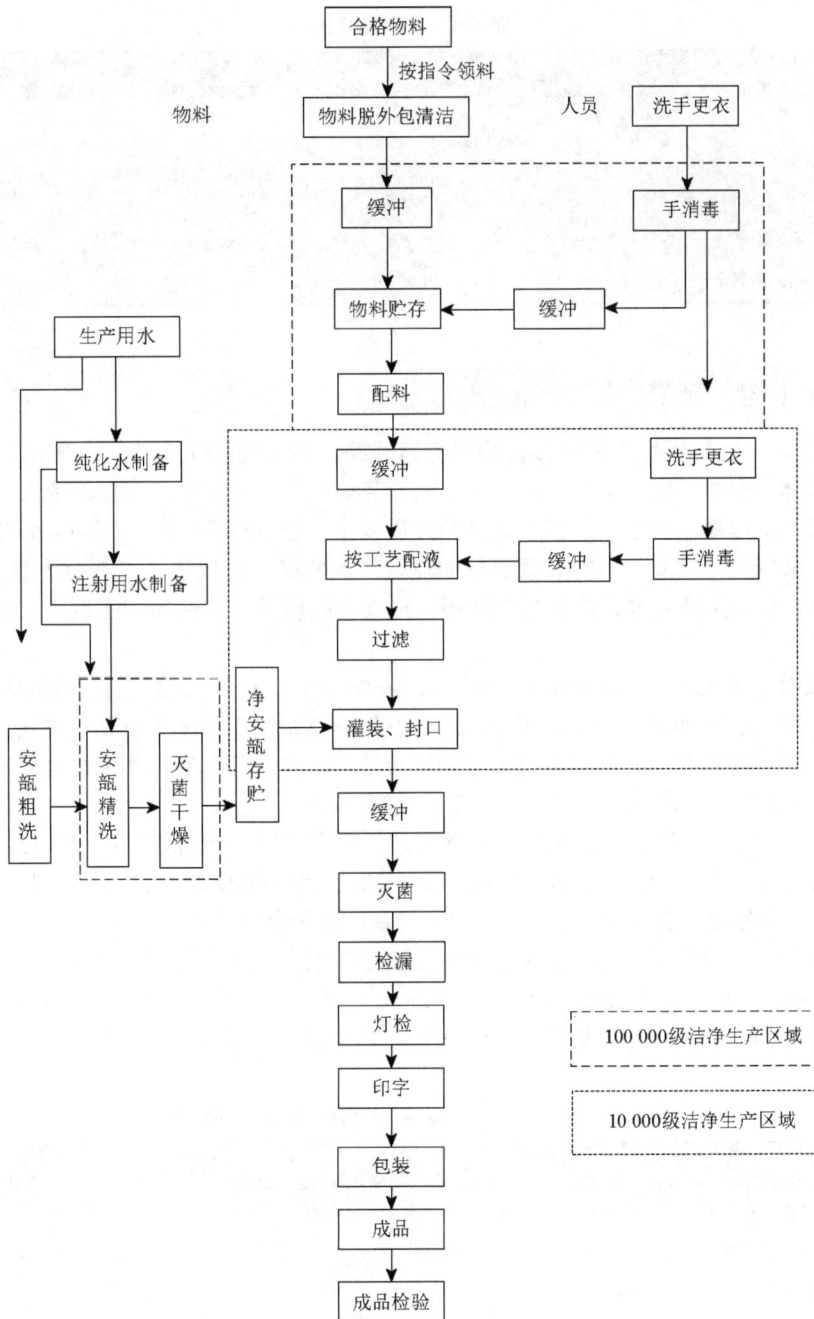

图 6-2　注射液生产工艺流程

　　空调系统除自带控制仪表外,在洁净区内安装压差计,以确保压差保护。空压系统设置有压缩空气总流量指示、计算及压缩空气超温、超压、电机过载等保护功能。

（五）物料衡算

　　生产所用物料衡算结果,见表 6-5。

表 6-5 物料衡算表

产品名称	紫杉醇注射液	备注
规格	5 毫升/瓶	（30 毫克/瓶）
主要配方	紫杉醇	
理论原料需求量（紫杉醇）	105.00kg	
实际所需量	108.25kg	（按 3.00%损耗计）
红豆杉叶所需量	157.00 吨	

（六）建（构）筑物方案

1. 设计原则 生产流程合理衔接，物料搬运线路流畅短捷；生产车间、库房、办公建筑和其他设施的组合与配置，便于生产管理，便于职工劳动和休息；在合理布置的基础上尽量节约用地和减少土石方工程量；符合工厂建设规划和发展要求；符合环境保护、卫生、绿化、抗震、防火、安全等国家规范；空间布置能表现良好的建筑艺术格局。总体布局应有利于缩短建设周期，节约建设投资，提高生产效率，降低生产费用，提高产品质量，方便职工生活，从而取得最大限度的经济效果。

2. 设计依据 《建筑设计防火规范》《建筑地基基础设计规范》《建筑结构荷载规范》《建筑抗震设计规范》《砌体结构设计规范》《钢结构设计规范》《钢结构工程施工质量验收规范》。

3. 结构设计 生产车间、库房均采用轻钢排架结构，独立桩基础，其余建筑全部采用砖混、框架结构，条形基础。室内地坪标高高于场地正负零 15cm。

地基基础设计等级：丙级。建筑物重要性类别：丙类。设计使用年限：30 年。地震烈度：7 度。楼、屋面均布荷载标准值按《建筑结构荷载规范》（GB50009-2012）进行设计。

工艺荷载、实际荷载由有关工艺设计单位及设备厂家配合提供。

4. 建设方案 主要建筑方案：本项目土建工程主要包括 GMP 标准净化车间、提取车间、原辅料库、研发中心、实验办公综合楼、停车场、污水处理站及道路硬化、大门等相关辅助设施建设。建筑总面积 36630.00m²。空调温度调节面积、GMP 建设标准及面积见表 6-6。

表 6-6 空调温度调节面积、GMP 建设标准及面积

序号	名称	建筑面积（m²）	GMP 面积（m²）	净化等级	空调温度调节面积（m²）	净化方式
1	注射液 GMP 生产车间	2400.00	1500.00	A 级、部分 B 级	1500.00	空调
2	提取车间	2400.00	300.00	C 级	300.00	空调
3	原辅料库房	9600.00			0	空调
4	成品库	9600.00			1000.00	空调
	合计	24 000.00			2800.00	

5. 构筑物

1）道路：主路宽 8.00m，辅路宽 6.00m，建筑面积 7700.00m²。地下 30.00cm 山皮石垫层，地上 20.00cm 混凝土现浇砼筑路面。

2）消防蓄水池：位于厂区东侧地下，长 8.00m，宽 5.00m，深 12.50m，容积为 500.00m³，混凝土浇筑。

3）围墙：厂区围墙总长度为 1800.00m，铁艺围栏。

4）综合管网：项目综合管网总长度为 1500.00m，包括供水管线、排污管线、消防管线及供电管线。

5）绿化：厂区绿化总面积为 9480.00m²，种植植物包括乔木、亚乔木、花灌木、绿篱。

6）化粪池：本项目设置 2 个化粪池，每个化粪池长 5.00m，宽 4.00m，深 4.00m，容积为 160.00m³；浆石混凝土浇筑。

7）污水池：污水池位于厂区东侧，污水池长 8.00m，宽 6.00m，深 6.25m，容积为 300.00m³；混凝土浇筑。

8）大门：项目修建大门两个，大门宽度 10.00m，自动伸缩大门。

6. 室内外装修方案 洁净生产车间地面采用防水、防渗漏、防滑、防腐蚀、无毒、易冲洗、消毒的自流平树脂地面；地面应平整、无裂隙、略高于道路路面，并应有适当的坡度和良好的排水系统，以保证排水畅通。明地沟底应呈弧形，排水口须设网罩和防鼠罩。

所有 GMP 区域采用净化空调通风净化。成品库房需要低温储存，由此也采用空调进行温度调节。

7. 建筑消防 根据工业及民用建筑防火规范，本项目生产物品为戊类难燃烧物品，生产车间及其他各建筑物均按二级防火耐火等级以上标准设计。

人员密集超过面积规定的建筑物至少设两个对外出口。

严格按照防火规范进行防火分区，分区之间采用防火门分隔。

梁、板、柱、墙等结构用材及建筑装饰材料的燃烧性能及耐火等级按二级防火等级执行。门、窗、洞、墙布置、数量、间距按《建筑设计防火规范》的规定执行。

8. 建筑面积分配 见表 6-7。

表 6-7 建筑面积分配表

序号	名称	单位	数量	层数	占地面积	结构
一	建筑物	m²	35 950.00		17 950.00	
1	注射液 GMP 标准净化车间	m²	2400.00	1	2400.00	轻钢
2	提取车间	m²	2400.00	1	2400.00	轻钢
3	原辅料库 1	m²	4800.00	2	2400.00	轻钢
4	原辅料库 2	m²	4800.00	2	2400.00	轻钢
5	成品库 1	m²	4800.00	2	2400.00	轻钢
6	成品库 2	m²	4800.00	2	2400.00	轻钢
7	污水处理站	m²	350.00	1	350.00	轻钢
8	企业技术中心	m²	4800.00	4	1200.00	框架
9	综合办公楼	m²	6000.00	5	1200.00	框架
10	锅炉房	m²	400.00	1	400.00	砖混
11	水泵房	m²	100.00	1	100.00	砖混
12	配电室	m²	100.00	1	100.00	砖混
13	发电机房	m²	100.00	1	100.00	砖混
14	2 个值班室	m²	100.00	1	100.00	砖混
二	构筑物	m²	23 640.00		19 380.00	
1	化粪池	m³	160.00		0	浆石
2	污水池	m³	300.00		0	浆石

续表

序号	名称	单位	数量	层数	占地面积	结构
3	道路	m²	7700.00		7700.00	砼筑
4	围墙	m	1800.00		0	铁艺
5	绿化	m²	9480.00		9480.00	
6	综合管网	m	1500.00		0	
7	大门	个	2		0	自动伸缩
8	消防蓄水池	m³	500.00		0	浆石
9	停车场	m²	2200.00		2200.00	
三	合计				37 330.00	

六、主要原辅材料、燃料供应

（一）主要原辅料供应情况

根据物料衡算计算项目原辅料，计算结果见表 6-8。

表 6-8　物料衡算表

序号	包装物	单位	数量	单价（元）	合计（万元）
1	包装材料				
	安瓿瓶	万个	350.00	0.20	70.00
	盒	万个	35.00	0.80	28.00
	纸箱	万个	0.70	5.00	3.50
合计					101.50
2	辅料				
	红豆杉叶	kg	800 000.00	800.00	64 000.00
	聚氧乙基代蓖麻油	kg	1900.00	350.00	66.50
	USP 无水乙醇	L	8966.00	50.00	44.80
	组合溶剂 A	L	15 750.00	100.00	157.50
	组合溶剂 B	L	10 500.00	100.00	105.00
	组合溶剂 C	L	5250.00	100.00	52.50
	正己烷	L	5250.00	100.00	52.50
	乙酸乙酯	L	5250.00	100.00	52.50
合计					64 531.30
总计					64 632.80

本项目以产品流水线批量规模生产为导向，原材料及辅助材料均在国内市场采购，从目前的市场供应看，可满足项目的生产所需。

（二）原辅料采购、运输管理

本项目所需要的原材料、辅助材料实行统一采购，集中供应，并根据所需原材料的质量、价格、运输条件做到货比三家。做好原始记录和资料积累，及时准确地做好月、季、年度各种报表。

按原材料性质的不同，分别设置摆放好原材料，原材料保管应便于存放和取用，以安全为原则。

（三）燃料及动力供应

1. 供水

1）生产用水：根据物料衡算计算数据，产品年用水量为5000.00m³。

2）清洗用水：其他车间清洗用水，用水量按10.00m³/d估算，年总生产天数为250d，年清洗用水量为2500.00m³。

3）生活用水：项目生活用水主要为员工饮水、厕所用水等，项目总定员185人，按每人平均日用水量50L计算，年工作250d，生活年用水量为2312.00m³。

4）其他用水：项目其他用水量为4792.00m³。厂区内绿化灌溉用水，年用水量按0.40m³/m²估算，为3792.00m³。其他不可预见用水量按1000.00m³估算。

项目年用水量为14604.00m³。年需自来水公司提供用水量约14604.00m³。

2. 供电
本项建成后，装机总容量为3929.10kW，年用电量为906.73万kW·h。项目购置S11-M-1000/10变压器2台，可满足本项目生产、生活及其他用电需求。用电基本情况见表6-9。

表6-9　用电基本情况表

序号	用电单元	用电负荷（kW）	需要系数	年工作天数（d）	每天工作小时数（h）	负荷系数	年用电量（万kW·h）
1	注射液产品单元	1500.91	0.80	250	16	0.75	360.22
2	提取单元	1806.84	0.80	250	16	0.75	499.64
3	实验室单元	150.75	0.60	250	10	0.75	16.96
4	生产辅助及办公、生活单元	210.60	0.70	250	8	0.75	22.11
5	清洗单元	260.00	0.80	250	2	0.75	7.80
	合计	3929.10					906.73

3. 蒸汽供应
项目建设4吨锅炉一个，按每天16h工作计，每天需耗天然气100.00m³。年工作250d，年所需天然气量为25 000.00m³。项目水、电、天然气年耗情况见表6-10。

表6-10　水、电、天然气年耗情况表

序号	名称	年总耗量	
		单位	数量
1	水	m³	14 604.00
2	电	万kW·h	907.00
3	天然气	m³	25 000.00

七、总图运输与公用辅助工程

（一）设计依据和原则

1. 设计依据　《工业建筑设计规范》《民用建筑设计通则》《建筑防火设计规范》，以及其他相关技术资料。

2. 设计原则　满足生产要求，工艺流程合理，工厂总体布局应满足生产要求，符合工艺过程，减少物流量，同时重视各部门之间的关系密切程度。

适应工厂内外运输要求，线路短捷顺直。工厂总平面布置要与工厂内部运输方式相适应。根据生产产品产量的特点，可以采用铁路运输、道路运输、带式运输或管道运输等。根据选定的运输方式、运输设备及技术要求等，合理地确定运输线路及与之有关的部门的位置。

厂内道路承担着物料运输、人流输送、消防通行的任务，还具有划分厂区的功能；道路系统的布局对厂区绿化和美化、排水设施布置、工程管线铺设也有重大影响。

工厂内部的运输方式、道路布局等应与厂外的运输方式相适应，这也是工厂总平面布置应给予重视的问题。

充分注意防火、防爆、防震与防噪声。安全生产是工厂布局首先要考虑的问题，在某些危险部门之间应留出适当的防火、防爆间距。振动会影响精密作业车间的生产，因此精密车间必须远离振源或采用必要的隔振措施。

噪声不仅影响工作，而且还会摧残人的身体健康。因此，在工厂总平面布置时要考虑防噪声的问题，一是可以采取隔音措施，降低噪声源发出的噪声级别；二是可以采取使人员多的部门远离噪声源的方法。

生产中产生的有害烟雾和粉尘会严重影响工作人员的身体健康，并会造成环境污染。进行工厂总平面布置前，必须了解当地全年各季节风向的分布和变化转换规律，绘制成风向图，确定全年占优势的盛行风向及最小风频风向。散发有害烟雾或粉尘的车间应分布在两盛行风向间的最小频风向的上风侧。

考虑建筑群体的空间组织和造型，注意美学效果。考虑建筑施工的便利条件。

（二）总图布置

厂区总占地面积 $36\,630.00\text{m}^2$，呈长方形。

1. 平面布置　平面布置原则：符合区域规划和工业企业总体规划要求。符合国家现行的防火、安全、卫生、交通运输和环境保护等有关标准、规范的规定。在满足生产工艺流程要求的前提下，尽可能使总平面布局紧凑合理，功能分区明确，生产适用、物流路线短捷。充分利用自然条件，处理好生产和生活环境，为文明生产、美化环境创造条件。

2. 功能分区　本项目共分为四个区域：生产区，位于厂区的北侧中部和东部，包括注射生产车间、提取车间；仓储区，位于厂区北侧东部，为两栋原辅料库和两栋成品库；动力区，位于北侧西部和北侧东部，包括电热锅炉房及发电机房、泵房、污水处理站；办公及生活、生产辅助区，包括综合办公楼、企业技术中心。

竖向布置：竖向标高与周围场地和道路的标高相适应，整个场地已经过平整，土地无须再进行平整。整个场区正负零标高较公路标高低 0.20m。项目所有建筑物室内标高全部高出场区正负零45cm。

3. 道路　项目共修建 5 条道路，项目道路总长度为 1100.00m，总面积为 7700.00m^2。由厂区南北两侧大门分别向厂区内引入两条南北主路，并由南北两条主路延伸辐射环绕厂区各功能区的环形通道。

4. 绿化 厂区绿化带分别分布于厂区围墙内道路两侧部分区域；厂区绿化总面积为 9480.00m²，种植植物包括乔木、亚乔木、花灌木、绿篱。

5. 停车场 位于厂区南侧西部，总面积为 2200.00m²。

（三）厂内外运输方式及类别

原辅材料的运进与运出全部采用社会车辆。厂内运输为电动堆高车。本项目位于文山市工业园区，其公路运输十分便利。本项目运输物主要有原材料、产成品、包装物等。

（四）给排水工程

1. 范围 仅包括本工程界区范围的给水工程、排水工程。

2. 原则 严格执行国家有关法律、规范和标准；给排水工艺设计上要有先进性、适用性和可靠性；设备选型要安全、可靠、适用；坚持"不求最先进，但求最适用"的原则；坚持"少花钱，多办事，能节约就节约"的原则；充分利用工厂地区的协作能力。

3. 采用的设计规范 《室外给水设计规范》（GB50013），《室外排水设计规范》（GB50014），《工业循环水冷却设计规范》（GBJ102），《工业循环冷却水处理设计规范》（GB50050），《建筑设计防火规范》（GBJ16）。

4. 给水工程 项目年用水量为 14 604.00m³。年需自来水公司提供用水量约 14 604.00m³。

而消防给水量则根据《建筑设计防火规范》的有关规定，厂区消防按同时发生火灾一起考虑，消防给水系统为低压消防给水系统，管道系统压力大于 0.35MPa，消防水量大于 20L/s，火灾延缓时间为 2h。配备 40 处消防栓。

5. 排水工程

1）排水方式：本项目分为生产污水、生活污水。生产污水经厂内排污管网进行集中收集进入厂内排污站，经污水站处理达标后，建议作绿化用水，用于厂区的绿化等，若不回收使用，直接排入市政排污管网。生活污水统一排入厂内化粪池，排入市政污水管网。

2）雨水排放方式：本项目场内雨水排放沿道路两侧雨水收集井收集后排入市政雨水管道。本项目实行雨、污分流的排污方式。厂区排水采用排水陶土管，道路下排水采用水泥排水管。排水量见表 6-11。

表 6-11 排水量一览表

序号	用水类别	年用水量（m³）	污水率（%）	污水量（m³）
1	生产用水	7500.00	77.00	5775.00
2	生活用水	2312.00	90.00	2080.80
3	其他用水	4792.00	20.00	958.40
	合计	14 604.00		8814.20

（五）电力供应

1. 电源、电源设施及外部条件 本项目建设场地位于文山州文山市工业园区。园区内基础设施完善，区域电网运行平稳，供电可靠，完全可满足工程用电需求。

2. 供电负荷 本项建成后，装机总容量为 3929.10kW，年用电量为 906.73 万 kW·h。项目购置 S11-M-1000/10 变压器 2 台，可满足本项目生产、生活及其他用电需求。

3. 控制及补偿方案　为提高变电站自动化水平，并为实现变电站无人值班创造条件，二次设备采用微机监控设备。微机监控系统预留与企业 DCS 系统相接的接口。整个工程供配电系统采用智能配电，提高运行控制水平，实现节能降耗、高产、优质。在控制方式方面，自动远控、就近手动相结合，互为闭锁又可相互切换。

4. 供电安全　为了安全生产，变电站及重要建筑物要设防雷保护装置。进出变电站段架空设避雷线，在变电站母线上装设避雷器以防感应雷击，在厂房屋顶装设避雷针或避雷带以防止雷击，并与避雷接地网体可靠连接。为保证人身及设备安全，所有电气设备的金属外壳、配电装置的金属构件等均应分别采用接零（或接地）保护系统。

厂内变电站、低压配电室均设接地网，并用电缆的接地芯线或通过接地扁钢连接，与主接地极组成完整的接地网。本项目的接地系统采用电气、仪表共用接地系统，所有系统均通过接地扁钢或接地线接入主接地网，接地电阻满足小于 4Ω 要求。

5. 防雷接地　按《建筑物防雷设计规范》，本工程各建筑物的预计雷击次数均小于 0.3 次/a，属第三类防雷建筑物，按规范要求做防雷保护，采用建筑物基础作为接地体，防雷与电气系统共用接地装置，防雷接地电阻不大于 1Ω。

6. 弱电及通信　文山市电话已全部实现程控化，已开通了绝大多数国家和地区的传真电话、国际电话，移动通信业务已全面普及，宽带互联网已全部接入企业，并提供免费安装等优惠政策。设置单独的消防专用电话网络，并与消防部门设专用消防直通电话。

（六）空调及通风

本项目空调负荷情况见表 6-12，本项目空调面积所配备的空调机组设计总功率为 138kW。

表 6-12　空调负荷一览表

序号	名称	空调面积（m²）	平米功率（W/m²）	设计功率（kW）
1	冻干粉针车间	1500.00	60.00	90.00
2	提取车间	300.00	60.00	18.00
3	仓库	1000.00	30.00	30.00
	合计			138.00

（七）维修设施

项目生产过程中不但要满足装置和配套装置的日常维护，定期检修，同时还要满足机械设备、电气设备及仪表的中、大修工作。

八、节能减排

（一）编制依据

《用能单位能源计量器具配备和管理通则》《中华人民共和国节约能源法》《中华人民共和国环境保护法》《公共机构节能条例》《国务院关于加强节能工作的决定》。

（二）节能措施

采购符合国家节能环保认证的电机设备。严格执行工艺规程和操作规程，加强生产管理。

设备的裕度：特别注意耗能大户，给水泵、送吸风机、循环水泵等设备的选型计算与马达配备，压头与流量等，按规程要求留有合理的裕度，避免出现大马拉小车现象所造成的浪费。

本项目不设计节能管理机构，企业定期组织员工进行节能知识培训，提高全体员工的节能意识，并在生产车间水、电入口处设置计量仪表，并派专人定时记录各能耗指标，及时反馈给管理人员，以便进行节能管理。

综上所述，项目设计中，诸多环节均采取了有效的节能措施，可保证项目实施后取得生产高效低能耗的效果。

（三）能耗计算

耗水：项目年用水量为 14 604.00m³。

供电负荷：本项建成后，装机总容量为 3929.10kW，年用电量为 906.73 万 kW·h。

资源综合利用：现代社会的发展在于科学技术的进步，资源成为当代人最为重视的问题，资源的综合利用和清洁生产要求我们在生产过程中只有投入物，需要对其他废弃物进行回收利用或无害化处理。

发展节能和环保的技术：工业生产线相对耗能较大，能耗较高、能源利用率低。合理利用能源，大力抓好节约能源是工业行业的一项重要任务。

九、环境影响评价

（一）设计依据

《中华人民共和国环境保护法》，《工业企业厂界噪声标准》（GB12348），《大气污染物综合排放标准》（GB16297），《锅炉大气污染物排放标准》（GB13271），厂方及工艺专业提供的基础资料。

（二）设计原则

项目设计中尽可能选用无污染或污染少的先进工艺及设备。探索发展循环经济，以减量化、再循环、资源化为原则，抓好土地、水、能源、原材料的节约和综合利用，努力实现清洁生产、安全良好、生态平衡、环境优美。

项目建设应严格遵照"三同时"原则，凡本项目中所涉及的可能产生污染物的工程建设、生产工艺过程及设备，均采用相应的措施进行防范治理，使其达标。

（三）环境现状概述

根据中国地震动参数区划，场区地震基本裂度为 6 度。场区地下水化学类型为重碳酸钙，pH 为 7.10～7.20，矿化度为 0.22～0.31g/L，为中性低矿化淡水，水质良好，周围无污染源，同时原矿对地下水无影响。本区属地下环境质量未污染区。工程选址地附近没有自然保护、风景名胜及文物保护区等环境敏感点。

（四）主要污染源及治理措施

1. 建设期污染因素分析

1）废气、扬尘：施工平整土地、地基、土建等过程产生一定的扬尘和机械车辆尾气，其中汽车尾气排放的主要污染物为 NO_2、CO、HC（碳氢化合物）等。建筑材料装卸、水泥搅拌及运输车辆扬尘在平均风速 2.50m/s 的一般气象情况下，总悬浮颗粒物（TSP）浓度为上风向对照点的 2.00～2.50 倍，建筑施工扬尘的影响范围其下风向侧为 500.00m。施工机械及汽车尾气污染物排放负荷预测结果见表 6-13。

表 6-13　施工机械及汽车尾气污染物排放负荷预测结果一览表

	污染物				
	NO_2	CO	HC	CH_4	N_2O
排放量（kg/d）	3.20	2.18	0.64	0.02	0.10

2）噪声：施工阶段噪声主要来自施工过程中产生的各种施工机械和车辆行驶噪声。工程施工主要设备噪声类比测试结果见表 6-14。

表 6-14　工程施工主要设备噪声类比测试结果一览表

序号	设备	噪声值（分贝）	序号	设备	噪声值（分贝）
1	推土机	87	4	搅拌机	87
2	液压式塔吊	80	5	载重车	89
3	卷扬机	80	6	捣固机	105

3）固体废弃物：施工阶段固体废弃物主要为平整土地、地基、土建等产生的残土及建筑垃圾，包括道路建筑过程中产生的废料，随意丢弃可能对环境产生一定的不良影响。

4）废水：主体工程施工废水主要来自施工生产废水和施工人员生活污水，施工生产废水主要是混凝土养护水和冲洗用水，根据工程量生产废水日产生量为 4t 左右，废水污染物主要为 SS（悬浮物）。施工人员生活污水每人每天 50L 左右，废水污染物主要为 COD_{Cr}、SS。

2. 生产期间环境影响因素分析　主要污染源：生产过程主要分为各类剂型药物的配比、调制和成型、包装工艺过程。整个过程中废气、废水主要来源于紫杉醇提取过程中的排放物，污水排放主要是清洁污水和提取过程中及制剂生产过程中含水损耗品的排出。

本项目在工程设计中对存在的"三废"情况执行"三同时"原则，进行妥善处理，以保证各项指标符合国家排放标准。主要污染源及污染物见表 6-15。

表 6-15　主要污染源及污染物

污染因素	产污环节	污染物种类
废气	生产各车间	损耗原料粉尘
废水	生产各车间	含有各类药物的溶液

3. 环境保护与综合利用　选址：厂址应选择在环境清洁、空气新鲜地带；其制造、加工及分装作业场所应依建筑相关法规建设，并与药厂周围边界保持足以避免污染及防火需要的适当距离。

有害废弃物、有毒容器、有害气体、粉尘、废水、生物性成分及其他有害成分或物质，除应依有关法令及主管机关规定处理外，还应遵行下列原则：对有害废弃物及有毒容器，应设置专用储存场所加以收集，并依其性质加以分解后，予以适当焚化或掩埋处理；对有害气体或粉尘，应设置密闭设备与局部排气装置及负压操作予以收集，并应依其性质予以洗涤、吸收、氧化、还原、燃烧或其他有效处理。

4. 环境保护投资　该项目环保投资约 200.00 万元，主要用于污水处理和各车间内的污染物处理。

（五）其他污染源与污染物的处理

定期将厂区内生活垃圾运出场外处理，时刻保持厂区内清洁。

（六）生态环境治理措施

项目实施过程中，建筑材料堆放将占用土地，项目建成后，应及时对厂区四周、道路两旁及生活区进行植树种草，绿化项目区，为广大职工提供一个优美的工作和生活环境。

（七）环境影响评价

综上所述，此项目采用先进成熟的工艺技术，具有节能、降耗、降污、增效的特点，工艺流程短，投资省，规模效益明显，具有良好的经济与社会效益。

项目建成后，经过有效治理，大气污染物、水污染物、噪声均能达到国家标准。

十、劳动安全卫生与消防

（一）劳动安全与卫生

1. 编制依据　为了确保工程投产后操作人员在安全、卫生的生产环境下工作，具备良好的劳动条件以保障职工的安全和健康，本工程设计按照以下规范及标准的要求进行。

《建筑设计防火规范》《建筑物防雷设计规范》《工业企业照明设计标准》《采暖通风与空气调节设计规范》《工业企业设计卫生标准》《生活饮用水卫生标准》《工业企业厂界环境噪声排放标准》《中华人民共和国劳动法》《建设项目（工程）劳动安全卫生监察规定》《关于生产性建设工程项目职业安全卫生监察的暂行规定》《工业企业噪声控制设计规范》《中华人民共和国安全生产法》。

2. 主要技术规范、规程及标准　厂区卫生要求：采用《工业企业设计卫生标准》（TJ36）；噪声防护要求采用《工业企业厂界环境噪声排放标准》（GB12348），噪声最高不得超过 70 分贝；消防安全，采用《建筑设计防火规范》（GB50016）。

3. 生产不安全因素及职业危害因素　本项目在生产全过程中存在不同程度的不安全因素和职业危害因素，主要有以下几个方面。

设备运行产生的噪声污染及机械故障造成的伤害；由于误操作或设备损坏造成的爆炸、火灾等危害；机械设备的不规范操作对操作者造成的人身危害；暑热、低温寒冻、雷击、地震等自然因素对人体产生的危害；电气设备过载及故障可能引起的火灾；设备操作不当引起的事故。

4. 安全技术及卫生措施　本项目建设始终贯彻"安全第一、预防为主"的方针，确保有关劳动、安全卫生设施工程质量，全面保障劳动者在生产过程中的安全和健康。认真贯彻生产技术操作规程，严格岗位操作规程，严格劳动纪律，做好劳动保护。各平台、梯子、吊装孔等均设安全护栏，做到防腐、防滑。所有电气设备都要设计接零和接地。设计选用低噪声设备。对有危害场所和部位设置相应的安全栏杆、网罩、盖板等防护设施并设置必要的安全标志及事故照明设施。厂区照明、汽车运输照明按 5lx 设计。

5. 安全预评价　根据《中华人民共和国安全生产法》，国家发展和改革委员会、国家安全生产监督管理局《关于加强建设项目安全设施"三同时"工作的通知》的规定，业主应委托具有安全预评价资质的评价单位开展本项目的安全预评价工作，评价的结论将作为初步设计的设计依据。

6. 重大事故应急措施计划　在项目设计过程中，开机运转之前，与当地公安、企业消防队、当地消防及安全卫生管理、医疗机构密切配合，制定完善的重大事故应急措施计划，并报当地公安、消防、劳动安全、卫生、环保等部门审查批准、备案。适当时候应组织重大事故培训演习，以检验重大事故应急措施的可操作性及可行性。

（二）消防安全措施

1. 设计依据　《建筑工程消防监督审核管理规定》《危险化学品安全管理条例》《建筑灭火器配置设计规范》《爆炸和火灾危险环境电力装置设计规范》《建筑物防雷设计规范》《火灾自动报警系统设计规范》《爆炸和火灾危险环境电力装置设计规范》《消防安全标志设置要求》《消防安全标志》《中华人民共和国消防法》《建筑设计防火规范》《建筑物防雷设计规范》《工业企业煤气安全规程》《采暖通风与空气调节设计规范》《工业企业总平面设计规范》《安全色》《安全标志》。

2. 火灾危险性分析　工程中存在火灾危险性的场所有厂区变配电设施、库房、生产车间、锅炉房等。按生产火灾危险性分类：变配电设施和库房防护等级为二级。

3. 消防设计　总图布置及道路运输：遵守有关规范要求，切实加强建筑防火设计，以确保工程的安全。本工程根据生产性质、火灾危险性、建筑物耐火等级、防火分隔和安全通道等方面的要求进行总图布置。

全厂生产及生产辅助区周围均设有消防通道，可以满足消防要求。厂区竖向布置尽量节省土方工程量，每个生产区均达到排水坡度的要求，以顺利排除雨水。

工艺：车间采用恒温空调进行洁净换气。各车间主配电设施处设有火灾自动报警装置，并配灭火器材。所有电缆涂防火涂料。

土建：本工程建筑物耐火等级均按二级进行设计。设计严格按照《建筑设计防火规范》（GBJ16）进行，在满足工艺生产的前提下，尽量使平面整齐，层次清楚，消防通道畅通，楼梯出入口醒目。

建筑物内设置疏散通道和安全出口，除规范允许设一个安全出口以外，其余均设两个以上出入口，主要房门采用双向弹簧门，窗向外开。

电气：本工程所有变、配电设施都配有手提移动式灭火器。凡属火灾、爆炸危险场所，其电气设备选择一律按《爆炸和火灾危险环境电力装置设计规范》（GB50058）规定执行。对各建筑物按《建筑物防雷设计规范》的有关规定设置必要的防雷装置，以避免雷电引发的爆炸和火灾。设置事故照明，消防设施采用双回路电源以确保厂区消防用水。各类建筑物、构筑物均按《建筑物防雷设计规范》的规定，按第二、三类防雷保护设计，主要厂房、设备、构筑物等处均设置避雷针、避雷带，并可靠接地。

消防给排水：消防给水量根据《建筑设计防火规范》的有关规定，厂区消防按同时发生火灾一起考虑，消防给水系统为低压消防给水系统，管道系统压力大于 0.35MPa，消防水量大于 20L/s，火灾延缓时间为 2h。配备 40 处消防栓。各主要生产厂房均设有室内消火栓给水系统。对变配电设施等按照《建筑灭火器配置设计规范》（GBJ140）的规定配置相应规格、数量的灭火器，以备灭火需要。

（三）防雷、防震

1. 设计依据 《中华人民共和国防震减灾法》《工程场地地震安全性评价技术规范》《中国地震动参数区划图》。

2. 编制原则 严格按照抗震设计规范要求，以及小震不坏、大震不倒的原则，使建筑物在遭受低于本地区设防烈度的多次地震影响时，一般不受损坏或无须修理仍可继续使用；当遭受等于本地区设防烈度的地震影响时，可能有一定的损坏，经一般修理或无须修理仍可继续使用；当遭受高于本地区设防烈度的罕见地震时不致倒塌或发生危及生命的严重破坏。

3. 抗震设防 根据《中国地震烈度区划图》划分，工业建筑物按照 7 度设防建造。工程设计时，应由有关部门进行场地地震安全性预评并经省地震局主管部门批准，然后根据批准相应的设计参数进行抗震设计。

4. 抗震设计 根据概念设计的原理，正确解决总体方案、材料使用和细部构造问题达到合理抗震设计的要求。

1）建筑体型设计：建筑平立面采取规则、对称布置，建筑质量分布和刚度变化应均匀，对结构复杂的建筑物设置防震缝，将建筑物分成规则的结构单元。

2）抗震结构体系：结构设计做到传力明确，结构合理，设置多道抗震防线，根据建筑物重要程度，采取不同的结构形式。

十一、组织机构与人力资源配置

（一）组织机构

公司实行总经理负责制，组织机构图如图 6-3 所示。

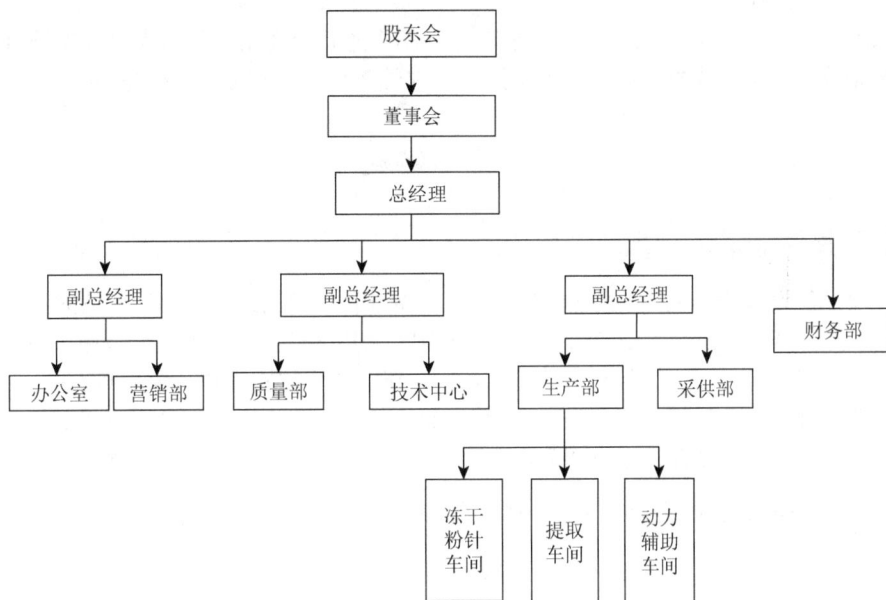

图 6-3　公司组织机构

公司管理部门设办公室、生产部、采供部、营销部、财务部、质量部、技术中心，生产部下设冻干粉针车间、提取车间、动力辅助车间，在分管领导的领导下，分工协作，共同完成企业的运作。

（二）人力资源配置

1. 劳动定员 本项目人员指生产技术人员及新增部分营销人员、采供人员，其他行政办公人员仍用公司现有人员。劳动定员见表 6-16。

表 6-16 劳动定员

部门	管理人员	技术人员	工作人员及普通工人	合计
生产部	2	4	10	
采供部	1		10	
营销部	1		20	
冻干粉针车间	2	6	48	
提取车间	2	4	48	
动力辅助车间	1	2	5	
质量部	2	7		
其他			10	
合计	11	23	151	185

2. 技术素质 管理人员和技术人员需大学本科以上学历；生产和工作人员需要职业技术教育学历经培训后方可上岗。

3. 员工培训计划 本项目在投产前要求对全体职工进行全面培训和重点培训相结合的职工技能和生产纪律教育，生产线投产后企业每年提供一定的费用对技术工种进行轮训。

十二、项目实施进度

（一）项目实施进度计划

为确保项目建设按期完成，并实现较高的质量，本项目将按国家要求聘请专业的监理公司进行全过程监控。同时准备按公开、公平的市场竞争原则，采用公开招投标方式选择施工单位。施工单位必须具有资信好、实力强、经验丰富等特点，同时施工过程要实行项目经理负责制。

项目分期进行，本项目工期计划为 24 个月，2019 年 1 月至 2020 年 12 月（项目可行性研究、批复立项、土地工作等包括在工作时间之内）。

（二）项目实施进度安排

勘查、设计、招标：2019 年 1 月至 2019 年 6 月。

土建工程、设备采购：2019 年 7 月至 2019 年 12 月。

设备安装、设备调试、车间净化工程：2020 年 1 月至 2020 年 5 月。

试生产、验收、GMP 认证：2020 年 6 月至 2020 年 11 月。

投产：2020 年 12 月。

十三、投资估算

（一）投资估算依据

　　项目投资估算以总体规划为基础，参照国家建筑安装工程预算定额，结合本地区类似工程造价水平，并考虑文山建材市场和劳务市场现行物价对本项目造价的作用和周边地区市政基础设施条件对本项目投资带来的影响，同时依据当地建设行政主管部门发布的有关工程造价和政策规定等信息，编制本项目的投资估算。投资估算依据如下。

　　工程造价（含装修）：参照国家建筑安装工程预算定额（云南省价目表）及相应收费标准。

　　其他投资估算依据有《投资项目可行性研究指南》《建设项目经济评价方法与参数》，以及文山建筑材料价格信息。

（二）建设投资估算

　　1. 工程费用　分为建筑工程费、设备及工器具购置费和安装工程费三部分。

　　建筑工程费：经估算项目建筑工程费为9264.40万元，见表6-17。

表 6-17　建筑工程费估算

序号	名称	单位	工程量（m²）	单价（元）	费用合计（万元）	备注
1	注射液车间	m²	2400.00	2000.00	480.00	轻钢
2	提取车间	m²	2400.00	2000.00	480.00	轻钢
3	原辅料仓库	m²	9600.00	2000.00	1920.00	轻钢
4	成品库存	m²	9350.00	2000.00	1870.00	轻钢
5	污水处理站	m²	350.00	1500.00	53.00	轻钢
6	企业技术中心	m²	4800.00	3000.00	1440.00	框架
7	综合办公楼	m²	6000.00	3000.00	1800.00	框架
8	锅炉房	m²	400.00	1500.00	60.00	砖混
9	水泵房	m²	100.00	1500.00	15.00	砖混
10	配电室	m²	100.00	1500.00	15.00	砖混
11	发电机房	m²	100.00	1500.00	15.00	砖混
12	2个值班室	m²	100.00	2000.00	20.00	砖混
13	化粪池	m³	160.00	1000.00	16.00	浆石
14	污水池	m³	300.00	1000.00	30.00	浆石
15	道路	m²	7700.00	350.00	270.00	砼筑
16	围墙	m	1800.00	350.00	62.00	铁艺
17	绿化	m	9480.00	300.00	284.00	
18	综合管网	m	2350.00	200.00	47.00	
19	大门	个	2	50 000.00	10.00	自动
20	消防蓄水池	m³	500.00	1000.00	50.00	浆石
21	停车场	m²	2200.00	350.00	77.00	
22	GMP车间技术改造费用	m²	2000.00	1000.00	200.00	
	合计				9264.00	

设备及工器具购置费：经估算，项目设备及工器具购置费为 4227.21 万元，详见表 6-18。

表 6-18　设备及工器具购置费估算

序号	项目	金额（万元）
一	主要生产设备	2924.00
1	注射液车间	1278.00
2	提取车间	1646.00
二	辅助设施及设备	671.21
1	实验室设备	312.21
2	辅助设备	359.00
三	公用工程	632.00
合计		4227.21

安装工程费：根据单项工程的设备购置费采用综合指标估算。本项目按设备购置费的 10% 估算。即安装工程费为

$$4227.21 \times 10\% = 422.72（万元）$$

工程费用合计：9264.40 + 4227.21 + 422.72 = 13 914.33（万元）

2. 工程建设其他费用　主要包括土地使用权费（30.00 万元/亩）及前期工作咨询费等。工程建设其他费用估算值为 2664.00 万元，详见表 6-19。

表 6-19　工程建设其他费用估算表

序号	项目 工程建设其他费用	单价（万元/亩）	金额 （万元）	备注
1	土地使用权费	30.00	1650.0	
2	建设单位管理费		139.10	
3	工程监理费		278.30	
4	前期工作咨询费		10.00	
5	工程勘察设计费		417.40	
6	施工图预算编制费		41.70	
7	施工图审查费		25.10	
8	环境影响咨询费		5.90	
9	招标代理费		48.70	
10	生产准备（培训）费		9.30	
11	办公及生活家具购置费		18.50	
12	联合试车费		20.00	
合计			2664.00	

3. 基本预备费　按照工程费用和工程建设其他费用之和的 6.00% 计算。其估算值为 994.70 万元。

4. 涨价预备费 由于工期较短，本项目不计涨价预备费。

5. 建设期利息 本项目计划融资 12 000.00 万元，利率按银行中长期贷款利率 4.90%计算，不计复利。

建设期利息合计：1176.00 万元

6. 建设投资 按照《投资项目可行性研究指南》的要求，以上几项合计为建设投资，其估算值为 18749.00 万元（详见补充材料 EQ6-2 中的表 EQ6-6）。

（三）流动资金估算

流动资金采用分项详细估算法估算，按各分项分别确定的最低周转天数估算各年流动资金额。达产年流动资金估算额为 9710.90 万元。其中 30%即 2913.00 万元作为铺底流动资金计入总投资（详见补充材料 EQ6-2 中的表 EQ6-7）。

（四）项目投入总资金及分年投入计划

项目投入总资金：由建设投资和流动资金构成的项目总投资合计为 21 662.00 万元，详见项目投入总资金汇总表（表 6-20）。

表 6-20 项目投入总资金汇总表

序号	工程和费用名称	投资额（万元）	占投入总资金比（%）	备注
1	建设投资	18 749.0	71.10	
1.1	建筑工程费	9264.40	21.80	
1.2	设备及工器具购置费	4227.20	29.60	
1.3	安装工程费	422.70	3.00	
1.4	工程建设其他费	2664.00	10.60	
1.5	基本预备费	994.70	3.90	
1.6	建设期利息	1176.00	2.30	
2	铺底流动资金	2913.00	28.90	
3	项目投入总资金（1＋2）	21 662.00		

资金构成：项目总投资 21 662.00 万元，其中项目建设投资 18 749.00 万元，项目铺底流动资金 2913.00 万元。

分年投资计划：项目建设期为 24 个月，第一年建设投资 15 000.00 万元，第二年建设投资 3749.00 万元。流动资金按年需要量投入。

十四、融 资 方 案

（一）资本金筹措

1. 资本金数额 资本金由以下项目构成。

本项目新增建设投资（不含建设期利息）17 573.00 万元，其中资本金占 31.70%，为 5573.00 万元。

铺底流动资金为 2913.00 万元。其中资本金占 100.00%。

建设期利息为 1176.00 万元，其中资本金占 100.00%。

合计项目投入总资金为 21 662.00 万元。

其中，资本金为 9662.00 万元，项目投入总资金约 21 662.00 万元，资本金占项目总投入总资金的 44.60%。

2. 资本金来源　由企业自有资金解决。

（二）资金筹措

1. 贷款数额　贷款共需借入 12 000.00 万元，占项目投入总资金的 55.40%。

2. 贷款来源　本项目建设投资贷款为 12 000.00 万元，由银行解决。

（三）融资方案分析

本项目贷款建设投资为 12 000.00 万元，约占 55.40%，其余所需资金由企业自己解决。在还款期间，资金流量合理，还款有保障。

十五、财务分析及经济指标

（一）财务分析依据

财务评价依据主要包括：《投资项目可行性研究指南》《建设项目经济评价方法与参数》；国家对投资企业劳动工资管理和社会保障等的有关规定；项目可行性研究报告推荐的技术方案、产品方案、建设条件、建设工期等；国家现行财税政策、会计制度与相关法规。

在建设内容和规模、工程建设方案和产品方案的基础上进行项目的财务评价。依据项目特点，财务评价部分主要包括财务估算、财务盈利能力分析、不确定性分析，最后做出财务评价的结论。

（二）财务评价基础数据的选取

1. 财务价格　产品销售价格的确定。根据产品的目标市场情况，确定本项目产品的销售价格。年产紫杉醇注射液 350 万支，销售价格（出厂价，含税）为 260.00 元/支，满负荷状态下销售收入为 91 000.00 万元（详见补充材料 EQ6-2 中的表 EQ6-16）。

2. 计算期与生产负荷　根据项目实施进度和本项目的实际情况，确定本项目计算期为 15 年，其中，建设期为 2 年，生产期为 13 年。

根据行业经验，结合项目具体情况，生产负荷确定为投产后第一年为 70%，第二年为 80%，以后各年均按 100% 计算。

3. 其他计算参数　按照国家和行业有关规定并结合项目的具体情况选取其他计算参数。

对机械、电气设备折旧年限取 15 年，房屋建筑物折旧年限取 20 年，按平均年限法计算折旧，净残值率为零。无形资产中土地使用权按 50 年平均摊销。其他资产按 10 年平均摊销。

固定资产修理费按折旧费的 20.00% 计算。

城市维护建设税率取 5.00%，教育附加费率取 3.00%。

企业所得税率为 25.00%。

公积金的提取。按有关规定，企业要先从税后利润中提取公积金，然后才能进行利润分配，公积金的提取比例应由董事会决定，在可行性研究中，法定盈余公积金暂按税后利润的 10.00% 提取，公益金按税后利润的 5.00% 提取。

借款偿还。在偿还借款期间，提取公积金和公益金后的利润全部用于归还借款。

4. 基准收益率的确定　按行业规定，确定基准收益率为 12.00%，作为对项目财务内部收益率指标的判据。

（三）销售收入和税金估算

按照确定的商品和估算的价格计算项目投产后各年销售收入和税金，满负荷年份销售收入为 91 000.00 万元，增值税税金为 2757.94 万元（详见补充材料 EQ6-2 中的表 EQ6-8）。

（四）成本费用估算

项目总成本费用估算为 962 447.25 万元，其中可变成本为 817 182.18 万元；固定成本为 145 265.07 万元（详见补充材料 EQ6-2 中的表 EQ6-9）。

1. 外购原材料费用为 64 632.83 万元/年（详见补充材料 EQ6-2 中的表 EQ6-10）。

2. 外购燃料及动力费用为 741.74 万元/年（详见补充材料 EQ6-2 中的表 EQ6-11）。

3. 工资福利费。全厂定员 185 人，职工工资 1032.60 万元/年。福利费按职工工资的 14.00% 计提，工资福利费估算为 1177.16 万元/年（详见补充材料 EQ6-2 中的表 EQ6-14）。

4. 修理费。固定资产年折旧额为 881.75 万元，则修理费为 881.75×20% = 176.35（万元）

5. 其他费用：是指制造费用、管理费用中属于其他支出的费用，包括各种保险费、工会费与职工教育费、广告宣传费、咨询费、审计费、排污费、办公费、招待费、取暖费、技术开发费等。本项费用参照同类生产企业的实际成本估算。

按销售收入的 10% 估算，则正常为

$$91\ 000.00 \times 10\% = 9100.00（万元）$$

6. 固定资产折旧　形成固定资产的费用包括：建筑工程费 9264.40 万元；设备及工器具购置费 4227.21 万元；安装工程费 422.72 万元；基本预备费 994.70 万元；建设期利息 1176.00 万元。合计 16 085.03 万元。

固定资产折旧构成如下。

（1）房屋建筑物原值为 9264.40 万元，占形成固定资产 16085.03 万元的 57.60%。由于房屋建筑物所占的比重较大，基本预备费和建设期利息全部并入房屋建筑物折旧。因此，房屋、建筑物的原值为 9264.40 + 994.70 + 1176.00 = 11 435.10（万元）

房屋、建筑物折旧年限为 20 年，每年折旧 571.76 万元。

（2）机器设备折旧：机器设备及安装工程费原值为 4649.93 万元，折旧年限为 15 年，则年折旧为 310.00 万元。

固定资产折旧费估算此处略（详见补充材料 EQ6-2 中的表 EQ6-12）。

（3）无形资产和其他资产摊销：无形资产原值为 1650.00 万元（土地使用权费），摊销年限为 50 年，则每年摊销 33.00 万元。

（4）其他资产原值为 1013.97 万元，按 10 年平均摊销，则每年摊销 101.40 万元（详见补充材料 EQ6-2 中的表 EQ6-13）。

7. 财务费用　包括建设投资借款在生产期间发生的应计入当期损益的利息（详见补充材料 EQ6-2 中的表 EQ6-17）。

（五）财务评价指标

根据上述报表及现金流量表（详见补充材料 EQ6-2 中的表 EQ6-15）计算的财务评价指标详见表 6-21。

表 6-21 主要经济数据与财务评价指标表

序号	名称	单位	金额	备注
一	经济数据			
1	项目投入总资金	万元	21 662.00	
1.1	建设投资	万元	17 573.00	
1.2	建设期利息	万元	1176.00	
1.3	铺底流动资金	万元	2913.00	
2	资金筹措	万元		
2.1	借款	万元	12 000.00	
2.2	资本金	万元	9662.00	
3	年销售收入	万元	91 000.00	
4	年销售税金及附加和增值税	万元	2757.90	
5	年总成本费用	万元	76 844.20	
6	年息税前利润	万元	11 397.80	
7	年所得税	万元	2849.50	
8	年税后利润	万元	8548.40	
二	财务评价指标			
1	项目财务内部收益率（所得税前）	%	35.00	
2	项目财务净现值（所得税前）	万元	38 776.20	
3	项目投资回收期	年	4.80	
4	总投资收益率	%	43.30	

（六）不确定性分析

1. 敏感性分析 在建设投资、销售收入、经营成本三个不确定因素变化的情况下，分别对项目财务内部收益率进行单因素敏感性分析，结果详见表 6-22，据此绘制出敏感性分析图（图 6-4）。

表 6-22 敏感性分析表

序号	不确定因素	不确定因素变化率（%）	项目财务内部收益率（%）	敏感度系数
	基本方案		35.00	
1	建设投资	＋10	33.00	−0.57
2	销售收入	−10	15.00	−5.71
3	经营成本	＋10	14.00	−6.00

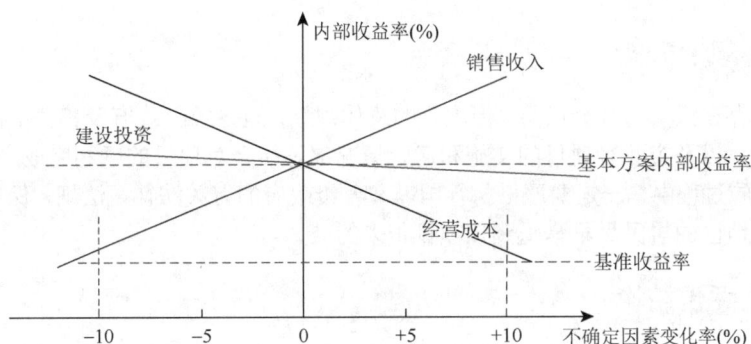

图 6-4 敏感性分析图

从表 6-22 和图 6-4 中可看出，各不确定因素中，经营成本和产品销售收入的上下波动对财务内部收益率的影响最大，对指标影响最小的是建设投资。

2. 盈亏平衡分析 是根据满负荷生产年份的销售收入、固定成本费用和税金等数据通过公式或作图求得盈亏平衡点（BEP）。由于各年固定成本不尽相同，现选择正常生产年份计算。以第 5 年计（投产后第 3 年）：

BEP = 年固定成本/(年销售收入–年可变成本–年销售税金及附加和增值税)×100%

BEP = 11 536.96/(91 000.00–65 374.57–2757.94)×100% = 50.50%

以上计算说明，盈亏平衡点较低，有较好的抗风险能力。

（七）财务评价结论

盈利能力分析表明，项目财务内部收益率为 35.00%，高于设定的基准收益率 12.00%；清偿能力分析表明，还款期为 4.20 年（含二年建设期），表示财务状况基本良好。盈亏平衡分析说明项目虽可能面临某些风险，但仍有较好的抗风险能力。

综上所述，各项分析都表明本项目财务效益是可以接受的。

十六、社 会 评 价

（一）项目实施对社会的影响分析

1. 该项目的实施对当地农民收入生活水平的影响 本项目的实施将走"公司＋农户＋科技＋基地"的产业化经营模式，可带动众多种植农户脱贫致富。初步预测本项目建成投产后将消耗红豆杉叶 800 吨。同时项目的实施也带动了文山地区农业种植业和加工业产业结构的调整，使项目覆盖区的农民人均收入有较大的提高，可改变项目覆盖区人民的生活状况和质量。

2. 该项目的实施对本地区居民就业的影响 项目建成后，为社会提供了新的就业机会，同时也将带动运输业、服务业及其相关产业的发展。初步预测可直接就业 185 人，间接增加就业 4000 多人（含种植、初加工、运输等）。

3. 对区域经济的影响

1）直接影响：该项目建设投资 18 749.00 万元，项目建设所用的大部分建筑材料和部分设备将由本地区供应，这将给建筑业和设备制造业带来发展机遇。项目实施后，包括工资、燃料费、水电费和维修费等在内的经营费用每年达到 1946.00 万元以上，可直接促进区域经济的发展。

2）间接影响：本项目的实施可促进本地区运输业和服务行业的发展，当地居民可从中获取相当的收入。

（二）社会风险分析

项目建设不存在很大的社会风险。但项目的总体规划，地方各级政府及相关部门对项目建设和运行的支持力度，以及企业对项目的实施和运营情况都可能会对项目的顺利完成产生一定的影响。因此，在项目实施过程中，一定要严格执行国家和各级政府的有关法律、法规，保证项目的顺利实施，让项目所在地区的居民尽早享受到该项目带来的益处。

（三）社会评价结论

通过以上分析可以看出，本项目的实施可以促进本地区社会、经济和文化的发展，对加快边疆农民脱贫致富、促进地方产业的形成发展具有重要意义。项目建设与所在地有较强的互适性，社会可行性良好。

十七、风险分析

（一）主要风险因素识别

风险因素主要有以下几种。

市场风险：项目建设单位成立时间不长，产品销售网络不健全，因此，项目产品的市场份额在投产初期不会很大，如果投产中期市场份额还达不到预期目标，则将产生较大的风险。

原材料风险：主要是红豆杉叶的产量和价格。本项目需红豆杉叶量较大，如果由于不可抗力的原因导致红豆杉叶产量大幅度下降，或是红豆杉叶价格上涨幅度较大，则将对本项目的预期收益产生影响。

资金风险：主要是建设投资的贷款比例偏大。

（二）风险程度分析

采用专家评估法帮助识别风险因素和估计风险程度。对项目可能涉及的风险因素及其风险程度进行判断，对结果进行整理分析后，结合本报告各部分的研究成果进行汇总，如表 6-23 所示。

表 6-23　风险因素和风险程度分析

序号	风险因素	风险程度	说明
1	市场	较大	
1.1	产品价格	适度	目前产品定价较低，下降的可能性不大
1.2	产品销量（份额）	较大	销售网络不健全，产品市场份额难以估计，初期产品销量不大
1.3	竞争力	适度	技术先进，产品质量高，相对目标市场竞争力较强
2	原材料	适度	
2.1	价格	适度	紫杉醇产品是红豆杉叶的深加工产品，原材料价格上涨，项目产品的销售价格也可提高，影响不是很大
2.2	供应	适度	目前云南省内红豆杉叶产量能满足项目生产
3	资金	适度	
3.1	融资	适度	贷款占建设投资比例较大
3.2	资本金	适度	新建企业，资本金筹措有一定难度

（三）防范与降低风险的对策

　　根据对各种风险因素及风险程度的分析，项目面临的主要风险已经明确，针对这些风险因素提出如下防范和降低风险的对策，提请项目有关各方考虑。

　　提高对投产初期财务风险的认识，采取措施予以防范和抵御。在项目建设过程中精打细算，并采用招投标方式，控制和降低投资，加强工厂各方面管理，实行成本细项控制，降低产品成本，尤其是固定成本，健全销售网络，提高产品的竞争力，降低盈亏平衡点，提高对市场的适应能力，保持较高的负荷率。规避或减少投产初期的财务风险。

　　营销战略应注重以下方面：一是完善销售网络，采取切实可行的措施，与重要客户建立和保持良好的合作关系，重点开发国内市场，同时注重开发国际市场；二是在产品质量相差不大的情况下，价格就成为高度敏感的因素，为提高产品竞争力，要发挥低成本策略的作用，充分利用与原料市场较近，且交通较为便利的优势；三是通过有效的管理，提高生产能力利用率和劳动生产率，降低成本，以具有竞争力的产品价格，销售用户满意的产品，以确立自己在目标市场的竞争地位。

　　采取风险控制，调整投资结构，降低贷款占建设投资的比例，并落实资金来源，或者采用股份制寻找投资者入股，或寻找其他银行贷款，加强管理，严格控制投资。

十八、研究结论与建议

　　本项目产品有市场，原材料、燃料来源有保障，采用的工艺技术属国内外先进水平，有一定的经济效益，项目是可行的。建议尽可能引进相关方面的研究人才；引进技术设备时采用适当的招标方式，减少设备投资；技术设备引进的过程中，要签订保证产品质量达到设计要求的条款。

学习思考题（study questions，SQ）

SQ6-3　紫杉醇提取的工艺技术有哪些？
SQ6-4　注射剂的关键质量控制点在哪个方面？
SQ6-5　如何评价注射剂项目是否可行？
SQ6-6　为什么说财务评价是项目是否可行的核心指标？

第三节　中药类建设项目可行性研究案例

　　以中国传统医药理论指导采集、炮制、制剂，说明作用机制，指导临床应用的药物统称为中药。中药主要来源于天然药及其加工品，包括植物药、动物药、矿物药，由中药材、中药饮片和中成药三部分组成。中药材指在我国传统医药理论指导下用于治疗疾病、被中国药典或省级地方标准收载的原生药材。中药饮片是中药材按中医药理论、中药炮制方法，经过加工炮制后的、可用于中成药生产或直接用于中医临床的中药材制品。中成药是以中药材或者中药饮片为原料，在中医药理论指导下，为了预防及治疗疾病的需要，按规定的处方和制剂工艺将其加工制成一定剂型的中药制品，是经国家药品监督管理部门批准的商品化中药制剂。

一、总　　论

规范的可行性研究报告第一部分是总论，相当于论文的一个摘要部分，对整个可行性研究的主要产品、技术经济指标进行高度概括。

二、项 目 背 景

（一）项目名称

三七新型饮片生产线建设。

（二）承办单位概况（略）

（三）项目可行性研究报告编制的依据

《云南省生物医药和大健康产业"十三五"发展规划及三年行动计划》《云南省"十三五"三七产业发展规划》《云南省人民政府关于推进中药饮片产业发展的若干意见》《弥勒市工业园区投资指南》《建设项目经济评价方法与参数》。

（四）项目背景及建设的必要性

云南省是三七主产区，2016年，云南省三七种植面积约47万亩，产量2360万公斤。云南三七种植业实现产值86亿元，利润4.1亿元；三七加工实现收入20.65亿元，利润2.96亿元。数据显示，云南省依然存在种植业产值远大于工业产值的问题，产业结构有很大的调整空间。

新建设的三七新型饮片生产线是利用高新技术加快三七产业升级的探索，符合中央和省委、省人民政府产业结构调整的方向，有利于云南省三七产业结构调整。本项目的建立具有十分显著的社会效益和经济效益，对促三七产业发展有重要意义。

三、项 目 概 况

（一）项目拟建地点

项目选址于弥勒市工业园区内，位于弥勒市南郊，距离弥勒市约9km。

（二）项目建设规模与目标

项目拟建设4条生产线，以达到预定目标。包括：①年产处理2000吨鲜三七智能自动化产地加工生产线；②年产200吨三七破壁饮片生产线；③年产200吨超细三七粉饮片生产线；④年产100吨冻干三七饮片生产线。

（三）项目建设的主要条件

（1）符合地区规划要求：本项目拟在弥勒市工业园区建设，该工业园区符合弥勒市城市总体规划纲要。

（2）交通运输便利：弥勒市工业园区地理位置优越，公路交通十分便利，有利于产品、设备和原材料运输。

（3）原材料供应有保障：弥勒市为三七产区，原材料可就近采购，十分方便。

（4）工业园区依托条件好：本项目公用工程、辅助设施及后勤服务基本依托工业园区，已经完成"六通一平"，可加快项目建设进度、节省投资。

（四）项目投入总资金及效益情况

项目投入总资金共计 10 829.00 万元。经估算，项目财务内部收益率为 68.00%（所得税前），国民经济评价结果表明，项目具有较好的直接经济效益和间接经济效益。无论从财务评价角度还是社会评价角度看，项目都是可以接受的。

（五）主要经济技术指标

主要经济技术指标见表 6-24。

表 6-24　主要经济技术指标

序号	项目名称	单位	指标	备注
一	厂房面积	m²	4000.00	
二	项目总投资	万元	10 829.00	
1	建设投资	万元	7696.10	
2	流动资金	万元	3132.90	
三	资金筹措	万元	10 829.00	
1	自筹	万元	5829.00	
2	银行贷款	万元	5000.00	
四	达产年销售收入	万元	29 200.00	
五	财务指标			
1	年总成本	万元	20 563.60	
2	年销售税金及附加和增值税	万元	1328.40	
3	年息税前利润	万元	7308.00	
4	年净利润	万元	5481.00	
5	总投资收益率	%	60.20	
6	财务内部收益率	%	68.00	税前
7	投资回收期	年	2.80	
8	财务净现值（$I_c = 12\%$）	万元	34 270.40	税前
9	盈亏平衡点	%	36.50	

四、市场需求分析

三七新型饮片包括超细三七粉、破壁饮片、配方颗粒、冻干饮片等几种。三七及其制剂在该领域的市场份额可达到 500 亿元以上。其在老年性疾病预防上具有市场潜力，作为中药和保健食品，三七饮片应用在这些老年性疾病和慢性病上有独到之处，在该领域有 700 亿的市场潜力。未来云南 1000 亿的三七产值中，饮片会占 50%左右，其中新型饮片占 80%左右。随着三七产业开发的不断深入，三七知名度的不断提高，三七饮片的需求量将会不断增大。

云南已经放开了破壁饮片、配方颗粒试点生产，并且出台了鼓励新型饮片的政策措施，在未来3年内，财政支出15亿元支持云南饮片生产，特别是新型饮片的开发生产。对于新型饮片生产云南省采取试点生产制度，云南的政策是支持云南省科技厅、发展和改革委员会或者工业和信息化委员会立项支持的新型饮片项目。

三七新型饮片价格分析：目前生产三七超细粉的企业众多，如国内有名的企业云南白药、北京同仁堂、上海雷允上等。主要销售大一点的企业是云南白药、云南三七科技。其他企业都是影响力较小的企业。市场价格（终端销售价）以北京同仁堂最高，达到3000元/千克，云南三七科技为2700元/千克，一般网上销售价格在每千克500～1000元不等。未来三七饮片的竞争将是品牌、科技和人才的竞争。最终将是大品牌占领大市场，现存许多小企业被淘汰出局。

五、建设规模与产品方案

（一）建设规模

本项目生产的主要原料是三七主根及地上部分。根据消费市场的需求、科技支撑条件和饮片生产GMP认证要求（最少4条不同加工工艺的生产线），本项目建设的主要产品和生产规模如下：①年产500吨智能自动化产地加工生产线；②年产200吨三七破壁饮片生产线；③年产200吨超细三七粉饮片生产线；④年产100吨冻干三七饮片生产线。

（二）产品方案

本项目生产规模及产品方案分别阐述如下。

（1）三七破壁饮片：优选60～80头三七进行加工，年生产量：80万瓶，规格：250克/瓶，总产量20万公斤。

（2）超细三七粉：优选60～80头三七进行加工，年生产量：80万袋，规格：250克/袋，总产量20万公斤。

（3）冻干三七片：优选鲜三七进行加工，年生产量：5万盒，规格：100克/盒，总产量0.5万公斤。

（4）冻干三七粉：优选鲜三七进行加工，年生产量：20万袋，规格：100克/袋，总产量2万公斤。

（5）冻干三七：优选鲜三七进行加工，年生产量：30万袋，规格：250克/袋，总产量7.5万公斤。

六、厂 址 选 择

本项目厂址位于弥勒市工业园区内。弥勒市工业园区位于弥勒市东南郊，距弥勒市约5km。拟建项目选址于园区内，符合云南省经济发展总体规划。

七、技术设施工程方案

（一）技术方案

1. 生产技术

（1）三七原料生产：项目原料生产基地严格按照GAP规范种植。

（2）新型饮片生产：选用优质三七，采用上述原料，进一步加工成破壁饮片、超细饮片及冻干饮片三个新型饮片产品。

2. 工艺流程

（1）清洗加工工艺流程图：新鲜三七→清洗→快速干燥→分级→检验→包装→成品

（2）新型饮片工艺流程

1）超细三七粉：三七原料→粗粉碎→灭菌→超细粉碎→混合→内包装→外包装→成品

2）破壁三七饮片：三七原料→粗粉碎→灭菌→粉碎→制粒→干燥过筛→内包装→外包装→成品

3）冻干三七：三七原料→清洗→切片→真空低温干燥→灭菌→超细粉碎→内包装→外包装→成品

（二）主要设备选择

本项目主要设备包括清洗、干燥、粉碎、超细粉碎、制粒、切片、冻干、质量检测、包装等工序的相关设备。项目设备选用的标准是先进、价格合理，根据建设项目区的资源、动力、运输条件、生产规模、零部件供应、可操作性、实用性等特点进行选型。

（1）智能自动化三七原料生产设备：该设备集自动化、信息化、智能化于一体。打造我国最先进的智能自动化生产设备。

（2）新型饮片生产设备：破壁饮片、超细饮片均选用国内最先进的气流粉碎生产线及现代化生产设备。冻干饮片选用节能型低温冻干专用生产线。

（三）工程方案

设计原则及标准规范参照本章第一节。土建工程由五个部分构成。总建筑面积 16 315.00m²（表 6-25）。

（1）办公楼及质检中心建设：按框架结构设计，计划建设面积 1500.00m²。

（2）新型饮片车间建设：破壁饮片生产线，采用轻钢结构建设，建设面积 1800.00m²；超细饮片生产线建设，采用轻钢结构建设，建设面积 1800.00m²；冻干饮片生产线建设，采用轻钢结构建设，建设面积 1800.00m²。

（3）原料仓库及成品仓库建设，采用轻钢结构建设，建设面积 2700.00m²。

（4）智能自动化三七原料生产线建设，采用轻钢结构建设，建设面积 1800.00m²。

（5）绿化及厂区道路 5000.00m²，水处理及其他配套设施建设面积 250.00m²。

表 6-25　建设规模

序号	工程费用名称	建筑面积（m²）	单价（元/m²）	建设费用（万元）
1	办公楼	500.00	3000.00	150.00
2	技术及质检中心	1000.00	3000.00	300.00
3	破壁饮片生产线	1800.00	2000.00	360.00
4	超细饮片生产线	1800.00	2000.00	360.00
5	冻干饮片生产线	1800.00	2000.00	360.00
6	智能自动化三七原料生产线	1800.00	2000.00	360.00
7	仓库	1800.00	1000.00	180.00
8	净水系统	100.00	2000.00	20.00
9	污水处理池	150.00	2000.00	30.00

续表

序号	工程费用名称	建筑面积（m²）	单价（元/m²）	建设费用（万元）
10	厕所	200.00	2000.00	40.00
11	大门	15.00	1000.00	15.00
12	值班室	50.00	2000.00	10.00
13	围墙	300.00	1000.00	30.00
14	绿化及厂区道路	5000.00	300.00	150.00
	合计	16 315.00		2365.00

八、原辅料供应

主要原、辅料供应

本项目产品为三七系列产品，主要原料为三七（原料生产损耗按 10.00%计）。每年需要新鲜三七 220.00 万千克。本项目主要外购原材料、辅料，其品种规格与年需要量见表 6-26。

表 6-26　三类产品的主要原、辅料消耗

原、辅料名称	项目			年耗量
	超细三七粉	三七破壁饮片	冻干三七	
鲜三七	88.00 万千克	88.00 万千克	44.00 万千克	220.00 万千克
内包装袋	100.00 万个	80.00 万个	35.00 万个	215.00 万个
外包装袋	10.00 万个	8.00 万个	3.500 万个	21.5.00 万个
包装瓶	100.00 万个	80.00 万个		180.00 万个
包装盒			30.00 万个	35.00 万个
包装箱	10.00 万个	8.00 万个	3.5.00 万个	21.5.00 万个
说明书	100.00 万张	80 万张	35.00 万张	215.00 万张
产品标签	100.00 万张	80 万张	35.00 万张	215.00 万张

九、总图运输与公用、辅助工程

（一）总图布置

厂区总布置及相关数据如表 6-27 所示。

表 6-27　平面主要设计指标

序号	项目	指标	单位
1	厂区占地面积	20 000.00	m²
2	厂区建构筑物占地面积	12 000.00	m²
3	厂区建筑系数	60.00	%

续表

序号	项目	指标	单位
4	厂区场地利用系数	75.00	%
5	绿化占地面积	5000.00	m²
6	厂区绿地系数	25.00	%

（二）工厂运输

全厂运进运出的物流采用汽车运输。

（三）公用工程

1. 给排水工程

（1）给水：本项目用水由弥勒市自来水厂提供，满足本厂生产、消防用水量的要求。项目年总用水量 10.00 万 m^3。

（2）排水：生产过程中的排水主要有清洗车间的三七清洗用水、各车间的清洗用水等，废水排入厂内污水处理池，经沉淀泥沙后排入城市污水管网，各车间的冷却用水可循环使用。

2. 供电工程　本项目总计用电负荷约 1000kW，负荷等级属于三级负荷。配电室的位置选择在厂区边角。变电站进线电源采用 10kV 单回路。根据设备装机容量考虑今后的发展，设置一台 1000kV 的变压器。各车间的供电采用独立回路供电，其用电量统计结果列于表 6-28。

表 6-28　各车间用电量统计

序号	车间名称	日耗电量（每日 kW·h）	年耗电量（每年万 kW·h）
1	生产车间	1440.00	36.00
2	办公、仓库	100.00	3.00
3	其他	50.00	1.50
	合计	1590.00	40.50

3. 天然气工程　本项目所需要天然气由园区统一提供，发热量 8000kcal/m^3。各车间用气量统计列于表 6-29。本项目年需天然气 12.00 万 m^3，燃料供应有保证。

表 6-29　各车间用气量统计

序号	车间名称	日耗气量（每日 m^3）	年耗气量（每年万 m^3）
1	生产车间	400.00	10.00
2	其他	80.00	2.00
	合计	480.00	12.00

其他工程项目参照本章第一节相关内容。

十、投 资 估 算

（一）投资估算依据

参照本章第一节投资估算部分。

（二）建设投资估算

1. 工程费用 分为建筑工程费、设备及工器具购置费和安装工程费三部分。

（1）建筑工程费：经估算，项目建筑工程费为 2365.00 万元。

（2）设备及工器具购置费：经估算，项目设备及工器具购置费为 3200.00 万元，详见表 6-30。

表 6-30 设备购置费估算

序号	设备名称	总价（万元）
一	主要生产设备	2300.00
1	智能自动化三七原料生产线	1500.00
2	破壁饮片生产线	200.00
3	超细饮片生产线	250.00
4	冻干饮片生产线	350.00
二	附设设施	400.00
1	净化水系统	100.00
2	污水处理系统	50.00
3	仓库	150.00
4	监控系统	100.00
三	质量检测中心	250.00
1	鉴别及含量测定系统	50.00
2	农药残留及重金属检测系统	100.00
3	微生物检测系统	50.00
4	综合实验室	50.00
四	辅助设备	250.00
1	水电设备	200.00
2	消防设备	50.00
总计		3200.00

（3）安装工程费：根据单项工程的设备购置费采用综合指标估算。本项目按设备购置费的 10.00%估算，即安装工程费为 3200.00×10% = 320.00（万元）

2. 工程费用合计 2365.00 + 3200.00 + 320.00 = 5885.00（万元）

3. 工程建设其他费用 主要包括征地费用（70 亩，每亩 10.00 万元）、建设单位管理费、工程监理费、前期工作咨询费、设计费、施工图预算编制费、施工图审查费、环境影响咨询费、生产准

备（培训）费、办公及生活家具购置费、联合试车费、招标代理费等。工程建设其他费用估算值为
1121.50万元。

4. 基本预备费 按照工程费用和工程建设其他费用之和的6.00%计算。其估算值为421.80万元。

5. 涨价预备费 由于工期较短，本项目不计涨价预备费。

6. 建设期利息 本项目计划融资5000.00万元，利率按银行中长期贷款利率4.90%计算。

建设期利息5000.00×4.90%＝245.00（万元）

7. 建设投资 按照《投资项目可行性研究指南》的要求，以上几项合计为建设投资，其估算值为7696.10万元。

（三）流动资金估算

流动资金采用分项详细估算法估算，按各分项分别确定的最低周转天数估算各年流动资金额。达产年流动资金估算额为3132.90万元。

（四）项目投入总资金及分年投入计划

由建设投资和流动资金构成的项目总投资合计为10 829.00万元，详见表6-31。

表6-31 项目投入总资金汇总

序号	工程和费用名称	投资额（万元）	占投入总资金的比例（%）
1	建设投资	7696.10	71.10
1.1	建筑工程费	2365.00	21.80
1.2	设备及工器具购置费	3200.00	29.60
1.3	安装工程费	320.00	3.00
1.4	工程建设其他费	1144.30	10.60
1.5	基本预备费	421.80	3.90
1.6	建设期利息	245.00	2.30
2	流动资金	3132.90	28.90
3	项目投入总资金（1＋2）	10 829.00	

十一、融 资 方 案

本项目属于既有法人项目，项目法人为云南某药业股份有限公司。贷款由云南某药业股份有限公司承担。

（一）资本金筹措

1. 资本金数额 由以下项目构成。

（1）本项目新增建设投资7696.10万元，其中资本金占35.00%，为2696.10万元。

（2）流动资金为3132.90万元，其中资本金占100%，为3132.90万元。

合计项目投入总资金为10 829.00万元。

其中，资本金为2696.10＋3132.90＝5829.00（万元），占项目投入总资金的53.83%。

2. 资本金来源 由企业自有资金和解决。

3. 债务资金筹措 贷款主要是建设投资，需借入5000.00万元，占项目投入总资金的46.20%。

4. 贷款来源 本项目建设投资贷款 5000.00 万元，由商业银行贷款解决。

（二）融资方案分析

本项目贷款占总比例的 46.20%，其余所需资金由企业自己解决。在还款期间，资金流量合理，还款有保障。

十二、财 务 评 价

（一）财务评价依据

财务评价依据主要如下。

（1）《投资项目可行性研究指南》。

（2）《建设项目经济评价方法与参数》。

（3）国家对投资企业劳动工资管理和社会保障等的有关规定。

（4）项目可行性研究报告推荐的技术方案、产品方案、建设条件、建设工期等。

（5）国家现行财税政策、会计制度与相关法规。

（二）财务评价基础数据选取

1. 财务价格

（1）产品销售价格的确定：根据产品的目标市场情况，确定本项目产品的销售价格。具体价格（出厂价，含税）如表 6-32 所示。

表 6-32 产品销售价格

序号	产品名称	规格	单价（元，含税）	产量	销售收入（万元）	增值税率（%）
1	破壁饮片	250 克/瓶	160.00	80 万瓶	12 800.00	11.00
2	超细三七粉	250 克/袋	110.00	80 万袋	8800.00	11.00
3	冻干三七片	100 克/盒	80.00	5 万盒	400.00	11.00
4	冻干三七粉	100 克/袋	90.00	20 万袋	1800.00	11.00
5	冻干三七	250 克/袋	180.00	30 万袋	5400.00	11.00
合计					29 200.00	

（2）外购原料的到厂价：根据预测的采购价格加运杂费确定。主要原料、辅料的价格确定详见主要原料（表 6-33）。

表 6-33 主要外购原、辅料的价格

序号	名称	数量	价格（含税）	金额（万元）	增值税率（%）
一	主要原料			15 400.00	
1	鲜三七	220.00 万千克	70.00 元/千克	15 400.00	11.00
二	包装材料			844.10	
1	包装瓶	230.00 万个	1.00 元/个	230.00	17.00

续表

序号	名称	数量	价格（含税）	金额（万元）	增值税率（%）
2	内包装袋	23.00 万个	0.10 元/个	2.30	17.00
3	外包装袋	180.00 万个	2.00 元/个	360.00	17.00
4	包装盒	50.00 万个	2.00 元/个	100.00	17.00
5	包装箱	23.00 万个	5.00 元/个	115.00	17.00
6	说明书	230.00 万张	0.08 元/张	18.40	17.00
7	产品标签	230.00 万张	0.08 元/张	18.40	17.00

2. 计算期与生产负荷　根据项目实施进度和本项目的实际情况，确定本项目计算期为 15 年，其中，建设期 1 年，生产期 14 年。

根据行业经验，结合项目具体情况，生产负荷确定为投产后第一年为 70%，第二年为 80%，以后各年均按 100%计。

3. 其他计算参数　按照国家和行业有关规定并结合项目的具体情况选取。

（1）对机械、电气设备折旧年限取 15 年，房屋建筑物折旧年限取 20 年，按平均年限法计算折旧，净残值率为零。无形资产中土地使用权按 50 年平均摊销。其他资产按 5 年平均摊销。

（2）固定资产修理费率取 20.00%。

（3）城市维护建设税率取 5.00%，教育费附加率取 3.00%。

（4）企业所得税率为 25.00%。

（5）公积金的提取。按有关规定，企业要先从税后利润中提取公积金后才进行利润分配，公积金的提取比例应由董事会决定，在可行性研究报告中法定盈余公积金暂按税后利润的 10.00%提取，任意盈余公积金按税后利润的 5.00%提取。

（6）借款偿还。在偿还借款期间，提取三项基金后的利润全部用于归还借款。

4. 折现率的确定　按行业规定。确定折现率为 12.00%，同时也作为项目内部收益率指标的判据（基准收益率）。

（三）销售收入和税金估算

按照确定的产品和表 6-32 的价格计算项目投产后各年销售收入和税金，满负荷年份销售收入为 29 200.00 万元，增值税税金为 1328.37 万元。

（四）成本费用估算

1. 分项成本费用估算

（1）原材料、辅料、包装材料按原辅料及包装消耗标准确定数据为准进行估算，原料损耗率按 5.00%计，项目正常年消耗新鲜三七原料 220 万千克，按照每千克 70.00 元计算，合计 15 400.00 万元；其他材料、辅料及包装材料合计 844.10 万元。

（2）耗水及动力费用按前述章节确定数据进行估算，正常年耗水、耗电、耗天然气费用合计 121.40 万元。

（3）工资费用及福利费按工资标准进行估算，共 742.82 万元。

（4）修理费，固定资产年折旧额为 397.37 万元，则修理费为 397.37×20% = 79.47（万元）。

（5）其他费用：是指制造费用、管理费用中属于其他支出的费用，包括各种保险费、工会经费与职工教育经费、广告宣传费、咨询费、审计费、排污费、办公费、招待费、取暖费、技术开发费等。本项费用参照同类生产企业实际成本估算。

按销售收入的 10.00% 估算，则正常为 29 200.00×10.00% = 2920.00（万元）

（6）固定资产折旧

1）形成固定资产的费用如下：建筑工程费 2365.00 万元；设备及工器具购置费 3200.00 万元；安装工程费 320.00 万元；基本预备费 421.80 万元；建设期利息 245.00 万元；以上合计 6551.80 万元。

2）固定资产折旧构成包括：①房屋建筑物原值为 2365.00 万元，占形成固定资产 6551.80 万元的 36.10%。房屋建筑物所占的比重较小，所以基本预备费和建设期利息全部并入设备折旧。因此，房屋建筑物原值为 2365.00 万元。房屋、建筑物折旧年限为 20 年，每年折旧 118.25 万元。②机器设备折旧。机器设备原值为 6551.80–2365.00 = 4186.80（万元），折旧年限为 15 年，则年折旧 279.12 万元。

（7）无形资产和其他资产摊销

1）无形资产原值为 700.00 万元（土地使用权费），摊销年限为 50 年，则每年摊销 14.00 万元。

2）其他资产原值为 444.30 万元，按 10 年平均摊销，则每年摊销 44.43 万元。

（8）财务费用：包括建设投资借款在生产期间发生的应计入当期损益的利息。

2. 总成本估算 项目计算期定为 15 年（含项目建设期），其中投产期 2 年，达产期 12 年。正常年份项目总成本费用为 20 563.60 万元，其中固定成本费用 4198.10 万元，可变成本费用 16 365.50 万元。

（五）财务盈利能力分析

根据项目总投资及财务分析情况及现金流量表，项目相关财务指标见表 6-34。

表 6-34 主要经济数据与财务评价指标

序号	名称	单位	数值
一	经济数据		
1	项目投入总资金	万元	10 829.00
1.1	建设投资	万元	7696.10
1.2	流动资金	万元	3132.90
2	资金筹措	万元	10 829.00
2.1	借款	万元	5000.00
2.2	资本金	万元	5829.00
3	年销售收入	万元	29 200.00
4	年销售税金及附加和增值税	万元	1328.40
5	总成本费用	万元	20 563.60
6	息税前利润	万元	7308.00
7	所得税	万元	1827.00
8	税后利润	万元	5481.00
二	财务评价指标		
1	项目财务内部收益率（所得税前）	%	68.00

续表

序号	名称	单位	数值
2	项目财务净现值（所得税前）	万元	34 270.40
3	项目投资回收期	年	2.80
4	总投资收益率	%	60.20

（六）敏感性分析

在建设投资、销售收入、经营成本三个不确定因素变化的情况下，分别对项目财务内部收益率进行单因素敏感性分析，结果详见表 6-35。根据敏感性分析表绘制出敏感性分析图（图 6-5）。

表 6-35 敏感性分析

序号	不确定因素	不确定因素变化率（%）	项目财务内部收益率（%）	敏感度系数
	基本方案		68.00	
1	建设投资	+10	63.00	−0.70
2	销售收入	−10	49.00	−2.79
3	经营成本	+10	50.00	−2.65

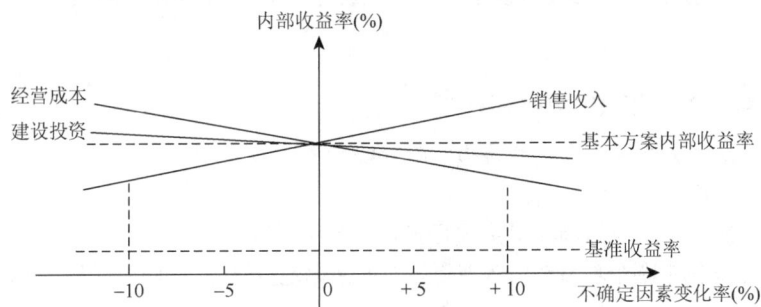

图 6-5 项目敏感性分析

从表 6-35 和图 6-5 中可看出，各不确定因素中，产品销售收入和经营成本的上下波动对财务内部收益率的影响最大，对指标影响最小的是建设投资。当销售收入减少 7.50%，经营成本增加 9.00%时，项目所得税前财务内部收益率刚好等于设定的基准收益率。

（七）盈亏平衡分析

盈亏平衡分析是根据满负荷生产年份的销售、固定成本费用和税金等数据，通过公式或作图求得盈亏平衡点（BEP）。由于各年固定成本不尽相同，现选择正常生产年份计算。以第 4 年（投产后第 3 年）计算。

BEP = 年固定成本 / (年销售收入 – 年可变成本 – 年销售税金及附加和增值税) × 100%

= 4198.10 / (29 200.00 – 16 365.50 – 1328.37) × 100%

= 36.49%

以上计算表明盈亏平衡点较低，说明项目具有较强的抗风险能力。

（八）财务评价结论

盈利能力分析表明，项目财务内部收益率为 68.00%，高于设定的基准收益率 12.00%，投资回收期为 2.80 年（含 1 年建设期）；清偿能力分析表明，仅 2 年就可偿还全部借款，表示财务状况良好。盈亏平衡分析说明项目虽可能面临某些风险，但仍有一定的抗风险能力。

综上所述，各项分析都表明本项目财务效益是可以接受的。

十三、研究结论与建议

本项目财务内部收益率为 68.00%，高于基准收益率（12.00%），财务净现值（$I_c = 12.00\%$）为 34 270.40 万元，投资回收期为 2.8 年。项目年销售收入为 29 200.00 万元，年税前利润为 7308.03 万元，总投资收益率为 60.20%。综上分析，本项目基本具备市场、技术、设备、资金、环保和外部协作等条件。本项目主要风险是产品销量（也就是产品占有的市场份额）、原材料供应、资金筹措三个方面，其中较大风险是产品占有的市场份额。

本项目产品有市场，原材料燃料来源有保障，采用的工艺技术属国内外先进水平，有一定的经济效益，项目是可行的。但仍提出如下建议：①尽可能降低贷款比例；②在引进技术设备时"货比三家"，减少设备投资；③在技术设备引进的过程中，要签订保证产品质量达到设计要求条款的合同。

学习思考题（study questions，SQ）

SQ6-7　什么是中药饮片？中药饮片包括哪些类型？

SQ6-8　新型饮片有哪些优点？

SQ6-9　中药饮片项目与西药注射剂项目建设有什么不同？

SQ6-10　两个案例中哪个项目经济效益更好？如果你是投资者，你会选择哪个项目进行投资？

练 习 题

6-1　项目总投资构成包括哪些？

6-2　确定投资规模的方法包括哪几种？

6-3　西药注射剂与中药饮片在 GMP 认证时对洁净度的要求有什么差异？

6-4　产品市场分析在项目可行性研究中有什么作用？

6-5　投资项目的经营成本包括哪些？

6-6　项目可行性研究为什么要进行盈亏平衡点分析？

6-7　项目可行性研究敏感性分析起什么样的作用？

6-8　我国目前医药项目投资涉及的税种包括哪些？

6-9　什么是递延资产？包括哪些内容？

6-10 什么是财务净现值？其在项目可行性分析中起什么作用？

补 充 材 料

EQ6-1 紫杉醇注射液设备生产线建设项目主要设备选型

1. 注射液设备的选择 安瓿瓶洗、烘、灌全自动生产联动线：由超声波洗瓶机、网带式隧道灭菌干燥机、液体灌装加塞机、供水过滤装置及百级层流罩组成，采用先进的超声波清洗、热层流消毒、净化、灌装和半压塞等先进生产工艺和技术，全过程都在密闭条件下进行，符合GMP要求。

配液罐：罐体附带液位计、空气呼吸口、温度计、CIP 万向洗罐器等，是新型的符合注射剂GMP要求的制药设备。

多效蒸馏水机：能保证蒸馏水无热源，其结构合理，自动化程度高，广泛用于注射剂的配制，在使用贮存上采用 85.0℃保温工艺，防止细菌污染与热源的产生，是符合GMP要求的医药注射用水制备工艺。

轧盖、灯检、贴标自动生产联动线：压塞的半成品由变频调速的送瓶转盘、传送带再送入该联动线。该联动线是适于注射液生产线的后工序。由理瓶台、轧盖机、灯检台、贴标机用传送带连接而成。采用了变频调速、控制联动线的工作速度和各种规格的西林瓶。

注射液设备详见表 EQ6-1。

表 EQ6-1 紫杉醇注射液车间主要设备一览表

序号	设备名称	规格型号	台数	单台功率（kW）
1	配料罐	500L	4	0.5
2	贮罐	500L	4	
3	蠕动泵	PP6	8	0.3
4	过滤器	BF 1.95m²	4	
5	微孔滤膜过滤器	BF 0.65m²	4	
6	洗烘灌全自动联动线		2套	
6.1	洗瓶机	XCQ-1V	2	1.2
6.2	超声波洗瓶机	XCQ-1V	2	1.5
6.3	供水过滤装置	GG0.45μm、0.22μm	2	
6.4	隧道式灭菌干燥机	GMSU-400W	2	50.0
6.5	液体灌装加塞机	HGS	2	
7	灌封机	GFA1	2	
8	轧盖、灯检、贴标自动生产线		2套	
8.1	转盘	100	2	1.0
8.2	轧盖	ZG-15 000	2	1.5
8.3	转盘带输送带	DTE1200	2	1.0
8.4	灯检机	DJT-1（放大镜）	10	

续表

序号	设备名称	规格型号	台数	单台功率（kW）
8.5	贴标机	TLJ-A（不干胶印字）	4	3.0
8.6	链条传送带		2	
9	捆扎机	YK-5902（全自动）	4	0.7
10	封箱机	TY-701 型	4	0.2
11	胶塞清洗机	CDDA-10	2	11.5
12	铝盖清洗机	CDDA-L10	2	11.0
13	蒸汽灭菌柜	XG1DWH-1.2	2	0.5
14	干热灭菌柜	JRSH-III	2	30.0
15	CIP 清洗装置	活动式	1	1.0
16	纯水制备装置	二级反渗透	1 套	40
17	纯蒸汽发生器	LDZ2000	1	2.5
18	蒸馏水机	LDZ2000-6B	2	3.0
19	蒸馏水贮罐	10m³	2	
20	洗衣机	XGQ-15	2	3.0
21	烘干机	HG-15	2	1.1
22	无菌衣消毒柜	XG1DWE-0.8	2	
23	分汽缸		2	
24	冷凝水回收装置			

2. 提取工艺设备的选择　提取设备关键为制备型的液相色谱仪，项目选制备型中压液相色谱仪 4 套，制备型的高压液相色谱仪 3 套。采用冷冻干燥设备进行干燥处理。提取设备选型见表 EQ6-2。

表 EQ6-2　紫杉醇注射液提取车间主要设备一览表

序号	设备仪器名称	单位	数量	备注
1	制备型中压液相色谱仪	套	4	专用
2	制备型高压液相色谱仪	套	3	专用
3	旋转蒸发仪（30L）	套	5	通用
4	粉末干燥机	台	1	专用
5	冷冻干燥机	台	1	通用
6	萃取槽	台	3	通用
7	粉碎机	台	2	通用
8	超级数量恒温器	台	5	专用
9	自动包装机	台	1	通用
10	真空泵	台	5	通用

续表

序号	设备仪器名称	单位	数量	备注
11	重压机	台	1	通用
12	臭氧发生器	套	1	专用
13	精馏塔	套	2	通用
14	蒸汽锅炉	套	1	通用
15	粗加工反应釜	套	6	通用

3. 公用设备选型 详细参数见表 EQ6-3。

表 EQ6-3 紫杉醇注射液建设项目公用设备选型一览表

序号	设备名称	单位	数量	规格型号
1	供电系统	套	1	ZBW-1000KVAX2
2	污水处理系统	套	1	
3	电动推高车	台	2	CDD-1.5/3.5
4	净化系统	套	4	
	合计		8	

4. 实验设备选型 详见表 EQ6-4。

表 EQ6-4 紫杉醇注射液建设项目实验室设备选型一览表

序号	设备名称	单位	数量	规格型号
1	高效液相色谱仪	套	2	waters
2	气相色谱仪	套	1	安捷伦
3	双光束紫外可见分光光度计	台	1	上海光谱
4	电子天平	台	1	梅特勒-托利多 XS3DU
5	电子天平	台	4	梅特勒-托利多 XP205
6	生物安全柜	台	2	A2630151
7	恒温恒湿培养箱	台	3	BPS-250CB
8	真空干燥箱	台	1	DZF-6930
9	电热恒温干燥箱	台	2	FXB202-4
10	程控箱式电阻炉	台	1	SXL-1313
11	高效多点加热磁力搅拌器	台	2	RT15 RT15
12	落地式高速冷冻离心机	台	1	LGR21-1.6
13	台式高速离心机	台	1	LG16-W
14	三用恒温水箱（6孔）	台	2	DK-420S

续表

序号	设备名称	单位	数量	规格型号
15	数显台式酸度计	台	3	BANTE930
16	超声波清洗机	台	2	KQ-S3000DC
17	超纯水机	台	1	SB60-B
18	精密电导率仪	台	2	BANTE950
19	玻璃仪器气流烘干器	台	4	调温型 30 孔
20	磁力搅拌电热套	套	5	HJ-6 1000ml
21	回旋式大容量振荡器	台	1	HY-B
22	语音菌落报数器	台	1	YLN-30A
23	自动恒温旋光仪	台	1	SGW-3
24	智能溶出仪	台	1	RC12A
25	快速水分测定仪	台	1	梅特勒-托利多 HR83
26	无菌检查仪	台	1	WJ-6
27	细菌内毒素测定仪	台	1	BET-48G
28	澄明度检测仪	台	1	YB-3
29	数码液晶荧光显微镜	台	1	DMS-854
30	生物显微镜	台	2	NikonE200
31	智能自动永停滴定仪	台	1	ZYT-2J
32	立式压力蒸汽灭菌器	台	3	YXQ-LS-100G
33	薄层色谱成像分析仪	台	1	XQ-600U
34	空调净化灭菌系统	套	1	TFMW-100-1
35	药物稳定性试验箱	台	2	LRH-800-YG
36	通风橱	台	3	Bio-Labone B2268S
37	冰箱	台	3	
38	薄层扫描仪	台	1	SCZNNER-3
39	等电聚焦电泳	台	1	

5. 辅助及其他设备 详见表 EQ6-5。

表 EQ6-5 紫杉醇注射液建设项目辅助及其他设备一览表

序号	设备名称	单位	数量
1	安防设备	套	1
2	消防设备	套	1
3	照明设备（含车间照明）	套	1

续表

序号	设备名称	单位	数量
4	供气设备	套	1
5	通信设备	套	1
6	维修设备	套	1
7	电动叉车	台	10
8	动力给排水	套	1
9	其他设备	套	1
	合计		18

EQ6-2 紫杉醇注射液设备生产线建设项目财务分析（表 EQ6-6～表 EQ6-17）

表 EQ6-6 紫杉醇注射液生产线建设投资估算表（概算法） （单位：万元）

序号	工程或费用名称	建筑工程费	设备购置费	安装工程费	其他费用	合计	比例（%）
一	工程费用	9264.40	4227.21	422.72	0.00	13 914.33	74.21
1	建筑工程费	9264.40					
2	设备购置费		4227.21			4227.21	
3	安装工程费			422.72		422.72	
二	工程建设其他费用	0.00	0.00	0.00	2663.97	2663.97	14.21
1	土地使用权费				1650.00	1650.00	
2	建设单位管理费				139.14	139.14	
3	工程监理费				278.29	278.29	
4	前期工作咨询费				10.00	10.00	
5	工程勘察设计费				417.43	417.43	
6	施工图预算编制费				41.74	41.74	
7	施工图审查费				25.05	25.05	
8	环境影响咨询费				5.87	5.87	
9	招标代理费				48.70	48.70	
10	生产准备（培训）费				9.25	9.25	
11	办公及生活家具				18.50	18.50	
12	联合试车费				20.00	20.00	
三	预备费				994.70	994.70	5.31
1	基本预备费				994.70	994.70	
四	建设期利息				1176.00	1176.00	
五	投资合计	9264.40	4227.21	422.70	4834.70	18 749.00	
	比例（%）	49.41	22.55	2.25	25.79		100

表 EQ6-7 紫杉醇注射液生产线建设项目流动资金估算表

序号	项目	最低周转天数	周转次数	计算期（年）												
				3	4	5	6	7	8	9	10	11	12	13	14	15
1	流动资产			10 663.10	12 161.60	15 158.70	15 158.70	15 158.70	15 158.70	15 158.70	15 158.70	15 158.70	15 158.70	15 158.70	15 158.70	15 158.70
1.1	应收账款	30	12	5308.30	6066.70	7583.30	7583.30	7583.30	7583.30	7583.30	7583.30	7583.30	7583.30	7583.30	7583.30	7583.30
1.2	存货		24	4725.80	5390.20	6719.00	6719.00	6719.00	6719.00	6719.00	6719.00	6719.00	6719.00	6719.00	6719.00	6719.00
1.2.1	原材料	15	24	1882.20	2151.00	2688.80	2688.80	2688.80	2688.80	2688.80	2688.80	2688.80	2688.80	2688.80	2688.80	2688.80
1.2.2	包装及辅料	30	12	5.90	6.80	8.50	8.50	8.50	8.50	8.50	8.50	8.50	8.50	8.50	8.50	8.50
1.2.3	燃料动力	30	12	43.30	49.40	61.80	61.80	61.80	61.80	61.80	61.80	61.80	61.80	61.80	61.80	61.80
1.2.4	在产品	10	36	1308.80	1490.40	1853.60	1853.60	1853.60	1853.60	1853.60	1853.60	1853.60	1853.60	1853.60	1853.60	1853.60
1.2.5	产成品	10	36	1485.70	1692.60	2106.30	2106.30	2106.30	2106.30	2106.30	2106.30	2106.30	2106.30	2106.30	2106.30	2106.30
1.3	现金	30	12	628.90	704.80	856.40	856.40	856.40	856.40	856.40	856.40	856.40	856.40	856.40	856.40	856.40
2	流动负债			3813.50	4358.30	5447.90	5447.90	5447.90	5447.90	5447.90	5447.90	5447.90	5447.90	5447.90	5447.90	5447.90
2.1	应付账款	30	12	3813.50	4358.30	5447.90	5447.90	5447.90	5447.90	5447.90	5447.90	5447.90	5447.90	5447.90	5447.90	5447.90
3	流动资金（1-2）			6849.60	7803.30	9710.90	9710.90	9710.90	9710.9	9710.90	9710.90	9710.90	9710.90	9710.90	9710.90	9710.90
4	流动资金当期增加额			6849.60	953.80	1907.50										

表 EQ6-8　紫杉醇注射液生产线建设项目销售收入、销售税金及附加和增值税估算表

（单位：万元）

序号	项目	合计	3（70%）	4（80%）	5（100%）	6	7	8	9	10	11	12	13	14	15
						计算期（年）									
1	销售收入	1 137 500.00	63 700.00	72 800.00	91 000.00	91 000.00	91 000.00	91 000.00	91 000.00	91 000.00	91 000.00	91 000.00	91 000.00	91 000.00	91 000.00
1.1	紫杉醇注射液	1 137 500.00	63 700.00	72 800.00	91 000.00	91 000.00	91 000.00	91 000.00	91 000.00	91 000.00	91 000.00	91 000.00	91 000.00	91 000.00	91 000.00
	单价（元/瓶）	260.00	260.00	260.00	260.00	260.00	260.00	260.00	260.00	260.00	260.00	260.00	260.00	260.00	260.00
	数量（万瓶）		245.00	280.00	350.00	350.00	350.00	350.00	350.00	350.00	350.00	350.00	350.00	350.00	350.00
	销项税额		6312.61	7214.41	9018.02	9018.02	9018.02	9018.02	9018.02	9018.02	9018.02	9018.02	9018.02	9018.02	9018.02
2	营业税金与附加	2553.65	143.00	163.43	204.29	204.29	204.29	204.29	204.29	204.29	204.29	204.29	204.29	204.29	204.29
2.1	城市维护建设税	1596.03	89.38	102.15	127.68	127.68	127.68	127.68	127.68	127.68	127.68	127.68	127.68	127.68	127.68
2.2	教育费附加	957.62	53.63	61.29	76.61	76.61	76.61	76.61	76.61	76.61	76.61	76.61	76.61	76.61	76.61
3	增值税	31 920.60	1787.55	2042.92	2553.65	2553.65	2553.65	2553.65	2553.65	2553.65	2553.65	2553.65	2553.65	2553.65	2553.65
	销项税额	112 725.23	6312.61	7214.41	9018.02	9018.02	9018.02	9018.02	9018.02	9018.02	9018.02	9018.02	9018.02	9018.02	9018.02
	进项税额	80 804.63	4525.06	5171.50	6464.37	6464.37	6464.37	6464.37	6464.37	6464.37	6464.37	6464.37	6464.37	6464.37	6464.37

表 EQ6-9　紫杉醇注射液生产线建设项目总成本费用估算表（生产要素法）

（单位：万元）

序号	项目	合计	计算期（年）												
			3（70%）	4（80%）	5（100%）	6	7	8	9	10	11	12	13	14	15
1	外购原材料费	807 910.38	45 242.981	51 706.264	64 632.83	64 632.83	64 632.83	64 632.83	64 632.83	64 632.83	64 632.83	64 632.83	64 632.83	64 632.83	64 632.83
2	外购燃料及动力费	9271.80	519.22	593.40	741.74	741.74	741.74	741.74	741.74	741.74	741.74	741.74	741.74	741.74	741.74
3	工资及福利费	15 303.13	1177.16	1177.16	1177.16	1177.16	1177.16	1177.16	1177.16	1177.16	1177.16	1177.16	1177.16	1177.16	1177.16
4	修理费	2292.55	176.35	176.35	176.35	176.35	176.35	176.35	176.35	176.35	176.35	176.35	176.35	176.35	176.35
5	其他费用	113 750.00	6370.00	7280.00	9100.00	9100.00	9100.00	9100.00	9100.00	9100.00	9100.00	9100.00	9100.00	9100.00	9100.00
6	经营成本	948 527.86	53 485.72	60 933.17	75 828.09	75 828.09	75 828.09	75 828.09	75 828.09	75 828.09	75 828.09	75 828.09	75 828.09	75 828.09	75 828.09
7	折旧费	11 462.75	881.75	881.75	881.75	881.75	881.75	881.75	881.75	881.75	881.75	881.75	881.75	881.75	881.75
8	摊销费	1442.97	134.40	134.40	134.40	134.40	134.40	134.40	134.40	134.40	134.40	134.40	33.00	33.00	33.00
9	利息支出	1013.67	588.00	358.37	67.30	0	0	0	0						
10	总成本费用合计	962 447.25	55 089.86	62 307.69	76 911.54	76 844.24	76 844.24	76 844.24	76 844.24	76 844.24	76 844.24	76 844.24	76 742.84	76 742.84	76 742.84
10.1	可变成本	817 182.18	45 762.20	52 299.66	65 374.57	65 374.57	65 374.57	65 374.57	65 374.57	65 374.57	65 374.57	65 374.57	65 374.57	65 374.57	65 374.57
10.2	固定成本	145 265.07	9327.66	10 008.03	11 536.97	11 469.67	11 469.67	11 469.67	11 469.67	11 469.67	11 469.67	11 469.67	11 368.27	11 368.27	11 368.27

表 EQ6-10　紫杉醇注射液生产线建设项目外购原材料费估算表

（单位：万元）

序号	项目	合计	计算期（年）												
			3（70%）	4（80%）	5（100%）	6	7	8	9	10	11	12	13	14	15
1	外购原材料费	800 000.00	45 171.93	51 625.064	64 531.33	64 531.33	64 531.33	64 531.33	64 531.33	64 531.33	64 531.33	64 531.33	64 531.33	64 531.33	64 531.33
1.1	红豆杉叶	800 000.00	44 800.00	51 200.00	64 000.00	64 000.00	64 000.00	64 000.00	64 000.00	64 000.00	64 000.00	64 000.00	64 000.00	64 000.00	64 000.00
	单价（元/千克）		800.00	800.00	800.00	800.00	800.00	800.00	800.00	800.00	800.00	800.00	800.00	800.00	800.00
	数量（万千克）		56.00	64.00	80.00	80.00	80.00	80.00	80.00	80.00	80.00	80.00	80.00	80.00	80.00
	进项税额	79 279.28	4439.64	5073.87	6342.34	6342.34	6342.34	6342.34	6342.34	6342.34	6342.34	6342.34	6342.34	6342.34	6342.34
1.2	聚氧乙基蓖麻油	831.25	46.55	53.20	66.50	66.50	66.50	66.50	66.50	66.50	66.50	66.50	66.50	66.50	66.50
	单价（元/千克）		350.00	350.00	350.00	350.00	350.00	350.00	350.00	350.00	350.00	350.00	350.00	350.00	350.00
	数量（万千克）		0.13	0.15	0.19	0.19	0.19	0.19	0.19	0.19	0.19	0.19	0.19	0.19	0.19
	进项税额	120.78	6.76	7.73	9.66	9.66	9.66	9.66	9.66	9.66	9.66	9.66	9.66	9.66	9.66
1.3	USP 无水乙醇	560.38	31.381	35.864	44.83	44.83	44.83	44.83	44.83	44.83	44.83	44.83	44.83	44.83	44.83
	单价（元/升）		50.00	50.00	50.00	50.00	50.00	50.00	50.00	50.00	50.00	50.00	50.00	50.00	50.00
	数量（万升）		0.63	0.72	0.90	0.90	0.90	0.90	0.90	0.90	0.90	0.90	0.90	0.90	0.90
	进项税额	81.42	4.56	5.21	6.51	6.51	6.51	6.51	6.51	6.51	6.51	6.51	6.51	6.51	6.51
1.4	组合溶剂 A/B/C	3937.50	220.50	252.00	315.00	315.00	315.00	315.00	315.00	315.00	315.00	315.00	315.00	315.00	315.00
	单价（元/升）		100.00	100.00	100.00	100.00	100.00	100.00	100.00	100.00	100.00	100.00	100.00	100.00	100.00
	数量（万升）		2.21	2.52	3.15	3.15	3.15	3.15	3.15	3.15	3.15	3.15	3.15	3.15	3.15
	进项税额	572.12	32.04	36.62	45.77	45.77	45.77	45.77	45.77	45.77	45.77	45.77	45.77	45.77	45.77
1.5	正己烷	656.25	36.75	42.00	52.50	52.50	52.50	52.50	52.50	52.50	52.50	52.50	52.50	52.50	52.50
	单价（元/升）		100.00	100.00	100.00	100.00	100.00	100.00	100.00	100.00	100.00	100.00	100.00	100.00	100.00
	数量（万升）		0.37	0.42	0.53	0.53	0.53	0.53	0.53	0.53	0.53	0.53	0.53	0.53	0.53
	进项税额	95.35	5.34	6.10	7.63	7.63	7.63	7.63	7.63	7.63	7.63	7.63	7.63	7.63	7.63

续表

序号	项目	合计	计算期（年）													
			3（70%）	4（80%）	5（100%）	6	7	8	9	10	11	12	13	14	15
1.6	乙酸乙酯														
	单价（元/升）	656.25	36.75	42.00	52.50	52.50	52.50	52.50	52.50	52.50	52.50	52.50	52.50	52.50	52.50
	数量（万升）	100.00	100.00	100.00	100.00	100.00	100.00	100.00	100.00	100.00	100.00	100.00	100.00	100.00	100.00
	进项税额	95.35	5.34	6.10	7.63	7.63	7.63	7.63	7.63	7.63	7.63	7.63	7.63	7.63	7.63
2	包装材料	1268.75	71.05	81.20	101.50	101.50	101.50	101.50	101.50	101.50	101.50	101.50	101.50	101.50	101.50
	进项税额	184.35	10.32	11.80	14.75	14.75	14.75	14.75	14.75	14.75	14.75	14.75	14.75	14.75	14.75
3	外购原材料费合计	80 7910.38	45 242.981	51 706.264	64 632.83	64 632.83	64 632.83	64 632.83	64 632.83	64 632.83	64 632.83	64 632.83	64 632.83	64 632.83	64 632.83
4	外购原材料进项税额合计	79 463.63	4449.96	5085.67	6357.09	6357.09	6357.09	6357.09	6357.09	6357.09	6357.09	6357.09	6357.09	6357.09	6357.09

表 EQ6-11 紫杉醇注射液生产线建设项目外购燃料和动力费估算表

（单位：万元）

序号	项目	合计	3（70%）	4（80%）	5（100%）	6	7	8	9	10	11	12	13	14	15
									计算期（年）						
1	动力费	9131.18	511.35	584.40	730.49	730.49	730.49	730.49	730.49	730.49	730.49	730.49	730.49	730.49	730.49
1.1	电	9067.30	507.77	580.31	725.38	725.38	725.38	725.38	725.38	725.38	725.38	725.38	725.38	725.38	725.38
	单价（元/万 kW·h）		0.80	0.80	0.80	0.80	0.80	0.80	0.80	0.80	0.80	0.80	0.80	0.80	0.80
	数量（万 kW·h）		634.71	725.38	906.73	906.73	906.73	906.73	906.73	906.73	906.73	906.73	906.73	906.73	906.73
	进项税额	1317.47	73.78	84.32	105.40	105.40	105.40	105.40	105.40	105.40	105.40	105.40	105.40	105.40	105.40
1.2	水	63.88	3.58	4.09	5.11	5.11	5.11	5.11	5.11	5.11	5.11	5.11	5.11	5.11	5.11
	单价（元）		3.50	3.50	3.50	3.50	3.50	3.50	3.50	3.50	3.50	3.50	3.50	3.50	3.50
	数量（万 m³）		1.022	1.168	1.46	1.46	1.46	1.46	1.46	1.46	1.46	1.46	1.46	1.46	1.46
	进项税额	7.35	0.41	0.47	0.59	0.59	0.59	0.59	0.59	0.59	0.59	0.59	0.59	0.59	0.59
2	天然气	140.63	7.88	9.00	11.25	11.25	11.25	11.25	11.25	11.25	11.25	11.25	11.25	11.25	11.25
	单价（元）		4.50	4.50	4.50	4.50	4.50	4.50	4.50	4.50	4.50	4.50	4.50	4.50	4.50
	数量（万 m³）		1.75	2.00	2.50	2.50	2.50	2.50	2.50	2.50	2.50	2.50	2.50	2.50	2.50
	进项税额	16.18	0.91	1.04	1.29	1.29	1.29	1.29	1.29	1.29	1.29	1.29	1.29	1.29	1.29
3	外购燃料及动力费合计	9131.18	519.22	593.40	741.74	741.74	741.74	741.74	741.74	741.74	741.74	741.74	741.74	741.74	741.74
4	外购燃料及动力进项税额合计	131.18	75.10	85.82	107.28	107.28	107.28	107.28	107.28	107.28	107.28	107.28	107.28	107.28	107.28

表 EQ6-12 紫杉醇注射液生产线建设项目固定资产折旧费估算表

（单位：万元）

序号	项目	项目明细	折旧年限	3	4	5	6	7	8	9	10	11	12	13	14	15	16~21
																	计算期（年）
1	房屋、建筑物	原值		11 435.10													
		当期折旧费	20	571.76	571.76	571.76	571.76	571.76	571.76	571.76	571.76	571.76	571.76	571.76	571.76	571.76	
		净值		10 863.35	10 291.59	9719.84	9148.08	8576.33	8004.57	7432.82	6861.06	6289.31	5717.55	5145.80	4574.04	4002.29	4002.29
2	机器设备	原值		4649.93													
		当期折旧费	15	310.00	310.00	310.00	310.00	310.00	310.00	310.00	310.00	310.00	310.00	310.00	310.00	310.00	
		净值		4339.93	4029.94	3719.94	3409.95	3099.95	2789.96	2479.96	2169.97	1859.97	1549.98	1239.98	929.99	619.99	619.99
	⋮																
3	合计	原值		16 085.03													
		当期折旧费		881.75	881.75	881.75	881.75	881.75	881.75	881.75	881.75	881.75	881.75	881.75	881.75	881.75	
		净值		15 203.28	14 321.53	13 439.78	12 558.03	11 676.28	10 794.53	9912.78	9031.03	8149.28	7267.53	6385.78	5504.03	4622.28	4622.28

表 EQ6-13　紫杉醇注射液生产线建设项目无形资产和其他资产摊销估算表

（单位：万元）

序号	项目		摊销年限	计算期（年）													
				3	4	5	6	7	8	9	10	11	12	13	14	15	16~50
1	无形资产	原值		1650.00													
		当期摊销费	50	33.00	33.00	33.00	33.00	33.00	33.00	33.00	33.00	33.00	33.00	33.00	33.00	33.00	33.00
		净值		1617.00	1584.00	1551.00	1518.00	1485.00	1452.00	1419.00	1386.00	1353.00	1320.00	1287.00	1254.00	1221.00	1221.00
2	其他资产	原值		1013.97													
		当期摊销费	10	101.40	101.40	101.40	101.40	101.40	101.40	101.40	101.40	101.40	101.40				
		净值											101.40				
3	合计	原值		2663.97													
		当期摊销费		134.40	134.40	134.40	134.40	134.40	134.40	134.40	134.40	134.40	134.40	33.00	33.00	33.00	33.00
		净值		2529.57	2395.18	2260.78	2126.38	1991.99	1857.59	1723.19	1588.79	1454.40	1320.00	1287.00	1254.00	1221.00	0.00

表 EQ6-14 紫杉醇注射液生产线建设项目工资及福利费估算表

（单位：万元）

序号	项目	合计	计算期（年）												
			3	4	5	6	7	8	9	10	11	12	13	14	15
1	工人（含其他人员）														
	人数		151	151	151	151	151	151	151	151	151	151	151	151	151
	人均年工资		5.40	5.40	5.40	5.40	5.40	5.40	5.40	5.40	5.40	5.40	5.40	5.40	5.40
	工资额	12 231.00	815.40	815.40	815.40	815.40	815.40	815.40	815.40	815.40	815.40	815.40	815.40	815.40	815.40
2	技术人员														
	人数		23	23	23	23	23	23	23	23	23	23	23	23	23
	人均年工资		6.00	6.00	6.00	6.00	6.00	6.00	6.00	6.00	6.00	6.00	6.00	6.00	6.00
	工资额	2070.00	138.00	138.00	138.00	138.00	138.00	138.00	138.00	138.00	138.00	138.00	138.00	138.00	138.00
3	管理人员														
	人数		11	11	11	11	11	11	11	11	11	11	11	11	11
	人均年工资		7.20	7.20	7.20	7.20	7.20	7.20	7.20	7.20	7.20	7.20	7.20	7.20	7.20
	工资额	1188.00	79.20	79.20	79.20	79.20	79.20	79.20	79.20	79.20	79.20	79.20	79.20	79.20	79.20
4	工资总额	15 489.00	1032.60	1032.60	1032.60	1032.60	1032.60	1032.60	1032.60	1032.60	1032.60	1032.60	1032.60	1032.60	1032.60
5	福利费（14%）	2168.46	144.56	144.56	144.56	144.56	144.56	144.56	144.56	144.56	144.56	144.56	144.56	144.56	144.56
6	合计（4＋5）	17 657.46	1177.16	1177.16	1177.16	1177.16	1177.16	1177.16	1177.16	1177.16	1177.16	1177.16	1177.16	1177.16	1177.16

表 EQ6-15 紫杉醇注射液生产线建设项目投资现金流量表

（单位：万元）

序号	项目	计算期（年）														
		1	2	3	4	5	6	7	8	9	10	11	12	13	14	15
1	现金流入		0	63 700.00	72 800.00	91 000.00	91 000.00	91 000.00	91 000.00	91 000.00	91 000.00	91 000.00	91 000.00	91 000.00	91 000.00	106 554.13
1.1	营业收入			63 700.00	72 800.00	91 000.00	91 000.00	91 000.00	91 000.00	91 000.00	91 000.00	91 000.00	91 000.00	91 000.00	91 000.00	91 000.00
1.2	补贴收入															
1.3	回收固定资产余额															4622.27
1.4	回收无形资产余额															1221
1.5	回收流动资金															9710.9
2	现金流出	15 000.00	3749.00	62 265.86	64 093.28	80 493.54	78 586.03	78 586.03	78 586.03	78 586.03	78 586.03	78 586.03	78 586.03	78 586.03	78 586.03	78 586.03
2.1	建设投资	15 000.00	3749.00													
2.2	流动资金			6849.60	953.80	1907.50										
2.3	经营成本			53 485.72	60 933.17	75 828.09	75 828.09	75 828.09	75 828.09	75 828.09	75 828.09	75 828.09	75 828.09	75 828.09	75 828.09	75 828.09
2.4	税金及附加和增值税			1930.56	2206.35	2757.94	2757.94	2757.94	2757.94	2757.94	2757.94	2757.94	2757.94	2757.94	2757.94	2757.94
2.5	维持运营投资															
3	所得税前净现金流量（1-2）	−15 000.00	−3749.00	1434.14	8706.72	10 506.46	14 312.29	12 413.97	12 413.97	12 413.97	12 413.97	12 413.97	12 413.97	12 413.97	12 413.97	27 968.10
4	累计所得税前净现金流量	−15 000.00	−18 749.00	−17 314.86	−8608.14	1898.32	14 312.29	26 726.27	39 140.24	51 554.21	63 968.18	76 382.15	88 796.13	101 210.10	113 624.07	141 592.17
5	调整所得税			1816.89	2161.08	2849.46	2849.46	2849.46	2849.46	2849.46	2849.46	2849.46	2849.46	2874.81	2874.81	2874.81

续表

序号	项目	计算期（年）														
		1	2	3	4	5	6	7	8	9	10	11	12	13	14	15
6	所得税后净现金流量（3-5）	-15 000.00	-3749.00	-382.75	6545.64	7657.00	9564.52	9564.52	9564.52	9564.52	9564.52	9564.52	9564.52	9539.17	9539.17	25 093.29
7	累计所得税后净现金流量	-15 000.00	-18 749.00	-19 131.75	-12 586.12	-4929.11	4635.40	14 199.92	23 764.44	33 328.95	42 893.47	52 457.98	62 022.50	71 561.67	81 100.83	106 194.13

计算指标	所得税前	所得税后
财务内部收益率（%）	35.00	28.00
财务净现值	38 776.20	25341.4
投资回收期	4.80	5.50

表 EQ6-16 紫杉醇注射液生产线建设项目利润与利润分配表

（单位：万元）

序号	项目	合计	3	4	5	6	7	8	9	10	11	12	13	14	15
1	营业收入	1 137 500.00	63 700.00	72 800.00	91 000.00	91 000.00	91 000.00	91 000.00	91 000.00	91 000.00	91 000.00	91 000.00	91 000.00	91 000.00	91 000.00
2	税金及附加和增值税	34474.25	1930.56	2206.35	2757.94	2757.94	2757.94	2757.94	2757.94	2757.94	2757.94	2757.94	2757.94	2757.94	2757.94
3	总成本费用	962 447.25	55 089.86	62 307.69	76 911.54	76 844.24	76 844.24	76 844.24	76 844.24	76 844.24	76 844.24	76 844.24	76 742.84	76 742.84	76 742.84
4	利润总额（1-2-3）	140 578.50	6679.58	8285.96	11 330.52	11 397.82	11 397.82	11 397.82	11 397.82	11 397.82	11 397.82	11 397.82	11 499.22	11 499.22	11 499.22
5	弥补以前年度亏损	0.00													
6	应纳税所得额（4-5）	140 578.50	6679.58	8285.96	11 330.52	11 397.82	11 397.82	11 397.82	11 397.82	11 397.82	11 397.82	11 397.82	11 499.22	11 499.22	11 499.22
7	所得税	35 144.62	1669.89	2071.49	2832.63	2849.46	2849.46	2849.46	2849.46	2849.46	2849.46	2849.46	2874.81	2874.81	2874.81
8	净利润	105 433.87	5009.68	6214.47	8497.89	8548.37	8548.37	8548.37	8548.37	8548.37	8548.37	8548.37	8624.42	8624.42	8624.42
9	提取法定盈余公积金	10 543.39	500.97	621.45	849.79	854.84	854.84	854.84	854.84	854.84	854.84	854.84	862.44	862.44	862.44
10	提取公益金	5271.69	250.48	310.72	424.89	427.42	427.42	427.42	427.42	427.42	427.42	427.42	431.22	431.22	431.22
11	未分配利润	89 618.79	4258.23	5282.30	7223.21	7266.11	7266.11	7266.11	7266.11	7266.11	7266.11	7266.11	7330.75	7330.75	7330.75
12	息税前利润（利润总额＋利息支出）	141 592.17	7267.58	8644.33	11 397.82	11 397.82	11 397.82	11 397.82	11 397.82	11 397.82	11 397.82	11 397.82	11 499.22	11 499.22	11 499.22
13	息税折旧摊销前利润（息税前利润＋折旧＋摊销）	154 497.9	8283.73	9660.47	12 413.97	12 413.97	12 413.97	12 413.97	12 413.97	12 413.97	12 413.97	12 413.97	12 413.97	12 413.97	12 413.97

表 EQ6-17　紫杉醇注射液生产线建设项目借款还本付息计划表　　　（单位：万元）

序号	项目	合计	计算期（年）										
			1	2	3	4	5	6	7	8	9	10	11
1	长期借款												
1.1	期初借款余额		12 000.00	12 000.00	7313.60	1373.50							
1.2	当期借款本金	12 000.00											
1.3	当期借款利息	588.00	588.00	588.00	358.40	67.30							
1.4	当期还本付息			5274.38	6298.45	1440.80							
1.4.1	还本			4686.38	5940.08	1373.50							
1.4.2	付息	588.00	588.00	588.00	358.37	67.30							
1.5	期末借款余额	12 000.00	12 000.00	7313.62	1373.54	0.04							
2	短期借款												
2.1	期初借款余额												
2.2	当期借款本金												
2.3	当期借款利息												
2.4	当期还本付息												
2.4.1	还本												
2.4.2	付息												
2.5	期末借款余额												
3	还款资金来源			5274.38	6298.45	8239.35							
3.1	折旧			881.75	881.75	881.75							
3.2	摊销			134.40	134.40	134.40							
	未分配利润			4258.23	5282.30	7223.21							
	计算指标												
3.3	利息备付率（%）												
	偿债备付率（%）												

注：偿还借款年限为 4.2 年。

第七章 医药项目管理概念及其基本内容

1. 课程目标 掌握医药项目管理、项目范围、时间管理、成本管理、质量管理、集成管理、风险管理、沟通管理、组织管理、采购管理的基本概念。理解项目管理的过程，项目质量管理与常规质量管理的区别，项目采购管理的三项职能。了解制约一个项目的"三约束条件"，项目时间管理的六个阶段，项目成本的估算方法，项目质量审核的类型，项目沟通管理的技巧，项目的管理组织，项目采购的流程，采购管理的七个规则。使学生具有应用医药项目管理方法的初步能力。

2. 重点和难点

重点：医药项目管理、项目范围、时间管理、成本管理、质量管理、集成管理、风险管理、沟通管理、组织管理、采购管理的基本概念。项目质量管理与常规质量管理的区别。

难点：项目管理的主要过程，项目风险的分类与识别。

第一节 项目管理的过程及范围

一、医药项目管理的基本概念

医药项目管理（pharmaceutical project management）是指在医药项目活动中运用专门的知识、技能、工具和方法，使项目能够在有限资源限定的条件下，实现或超过设定的需求和期望的过程。医药项目管理是对为实现医药项目的目标而开展的相关活动的整体监测和管控，即从项目的投资决策开始到项目结束的全过程进行计划、组织、指挥、协调、控制和评价。项目管理总体有五个过程，即启动过程、规划过程、执行过程、监控过程、收尾过程，包含了九大领域的知识，即范围管理（scope management）、时间管理（time management）、成本管理（cost management）、质量管理（quality management）、风险管理（risk management）、人力资源管理（human resource management）、沟通管理（communication management）、采购管理（procurement management）及系统管理（system management）的方法与工具。

二、项目管理的过程

（一）启动过程

（1）制定项目章程：制定一份正式批准项目或阶段性文件，并记录能反映干系人的需要和期望的初步要求的过程。在多阶段项目中，这一过程可用来确认或优化在以前制定项目章程的过程中所做的相关决策。

（2）识别干系人：识别所有受项目影响的人或组织，并记录其利益、参与情况和影响项目成功的过程。

（二）规划过程

（1）制定项目管理计划：对定义、编制、整合和协调所有子计划所必需的行动进行计划。这是关于如何对项目进行规划、执行、监控和收尾的主要信息来源。

（2）收集需求：收集为实现项目目标而定义并记录的干系人需求。

（3）定义范围：制定项目和产品的详细描述。

（4）创建工作分解结构（WBS）：把项目可交付成果和项目工作分解成较小的、更易于管理的组成部分。

（5）定义活动：识别为完成项目可交付成果而需采取的具体行动。

（6）排列活动顺序：识别和记录项目活动间的逻辑关系。

（7）估算活动资源：估算各项活动所需的材料、人员、设备和用品的种类和数量。

（8）估算活动持续时间：根据资源估算的结果，估算完成单项活动所需的工作时段数。

（9）制定进度计划：分析活动顺序、持续时间、资源需求和进度约束并编制项目进度计划。

（10）估算成本：对完成项目活动所需的资金进行近似估算。

（11）制定预算：汇总所有单个活动或工作包的估算成本，建立一个已经批准的成本基准。

（12）规划质量：识别项目及其产品的质量要求和（或）标准，并书面描述项目将如何达到这些要求和（或）标准。

（13）制定人力资源计划：识别和记录项目角色、职责、所需的技能及报告关系，并编制人员配备管理计划。

（14）规划沟通：确定项目干系人的信息需求并定义沟通方法。

（15）规划风险管理：定义如何实施项目风险管理活动。

（16）识别风险：判断哪些风险可能影响项目并记录其特征。

（17）实施定性风险分析：评估并综合分析风险的概率和影响，对风险进行优先排序，从而为后续分析或行动提供基础。

（18）实施定量风险分析：就已识别的风险对项目整体目标的影响进行定量分析。

（19）规划风险应对：针对项目目标，制定提高机会、降低威胁的方案和措施。

（20）规划采购：记录项目采购决策，明确采购方法，识别潜在卖方。

（三）执行过程

（1）指导与管理项目执行：为实现项目目标而执行项目管理计划中所确定的工作。

（2）实施质量保证：审计质量要求和质量控制测量结果，确保采用合理的质量标准和操作定义。

（3）组建项目团队：确认可用人力资源并组建项目所需的团队。

（4）建设项目团队：提高工作能力、促进团队互动和改善团队氛围，以提高项目绩效。

（5）管理项目团队：跟踪团队成员的表现、提供反馈、解决问题并管理变更，以优化项目绩效。

（6）发布信息：按计划向项目干系人提供有关信息。

（7）管理干系人期望：为满足干系人的需要而与之沟通和协作，并解决所发生的问题。

（8）实施采购：获取卖方应答，选择卖方，授予合同。

（四）监控过程

（1）监控项目工作：跟踪、审查和调整项目进展，以实现项目管理计划中确定的绩效目标。项目监督包括报告项目状态、测量项目进展及预测项目情况等。需要编制绩效报告，以提供项目各方面的绩效信息，如范围、进度、成本、资源、质量和风险等。这些信息可用作其他过程的输入。

（2）实施整体变更控制：审查所有变更请求，批准变更，并管理对可交付成果、组织过程资产、项目文件和项目管理计划的变更。

（3）核实范围：正式验收项目已完成的可交付成果。

（4）控制范围：监督项目和产品的范围状态，管理范围基准变更。

（5）控制进度：监督项目状态以更新项目进展、管理进度基准变更。

（6）控制成本：监督项目状态以更新项目预算、管理成本基准变更。

（7）实施质量控制：监督并记录执行质量活动的结果，从而评估绩效并建议必要的变更。

（8）报告绩效：收集并发布绩效信息，包括状态报告、进展测量结果和预测情况。

（9）监控风险：在整个项目中实施风险应对计划，跟踪已识别风险，监测残余风险，识别新风险，并评估风险过程的有效性。

（10）管理采购：管理采购关系，监督合同绩效，以及采取必要的变更和纠正措施。

（五）收尾过程

收尾过程组包含为完结所有项目管理过程组的所有活动，以正式结束项目或阶段或合同责任而实施的一组过程。当这一过程组完成时，就表明为完成某一项目或项目阶段所需的所有过程组的所有过程均已完成，并正式确认项目或项目阶段已经结束。项目或阶段收尾时可能需要进行以下工作。

（1）获得客户或发起人的验收。

（2）进行项目后评价或阶段结束评价。

（3）记录"裁剪"任何过程的影响。

（4）记录经验教训。

（5）对组织过程资产进行适当的更新。

（6）将所有相关项目文件在项目管理信息系统（PMIS）中归档，以便作为历史数据使用。

（7）结束项目工作，包括完结所有项目管理过程组中的所有活动，以正式结束项目或阶段，以及完结单次项目采购。

三、项目范围的管理

项目范围是指产生项目产品所包括的所有工作及产生这些产品所用的过程。项目干系人必须在项目要产生什么样的产品方面达成共识，也要在如何生产这些产品方面达成一定的共识。

项目范围管理是指对项目包括什么与不包括什么进行定义并控制的过程。这个过程用于确保项目组和项目干系人对作为项目结果的项目产品及生产这些产品所用到的过程有一个共同的理解。

范围、时间、成本是制约一个项目的"三约束条件"。三者相互影响、相互制约，而且往往是由于范围影响了时间和成本。可见项目的三个约束条件中最主要的还是范围的影响。范围管理的基本内容包括范围计划、范围核实、范围变更控制等。

（一）范围计划

范围定义是以范围计划的成果为依据，把项目的主要可交付产品和服务划分为更小的、更容易管理的单元，即形成工作分解结构（work breakdown structure，WBS）。WBS 的建立对项目来说意义非常重大，它使得原来看起来非常笼统、非常模糊的项目目标一目了然，使得项目管理有依据，项目团队的工作目标清楚明了。制定好一个 WBS 的指导思想是逐层深入，即先将项目成果框架确定下来，然后于每层再把工作分解。

范围计划是指进一步形成各种文档，为将来的项目决策提供基础，这些文档中包括用以衡量一个项目或项目阶段是否已经顺利完成的标准等。作为范围计划过程的输出，项目组要制定一个范围说明书和范围管理计划。

（二）范围核实

范围核实是指对项目范围的正式认定，项目主要干系人（如项目客户和项目发起人等）要在这个过程中正式接受项目可交付成果的定义。这个过程是范围确定之后，执行实施之前各方相关人员的承诺问题。一旦承诺，则表明你已经接受该事实，那么你就必须根据你的承诺去实现它。这也是确保项目范围能得到很好的管理和控制的有效措施。

（三）范围变更控制

范围变更控制是指对有关项目范围的变更实施控制。主要的过程输出是范围变更、纠正行动与教训总结。再好的计划也不可能做到一成不变，因此变更是不可避免的，关键问题是如何对变更进行有效的控制。控制好变更必须有一套规范的变更管理过程，在发生变更时遵循规范的变更程序来管理变更。通常，对发生的变更需要识别是否在既定的项目范围之内。如果是在项目范围之内，那么就需要评估变更所造成的影响，以及如何采取应对措施，受影响的各方都应该清楚明了自己所受的影响；如果变更是在项目范围之外，那么就需要商务人员与用户方进行谈判，看是否增加费用，还是放弃变更。因此，项目所在的组织（企业）必须在其项目管理体系中制定一套严格、高效、实用的变更程序。执行好以上项目范围管理的 5 个过程对项目范围的管理、控制将是行之有效的。

学习思考题（study questions，SQ）

SQ7-1　项目启动过程包括哪些方面？项目规划过程包括哪些内容？
SQ7-2　什么叫项目范围计划？什么是项目范围定义？

第二节　项目时间管理与成本管理

一、项目时间管理

合理地安排项目时间是项目管理中的一项关键内容，它的目的是保证按时完成项目、合理分配资源、发挥最佳工作效率。合理地安排时间，保证项目按时完成。"按时、保质地完成项目"大概是每一位项目经理最希望做到的，但工期拖延的情况时常发生。项目时间管理的主要工作包括定义项目活动、任务、活动排序、每项活动的合理工期估算、制定项目完整的进度计划、资源共享分配、监控项目进度等内容。

时间管理工作开始以前应该先完成项目管理工作中的范围管理部分。如果只图节省时间而把这些前期工作省略了，后面的工作必然会走弯路，反而会耽误时间。项目一开始要有明确的项目目标、可交付产品的范围定义文档和项目的工作分解结构（WBS）。因为一些是明显的、项目所必需的工作，而另一些则具有一定的隐蔽性，所以要以经验为基础，列出完整的完成项目所必需的工作，同时要有专家审定过程，以此为基础才能制定出可行的项目时间计划，进行合理的时间管理。

（一）强化第一时间观念

做任何事情都需要占用时间，时间是最珍贵、最稀有的资源，因此，必须强化在"第一时间"

内完成任务的观念。"第一时间"观念至少应包括三个方面的含义：一是严格遵守作息时间，在规定时间段内的"起始点"完成任务；二是充分地利用时间，不占用、不浪费任何一块时间；三是有效地利用时间，提高工作效率。时间观念是意识上的问题，是工作责任心的一个方面，它不像上班打卡那样的标准化、形式化，但拥有了它，却比打卡更管用，因为时间观念对于员工来讲是内因、是根本，打卡只是外因、是手段。所以，项目经理应当利用各种可以利用的时机和场合，采取各种不同的手段和方法来强化项目团队成员的"第一时间"观念，增强整个团队和每个人的责任感、紧迫感，以及在第一时间完成任务的意识。在此基础上，通过培训、自我学习、实践、工作交流等方法，提高项目团队成员的专业水平和团队的整体协调能力，争取实现项目的"普遍提速"，提高整个团队的竞争力。

（二）建好一个时间日志

建立一个"时间日志"，完整、准确地记录你的时间是怎样花费掉的。这既是时间管理的开始，也是时间管理中一项重要的准备工作。项目经理不但自己要这样做，而且应督促团队成员都要养成这样一个良好习惯。对于这个问题，不能靠回忆来讲做了些什么，因为"想象"和"现实"常常有很大的不同，甚至有时会完全不同。在通常情况下，可以根据需要选用适合个人特点的时间管理的工具，也可以每半个小时自己手动记录一次时间的使用情况，每两周或一个月对记录的情况进行一次分析。这样就会发现自己在时间利用上不合理的地方，从而找到改进时间管理的办法。记录时要注意三点：一是时间间隔不要太短，防止产生负面效应；二是不要在一个时间周期（如一天）结束之后再去填写，防止记录结果带有欺骗性；三是记录"时间日志"贵在坚持，不能三天打鱼，两天晒网。

（三）项目时间管理的五个阶段

（1）活动定义：将项目工作分解为更小、更易管理的工作包也称为活动或任务，这些小的活动应该是能够保障完成交付产品的可实施的详细任务。在项目实施中，要将所有的活动列成一个个明确的活动清单，并且让项目团队的每一个成员能够清楚有多少工作需要处理。

（2）活动排序：在产品描述、活动清单的基础上，要找出项目活动之间的依赖关系和特殊领域的依赖关系、工作顺序。在这里，既要考虑团队内部希望的特殊顺序和优先逻辑关系，也要考虑内部与外部、外部与外部的各种依赖关系，以及为完成项目所要做的一些相关工作。

（3）活动工期估算：项目工期估算是根据项目范围、资源状况计划列出项目活动所需要的工期。估算的工期应该现实、有效并能保证质量。所以在估算工期时要充分考虑活动清单、合理的资源需求、人员的能力因素及环境因素对项目工期的影响。在对每项活动的工期估算中应充分考虑风险因素对工期的影响。项目工期估算完成后，可以得到量化的工期估算数据，将其文档化，同时完善并更新活动清单。

（4）进度控制：主要是监督进度的执行状况，及时发现和纠正偏差、错误。在控制中要考虑影响项目进度变化的因素、项目进度变更对其他部分的影响因素、进度表变更时应采取的实际措施。在前几期中曾经对此进行过探讨，在此不再赘述。

（5）巧用工具来帮忙：目前项目管理软件正被广泛地应用于项目管理工作中，尤其是它清晰的表达方式，在项目时间管理上更显得方便、灵活、高效。在管理软件中输入活动列表、估算的活动工期、活动之间的逻辑关系、参与活动的人力资源、成本，项目管理软件可以自动进行数学计算、平衡资源分配、成本计算，并可迅速地解决进度交叉问题，也可以打印显示出进度表。

项目管理软件除具备项目进度的制定功能外，还具有较强的项目执行记录、跟踪项目计划、实际完成情况记录的能力，并能及时给出实际和潜在的影响分析。现代管理学奠基人彼得·德鲁克的《卓有成效的管理者》一书中提到，管理者有效性的基础如下：记录时间；管理时间；统一安排时间。因此，为了提高项目进展时间，第一步就是记录项目时间耗用的实际情况。

二、项目成本管理

项目成本管理（project cost management），指承包人为使项目成本控制在计划目标之内所做的预测、计划、控制、调整、核算、分析和考核等管理工作。项目成本管理就是要确保在批准的预算内完成项目，具体项目要依靠制定成本管理计划、成本估算、成本预算、成本控制四个过程来完成。项目成本管理是在整个项目的实施过程中，为确保项目在已批准的成本预算内尽可能好地完成而对所需的各个过程进行管理。

（一）体系层次

（1）组织管理层：负责项目全面成本管理的决策，确定项目的合同价格和成本计划，确定项目管理层的成本目标。

（2）项目经理部：负责项目成本的管理，实施成本控制，实现项目管理目标责任书中的成本目标。项目经理部的成本管理应包括成本计划、成本控制、成本核算、成本分析和成本考核。

（二）管理过程

（1）资源计划过程：决定完成项目各项活动需要哪些资源（人、设备、材料），以及每种资源的需要量。

（2）成本估计过程：估计完成项目各活动所需的每种资源成本的近似值。

（3）成本预算过程：把估计总成本分配到各具体工作。

（4）成本控制过程：控制项目预算的改变。

以上四个过程相互影响、相互作用，有时也与外界的过程发生交互影响，根据项目的具体情况，每一过程由一人或数人或小组完成，在项目的每个阶段，上述过程至少出现一次。以上过程是分开陈述且有明确界限的，实际上这些过程可能是重选的，相互作用的。

（三）影响因素

项目成本管理主要与完成活动所需的资源成本有关。然而，项目成本管理也考虑决策对项目产品的使用成本的影响。例如，减少设计方案的次数可减少产品的成本，但却增加了今后顾客的使用成本，这个广义的项目成本称为项目的生命周期成本。在许多应用领域，未来财务状况的预测和分析是在项目成本管理之外进行的。但有些场合，预测和分析的内容也包括在成本管理范畴，此时就得使用投资收益、有时间价值的现金流量、回收期等技巧。项目成本管理还应考虑项目相关方对项目信息的需求——不同的相关方在不同时间以不同方式对项目成本进行度量。当项目成本控制与奖励挂钩时，就应分别估计和预算可控成本和不可控成本，以确保奖励能真正反映业绩。

（四）实施程序

项目成本管理应遵循下列程序。

（1）掌握生产要素的市场价格和变动状态。

（2）确定项目合同价。

（3）编制成本计划，确定成本实施目标。

（4）进行成本动态控制，实现成本实施目标。

（5）进行项目成本核算和工程价款结算，及时收回工程款。

（6）进行项目成本分析。

（7）进行项目成本考核，编制成本报告。

（8）积累项目成本资料。

（五）控制手段

1. 基于预算的目标成本控制方法　预算计划通常是事前经过各部门的共同参与，反复讨论协商出来的。因为是按计划来花钱，自然就不会乱花钱，花冤枉钱。当然，基于预算的目标成本控制方法。也并非百分之百好用，因为总有一些事前是无法预计的。但这不能否定预算管理的无效，预算一旦执行以后，也不是铁板一块，必要的时候是可以做适当调整的。最重要的是，有预算管理一定会比没有预算管理好。

2. 基于标杆的目标成本控制方法　所谓标杆，就是样板，就是别人在某些方面做得比自己好，所以要以别人为楷模，甚至比别人做得还要好，或说别人做到了那样的效果，所以我也要求自己达到甚至超过那样的效果。这里的"别人"有三层意思：其一，可以是别的企业。其二，以自身企业过去的某些绩效作为未来的目标予以控制。其三，是以本企业的某个部门或某个人创造的某项纪录为目标，要求其他部门或其他人以此为标杆，并力争超越他。

3. 基于市场需求的目标成本控制方法　该方法也称为"基于决策层意志的成本控制法"，因为在这种方法的使用过程中，决策者的意志将起主导作用。这一方法已经被众多的企业所采用，即实践证明它是一种十分有效的控制成本的手段。最初，这种方法可能是某企业迫于竞争的无奈而创造出来的。但是，实际上，在竞争并不激烈的产业中推行此方法依然可以获得奇特的管理效果。人的潜力是无限的，有时候看似不能达到的目标，如果有一个强权者一定要让人们达到它，有时还真的能够达到。许多企业往往并不知道自己的企业是否存在降低成本的空间，采取这种方法，有时可以把海绵中所有的水都拧干。

4. 基于价值分析的成本控制方法　一些优秀的制造业中的大企业都使用了这种方法。这类企业往往设有一个专门的部门来负责"降低成本"，他们分析现有的工作、事项、材料、工艺、标准，通过分析他们的价值并寻找相应的替代方案可以相应地降低成本。例如，某企业的成本管理人员经过认真分析，发现将企业内的保洁工作外包给公司以外的专业保洁公司完成，比企业自身雇用清洁工成本更低，于是提出议案，公司领导看后认为可以，于是就把公司的保洁工作委托给了一家专业保洁公司。

5. 基于经验的成本管理方法　这是一种最为基础的和较低级别的，但也是应用最为普遍的，在一定的条件下效果也是十分好的一种成本控制法。大多数企业的成本管理都是由此开始的，而其他每一种成本控制方法的最底层部分其实都是由此构成的。它是管理者借助过去的经验来实现对管理对象的控制，从而追求较高的质量、效率并避免或减少浪费的过程。

（六）估算方法

在项目管理的过程中，为了使时间、费用和工作范围内的资源得到最佳利用，人们开发出了不少成本估算方法，以尽量得到较好的估算。这里简要介绍以下几种。

1. 经验估算法　进行估算的人应有专业知识和丰富的经验，据此提出一个近似的数字。这种方法是一种最原始的方法，还称不上估算，只是一种近似的猜测。它对要求很快拿出一个大概数字的项目是可以的，但对要求详细的估算显然是不能满足要求的。

2. 因素估算法　这是比较科学的一种传统估算方法。它以过去为根据，并利用数学知识来预测未来，它的基本方法是利用规模和成本图。做这种成本估算的前提是有过去类似项目的资料，而且这些资料应在同一基础上具有可比性。

3. 工作分解结构（WBS）法　工作分解结构法即先把项目任务进行合理的细分，分到可以确认的程度，如某种材料、某种设备、某一活动单元等。然后估算每个 WBS 要素的费用。采用这一方法的前提条件或先决步骤如下：①对项目需求做出一个完整的限定；②制定完成任务所必需的逻辑步骤；③编制 WBS 表。

项目需求的完整限定应包括工作报告书、规格书及总进度表。

一旦项目需求被勾画出来，就应制定完成任务所必需的逻辑步骤。在现代大型的复杂项目中，通常是用箭头图来表明项目任务的逻辑程序，并以此作为下一步绘制 CPM 或项目评审技术（PERT）图及 WBS 表的根据。编制 WBS 表的最简单方法是依据箭头图。把箭头图上的每一项活动当作一项工作任务，在此基础上再描绘分工作任务。进度表和 WBS 表完成之后，就可以进行成本估算了。

在大型项目中，成本估算的结果最后应以下述报告形式表述出来。

（1）对每个 WBS 要素的详细费用的估算：还应有一个各项分工作、分任务的费用汇总表，以及项目和整个计划的累计报表。

（2）每个部门的计划工时曲线：如果部门工时曲线含有"峰"和"谷"，应考虑对进度表做若干改变，以达到工时的均衡性。

（3）逐月的工时费用总结：以便项目费用必须削减时，项目负责人能够利用此表和工时曲线做权衡性研究。

（4）逐年费用分配表：此表以 WBS 要素来划分，表明每年（或每季度）所需费用。此表实质上是每项活动的项目现金流量的总结。

（5）原料及支出预测：它表明供货商的供货时间、支付方式、承担义务及支付原料的现金流量等。

学习思考题（study questions，SQ）

SQ7-3　项目时间管理的目的是什么？项目时间管理包括哪六个阶段？

SQ7-4　项目成本管理通过哪四个过程来完成？成本管理的实施程序有哪些？

SQ7-5　项目成本控制的手段有哪些？项目成本的估算方法有哪些？

第三节　质量管理与集成管理

一、项目质量管理

项目质量管理（project quality management）：其中质量通常指产品的质量，广义的还包括工作的质量。产品质量是指产品的使用价值及其属性；而工作质量则是产品质量的保证，它反映了与产品质量直接有关的工作对产品质量的保证程度。从项目作为一次性的活动来看，项目质量体现在由工作分解结构反映出的项目范围内所有的阶段、子项目、项目工作单元的质量构成上，即项目的工作质量；从项目作为一项最终产品来看，项目质量体现在其性能或者使用价值上，即项目的产品质量。项目活动是应业主的要求进行的。不同的业主有着不同的质量要求，其意图已反映在项目合同中。因此，项目质量除必须符合有关标准和法规外，还必须满足项目合同条款的要求，项目合同是进行项目质量管理的主要依据之一。

项目的特性决定了项目质量体系的构成。一方面，从供需关系来讲，业主是需方，他要求参与项目活动的各承包商（设计方、施工方等）提供足够的证据，建立满意的供方质量保证体系；另一方面，项目的一次性、核算管理的统一性及项目目标的一致性均要求将项目范围内的组织机构、职责、程序、过程和资源集成一个有机的整体，在其内部保证良好的质量控制，从而构筑项目的质量体系。

　　由于项目活动是一种特殊的物质生产过程，其生产组织特有的流动性、综合性、劳动密集性及协作关系的复杂性均增加了项目质量保证的难度。项目的质量管理主要是为了确保项目按照设计者规定的要求完成，它包括使整个项目的所有功能活动能够按照原有的质量及目标要求得以实施，质量管理主要是依靠质量计划、质量控制、质量保证及质量改进所形成的质量保证系统来实现的。

（一）特点分析

　　项目质量管理与常规质量管理在概念和管理技术上具有下列区别。

　　1. 企业运作的过程　在企业运作中，无论是职能型企业还是项目型企业，均存在两类过程，即重复性连续过程和一次性暂态过程。两类过程的区分在于过程是否具有重复性。例如，一项重大的投资决策、一次重要的活动组织、一个新产品的开发、一个特殊订单的产品或服务实现等，均属于一次性暂态过程。而制造企业的工序制造、材料供应、质量检验、市场营销等过程属于重复性连续过程。

　　2. ISO9001 标准和 ISO1006 标准　项目质量管理与企业质量管理的最大区别是由项目过程的一次性、项目产品的独特性和项目交付物的逐步形成特征决定的。ISO9001 标准主要是针对企业在经营管理中的具有重复性的要素或过程。实施 ISO9001 质量管理体系标准的目的是企业通过持续的改进活动，不断发现过程误差、系统误差并纠正过程误差、系统误差，从而持续地改善过程输出的质量。而项目管理中的 39 个标准过程（PMI）或 42 个要素（ICB）全部是一次性过程或要素，故项目的质量管理核心是过程输出阶段结果的验证及预防措施的制定和实施。因为项目的某些质量缺陷并没有采取纠正措施的机会，或者质量缺陷的后果是毁灭性的。ISO9001 提供的是企业的质量管理体系模式，其中只有质量计划要素（ISO9001：1994）或产品实现策划过程（ISO9001：2000）涉及项目质量管理。事实上，ISO 组织确实制定了一个还没有被广泛认识的项目质量管理标准，即 ISO1006 标准。

　　3. 统计过程控制技术　1924 年，贝尔实验室的 Shewhart 及其同事发明的统计过程控制技术（SPC）至今仍然是企业质量管理的主要手段。无论是全面质量管理 TQM、质量管理体系标准 ISO9001，还是近些年出现的 6S 质量管理法，其基本的管理技术是统计过程控制技术。但是，SPC 技术的应用要求首先建立起过程的统计稳定状态，在没有达到过程的统计稳定状态之前，无从谈起过程控制的标准差 s 或过程能力指数 Cpk。只有建立了统计稳定状态之后，才能通过 SPC 控制达到技术稳定状态。而在项目的质量管理中，一般并不容许上述过程的统计稳定时间，因此在项目的质量管理中也很少使用 SPC 技术。

　　4. 端部和局部反馈控制　重复性连续过程的质量控制一般采用端部反馈控制的方法，即将过程输出与控制基准对比，发现差异和调整过程参数。由于项目是一次性过程，度量过程输出后发现差异可能会造成时间的延误，即失去了采取纠正措施的机会。在系统控制理论中，这种时间的延误被称为系统的时滞，并被认为是端部反馈控制方法的主要缺点。针对这种情况，在一次性过程的质量控制中通常采用局部反馈过程控制的方法。例如，对于一台设备的购买过程，如果不能容许到货后才发现不适用，则需要将购买过程分解成采购计划过程、采购标准制定过程、供货商选择过程、询价过程、合同过程、运输过程和到货检验过程，重要的设备可能还需要增加制造后和运输前的中间验收过程。这种根据过程中间结果采取纠正措施的控制方式在理论上被称为局部反馈控制方法，局部反馈控制方法是一次性过程控制的主要方法。

　　5. 状态控制和基准控制　重复性连续过程的质量控制方法如下：对状态进行度量并与控制基准进行比较，度量差异和分析差异，根据差异调整状态，形成闭环的端部反馈控制环。连续性重复过程的质量控制基准通常是稳定的，控制行动是针对过程状态中的随机干扰因素。一次性过程的质量控制除具有上述闭环的状态控制特点之外，还需要对状态的质量控制基准进行控制，形成基准控制环。这是由于项目过程是一个循序渐进的过程，项目初期建立的质量控制基准在项目的进行过程中通常是变化的，需要根据项目的进程进行变更。项目的状态控制是由项目执行职能人员进行的，项目的质量基准控制是由变更控制小组（change control board，CCB）控制的。

（二）质量技术

项目的质量管理工作是一个系统过程，在实施过程中必须创造必要的资源条件，使之与项目质量要求相适应。各职能部门及实施单位要保证工作质量和项目质量，实行业务工作程序化、标准化和规范化。支持质量部门独立地、有效地行使职权，对项目实施全过程实行质量控制。质量管理文件是在项目实施过程中为达到预期的项目质量和工作质量要求，对与管理有关的重复性事务和概念做出规定的文件。

1. 质量保证大纲　从项目或任务下达或合同签订生效开始，在项目实施过程中的每一阶段，均需在总结上阶段实施情况的基础上进行制定或修订，以指导本阶段的实施和管理工作。质量保证大纲的目标如下：提高项目实施的适用性和任务完成率、降低项目对维修和后勤保障的要求、提供基本的质量信息、提高工程实施的经济效益。

质量保证大纲的内容如下：按项目的特点和有关部门对质量的要求，提出明确的质量指标要求；明确规定工艺技术、计划、质量和物资部门的质量责任；确定各实施阶段的工作目标；针对项目特点和实际的实施能力，提出质量控制点和需要进行特殊控制的要求、措施、方法及其相应的完成标识和评价标准；对设计、工艺和项目质量评审要有明确规定。

2. 质量工作计划　是对特定的项目、服务、合同规定专门的质量措施、资源和活动顺序的文件。

质量工作计划的工作内容：实现的质量目标；应承担的工作项目、要求、责任及完成的时间等；在计划期内应达到的质量指标和用户质量要求；计划期内质量发展的具体目标、分段进度、实现的工作内容、项目实施准备工作、重大技术改进措施、检测及技术开发等。

3. 技术文件　是设计文件、工艺文件、研究试验文件的总称，是项目实施的依据和凭证。成套技术文件应完整、准确、协调、一致。实际文件与项目技术文件状态一致；工艺文件与项目实施实际一致；研究试验文件与项目实际过程一致。成套技术文件的完整性应根据项目和工作的性质、复杂程度、研制阶段区别对待。为保证每一项目和工作技术文件的完整性，总设计师、总工程师、项目负责人应根据技术文件的管理规定，在实施工作开始时，提出技术文件完整性的具体要求，列出文件目录，并组织实施。

4. 质量成本　是实施单位为了保证和提高产品质量、满足用户需要而支出的费用，以及因未达到质量标准而产生的一切损失费用的总和。质量管理职能部门根据质量工作计划，提出质量成本项目和计划。

质量费用的归集：承制单位应严格遵守质量成本开支范围，根据审核无误的原始凭证，按质量成本核算对象及质量成本科目，分责任单位正确归集质量费用，不属于现行成本开支范围的质量费用，列入不可计成本质量费用统计表。

质量费用的分配：属于现行项目开支范围内的质量费用，应分别在项目和工作中进行核算，不属于现行项目成本开支范围的质量费用，统计归集后直接或分配计入完工项目和实施项目的质量成本。能够分清由哪个项目负担的费用直接计入该项目明细账或成本质量费用统计表，不能分清的统计后，按工时分配计入。

（三）质量计划

质量计划的目的主要是确保项目的质量标准能够得以满意实现,其关键是在项目的计划期内确保项目按期完成,同时要处理与其他项目计划之间的关系。质量计划的输入要素包括质量方针、范围陈述、产品描述、标准和规则。质量计划制定的方法如下。

1. 利益/成本分析 质量计划必须综合考虑利益/成本的交换,满足质量需求的主要利益是减少重复性工作,这就意味着高产出、低支出及增加投资者的满意度。满足质量要求的基本费用是辅助项目质量管理活动的付出。质量管理的基本原则是利益与成本之比尽可能大。

2. 基准 主要是通过比较实际或计划项目的实施与其他同类项目的实施过程,为改进项目实施过程提供思路和提供一个实施的标准。

3. 流程图 是一个由任何箭线联系的若干因素关系图,流程图在质量管理中的应用主要包括如下几个方面。

（1）原因结果图:主要用来分析和说明各种因素和原因如何导致或者产生各种潜在的问题和后果。

（2）系统流程图或处理流程图:主要用来说明系统各种要素之间存在的相互关系,通过流程图可以帮助项目组提出解决所遇到的质量问题的相关方法。

（3）试验设计:对于分析辨明整个项目输出结果最有影响的因素是很有效的,然而这种方法的应用存在费用进度交换的问题。

4. 质量管理计划 主要描述项目管理组应该如何实施它的质量方针。在 ISO9000 中,项目的质量系统被描述为包括对组织结构、责任、方法、步骤及资源等实施质量管理。质量计划提供了对整个项目进行质量控制、质量保证及质量改进的基础。

5. 具体操作说明 对于一些特殊条款需要附加的操作说明,包括对他们的解释及在质量控制过程中如何度量的问题。例如,满足项目进度日期不足以说是对项目管理质量的度量,项目管理组还必须指出每一项工作是否按时开始或者按时结束,各个独立的工作是否被度量或者仅是做了一定的说明等类似情况。

6. 检查表格 是一种用于对项目执行情况进行分析的工具,其可能是简单的也可能是复杂的,通常的描述包括命令和询问两种形式。许多组织已经形成了标准的确保频繁执行的工作顺利执行的体系。

（四）质量保证

质量保证是所有计划和系统工作实施达到质量计划要求的基础,为项目质量系统的正常运转提供可靠的保证,它应该贯穿于项目实施的全过程之中。在 ISO9000 系列实施之前,质量保证通常被描述在质量计划之中。质量保证通常是由质量保证部门或者类似的组织单元提供,但是不总是如此。质量保证通常提供给项目管理组及实施组织（内部质量保证）,或者提供给客户或项目工作涉及的其他活动（外部质量保证）。

1. 质量审核 是确定质量活动及其有关结果是否符合计划安排,以及这些安排是否有效贯彻并适合于达到目标的有系统的、独立的审查。通过质量审核、评价审核对象的现状对规定要求的符合性,并确定是否需采取改进纠正措施,从而达到:①保证项目质量符合规定要求;②保证设计、实施与组织过程符合规定要求;③保证质量体系有效运行并不断完善,提高质量管理水平。

质量审核的分类包括质量体系审核、项目质量审核、过程（工序）质量审核、监督审核、内部质量审核、外部质量审核。质量审核可以是有计划的,也可以是随机的,它可以由专门的审计员或者是第三方质量系统注册组织审核。

2. 质量改进　是为了增加项目的有效性和效率以提高项目投资者的利益而采取的各种行动。在大多数情况下，质量改进要求改变不正确的行动及克服这种不正确行动的过程。

（五）质量控制

质量控制主要是监督项目的实施结果，将项目的结果与事先制定的质量标准进行比较，找出其存在的差距，并分析形成这一差距的原因。质量控制同样贯穿于项目实施的全过程。项目的结果包括产品结果（如交付）及管理结果（如实施的费用和进度）。质量控制通常是由质量控制部门或类似的质量组织单元实施，但是也并非总是如此。

1. 质量控制的输入（工作结果、质量管理计划、操作描述、检查表格、质量控制的方法）

（1）检查：包括度量、考察和测试。

（2）控制图：可以用来监控任何形式的输出变量，它用得最为频繁，可用于监控进度和费用的变化、范围变化的量度和频率、项目说明中的错误，以及其他管理结果。

（3）统计样本：对项目实际执行情况的统计值是项目质量控制的基础，统计样本涉及样本选择的代表性，合适的样本通常可以减少项目控制的费用，当然这需要一些样本统计方面的知识，项目管理组有必要熟悉样本变化的技术。

（4）流图：通常被用于项目质量控制过程中，其主要的目的是确定及分析问题产生的原因。

（5）趋势分析：是应用数学技术根据历史数据预测项目未来的发展，趋势分析通常被用来监控。

（6）技术参数：统计多少错误或缺点已被识别和纠正，多少错误仍然未被校正。

（7）费用和进度参数：统计多少工作在规定的时间内被按期完成。

2. 质量控制的输出

（1）质量改进措施可接受的决定：每一项目都有接受和拒绝的可能，不被接受的工作需要重新进行。

（2）重新工作：不被接受的工作需要重新执行，项目工作组的目标是使返工的工作最少。

（3）完成检查表：当检查的时候，应该完成对项目质量的记录，以及完成检查表格。

（4）过程调整：包括对质量控制度量结果的纠正及预防工作。

（六）管理要求

项目质量管理包含一些程序，要求保证该项目能够满足各种需求的承诺。它包括在质量体系中，与决定质量工作的策略、目标和责任的全部管理功能有关的各种活动，并通过诸如质量计划、质量保证和质量控制等手段来完成这些活动。

（1）质量计划：确定哪些质量标准适用于该项目，并决定如何达标。

（2）质量保证：在常规基础上对整个项目的执行情况做出评估，以提供信用，保证该项目能够达到有关质量标准。

（3）质量控制：监控特定项目的执行结果，以确定它们是否符合有关的质量标准，并确定用适当方式消除导致项目绩效令人不满意的原因。

这些工作程序互有影响，并且与其他知识领域中的程序之间也存在相互影响。依据项目的需要，每道程序都可能包含一个或更多的个人或团队的努力。在每个项目阶段中，每道程序通常都会至少经历一次。

二、项目集成管理

管理是科技生产力的重要组成部分。伴随着经济发展与科技进步，各种管理理论不断发展，在管理原理的基础上，以人、财、物、信息、资源、市场等为对象的管理理论层出不穷，而集成管理因其"集合而成"的基本特质受到人们的普遍关注与研究。

所谓的集成管理就是一种效率和效果并重的管理模式，它突出了一体化的整合思想，管理对象的重点由传统的人、财、物等资源转变为以科学技术、信息、人才等为主的智力资源。提高企业的知识含量、激发知识的潜在效力成为集成管理的主要任务。集成管理是一种全新的管理理念及方法，其核心就是强调运用集成的思想和理念指导企业的管理行为实践。也就是说，传统管理模式是以分工理论为基础，而集成管理则突出了一体化的整合思想，集成并不是一种单个元素的简单相加——"1＋1＝2"。集成与集合的主要区别在于集成是由各个元素互相渗透互相吸纳而成的一种新的"有机体"。马克思谈到管理时就指出，管理不仅提高了个人能力，而且还通过管理把许多单个独立的劳动整合起来，从而融合成一股新的力量，而且这股新的力量的效力要远远大于元素个体的简单相加，即"1＋1＞2"。

学习思考题（study questions，SQ）

SQ7-6　项目的工作质量与产品质量的关系？质量计划的目的是什么？

SQ7-7　质量审核分为哪些类型？

SQ7-8　项目集成管理的目的是什么？

第四节　项目风险管理与项目沟通管理

一、项目风险管理

风险管理是项目管理的内容之一，是识别和分析项目风险及采取应对措施的活动。其包括将积极因素所产生的影响最大化和使消极因素产生的影响最小化两方面内容。鉴于风险管理的重要性且其内容丰富，详细内容将在本书第九章中专门介绍。

二、项目沟通管理

项目沟通管理（project communication management），就是为了确保项目信息合理收集和传输，以及最终处理所需实施的一系列过程。包括为了确保项目信息及时适当地产生、收集、传播、保存和最终配置所必需的过程。项目沟通管理为成功所必需的因素——人、想法和信息之间提供了一个关键连接。涉及项目的任何人都应准备以项目"语言"发送和接收信息，并且必须理解他们以个人身份参与的沟通会怎样影响整个项目。沟通就是信息交流。组织之间的沟通是指组织之间的信息传递。对于项目来说，要科学地组织、指挥、协调和控制项目的实施过程，就必须进行项目的信息沟通。好的信息沟通对项目的发展和人际关系的改善都有促进作用。

项目沟通管理具有复杂和系统的特征。著名组织管理学家巴纳德认为"沟通是把一个组织中的成员联系在一起，以实现共同目标的手段"。没有沟通，就没有管理。沟通不良几乎是每个企业都存在的老毛病，企业的机构越是复杂，其沟通越是困难。往往基层的许多建设性意见未及反馈至高层决策者，便已被层层扼杀，而高层决策的传达常常也无法以原貌展现在所有人员之前。

（一）具体内容

项目中沟通的对象主要为项目干系人，不同干系人需要的信息可能不同。所以在项目启动时，就要识别所有的项目干系人，以及不同人的不同信息需求。不同人所得到的信息应拿出来共享交流。

沟通对象、需要的信息、信息发布频率等都要确定好。执行沟通计划，看上去很简单，每个项目都可以依此模式套用，但实际上很多项目在执行中都会出现沟通问题。

计划可分为长期计划、中期计划、短期计划。

各期计划要有主次、紧急与否之分，只有正确区分，才能一步一步地展开工作计划。

（二）管理技巧

1. 赞美对方 这几乎是一个屡试不爽的特效沟通润滑剂。这个世界上的人没有不喜欢被表扬的，学会赞美，很大可能在沟通中一帆风顺。即使给领导提意见，也要先表扬后批评。领导与员工一样，员工需要激励，领导同样需要激励。

2. 移情入境 即设计一个对现实有借鉴意义的场景，进行情景教育。项目管理培训中设计的很多课堂游戏的用意都在于用一个显而易见的事实去启发人的思路。

3. 轻松幽默 轻松幽默既是通向和谐对话的台阶和跳板，又是化解冲突、窘境、恶意挑衅的灵丹妙药。

4. 袒露胸怀 又被称为不设防战术，意在向人们明确表示放弃一切防备，胸襟坦荡，诚恳待人。

5. 求同存异 又被称为最大公约数战术。人们只有找到共同之处，才能解决冲突。两口子吵架，最后一句话"为了孩子"相拥和解；两个员工争执不休，最后一句话"都是为了工作"握手言和。无论人们的想法相距多么遥远，总是能够找到共同性。有了共同性，就有了建立沟通桥梁的支点。

6. 深入浅出 是提高沟通效率的捷径。能够用很通俗的语言阐明一个很复杂深奥的道理是一种本事，是真正的高手。

（三）计划编制

1. 涉及范围 无论什么样的项目都有其特定的周期。项目周期的各个阶段就好像"环环相扣"中的每个环一样重要，甚至是关键性的。为了做好每个阶段的工作，达到预期标准和效果，就必须在项目部门内部、部门与部门之间，以及项目与外界之间建立沟通渠道，能够快速、准确地传递沟通信息，以使项目内各部门达到协调一致；使项目成员明确各自的工作职责，并且了解他们的工作对实现整个组织目标所做出的贡献；通过大量的信息沟通，找出项目管理的问题，制定政策并控制评价结果。因此，若缺乏良好的沟通，就不可能做好人力资源的管理工作，更不可能较好地实现项目目标。项目沟通管理涉及的知识领域是保证项目信息及时正确地提取、收集、传播、储存，以及最终处置。

2. 沟通 项目沟通计划是确定利害关系者的信息交流和沟通要求。项目干系人都必须准备该项目的"语言"进行沟通。并且要明白：每个项目干系人所参与的沟通将会影响项目的整体。谁需要何种信息、何时需要，以及相应如何将其交到他们手中就要通过合适的沟通方式和手段。因而沟通计划对于项目的成功很重要。

沟通要求：确认项目组织和各利益相关者之间的关系，该项目涉及技术知识、项目本身的特点决定的信息特点与项目组织外部的联系等。

沟通技术：根据沟通的严肃性程度分为正式沟通和非正式沟通；根据沟通的方向分为单向沟通和双向沟通，横向沟通和纵向沟通；根据沟通的工具分为书面沟通和口头沟通等。选用何种沟通技术以到达迅速、有效、快捷地传递信息主要取决于对信息要求的紧迫程度、技术的取得性、预期的项目环境、制约因素和假设。

（四）管理流程

1. 信息发布　涉及向项目干系人及时提供的所需信息。它包括实施沟通管理计划及始料未及的信息需求应对。信息公布应做好信息公布的反馈问题，如与公布信息有关项目干系人的签字及对信息意见的文字记录。

2. 绩效报告　涉及绩效信息的收集和公布，以便向项目干系人提供有关资源，如何利用资源来完成项目目标的信息。绩效报告一般应提供关于范围、进度计划、成本和质量的信息。要做好绩效报告，就必须选择合理的绩效报告的工具和技术（绩效评审、偏差分析、趋势分析、挣值分析），使绩效报告与项目的实际情况最接近。

3. 管理收尾　包含项目结果文档的形成（这些文档可以使发起人或客户对项目产品的验收正式化），包括项目记录的收集，对符合最终规范的保证，对项目的成功、效果及取得的教训进行分析，以及这些信息的存档，以备将来使用。管理收尾活动不能等到项目结束才进行，项目的每个阶段都要进行适当的收尾，保证重要的、有价值的信息不流失。另外，人才数据库中的雇员技能应该得到更新，以反映新技能及熟练程度的提高。还要认识到项目沟通的重要性，才会做好项目沟通管理计划。有了好的项目沟通计划，还要执行好才能发挥它的作用，才会顺利地实现项目目标，才会对项目沟通管理的重要性有更深一层的认识，才会在以后的项目中继续执行，才会为企业带来更好的效益。

（五）管理体系

1. 沟通管理　在项目中，沟通更是不可忽视。项目经理最重要的工作之一就是沟通，通常花在这方面的时间应该占全部工作的 75%～90%。良好的交流才能获取足够的信息、发现潜在的问题、控制好项目的各个方面。

2. 要素　一般而言，一个比较完整的沟通管理体系应该包含以下几方面的内容：沟通计划编制、信息分发、绩效报告和管理收尾。沟通计划决定项目干系人的信息沟通需求：谁需要什么信息，什么时候需要，怎样获得。信息发布使需要的信息被及时发送给项目干系人。绩效报告收集和传播、执行的信息包括状况报告、进度报告和预测。项目或项目阶段在达到目标或因故终止后，需要进行收尾。管理收尾包含项目结果文档的形成，包括项目记录的收集，对符合最终规范的措施、项目的效果（成功或教训）进行的分析并存档。

3. 项目沟通计划　是项目整体计划中的一部分，它的作用非常重要，也常常容易被忽视。沟通计划中包含项目信息的收集和归档结构、信息的发布方式、信息的内容、每类沟通产生的进度计划、约定的沟通方式，等等。只有把这些理解透彻，才能把握好沟通，在此基础之上熟悉项目的其他情况。

4. 影响　在编制项目沟通计划时，最重要的是理解组织结构和做好项目干系人分析。项目经理所在的组织结构通常对沟通需求有较大影响，如组织要求项目经理定期向项目管理部门做进展分析报告，那么沟通计划中就必须包含这条。项目干系人的利益受项目成败的影响，因此他们的需求必须予以考虑。最典型也最重要的项目干系人是客户，而项目组成员、项目经理及他的领导也是较重要的项目干系人。所有这些人员各自需要什么信息、在每个阶段要求的信息是否不同、信息传递的方式上有什么偏好，都是需要细致分析的。例如，有的客户希望每周提交进度报告，有的客户除周报外还希望有电话交流，也有的客户希望定期检查项目成果，种种情形都要考虑到，分析后的结果要在沟通计划中体现并能满足不同人员的信息需求，这样建立起来的沟通体系才会全面、有效。

5. 语言文字　项目中的沟通形式是多种多样的，通常分为书面和口头两种形式。书面沟通一般在以下情况使用：项目团队中使用的内部备忘录，或者对客户和非公司成员使用报告的方式，如正式的项目报告、年报、非正式的个人记录、报事帖。书面沟通大多用来进行通知、确认和要求等活动，一般在描述清楚事情的前提下尽可能简洁，以免增加负担而流于形式。沟通过程中应该坦白、明确，避免由于文化背景、民族差异、用词表达等因素造成理解上的差异，这是特别需要注意的。沟通的双方一定不能带有想当然或含糊的心态，不理解的内容一定要表示出来，以求对方的进一步解释，直到达成共识。除了这两种方式，还有一种作为补充的方式。回忆一下体育老师授课，除了语言描述某个动作外，他还会用标准的姿势来教你怎么做练习，这是典型的形体语言表达。像手势、图形演示、视频会议等都可以用来作为补充方式。它的优点是摆脱了口头表达的枯燥，在视觉上把信息传递给接受者，更容易理解。

6. 关键原则 沟通是人与人之间交流的方式。主动沟通说到底是对沟通的一种态度。在项目中，我们极力提倡主动沟通，尤其是当已经明确了必须要去沟通的时候。当沟通是项目经理面对用户或上级、团队成员面对项目经理时，主动沟通不仅能建立紧密的联系，更能表明你对项目的重视，会使沟通的另一方满意度大大提高，对整个项目非常有利。沟通看似简单，实际很复杂。这种复杂性表现在很多方面。例如，当沟通的人数增加时，沟通渠道急剧增加，给相互沟通带来困难。典型的问题是"过滤"，也就是信息丢失。产生过滤的原因很多，如语言、文化、语义、知识、信息内容、道德规范、名誉、权利、组织状态等，由于工作背景不同而在沟通过程中对某一问题的理解产生差异，会给沟通带来不便和困难。

7. 沟通效果 工程项目是基于工程项目实施者和利益关系人紧密协作完成特定任务的过程，此过程不仅涉及工程项目实施者内部的分工协作，还涉及工程项目利益关系人，由于存在大量的分工协作（接口），因此也就存在大量的沟通问题。

（六）管理过程

项目沟通管理（project communication management）包括为了确保项目信息及时适当地产生（generation）、收集（collection）、传播（dissemination）、保存（storage）和最终配置（ultimate disposition）所必需的过程。项目沟通管理给成功所必需的因素——人（people）、想法（idea）和信息（information）之间提供了一个关键链接。涉及项目的任何人都应准备以项目"语言"（project language）发送和接收信息并且必须理解他们以个人身份参与的沟通怎样影响整个项目。

（1）沟通计划（communication plan）：决定项目涉及人（stakeholder）的信息和沟通需求，如谁需要什么信息，什么时候需要，怎样获得。

（2）信息传播（information distribution）：使需要的信息及时发送给项目所涉及的人。

（3）执行报告（performance reporting）：收集和传播执行信息，包括状况报告（status reporting）、进步衡量（progress measurement）和预测。

（4）行政总结（administrative closure）：产生、收集和传播信息形成一个阶段或项目完成。

这些过程之间及与其他领域的过程之间相互作用。如果项目需要，每个流程可以由个人、多人或团体来完成。在每个项目阶段每个过程至少发生一次。虽然在这里列举的流程是分立的阶段并具有明确定义的分界面，但事实上它们互相作用、互相交织在一起。

学习思考题（study questions，SQ）

SQ7-9　什么是项目沟通管理？沟通管理有哪些作用？

SQ7-10　沟通管理的技巧有哪些？

SQ7-11　沟通管理有哪些流程？

第五节　项目组织管理与项目采购管理

一、项目组织管理

项目管理组织：由工程实施领导小组、项目组、系统分析组、质量保证组、培训组等组成，其各自的基本职责如下。

1. 领导小组　牵头开展项目组和各有关部门间的协调工作；对整个项目建设过程的进度、计划、质量等活动进行宏观监督。

2. 项目组　项目主管负责整个项目全过程的所有管理职责，保证各小组的工作保持技术上的一致性；定期检查项目计划的完成情况和质量。

3. 系统分析组　对项目进行需求分析、系统规划、架构设计、系统设计、原型设计。

4. 质量保证组　制定质量保证的大纲与细则、审定测试计划、审定评审计划、实施质量保证计划，对项目进行过程中各阶段的质量进行监督与把关。在项目质量上，项目主管负全面责任，应及时向项目主管报告质量方面的问题。

5. 培训组　对用户方的有关人员进行系统的培训；对用户方的最终用户进行本系统的操作培训；制定培训计划，安排培训教员。

二、项目采购管理

采购管理是指对采购业务过程进行组织、实施与控制的管理过程。采购子系统业务流程通过对采购申请、采购订货、进货检验、收货入库、采购退货、购货发票处理、供应商管理等功能的综合运用，对采购物流和资金流全过程进行有效的控制和跟踪，实现企业完善的物资供应管理信息。该系统与库存管理、应付管理、总账管理、现金管理结合应用，能提供企业全面的销售业务信息管理。

（一）采购流程

1. 采购计划　采购计划管理是对企业的采购计划进行制定和管理，为企业提供及时准确的采购计划和执行路线。采购计划包括定期采购计划（如周、月度、季度、年度）、非定期采购任务计划（系统根据销售和生产需求产生的）。通过对多对象多元素的采购计划的编制、分解，将企业的采购需求变为直接的采购任务，系统支持企业以销定购、以销定产、以产定购的多种采购应用模式，支持多种设置灵活的采购单生成流程。

2. 采购订单　采购订单管理是以采购单为源头，对从供应商确认订单、发货到货、到检验、入库等采购订单流转的各个环节进行准确的跟踪，实现全过程管理。通过流程配置，可进行多种采购流程选择，如订单直接入库，或经过到货质检环节后检验入库等，在整个过程中，可以实现对采购存货的计划状态、订单在途状态、到货待检状态等的监控和管理。采购订单可以直接通过电子商务系统发向对应的供应商，进行在线采购。

3. 发票管理　是采购结算管理中的重要内容。采购货物是否需要暂估、劳务采购的处理、非库存的消耗性采购处理、直运采购业务、受托代销业务等均是在此环节进行处理。通过对流程进行配置，允许用户更改各种业务的处理规则，也可定义新的业务处理规则，以适应企业业务不断重组、流程不断优化的需要。

4. 交易管理　较初级的采购管理多为对各个交易的实施和监督，其特征是围绕着采购订单

（purchase order，PO）：①与供应商较容易地讨价还价；②仅重视一般商务条件（如价格、付款条件、具体交货日期等）；③被动地执行配方和技术标准。

5. 采购合同 对于供应商来说就是订单。随着对前期大量订单的经验总结和汇总及管理技能的提高，管理人员意识到供应商管理的重要性；同时，根据自身的业务量进行分析（ABC法），合理分配自身的资源，开展多个专案管理。这个阶段的特征如下：①围绕着一定时间段的采购合同，试图与供应商建立长久的关系；②加强了对供应商其他条件的重视，如订单采购周期、送货、经济批量、最小订单量和订单完成率；③重视供应商的成本分析；④开始采用投标手段；⑤加强了风险防范意识。

6. 策略采购 是供应链管理比较新的概念策略性采购，其特征如下：①与供应商建立策略伙伴关系；②更加重视整个供应链的成本和效率管理；③与供应商共同研发产品及其对消费者的影响；④寻求新的技术和材料替代物，代工生产方式的操作；⑤充分利用如跨地区、跨国家的公司（工厂）的集团力量集中采购；⑥更为复杂，广泛地应用投标手段。

其中，集中采购的手段正被越来越多的公司采用。集中的概念事实上包含两层含义：集中集团内各分公司/各工厂的采购量；采购量集中给少数的供应商，以图获取规模效应带来的节省。更进一步的工作是尽可能地减少材料的规格或标准，以为供应商在原料采购和生产加工收益中节省费用。

（二）采购管理的三项职能

1. 保障供应 采购管理最首要的职能就是要实现对整个企业的物资供应，保障企业生产和生活的正常进行。企业生产需要原材料、零配件、机器设备和工具，生产线一开动，这些东西必须样样到位，缺少任何一样，生产线就开动不起来。

2. 供应链管理 在市场竞争越来越激烈的当今社会，企业之间的竞争实际上就是供应链之间的竞争。企业为了有效地进行生产和销售，需要一大批供应商企业的鼎力相助和支持，相互之间形成最好的协调配合。一方面，只有把供应商组织起来，建立起一个供应链系统，才能够形成一个友好的协调配合的采购环境，保证采购供应工作的高效顺利进行；另一方面，在企业中，只有采购管理部门具有最多与供应商打交道的机会，只有他们最有可能通过自己耐心细致的工作，通过与供应商的沟通、协调和采购供应操作，建立起友好协调的供应商关系，从而建立起供应链，并进行供应链的运作和管理。

3. 信息管理 在企业中，只有采购管理部门天天和资源市场打交道，其除了是企业和资源市场的物资输入窗口之外，同时也是企业和资源市场的信息接口。所以采购管理除保障物资供应、建立起友好的供应商关系之外，还要随时掌握资源市场信息，并反馈到企业管理层，为企业的经营决策提供及时有力的支持。

（三）采购管理制度

采购是现代物流链中的一个基础环节，它的管理状况关系着整个物流链的进程。因此，搞好公司的采购管理工作，对整个公司经营活动的顺利进行至关重要。采购制度主要包括采购工作管理目标、采购管理系统、标准采购作业程序、标准采购作业细则、公司采购规程、采购工作实施办法、采购入库验收管理规定等内容。

1. 产品销售制度 产品销售是公司实现利润与经营目标的关键环节，因此产品销售制度是现代公司最重要的一项管理制度，一家公司缺乏现代的产品销售管理制度不一定卖不出产品，但肯定不能达到最好的效果。现代公司的产品销售管理制度主要有以下几个方面：年度销售计划管理制度、销售方针计划书、销售促进计划、产品定价管理制度、产品降价销售管理规定、特约销售组织制度、公司特约销售经营制度、公司经销商年度奖励办法、业务员开拓新客户奖励办法、公司销售人员管理制度、销售人员考核与奖惩办法、卖场服务标准、售后服务管理制度、客户投诉经济处罚细则、客户投诉行政处罚条例、客户投诉管理制度、客户投诉案件处理办法、客户提案意见处理规定。

2. 仓储管理制度　仓储管理与采购管理一样也是现代物流管理的一个重要环节。做好仓储管理工作对于保证及时供应市场需要、合理储备、加速周转、节约物资、降低成本及提高企业的经济效益都具有重要作用，因此仓储管理制度已成为现代公司管理制度中的重要组成部分。它主要包括以下几个方面：公司仓库规划管理制度、库存量管理工作细则、公司物资储存保管条例、公司储存管理办法、公司材料编号办法、仓库管理办法、公司产品领用细则、公司发货管理规定、退货管理规定、进货管理规定、调货管理规定、出库管理规定、商品进出库管理规定、公司产品保管条例、仓库安全管理办法。

（四）采购管理的特征

（1）采购的目的是为库存而采购，价格是采购的工作重点。

（2）质量控制通过事后控制，缺乏对供应商的有效评价与管理。

（3）供需双方之间缺乏交流与合作，是短期的、不稳定的合作关系。

（4）缺乏快速响应市场需求变化的能力，采购效率低，成本高。

（5）采购部门与其他部门相互独立、分离，影响作业流程的协调性。

（五）采购管理的原则

（1）首先必须建立完善的供应商评审体制，对具体的供应商资格、评审程序、评审方法等都要做出明确的规定。

（2）建立采购流程、价格审核流程、验收流程、付款结算流程。

（3）完善采购员的培训制度，保证采购流程的有效实施。

（4）价格的评审应由相应程序规定，由相关负责人联名签署生效，杜绝暗箱操作。

（5）规范样品的确认制度，分散采购部的权力。

（6）不定期的监督，规范采购行为。

（7）建立奖励制度，下调价格后应对采购员进行奖励。

（8）加强开发能力，寻求廉价代替品。

（六）采购管理的要素

1. 确定供应商的资格　以确保供应商有良好的供货能力。对于大型制造企业而言，这点尤为重要，因为供应商的稳定供货能力对于企业的稳定生产具有关键性的作用，因此这些企业有一个合格供应商名录，采购只能限于名录内的供应商，而且要由企业的技术和标准化部门来核定这个名录。

2. 采购价格形成机制　为了对采购价格进行有效管理，通常企业需要有一个价格小组来核定采购物品的价格上限，这个小组的成员应该由高层主管、财务和采购部门共同组成，从而防止采购业务人员与供应商在价格上有合谋私利的行为。

3. 付款方式的确定　这是实际的利益，企业应尽最大的努力，争取好的付款方式。

4. 数量核查　供应商货品到货后，应该由检验部门核查到货数量。

5. 质量核查　对于有质量要求的货品，需要质检部门的检验。

（七）采购管理的七个规则

1. 建立企业费用支出明细表 企业所有的费用都应该详细记录在一张表上，这样一方面有助于发现资金节约的机会，避免产生浪费，另一方面也有助于对企业的采购业务和行业标准进行比较，消除无效的采购操作。

2. 进行费用分析 通过费用分析，企业根据自身的购买力需要明确采购什么、谁来采购、向谁采购。通过分析，应该解决一些关键的问题：采购费用是多少？与同行业的其他企业相比，采购成本的高低情况？首选供应商的采购量是多少？此外，通过费用分析，企业也能够明确支出项目，制定相应的采购战略以降低采购成本。有一点须指出，费用分析是一个持续进行的过程，不能间断。

3. 支持战略性采购 战略性采购是任何成功采购的精髓。遵循第一个、第二个规则后，要为每一项费用支出制定一个战略。企业应明确以下问题：为了节约成本、提高服务质量，企业应如何改进供应链？企业的供应需求是什么？如何制定统一采购规范？内容包括产品质量、配送、服务条款和单位成本，如何采购可替代性产品。一旦这些问题得以解决，制定出相应的采购战略，企业就可以胸有成竹地与供应商谈判。同时，这也为将来评估供应商绩效奠定了基础。

4. 从战略层面应用技术 与供应商签订合同后，企业需投资安装跟踪采购活动的软件，向供应商发送电子订货单和其他电子文件，这样既有利于减少书写错误，又能够加快订单的处理。采购软件技术能够使订货更加快速便捷，将节约出的订货时间用来完成更加重要的任务。此外，采购软件技术也能够简化企业费用分析和合同部门间信息的沟通，这样有利于同供应商建立同盟关系。换句话说，企业可以通过软件技术了解供应商是否确实在供货，以及企业员工是不是从重点供应商那里采购原材料。但有一点需注意：技术不是万能的，电子采购系统是十分有用的采购辅助工具，但是为了获得长期的效益，企业需要对操作人员进行专业培训。

5. 将采购业务提升至企业发展的重要战略地位 如果得不到高层经理的认同，再好的采购计划都是没有意义的。因此，企业应思路清晰地阐明如何降低采购成本，从而赢得财务总监的认可。

6. 拟定合理计划，确保获得企业内部的支持，确保供应商执行 假如企业已经明确成本节约的机会，也能够监控供应商的业务执行情况，同时高层经理也认可了采购计划，然而采购部门仍以高成本从很多供应商购买服务和产品。这种情况下，企业应该确保有适当的人员、以适当的方法激励供应商和员工。请牢记：供应商对采购计划的执行和绩效的评估负有同样重要的责任。为适应时刻变化的需求和企业间的合作关系，企业要考虑供应商所提供的产品和服务的质量及柔性，从而确定这个企业是否容易合作。

7. 改变企业员工的行为 员工参与对于一个成功的采购计划是至关重要的。因此，企业必须激励员工积极参与，使他们了解采购的作用及其对整个企业的影响力。员工的思维和行为方式必须和采购流程相一致，其态度和信念也必须符合企业的采购理念。每当企业有新的变动或者采用新技术时，员工都会感到有压力。所以，开诚布公是非常重要的，要向员工解释企业进行变动的原因及其能够带来的好处，解答他们的疑问，减轻他们的压力，告诉他们如何做才对公司有利。这就是企业变动管理所面临的挑战。改变企业员工行为非常重要，因为如果员工不支持，任何计划都只能是纸上谈兵。

（八）采购的分类

1. 集中采购 是指企业的所有采购任务由一个专一部门负责，具体办法是将企业各部门的原材料需求集中起来，由采购部门集中向供应商询价、发标订购。集中采购可以使企业采购部门用较大的采购量作为砝码，得到供应商较好的折扣价格，同时由于采购作业量的减少而使企业采购的成本降低，从而降低企业原材料的成本。

2. 分散采购　是指企业的采购作业分散在各个使用部门，各个部门或各独立单位自行满足采购需求。分散采购能比集中采购更快地满足使用单位的需要；如果使用单位地理位置极度分散，分散采购还能通过就地购买的方式节约运输成本。

3. 准时采购　是一种先进的采购模式，代表着企业采购发展的新方向。准时采购和传统的采购方式有许多不同之处，主要表现在如下几个方面：①较少的供应商，甚至单源供应；②供应商的选择标准不同、对交货准时性的要求不同、对信息交流的需求不同、制定采购批量的策略不同。

学习思考题（study questions，SQ）

SQ7-12　采购合同阶段有哪些特征？

SQ7-13　项目采购管理的原则是什么？采购管理的要素是什么？

SQ7-14　项目采购分为哪些类型？

练　习　题

7-1　医药项目管理的基本概念是什么？

7-2　项目管理包括哪些过程？

7-3　什么叫项目范围？

7-4　制约一个项目的"三约束条件"是什么？

7-5　项目时间管理的目的是什么？

7-6　项目时间管理的六个阶段是什么？

7-7　什么是项目成本管理？

7-8　项目成本管理的程序如何？

7-9　成本的估算方法有哪些？

7-10　项目质量管理与常规质量管理有什么区别？

7-11　项目质量审核分为哪些类型？

7-12　什么叫项目风险管理？

7-13　项目风险管理包括哪些内容？

7-14　项目风险管理有哪些基本性质？

7-15　什么叫项目沟通管理？

7-16　项目沟通管理的技巧有哪些？

7-17　项目的管理组织包括哪些？

7-18　项目采购包括哪些流程？

7-19　采购管理的三项职能是什么？

7-20　采购管理的七个规则是什么？

补　充　材　料

EQ7-1 项目沟通中常见的障碍

1. "我以为"的错误　以为沟通过，别人就清楚了；以为没有反馈，就是没有意见了。特别是跨部门的沟通，无论是口头还是书面，更要注意双方是否理解一致。有时候太过主观，认为有些东西不说，对方也应知道自己的想法与立场，其实不然，每个人想法不同，不可能完全猜到对方的心思，只有及时沟通，才能取得好的成效。

2. 不敢越级沟通，不敢与高层直接沟通 一般情况下，不少公司的项目经理在职能上比部门经理要低，所以经常出现项目经理不敢直接找高层或其他部门总经理沟通，都要寻求上级职能经理的协助。特别是对跨部门的较为复杂的项目中，项目经理要敢于"管理"公司高层，就项目问题与高层进行直接沟通。

可能有部分项目经理是担心不知如何与高层沟通，因为高层的思维是较发散和概要的，如果是谈解决方案等细节问题，估计很难交流，这里也要求项目经理要对问题有很好的抽象归类能力。

3. 害怕被拒绝 这是人的本性。如果在销售岗位，应该有专门针对性的培训。在项目推进中经常出现这样的情况，可能有一些想法建议，要么思考很久才敢提出来，要么不敢与项目干系人提出，白白延误了好时机，或者需要其他部门协助时，不敢提出来。

4. 没有提前计划沟通好，造成等人局面 经常出现这样的情况，要确定某个事项，需要几个负责人参加，但因为没有提前计划，临时约不到人，结果推迟等待，无谓增长滞后时间。实际上，对于难度较大问题，至少要提前两周计划好，预约好相关人员。

5. 欠缺适当的沟通技巧 自己不是管理专家，不用在沟通技巧中耗费太多时间，但需要掌握一些适当的沟通技巧，主要是对人对事的敏感度，能针对具体事情判断是单独沟通、书面沟通、口头沟通更有效，还是需要适当借力更有效，能达到这个层次就可以了。

EQ7-2 采购管理三大误区

1. 采购只要保证"货比三家"就行了 很多企业的管理者认为管采购只要保证"货比三家"就行了，通常都会要求负责采购的工作人员申报采购方案时都要提供至少三家报价，管理者审批就看有没有三家的比价，再选一个价格合适的（绝大多数时候是选价格最低的那一个）。这个办法很简单，在采购管理上，把这种采购方式称为"询价采购"或"选购"。为什么"货比三家"还不管用？这并不是"询价采购"方式本身的问题。问题的根本原因是没有配套的合格供方管理机制。在这种情况下，采购的管理者最终签字选择供应商，表面上拥有绝对的决策权，但由于采购人员可以自由询价，从而拥有实际的决策权。这种管理模式不改变，无论怎样"货比三家"都是徒劳的。

解决这个问题的关键是要给采购人员的询价活动圈定一个范围，这就是"合格供方评审"。"合格供方评审"本是质量管理的概念，但从更广义和实用的角度，就是管理者按照一个质量、成本等方面的标准，划定一个范围。这个范围可以由企业高层管理者直接决定，也可以由一个委员会决定。总之，采购执行人员不能单独决定这个范围，也不能跳出这个范围活动，并要对每次采购活动中这个范围内的决策支持信息负责。

2. 招标"一招就灵" 招标的采购方式给人以客观、公平、透明的印象，很多管理者认为采取招标方式可以引入竞争，降低成本，也就万事大吉了。但有时候招标也不是"一招就灵"。常用的采购方式主要有招标采购、竞争性谈判、询价采购、单一来源采购等。

（1）招标采购：除最终用户及相关法规要求必须实行招标的情况以外，在对采购内容的成本信息、技术信息掌握程度不够时，最好采用招标的方法，目的之一是获得成本信息、技术信息。

（2）竞争性谈判：招标时，我们可能会遇到这样的情况，或者投标人数量不够，或者投标人价格、能力等不理想，有时反复招标还是不成，是否继续招标很是让人苦恼——招也不是，不招也不是。其实，这时候我们没有必要非认准招标不可，大可以采取"竞争性谈判"的方式。竞争性谈判的方法与招标很接近，作用也相仿，但程序上更灵活，效率也更高一些，可以作为招标采购的补充。

（3）询价采购（即选购）：对于我们已经很好掌握了成本信息和技术信息的采购商品（包括物资或服务），若有多家供应商竞争，我们就可以事先选定合格供方范围，再在合格供方范围内用"货比三家"的询价采购方式。

（4）单一来源采购：如果我们已经完全掌握了采购商品的成本信息和技术信息，或者只有一两家供应商可以供应，公司就应该设法建立长期合作关系，争取稳定的合作、长期价格优惠和质量保证，在这个基础上可以采用单一来源采购的方式。

3. 档案保存好，采购信息就都留下来了　在调研和咨询过程中，有不少管理者很早就意识到采购管理存在问题，但苦于无力改进或来不及改进，于是要求相关人员把所有和采购相关的记录、文件统统存档，以待具备条件时分析信息、改进工作。但实际上，从这些保存完好的采购档案中往往还是得不到充足有用的信息，甚至有很多必要的信息永远无法获得了。这在很大程度上是由采购工作过程不够规范引起的。采购工作过程管理的改进和采购信息的收集是相互影响的，要改进采购管理还是要趁早。想把资料先存下来等有条件了再谈改进，往往是到了想起改进采购管理的时候，相关的信息缺失就已经很严重了。

第八章 生产技术改造及生产管理分析

1. 课程目标 了解生产技术改造的含义、特点、类型及主要内容,熟悉生产技术改造的基本原则,掌握生产技术改造项目的经济评价方法,使学生能在生产技术改造项目工作中合理地考虑技术经济的因素。了解设备磨损的基本含义,掌握设备寿命及经济寿命的计算原理和方法,使学生在生产设备维修、更新及改造过程中科学地选择合理的方式及适宜的时机。了解优化生产计划的基本原则,初步掌握生产计划制定的基本原理和优化方法。

2. 重点和难点

重点:生产技术改造项目的经济评价方法,设备寿命及经济寿命的计算原理和常用方法,生产计划优化的方法。

难点:设备维修更新改造的经济学分析方法。

第一节 生产技术改造概述

生产技术改造(production technical innovation)不仅是推动制药企业产业结构优化升级、提升国内国际竞争力的根本途径,而且是转变企业发展方式、落实科学发展的长久之计。在进行生产技术改造时,要把生产技术改造和科技创新紧密结合起来,一方面加快淘汰落后产能,为企业当前的效益增加提供动力,另一方面要培育新的经济增长点,为未来的可持续发展注入活力。

一、生产技术改造的含义及特点

(一)生产技术改造的含义

生产技术改造是指在坚持科学进步的前提下,把国内外先进的、成熟的、适用的、最新的科学技术成果应用于企业生产的各个环节,用先进的生产技术改造落后的技术,用先进的工艺和设备代替落后的工艺和设备,达到提高劳动生产率和产品质量、降低劳动消耗的目的,以全面提高社会综合效益。这种生产技术改造的概念主要是与基础建设相区别提出来的,称为传统的生产技术改造或狭义的生产技术改造,前者是在有一定基础的企业内部中进行,而后者则是从零开始的。

这种传统的生产技术改造概念突出了科技进步,体现了实现生产技术改造的根本途径。但在面临科学技术迅速发展的 21 世纪,面临知识经济的挑战,以及市场经济的格局和竞争的多方面、多层次、国际化趋势,传统的生产技术改造含义显得有一定的局限性。例如,传统概念上的生产技术改造,主要是指工艺、设备等单纯的技术层面,未将技术人员和技术工人的技术创新能力及工作技能放在应有的地位。在新的社会经济条件下,人员技术素质的不断更新和提高是应用先进技术的必要条件。另外,传统的生产技术改造目的是提高社会综合经济效益,但未涉及通过生产技术改造实现企业的可持续发展,提高企业技术创新水平,增强自我发展能力,这也应该是生产技术改造的重要内容。

（二）生产技术改造的特点

生产技术改造与生产维修、设备更新及基本建设相比，具有以下特点。

1. 强调技术进步　只有应用先进的科学技术，才能提高生产技术的改造水平。先进的科学技术不仅包括通常所说的高新技术，也包括传统技术领域内的一些技术创新内容。生产技术改造必须体现技术进步，必须有新的技术因素加入生产过程。

需要注意的是，设备更新与生产技术改造两者有重复的内容。例如，设备的现代化改装也属于生产技术改造，但是如果设备更新仅是原有水平的重复，则不属于生产技术改造。另外，生产维修与生产技术改造两者之间也有交叉但又不相同。例如，大修理只是恢复设备原来的技术性能和水平，不是生产技术改造。但若有性的技术因素加入，能够提高设备的技术水平，则应视为生产技术改造。

新项目的基本建设也应强调技术进步，但由于是新建，它的技术水平不存在自身比较，一般不属于生产技术改造的范畴。

2. 强调以现有企业或生产过程为对象进行更新改造　生产技术改造是以现有企业或现有的生产过程、设备为对象，通过生产技术改造提高效益、扩大再生产，不涉及新建项目，通常不需要或很少需要增加新的基础设施和服务设施。因而，土建和安装的工程量较少，这也是与基础建设的重要区别。

3. 强调不仅要注意提高企业的经济效益，也要注意提高社会综合效益　提高企业的经济效益包括提高产品质量、降低能源和原材料消耗、提高生产效率。生产技术改造也应和治理"三废"相结合，积极开展综合利用。而社会综合经济效益包括两方面的含义，一方面是指企业治理环境污染的效益，这种效益对于企业和社会来说，都很难直接计量，其投资难以收回，但却是社会发展特别是企业要保持可持续发展和生存的必要投入。这对于企业和社会的效益是长期的、综合性的。另一方面是指企业为提高产品质量、降低能耗、治理环境污染，可能要增加额外的投资和生产成本。有时虽不能获得等额的回报，但会给社会带来明显的经济效益。

4. 强调持续的、系统的生产技术改造　在不同的发展时期，对生产技术改造的内容和要求不同，这是由不断进步的科学技术和不断发展的生产力所决定的。只要有新的、适用的科学技术出现，企业就应该为应用这些技术而不断地进行生产技术改造。另外，技术的含义不仅包括实物形态的软技术，也应包括智力形态的软技术。生产技术改造是要使原来比较落后的设备、工艺技术和产品更新为较为先进的设备、工艺技术和产品，同时也要使技术人员的技术素质和技能不断地提高，以适应新设备新工艺的运用和新产品生产的更高要求。所以，生产技术改造不是单方面的设备和工艺改造，是综合技术的提高，是系统的生产技术改造。

二、生产技术改造的类型及主要内容

（一）生产技术改造的类型

从不同角度来看，生产技术改造可以分为不同的类型，比较常见的类型划分有以下几种。

1. 按生产技术改造的程度划分

（1）全面的生产技术改造：这种生产技术改造是企业对生产过程中的各个环节和单元进行的整体生产技术改造。

（2）专业的生产技术改造：这是企业以专业性的项目，如环保、节能、提高产品质量、扩大品种、改善工艺、降低原料消耗等为内容的生产技术改造。

（3）局部的生产技术改造：这是指企业在局部进行的小规模生产技术改造，如挖潜改造项目、填平补齐项目、成套配套项目等。

2. 按生产技术改造的目的划分

（1）以增加产品品种、产品更新换代为目的的生产技术改造。

（2）提高产品质量的生产技术改造。

（3）节能、降耗的生产技术改造。

（4）增加产量的生产技术改造。

（5）控制和治理"三废"，改善劳动生产条件及"三废"综合利用的生产技术改造。

（二）生产技术改造的主要内容

1. 产品更新换代，增加产品类型　产品都具有生命周期，陈旧、落后的产品就会失去竞争力。随着社会经济和文化生活的发展，对于药品质量的关注和产品标准也有了更高层次的要求，已经基本从"能用药"转变为"用好药"。只有不断更新产品，才能提高竞争力，保持长期、稳定的发展。

2. 技术设备的改装更新　是用不断出现的先进设备取代落后的设备，从而提高生产效率，降低能源、原材料的消耗，稳定或提高产品质量。要能够采用先进的设备，必须掌握技术发展的方向，了解最新的技术成果。因此，人员素质的不断更新和提高是重要的基础条件。结合工艺设备生产技术改造，对人员进行继续教育和再培训，应引起足够的重视。

3. 生产方法和工艺的改革　是指用新的生产方法或先进的工艺技术路线取代原有落后的生产方法和工艺。对于不少制药产品的生产，只有采用先进的生产技术路线，才能显著地降低成本，从根本上减少或消除环境污染，或者能根据市场需求及时调整产品结构，增强竞争能力，保持稳定、可靠的发展。生产方法和工艺的生产技术改造涉及的工作量较大，与技术设备的改革应配套进行，也是产品更新的重要保证。

4. "三废"的治理和综合利用　废水、废气和废渣是生产过程常见的问题，也是影响制药企业可持续发展甚至生存的重要因素。所以，治理"三废"污染以减少或消除污染是生产技术改造的重要内容。有的企业可能因没能有效地解决这类问题而被主管部门关闭，或其产量受到限制。治理污染的方法除了采用新工艺、新设备外，对于"三废"的治理和综合利用也是生产技术改造的内容之一。

5. 生产环境的改造　生产环境和劳动条件的状况对劳动者的心理状态和身体健康有很大的影响，从而对产品质量和产量等产生影响。生产环境或劳动条件的改善是生产技术改造的一项重要内容。

三、生产技术改造的基本原则

在企业进行生产技术改造的过程中，应始终围绕提高综合经济效益的基本目标。生产技术改造过程涉及各方面的因素，但综合起来，应注意遵循适应、适时、适度的原则，有计划、有步骤、有重点地进行生产技术改造。其中包括如下基本原则。

1. 选择先进、适宜的技术　进行生产技术改造，应结合我国社会经济发展的实际水平，选择既适合我国的资源条件、科技水平和管理水平，又能产生良好经济效益的先进技术，或者选择与企业的承受能力相适应的技术。适宜的技术不一定是最尖端、最先进的技术，而是技术上可靠、生产上可行、经济投入合算、社会上合理，并有一定寿命期的一类技术。

2. 选择适当的时机进行生产技术改造　实施生产技术改造，应以市场的需要为导向，以技术的发展和产品寿命周期的预测为基础，选择适当时机进行。应注意追踪企业所感兴趣的工艺技术和技术装备的发展状况，适时采用先进成熟的适用技术。产品寿命周期分为成长期、成熟期和衰退期。应随时关注市场动向，做好市场预测，在产品进入衰退期之前实施生产技术改造项目，使企业原有产品的市场份额在减少之前用新产品取而代之，从而确保企业的可持续发展。

3. 量力而行，有计划地适度地进行生产技术改造　要使生产技术改造取得最大的综合经济效益，应以国家、本行业或本部门、本地区的技术发展规划为基本依据，对本企业的生产技术改造进行全面的规划，有重点、有步骤地实施生产技术改造，做好调查研究，选准重点抓住关键。生产技术改造的规模应综合考虑各种因素，使项目效益达到最大。这就需要量力而行，绝不能盲目追求规模，应根据企业资金的情况、产品的市场状况，以及原材料、能源供应情况和本企业的人员素质、管理水平等，确定适度的生产技术改造规模。也应针对生产技术改造的内容和目的尽可能拟定多个实施方案，对其进行技术经济比较，选择最佳方案，才能使生产技术改造获得最大的经济效益。

学习思考题（study questions，SQ）

SQ8-1　生产技术改造与一般的新建项目有何异同？

第二节　项目生产技术改造的经济分析

企业生产技术改造项目确定之后，需要对不同的技术方案进行经济评价。项目生产技术改造的经济分析是项目可行性研究的重要内容，是项目决策的主要依据之一。

一、生产技术改造项目的经济效益及其评价特点

生产技术改造项目是在原有基础上进行的建设，不可避免地与原有生产和技术有种种联系，如合理地计算生产技术改造后的经济效益和成本，涉及合理分摊费用等问题，所以，与新建项目相比，其在经济评价方面有自身的特点。

（一）生产技术改造项目的经济效益

生产技术改造的经济效益是实现生产技术改造项目所取得的收益与所发生的费用之间的比较。所取得的收益包括由于该项生产技术改造项目实现而产生的扩大品种，提高产品质量，增加产量，提高劳动生产率，节约原材料和能源，降低成本，增加效益，以及改善劳动条件，减少或消除环境污染和社会消费所得的效益。这包括企业效益和社会效益。所发生费用是指为实现该项生产技术改造项目而支出的一次性费用。这些费用包括技术开发和研究费、设计和试验费、土建费及设备的购置和安装费用，但不包括该项生产技术改造项目实现后在日常生产和经营活动中经常发生的费用。

（二）生产技术改造项目的评价特点

生产技术改造投资是固定资产投资的一种类型，具有基本建设的共同特点，在经济评价的原则和方法上有很多一致性。但生产技术改造项目也有其自身的特殊性，这决定了其评价的特点。生产技术改造项目最突出的特点是对项目的收益和费用进行增量计算，从而以增量评价指标判别项目的经济性能。

生产技术改造项目的收益与费用的计算可采用两种方法。一是前后对比法，即项目改造前后两种状态的对比；二是有无对比法，即用动态的分析方法对比有无项目时的状况。从上述可见，前后对比法与有无对比法有一定的差别和一致之处。对于生产技术改造项目仅是为了改变现状，如为了

提高产品质量,如果不实施该项目,其现状就不会改变,这种情况下两种方法的结果一致。但在大多数情况下,有无生产技术改造项目的实现,企业的净收益有明显的不同,衡量生产技术改造项目经济效益的基本方法就是看其净收益增量的多少。

二、生产技术改造项目经济效益评价的原则

(一)全面性原则

(1)生产技术改造的经济效益应包括企业经济效益和社会经济效益两个方面。虽然大多数情况下,企业的经济效益是评价的重点,但如果生产技术改造的实施涉及社会问题时,如"三废"的处理、替代进口产品或扩大出口创汇等,该项生产技术改造的社会效益评价就显得很重要。

(2)当生产技术改造项目涉及外贸、产品价格、原材料价格等因素明显不合理时,要着重进行国民经济评价,以客观、科学地评价生产技术改造的效果。

(3)对生产技术改造项目的经济效益应进行定量和定性两个方面的评价,其中包括可用货币值表示的效益及不能用货币值表示的效益等。

(二)统一性原则

(1)对于生产技术改造项目的经济学效益,应以新增收益来计算。如果新增收益与企业原有收益难以明确划分,应用企业生产技术改造后的全部投资和全部收益进行经济效益计算。

(2)在对生产技术改造项目进行经济效益评价时,应遵循收益与费用的计算方式一致的原则。应将项目的实际收益和实际投资进行比较,避免将该项目投资引起的收益计入项目的生产技术改造收益。

(三)相关性原则

对于生产技术改造项目收益的计算范围,一般只计算直接收益,而不计算二次或多次相关收益,即应遵循一次相关原则。

三、生产技术改造的企业经济评价指标及计算

生产技术改造的基本目的是全面提高社会综合经济效益,因而,其经济效益的评价应采用一套综合的指标体系,即基本指标体系和辅助指标体系。

(一)基本指标体系

基本指标体系是每一项生产技术改造项目必须采用的,在生产技术改造决策时起重要作用。该体系包括三个最重要的指标,其含义和计算方法在前述有关章节均有介绍。

1. 投资回收期　生产技术改造项目的投资回收期应短于标准投资回收期,该项目才可行。生产技术改造项目的标准投资回收期因行业、生产性质和技术特点而异,由国家有关部门确定。一般可参考新建项目的行业或部门平均投资回收期。

2. 投资收益率　生产技术改造项目的投资收益率应高于或等于标准投资收益率,其指标越高越好。通常标准投资收益率可参考行业的平均收益率,或者使生产技术改造项目投资收益率高于银行贷款利率。

3. 贷款偿还期　当生产技术改造投资是利用贷款或部分投资利用贷款时,应计算贷款偿还期。该偿还期应比出贷方要求的偿还年限短,越短越好。

（二）辅助指标体系

辅助指标体系是根据生产技术改造的具体情况而选用的指标，在生产技术改造决策时起参考作用。辅助指标体系中通常采用的指标如下。

1. 生产技术改造后增加品种、提高产量的收益　这种收益可用增加的总产值计算：

$$S = \sum_{i=1}^{n} Q_i p_i - S_0 \tag{8-1}$$

式中，S 为生产技术改造后增加的总产值（销售收入或利润）；Q_i 为第 i 种产品的年产量或销售量；p_i 为第 i 种产品的不变价格或单位利润；S_0 为生产技术改造前的实际总产值（销售收入或利润）；n 为产品种类数。

2. 生产技术改造后提高劳动生产率、节约劳动力和工时的收益　如果生产技术改造前后产品品种相同，则收益为

$$R = \left(\frac{q_1}{q_0} - 1 \right) \times 100\% = \left(\frac{h_0}{h_1} - 1 \right) \times 100\% \tag{8-2}$$

式中，R 为生产技术改造后劳动生产率提高的百分率；q_0 为生产技术改造前的产量定额；q_1 为生产技术改造后的产量定额；h_0 为生产技术改造前的工时定额；h_1 为生产技术改造后的工时定额。

如果生产技术改造前后产品品种不同，则收益为

$$R = \left(\frac{S_1 / N_1}{R_0} - 1 \right) \times 100\% \tag{8-3}$$

式中，S_1 为生产技术改造后的总产值；N_1 为生产技术改造后的平均职工人数；R_0 为生产技术改造前的劳动生产率。

对于劳动力和工时的节约，由于生产技术改造前后的产量和产值不同，应以相对节约率计算：

$$M = N_0(1 + \Delta S) - N_1 \tag{8-4}$$

式中，M 为生产技术改造后劳动力或工时相对节约量；N_0 为生产技术改造前所用人工数；N_1 为生产技术改造后所用人工数；ΔS 为生产技术改造后产值增加的百分率。

3. 生产技术改造后提高产品质量和减少废品带来的节约收益

$$G = \left(\frac{r_0}{1 - r_0} - \frac{r_1}{1 - r_1} \right) \times (c' - w) \tag{8-5}$$

式中，G 为产品合格率提高带来的单位产品节约额；r_0 为生产技术改造前的废品数；r_1 为生产技术改造后的废品数；c' 为单位废品平均成本；w 为单位废品回收价值。

对于产品合格率，提高所带来的年节约额 A 可按如下公式计算：

$$A = Q_1 G \tag{8-6}$$

式中，Q_1 为生产技术改造后的年合格品产量。

4. 生产技术改造后节约原材料、能源、工具及其他物资的收益

$$K = \left(\frac{E_0}{E_1} - 1 \right) \times 100\% \tag{8-7}$$

式中，K 为生产技术改造后，单位产品原材料和能源的消耗降低率；E_0 为生产技术改造前原材料和能源的消耗定额；E_1 为生产技术改造后原材料和能源的消耗定额。

以绝对量表示为

$$V = E_0 P_0 - E_1 P_1 \tag{8-8}$$

式中，V 为生产技术改造后单位产品原材料和能源的节约金额；P_0 为生产技术改造前所用原材料和能源的单价；P_1 为生产技术改造后所用原材料和能源的单价。

5. 生产技术改造后降低成本的收益

$$C_R = \left(1 - \frac{C_1}{C_0}\right) \times 100\% \tag{8-9}$$

式中，C_R 为生产技术改造后可比产品成本的降低率；C_1 为生产技术改造后预计单位产品的成本；C_0 为生产技术改造前单位产品的成本。

上述 5 项辅助指标尚不能涵盖所有情况，应根据具体情况增加或减少一些指标。

四、生产技术改造项目的社会经济效益

生产技术改造效益的评价除上述企业经济效益外，还应包括社会经济效益的评价。生产技术改造项目的社会经济效益评价包括如下内容。

1. 替代进口产品，节约国家外汇支出　研制出新的产品，使国家减少或停止同类产品的进口，减少了外汇支出。尽管这些外汇节约额不是企业的实际收入，通常不计入企业效益中，但属于生产技术改造项目的社会经济效益。

2. 产品进入国际市场，为国家多创外汇　产品竞争能力增加，销售进入国际市场或扩大国际市场的份额，增强了国家的创汇能力，取得更多的外汇收入，这也是社会经济效益的重要内容。

3. 产品生产的消耗降低，原材料和能源利用率提高　生产技术改造后生产消耗降低，提高了原材料的利用率，节约了能源，不仅具有企业经济效益，还具有社会经济效益。

4. 产品质量改善，使用成本降低，使用寿命延长　通过生产技术改造，改善了产品质量，降低了维护和使用费用，延长了产品使用寿命。在产品价格基本不变或略有提高的情况下，为产品的使用者带来新增的经济效益，也提高了企业的信誉。

5. 减少环境污染，提高废旧物之综合利用率　减少或消除生产对环境的污染，改善了生活环境，有利于大众的健康，给社会创造收益。同时，也有利于企业的可持续发展。

6. 改善劳动生产条件，有利于劳动者的健康　生产技术改造使劳动强度和劳动条件改善，使劳动者在更为适宜的环境中工作，有利于提高工作效率，有利于劳动者的身心健康，既能带来企业的经济效益，也能带来积极的社会经济效益。

7. 增加产品品种，更好地满足社会需求　通过生产技术改造，增加产品品种、花色和规格，不仅提高了企业自身的市场竞争力，也能更好地满足用户需求，适应社会经济发展的需求，给相关企业和社会带来经济效益。

8. 推广新技术，促进行业技术进步　采用新技术、新工艺和新设备，在给本企业带来良好经济效益的同时，也作为推广新技术的示范，促进同类企业进行生产技术改造，从而有利于行业和技术进步。

以上 8 个方面，并不是每一项生产技术改造项目都会涉及，在评价其社会经济效益时，应根据项目的具体情况进行选取。

五、综合案例分析

案例 8-1　某制药企业污水处理技术改造工程分析

某制药企业每天处理污水量约为 2500m³，目前按照分类分质处理方式，采用"预处理 + 厌氧折流板反应器（ABR）+ 好氧"的处理工艺，具体如下：①高浓度废水进入高浓度调节池，泵入

预处理池，用 $FeSO_4 \cdot 7H_2O$ 为催化剂的 Fenton 试剂法进行催化氧化后进入中间池，再经 pH 调节、混絮凝、沉淀，最终去调节池进行生化处理；②中浓度废水进入中浓度调节池，泵入预处理池经预曝气后进入中间池，再经 pH 调节、混絮凝、沉淀，最终去调节池进行生化处理；③低浓度废水经除臭池氧化除臭后，汇同经预处理后的高浓度废水、中浓度废水，排入厂区生化处理装置处理；④生化部分采用连续进水方式运行，将集水池水泵入 ABR 池、经好氧池、二沉池处理，进入清水池经过滤后排放；⑤生化污泥部分回流到中间池，剩余污泥进入污泥池，经板框压滤后将泥饼外运。

已知处理后的废水虽能达到排放标准，但存在氧化剂用量大、物化污泥产量大、运行成本费用高的问题。

讨论

找寻关键：预处理技术是降低运行费用及污泥产量的关键影响因素。

技术改造方式：拟通过对局部工艺过程进行技术改造完成污水处理站的升级改造，即利用原有生化装置，采用多维电催化技术和连续化工艺进行局部技术改造。

技术改造工艺特性分析：技术改造所采用的工艺技术具有以下先进性：①电催化技术是环境友好型技术，反应条件温和，无须外加药剂，只消耗电能，在反应过程中无污泥产生等，不会引起二次污染，减少了日常运行费用及人工支出；②电催化装置成套化，占地面积小，适用于较小水量及水质波动较大的废水处理；③电催化能源利用率超过95%，产生的氧化剂氧化能力极强，可去除有机物和打破分子结构，提高后续处理的可生化性，增加碳硫比，同时具有很好的脱色、降毒效果；④可通过电极结构高效催化物质，污染物去除率高。

可行性分析：若采用该工艺技术改造，污水处理中过氧化氢（双氧水）、硫酸亚铁的使用可降低80%以上，运行成本降至每立方米12元，年节约运行费用1200万元。另外，该技术项目不需新增土地，可充分利用现有污水处理设施，从而减少了该项目的投资。

技术改造后的处理工艺分析：厂区工艺废水及其他废水经车间收集管网收集至各储存池，储存池 1#、2#、3#、4#中废水分别经提升泵至电催化还原氧化装置，利用电解催化反应过程中生成的强氧化成分（羟自由基、超氧负离子、过氧化氢等），与废水中的有机污染物快速发生链式反应，进行氧化降解，有效降低废水的生物毒性，增加碳硫比。经电化学系统处理后的废水进入生化调节池；生化调节池内实现预处理出水与二沉回流水的混合均匀，污水通过泵输送至 ABR 两相厌氧反应器、缺氧/好氧系统。好氧池出水自动流入二沉池，通过沉淀作用，进一步去除废水中的细小悬浮物，出水可达标排放，否则进入 Fenton 反应段进行深度处理，达到去除 COD 的目的；系统产生的生化污泥经污泥泵提升至各自污泥浓缩池，再经脱水后外运处理。

技术改造结果评价：电催化氧化装置投入使用后，可以替代现有 Fenton 氧化处理工艺和石灰、氢氧化钠调节 pH、混凝沉淀等，大幅降低了处理时间和运行成本。采用该改造技术工艺不仅可以降低公司环保装置的运行成本，更重要的是消除了公司的环保风险，可提高产品效益。

小结

（1）生产技术改造是采用先进的、适用的新技术、新工艺、新设备等对现有设施、生产工艺条件进行的改造。

（2）生产技术改造能够在有效避免重复建设的同时提高企业的效益和竞争力，具有投资少、工期短、见效快的特点。

学习思考题（study questions，SQ）

SQ8-2　生产技术改造的经济评价指标有哪些？

SQ8-3　如何选择适宜的生产技术改造方案？

第三节　设备更新及其经济计算

设备更新（equipment update）是指对在技术或经济上不宜继续使用的设备，用新的、比较先进的设备进行更换，或用先进的技术进行改造。对于制药企业而言，设备是其维持经营活动的重要物质基础，设备性能的优劣与技术水平的高低对企业的生产规模与经济效益具有决定性的作用。而在设备更新的过程中，则存在着多种方案的优选问题，不同的方案具有不同的经济效果，如何利用技术经济学的理论与方法解决设备更新过程中多个环节的技术决策，对制药企业的经济效益具有重要意义。

一、设备磨损的含义及估算

设备在使用或闲置的过程中由于内在和外在的多种因素会逐渐发生磨损，造成其价值与使用价值不断降低。要使设备更好地发挥作用，就需要研究和掌握设备的磨损规律，才能适当地对设备进行价值和性能的补偿，正确地制定更新决策。

设备的磨损（equipment wear）通常有两种形式，即有形磨损（physical wear）和无形磨损（immaterial wear），它们各有其特点。

（一）设备的有形磨损

设备在使用或闲置的过程中发生的实体磨损称为有形磨损或物质磨损。设备的有形磨损根据其成因分为以下两类。

（1）第一类有形磨损是设备在使用过程中，由于受到外力作用，其零部件会发生机械的磨损、振动、变形和疲劳，以及热应力和化学腐蚀等，造成设备实体上发生磨损。这类磨损与设备使用的时间和强度有关，其具体特征表现在设备尺寸与形状的改变、精度或零部件损坏；其造成的后果是会使设备的精度、性能降低，生产率下降，能耗增加，严重时甚至会造成事故或导致设备报废等。该类磨损在不严重时通常可通过修理（如更换零部件、采取加固措施等方法）来消除部分磨损，但不能使它恢复到与新设备一样的状况。

（2）第二类有形磨损是设备在闲置未用时由于自然力的作用而产生的设备的老化、腐蚀、锈蚀等损耗，从而形成对设备的有形磨损。显然，该类磨损与设备是否使用无关，注意设备的维护和保养，可以减少或延缓该类磨损。

（二）设备的无形磨损

设备磨损的另一种方式为无形磨损。有形磨损反映了设备技术性能的下降，而无形磨损则反映了设备经济价值的降低。通常，在设备受到有形磨损的同时，也存在无形磨损。根据发生的原因，无形磨损也可分为两种。

第一种是由于设备制造工艺的不断改进、自动化水平的不断提高等原因，使得生产同样设备的社会平均必要劳动消耗降低，如成本降低，从而造成原有设备的贬值。但是，设备本身的技术特性和功能，即其使用价值并未发生变化，设备依然可以继续使用。

第二种是由于技术进步与创新，出现了结构更新颖、技术性能更完善、具有更高生产率和经济性的设备，使原有设备显得性能落后、技术陈旧、技术经济指标较差，从而使用价值和经济价值表现为相对较低。如果继续使用原设备，将会降低生产的经济效益，此时应该用性能更好的设备取代原有设备，即设备的更换或现代化改装。

二、设备磨损的补偿

由于发生了设备的磨损，引起设备的使用价值或价值的降低，为了维持生产的运行，应采取一定的措施对设备的磨损进行补偿。由于设备磨损的形式和程度不同，补偿方式（compensation method）和方法也相应地不同。一般地，补偿的方式大概有大修理（major repair）、更换（replacement）和技术改造（technical innovation）三种方式。其中大修理和技术改造都是部分补偿，更换则可以实现完全的补偿。

1. 大修理　是制药设备在使用后，为了恢复原有的功能和生产效率而进行的全面修理。它是通过调整、修复或更换磨损的零部件的方法，使设备的性能完全或基本恢复到原有的水平。大修理是对设备有形磨损的补偿，只对磨损的零部件进行修复和更换，另外一些没有磨损或磨损不大的零部件可继续使用。所以，大修理的费用通常小于设备更换的费用，具有经济性。

2. 设备更换　对于某些设备或零件，所发生的磨损不易消除，如材料老化、零件损坏等，此时必须更换新的设备与零件，即用生产效果相同的新设备替换已遭受严重物理磨损而不能继续使用的旧设备。这种更换主要是完全补偿设备的有形磨损，没有技术进步的作用。

3. 技术改造　大修和更换是设备磨损补偿或设备更新的两种方式（图 8-1），但前者对设备磨损的补偿是有限的，而后者的实施也涉及两个问题：一是国家能否及时提供制药行业更换所需的新设备；二是旧设备一律更换是否最合算，或企业是否有足够的能力支付设备更换所需的资金。因此，前述两种方式都具有一定的局限性。另一种既能补偿有形磨损又能补偿无形磨损的设备更新方式，就是技术改造。

技术改造是指应用现代的技术成果，适应生产的具体需要，局部改变现有设备的结构，给设备换上新部件、新装置、新附件，改善现有设备的技术性能，使之部分或全部达到新型设备的性能水平。技术改造具有很强的针对性和适用性。经过技术改造的设备更能适应生产的具体条件。在某些情况下，其适应的程度甚至可以超过新设备。

由于技术改造是以原有设备为基础的，原有设备的不少零部件都可继续使用，因而，所需费用一般都比更换新设备要少，经济效益比较好。也正是因为技术改造具有技术上和经济上的优越性，所以，它是提高制药企业生产效率的有效措施，特别是对资金不足的老企业尽快改变生产落后的状况有重要作用。

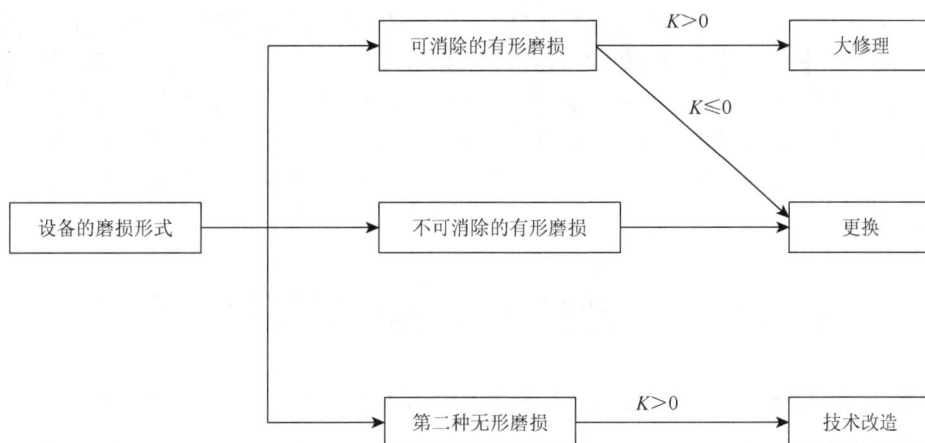

图 8-1　设备磨损的补偿方式

需要指出的是，以上三种磨损的补偿方式是相辅相成的，并没有绝对的界限。例如，我们一般在进行设备的修理时，对其中的一些易耗品，磨损程度严重的零件需要更新，如果有更加先进、耐用、经济的新零件，也可以考虑对这些零件进行技术改造。同样，当我们对设备进行更新时，一般是指对设备的核心部件与重要部件进行更新，而对旧设备中的部分零部件还可以通过修理继续使用。对于给定的设备或零部件，究竟采用哪一种方式进行补偿，需要根据磨损的性质与程度采用经济评价的方法来确定。

三、设备更新的作用

设备是企业进行现代化生产的重要物质和技术基础，其先进性是衡量一个国家或企业生产技术水平的重要标志。当设备使用到一定年限后，随着设备的磨损和老化，设备的性能下降，经营费用逐年增加，影响到设备的经济性，更严重者可能威胁生产的安全性。此时，我们就应该考虑设备的更新问题。就实物形态而言，设备更新是使用新的设备代替原来的旧设备；就价值形态而言，它使原有设备在运转中消耗掉的价值在设备更新中重新获得补偿。

制药企业发展的过程也就是其自身不断更新的过程，这种自身更新的明显标志之一就是设备的更新。所以，设备更新具有重要意义。

1. 设备更新是有效提高我国生产技术水平的重要途径 经过几十年的建设，我国已具备较为完整的工业体系和较好的工业基础。但同时也应看到，不少企业的设备仍较为落后，产品老化，已成为制约其继续发展和生存的问题。采用设备更新的方式，对老企业进行改造，投资少、见效快，是一条有效的途径。通过设备更新注入现代科学技术的新鲜血液，提高我国的生产技术水平，是推动我国经济继续高速发展的重要条件。

2. 设备更新是提高制药企业经济效益的重要手段 设备和技术是制药企业生产的物质基础，是衡量生产技术水平的重要标志，从而决定了劳动生产率和经济效益的高低。利用原来的基础，适时、适度地进行设备更新，投资小、收益大，可以取得比新建项目更佳的经济效益，是提高我国制药企业经济效益有效的手段之一。但制药企业的设备更新是一动态过程，影响设备更新的因素也较多。适时地设备更新，比较和选择最适宜的更新方式，为更新决策提供依据，才能取得最大经济效益。

3. 设备更新是我国经济继续发展的重要物质基础 由于技术装备是现代工业生产的重要物质和技术基础，经济的发展要求必须不断进行设备更新，增强发展的实力，为社会经济的快速发展提供重要的物质和技术保障。第一次世界大战前，英国和法国曾是发展最早的国家，但由于其旧设备的沉重包袱，过分依赖已经陈旧但仍可使用的设备和技术，不愿投入现代化更新所需的巨额投资，其结果是生产停滞不前。而同一时期的美国、德国则积极采用新技术、新工艺和新设备，结果只用几十年时间就赶超英国和法国。第二次世界大战以后，日本将国民收入的大部分用来改善和更新设备的投资，从而使工业获得迅猛发展。发达国家的经济发展过程证明，要保证工业快速的发展，必须进行设备的更新。

第四节　设备经济寿命的计算原理及方法

在进行设备更新时，制药企业必须确定当设备磨损或老化到什么程度时进行更新最为经济，这就需要管理者从技术经济学的角度考虑，对设备的经济寿命进行计算，以确定相关决策。

一、设备寿命的基本含义

由于设备磨损的存在，设备的使用价值和经济价值逐渐消逝，最终停用或者被淘汰，因而设备都具有一定的寿命，或称使用年限。在技术经济分析中，设备寿命可划分为如下几个范畴。

（1）自然寿命或物理寿命（physical life）：设备自然寿命或物理寿命是设备从开始使用，直到不能工作而报废的时间。物理寿命主要取决于设备抵抗有形磨损的能力，而与无形磨损无关。良好的维护保养和适时维修可以延长其物理寿命。

（2）技术寿命（technical life）：技术寿命是指设备从开始使用到被技术上较先进的新设备所取代的时间。技术寿命主要受第二种无形磨损的影响，而与有形磨损无关。科学技术发展越迅速，技术寿命越短。有的设备可通过生产技术改造延长其技术寿命。

（3）经济寿命（economic life）：是指设备从开始使用到因磨损而继续使用经济性降低所经历的时间，或年均经济性最高的使用期限。经济寿命既考虑了有形磨损，又考虑了无形磨损，是设备的最佳或最经济的使用期限，合理的更换方案应以它为基础。

（4）折旧寿命：折旧寿命是为设备折旧而规定的设备使用时间，折旧寿命在西方又称为纳税寿命或会计寿命，因折旧对纳税有影响，折旧寿命由财税部门规定。我国设备的折旧寿命通常由国家相关主管部门规定。

二、经济寿命计算原理

如前所述，设备的经济寿命是继续使用到已不再经济的年限，也就是应予以更新的年限。设备更新有大修理、更换和技术改造三种方式。对于某一设备，用什么方式更新，在什么时间更新最适宜等问题，都必须以设备的经济寿命为基本依据，做出适时更新的决策。根据经济寿命的概念可知，经济寿命是从经济学的角度考察设备使用的合理时间界限。为此，计算设备的经济寿命必须考察设备使用过程中所发生的收益和费用情况，了解其变化规律。

设备在使用过程中，从经济上看，一方面随着使用时间的延长，设备的磨损程度逐渐增大，造成设备的技术性能也逐渐劣化，效率降低，维修量增大，平均年运行费用逐渐增大，从而使平均年收益逐渐减少。另一方面，随着时间的延长，设备投资分摊到每年的数额，即平均折旧额减少。可见，年平均维持费和年平均折旧费对平均年净收益有着不同影响，并随着设备使用时间的延长发生相应的变化，如图 8-2 所示。

年均净收益曲线是年均收益曲线与年均折旧费曲线之差，故其是一条上凸的曲线，存在着极大值。极大值所对应的是设备的使用年限 n_{opt}，即设备的经济寿命。它表明，当设备的使用年限等于设备的经济寿命时，设备产生的年均净收益最大。而超过经济寿命时，由于年均净收益下降，就可考虑设备的更新或更换。此外，如果设备的使用年限不到设备的经济寿命，由于平均分摊到各年的折旧费用增大，致使设备的年均净收益受到不利影响，此时，更换设备也可能是不合适的。

为了计算设备的经济寿命，我们也可以从设备的年均总成本的变化来考察。在图 8-3 中，年均总成本曲线是年均折旧费和年均维持费曲线之和，是一条下凹的曲线，有极小值存在。该极小值所对应的是设备的使用年限 n_{opt}，即设备的经济寿命。

从上述分析可知，年均净收益和年均总成本都随着设备使用年限而变化，且有极大值或极小值存在。只要求出极大值或极小值所对应的年限，即可知道设备的经济寿命。

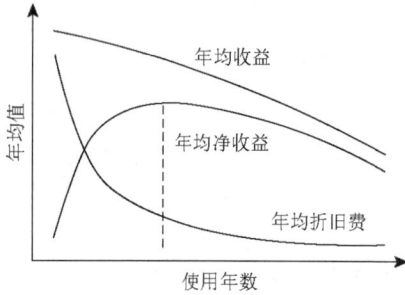

图 8-2　年均净收益的变化示意图

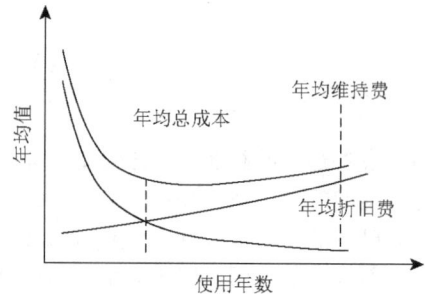

图 8-3　年均总成本的变化示意图

三、经济寿命计算方法

（一）年均费用法

该方法是将设备的维持费、折旧费逐年列出，计算出各年的总费用，以及到某年为止的年平均费用。最小年平均费用所对应的年限即为设备的经济寿命。

在不考虑资金的时间因素时，计算公式为

$$AC_t = \frac{\sum_{i=1}^{n} C_t + D_t}{t} \tag{8-10}$$

式中，AC_t 为设备使用 t 年条件下的平均费用；C_t 为设备第 t 年的维持费；D_t 为设备使用至第 t 年的累计折旧费。

如果考虑资金的时间因素，计算公式为

$$AC_t = [I_0 - S_t(P/F,i,t) + \sum_{i=1}^{n} C_t(P/F,i,t)] - (A/P,i,t) \tag{8-11}$$

式中，I_0 为设备原值；S_t 为第 t 年时设备的残值；$(P/F, i, t)$ 为一次支付现值系数；$(A/P, i, t)$ 为资金回收系数。

由上述公式计算出设备使用到不同年限时的年均费用 AC_t，其中最小 AC_t 所对应的年限就是设备的经济寿命。

案例 8-2　购置某制药过程的混合设备的原值为 15 000 元，各年的维持费及各年底的设备残值列于表 8-1 中。试分别考虑资金的时间因素和不考虑资金的时间因素，计算该设备的经济寿命。

表 8-1　案例 8-2 的已知数据

	使用年数 t						
	1	2	3	4	5	6	7
年维持费 C_t	1500	1780	2100	3150	3900	5500	7200
年末残值 S_t	12 000	10 200	8400	7600	4200	2500	990

解：（1）不考虑资金的时间因素

在不考虑资金的时间因素时，可应用式（8-10）

$$AC_t = \frac{\sum_{t=1}^{n} C_t + D_t}{t}$$

式中，$D_t = I_0 - S_t$，所以各年的年均费用计算如下。

第一年

$$AC_1 = \frac{C_1 + (I_0 - S_1)}{1}$$
$$= \frac{1500 + (15\,000 - 12\,000)}{1} = 4500\,(元)$$

第二年

$$AC_2 = \frac{C_1 + C_2 + (I_0 - S_2)}{2}$$
$$= \frac{1500 + 1780 + (15\,000 - 10\,200)}{2} = 4040\,(元)$$

第三年

$$AC_3 = \frac{C_1 + C_2 + C_3 + (I_0 - S_3)}{3} = 3993\,(元)$$

其余各年用同样的方法计算出年均费用，见表8-2。

表8-2　案例8-2不考虑资金的时间因素的计算结果

	使用年数 t						
	1	2	3	4	5	6	7
年均费用 AC_t（元）	4500	4040	3993	3983	4646	5072	5591

从表8-2可见，第4年时的平均费用 AC_t 最小，故该设备的经济寿命是4年。

（2）考虑资金的时间因素

设基准收益率为10%，在此条件下，应用式（8-11），各年的年均费用计算如下：

第一年

$$AC_1 = \left[I_0 - S_1\left(\frac{P}{F}, 10\%, 1\right) + C_1\left(\frac{P}{F}, 10\%, 1\right) \right]\left(\frac{A}{F}, 10\%, 1\right)$$
$$= [15\,000 - 12\,000 \times 0.9091 + 1500 \times 0.9091] \times 1.100$$
$$= 6000\,(元)$$

第二年

$$AC_1 = \left[I_0 - S_2\left(\frac{P}{F}, 10\%, 2\right) + C_1\left(\frac{P}{F}, 10\%, 1\right) + C_2\left(\frac{P}{F}, 10\%, 2\right) \right]\left(\frac{A}{P}, 10\%, 2\right)$$
$$= [15\,000 - 10\,200 \times 0.8265 + 1500 \times 0.9091 + 1780 \times 0.8265] \times 0.5762$$
$$= 5479\,(元)$$

其余各年的计算过程和结果列于表8-3，从表中可以看出，第4年的平均费用 AC_t 最小，所以，经济寿命是4年。

表8-3　案例8-2考虑资金的时间因素的计算结果

使用年数 t	现值因子 （$P/F, 10\%, t$）	$\sum C_t(P/F, 10\%, t)$（元）	$S_t(P/F, 10\%, t)$（元）	年值因子 （$P/F, 10\%, t$）	年均费用 AC_t（元）
1	0.9091	1364	10 909	1.100	6000
2	0.8265	2835	8430	0.5726	5479
3	0.7523	4415	6319	0.4021	5266

使用年数 t	现值因子 （P/F,10%,t）	$\sum C_t(P/F,10\%,t)$（元）	$S_t(P/F,10\%,t)$（元）	年值因子 （P/F,10%,t）	年均费用 AC_t（元）
4	0.6830	6566	5191	0.3155	5166
5	0.6209	8988	2608	0.2638	5640
6	0.5645	12 093	1411	0.2296	5819
7	0.5132	15 788	508	0.2054	6220

（二）低劣化数值法

随着设备使用时间的延长，设备磨损程度增加，使设备维持费用增加，称为设备的低劣化。前述方法需要较准确地估计因设备低劣化造成的逐年的各项费用，这往往比较困难，而且计算过程比较烦琐。为了简便，可假定每年的设备低劣化程度增加量是均等的，即维持费用呈线性增长。设每年的增加额为 λ，第 t 年的增加值为 $t\lambda$，而 t 年内的平均值为

$$\frac{\lambda+2\lambda+\cdots+t\lambda}{t}=\frac{t+1}{2}\lambda \tag{8-12}$$

设备的年均总费用则为

$$AC_t=\frac{t+1}{2}\lambda+\frac{I_0-S}{t} \tag{8-13}$$

根据经济寿命的概念，使 AC_t 最小的年份就是设备的经济寿命 T_{opt}。可对 AC_t 进行微分，并令

$$\frac{dAC_t}{dt}=0$$

则得

$$T_{opt}=\sqrt{\frac{2(I_0-S)}{\lambda}} \tag{8-14}$$

相应的最低年均费用为

$$AC_{min}=\frac{T_{opt}+1}{2}\lambda+\frac{I_0-S}{T_{opt}} \tag{8-15}$$

案例 8-3　在案例 8-1 中，各年维持费用累计为 25 130 元，利用式（8-12）可估算出年低劣化值 $\lambda=896$ 元。试用低劣化数值法，求设备的经济寿命和最低年平均总费用。

解：将有关数据代入式（8-14）中，可得该设备经济寿命为

$$T_{opt}=\sqrt{\frac{2(I_0-S)}{\lambda}}=\sqrt{\frac{2\times(15000-990)}{896}}=5.6（年）$$

根据式（8-15），可求出相应的最低年平均费用为

$$AC_{min}=\frac{T_{opt}+1}{2}\lambda+\frac{I_0-S}{T_{opt}}=\frac{5.6+1}{2}\times896+\frac{15000-990}{5.6}=5459（元）$$

（三）现有设备的剩余经济寿命

上述介绍的方法为确定设备的经济寿命或最优更新年限提供了重要的手段，能够在最适宜的时间内更新设备。利用上述方法不仅可确定新设备的经济寿命，也可以确定现有设备的剩余经济寿命，

以利于把握适宜的更新时机。现有设备剩余经济寿命的计算原则和方法与新设备是一样的，可以将现有设备也看作一台新设备，只需将现有设备的残值看作是假想的新设备的原值，便可利用上述方法计算剩余经济寿命。

案例 8-4　设案例 8-2 中的设备已使用了两年，现在尚值 10 200 元，最终残值仍为 990 元。低劣化数据经过重新计算得出 $\lambda = 1456$ 元。求该设备的剩余经济寿命。

解：因 $I_0 = 10\ 200$ 元，$S_t = 990$ 元，代入式（8-14）得

$$T_{\mathrm{opt}} = \sqrt{\frac{2(I_0 - S)}{\lambda}} = \sqrt{\frac{2 \times (10\ 200 - 990)}{1456}} = 3.5\,(年)$$

从案例 8-3 或案例 8-4 可知，若是新设备，经济寿命应为 5.6 年。但本案例假设已用了两年，故剩余经济寿命为 5.6–2 = 3.6 年，与本案例计算结果比较一致。

四、设备更新的决策与分析

设备更新有原型更新和技术更新两种形式，其中原型更新是指用相同的设备去更换有形磨损严重、不能继续使用的旧设备；而技术更新是指用较经济和较完善的新设备来更换那些技术上不能继续使用或经济上不宜继续使用的旧设备。

设备在使用过程中，因设备维修费用特别是大修理费用及其他运行费用不断增加，即使还没有更先进的设备出现，此时进行原型设备的替换，在经济上往往也是合算的，即原型更新的决策问题，在这种情况下，可以通过分析设备的经济寿命进行决策。而对于技术更新而言，它是在技术不断进步的条件下，由于第二种无形磨损的作用，很可能在设备运行成本尚未升高到应该用原型设备替代之前就已经出现了工作效率更高和经济效果更好的设备。对于这类设备更新的决策，除考虑对技术进步的促进作用外，还应能获得较好的经济效益。这时，应重点解决以下两个问题：第一，设备在什么时间更新，即设备更新的时机；第二，当有多种更新方案时，采用哪种更新方案更为合理，此时类似于多个投资方案优选的技术经济决策。需要强调的是，制药企业的设备更新是一动态过程，影响设备更新的因素也较多。适时进行设备更新，比较和选择最适宜的更新方式，为更新决策提供依据，才能取得最大的经济效益。

▌（一）设备更新的时机

设备更新时机的选择与经济效益密切相关。选择最佳更新时机是取得最大经济效益的必要条件。设备更新时机的选择，常用以下几种方法。

1. 根据设备的经济寿命来确定　当设备使用至经济寿命时，若继续使用，年均经济效益降低，经济上已不再最合算，因而，选择设备经济寿命的年限为最佳更新时机，这是最常用的设备更新时机的选择方法，有关设备经济寿命的确定，已在前文介绍。

2. 根据寿命期内总使用费最低来确定　在有的情况下，如果已知设备需要服务的年限、正在使用和拟更新设备的使用寿命及费用，应根据两设备在需要服务期内总使用费用最小的原则，确定设备更新的时机，其结果可能与设备的经济寿命不一致。

3. 根据市场需求和技术发展来确定　在科学技术更加快速发展的时代，一些行业或一些类别的设备更新速度加快。在这种形势下，某些设备虽然暂时能创造较高的经济效益，尚未达到设备的经济寿命，但在技术上将很快变得落后。为始终保持本行业技术方面的先进性，并使其具有很强的市场竞争力，选择适当时机更新设备，此时的淘汰设备仍可能有较高的残值。这种时间—效益—市场的考虑迫使企业更新其设备。

（二）设备更新方案的评价与选择

制药生产过程通常是由若干台设备或几套单元操作装置构成，一台或一套单元操作设备仅是整个生产过程中的一个环节，设备更新不仅对所在环节产生效果，也将对整个生产系统产生效果。所以，在对具体的设备更新进行评价时，既要考虑更新设备本身的投入与效益，即局部评价（partial evaluation），也要评价该设备更新对整个生产系统投入与效益的影响，即系统评价（system evaluation）。

1. 局部评价 根据前述的讨论，对于设备的更新，有以下五种方案可供选择。

（1）旧设备原封不动继续使用。

（2）旧设备大修理。

（3）技术改造。

（4）用原型新设备更换旧设备。

（5）用效率更好的新设备更换旧设备。

2. 系统评价 对设备进行更新是为了消除生产过程中的薄弱环节，维持正常的生产或提高生产效率和规模。因而，评价设备更新的经济效果时，除了考虑所更新设备的得失外，还必须将它作为生产过程中的一个环节，分析它的更新对整个生产过程经济效果的影响。例如，在考虑反应器的温度控制调节设备的更新时，可选用半自动控制和微机激动控制两种方案。从投资和运行费用来分析，选用半自动控制的方案较优。但如果采用微机自动控制，使反应器的温度控制和调节更趋于最佳化，能较好地适应原料组成的变化，提高反应收率，也可减少后期分离过程的费用，使生产过程的单位产品费用比采用半自动控制更低。所以，设备更新时，还应进一步从系统的角度比较和分析各个方案的效果。

从系统角度比较更新方案的经济型，可采用如表 8-3 所示的指标。

表 8-3　比较更新方案的指标

指标名称	更新方案		
	大修理	现代化改造	更换
基本投资（元）	K_r	K_m	K_n
设备年生产率（吨/年）	q_r	q_m	q_n
单位产品成本（元/吨）	C_r	C_m	C_n

在多数情况下，大修理、现代化改装和更换之间有下述关系：$K_r < K_m < K_n$；$C_r > C_m > C_n$；$q_r < q_m < q_n$。

五、综合案例分析

案例 8-5 某制药企业液体灌装设备（每支 10ml）的技术改造与更新项目。

某制药企业液体制剂车间的 A 型液体灌装包装机于 2012 年投入使用，累计作业时间已达 3000 多小时，且现有设备的自动化程度较低，导致产品生产周期长、质量不稳定、废品率高、人工成本高。企业从包装机的现状、作业的经济性等角度考虑，计划对现有设备进行改造或更新。

已知企业目前提出了两种方案：①将现有灌装机及配套设备出售，引入 B 型塑料成瓶灌封包装机及相应的配套设施，建立新生产线，进行设备更新。②对目前的手动灌装机进行技术改造并引入相应的配套设备，提高其自动化程度；现有设备更新或改造后的有关技术指标对比见表 8-4。

表 8-4 设备更新或改造后设备的技术指标对比

设备类型	工作电压	功率/kW	生产能力	技术特点
改造后的 A	3/N AC380/220	0.75	每分钟 30～40 支	灌装分 6 道工序完成，工艺流程长，改造一次性投入小
B	3/N AC380/220	12	每分钟 10～18 板（10 支/板）	灌装一次完成，工艺流程短，更新一次投入大

分析

1. 找寻关键 在技术方案允许的条件下，设备的技术改造与更新决策问题就转变成了技术经济问题，需要通过经济分析来提供依据。

2. 技术经济分析

（1）生产能力不变时更新与改造方案的技术经济分析

在不改变企业的目前生产能力的情况下，较好的分析方法是年平均总成本法，即比较技术改造和更新两种方案的年均成本，以较低的年平均成本作为最优方案。

技术经济分析的相关初始数据收集整理如下。

方案 I（即设备更新）投入情况：购置新设备累计需要投入 62.4 万元，新设备投入运行后预计 20 年（预计使用寿命）总的人力成本折现值为 96 万元（按现行工资成本计算），电力消耗总额为 13.0594 万元（按现行价格计算），运行消费税后滑油消耗第 1 年为 0.0379 万元，此后预计每年递增 0.0125 万元。每年折旧抵税为 2.4710 万元，残值变现收入为 1.872 万元，残值变现净损失抵税为 0.2059 万元。

方案 II（即设备技术改造）的投入情况：旧设备变现价值为 3 万元，旧设备变现收益增税为 0.4686 万元，库存备件处理变现价值为 0.5210 万元，旧设备改造投资为 7.16 万元，改造后的人力成本为 129.6 万元，改造后的电力消耗为 2.4909 万元，改造后第一年的滑油消耗为 0.1003 万元，以后每年递增 0.0125 万元。改造后大修理消耗为 2.4213 万元，残值变现收入为 0.2148 万元，残值变现净损失抵税为 0.023 61 万元。基准收益率定为 15%，改造设备使用寿命以 15 年计。

采用寿命期内年平均总成本法计算，两方案的年平均总成本计算如下：

AC_I = 62.4×(A/P, 15%, 20) + 96×(A/P, 15%, 20) + 13.0594×(A/P, 15%, 20) + 0.0379 + 0.0125×(A/G, 15%, 20) + 1.9053 × (A/P, 15%, 20)–2.4710 × (P/A, 15%, 8) × (A/P, 15%, 20) –1.872 × (A/F, 15%, 20) –0.2059×(A/F, 15%, 20) = 26.0163（万元）

AC_{II} = 3×(A/P, 15%, 15) + 0.4686×(A/P, 15%, 15) + 0.5210×(A/P, 15%, 15) + 7.16×(A/P, 15%, 15) + 129.6 × (A/P, 15%, 20) + 0.4265 + 0.1003 + 0.0125 × (A/G, 15%, 15) + 2.4213 × (A/P, 15%, 15) –0.2835×(A/P, 15%, 15) –0.0373–0.02361×(A/P, 15%, 15) = 24.9132（万元）

显然 $AC_I > AC_{II}$，说明在设备寿命期内年平均总成本方案 II 较方案 I 略低，此种情况下一般可认为方案 II 较优。但是两个方案的经济对比优势不是十分明显。由于上述的经济分析是建立在旧设备的变现值为 3 万元，电力价格固定不变，且操作工人的工资增长率保持在 15%的基础上进行的分析。旧设备的变现价值和人力成本的变动均会对决策产生一定的影响，因此进一步对旧设备变现价值和人力成本的变动进行敏感性分析。

旧设备变现价值敏感性分析：由于旧设备变现价值变化而使运算变量发生的旧设备变现价值敏感性分析见表 8-5。

表 8-5　旧设备变现价值敏感性分析　　　　　　　　　（单位：万元）

变化率（%）	旧设备变现	每年的成本		年平均总成本差额	方案选优
		方案 I	方案 II		
20	3.6	26.0163	25.0496	1.0050	II
0	3	26.0163	24.9132	1.1031	II
−20	2.4	26.0163	24.7767	1.2057	II

人力成本变化的敏感性分析：由于工资增量的变化而使运算变量发生的变化见表 8-6。

表 8-6　人力成本增量变化敏感性分析　　　　　　　　（单位：万元）

变化率（%）	人力成本（年金）		每年的成本		每年成本差额	方案选优
	方案 I	方案 II	方案 I	方案 II		
5	20.2660	39.0355	30.9415	42.6931	−11.7516	I
0	15.3480	22.1616	26.0163	24.9132	1.1031	II
−5	9.0372	17.4071	19.7127	20.1587	−0.4460	I

通过敏感性分析又可知，方案决策对旧设备变现价值不敏感，当旧设备变现价值为 3 万元，人均工资为 1000 元，年涨幅为 15% 时，方案 II 为较优方案；当旧设备变现价值在 2.4 万～3.6 万元范围内波动时不改变决策的选择，方案 II 仍为最优方案。但是人力成本是方案决策的敏感因素，特别是工资在原涨幅基础上变动为 −5%～5% 时，将改变方案决策。

（2）生产能力改变时更新与改造方案的技术经济分析

上述技术经济分析过程存在着一定的不足和缺陷。首先，假定生产能力不变的经济分析过程过于理想化，实际上设备更新与设备技术改造对生产能力的影响是不同的，生产能力的变化必然会对企业的销售产生一定的影响，而对企业的生产能力和销售能力评估不足可能导致最终决策的失误；其次，在技术经济分析过程中缺少对原辅料成本节约额的计算。在设备更新或技术改造后，产品质量提高，生产过程中原辅料的损耗必然减少。在上述经济分析中，因缺少相关原始数据的记录而未对这部分的成本费用进行分析。

根据企业未来的发展战略和营销规划，假设市场销售量可以满足设备更新和技术改造后的生产能力（更新和改造后的生产能力见表 8-7），且产品品种的单位产品成本不变，再次对两种方案进行经济分析。

表 8-7　更新和改造后机器的生产能力对比表

方案	生产能力	包装规格	售价（元/件）	包材类型
I	每分钟 17 板	6（支/盒） 200（盒/件）	232	塑料瓶
II	每分钟 30 瓶	（盒/件）	232	玻璃瓶

根据现在的生产情况，车间每天正常生产 10 小时，废品率为 2%，每年正常工作 300 天，每 1600L 花费的原材料费用为 0.6131 万元。方案 I 与方案 II 的财务对比见表 8-8。

表 8-8 方案 I 与方案 II 的财务指标分析

序号	资金项目	方案 I 金额	方案 II 金额	备注
1	年销售额（万元）	347.8608	102.3120	—
2	制造成本（万元）	217.7129	77.6160	—
3	销售及管理费用（万元）	3.4786	1.1231	销售额的 1%
4	增值税（万元）	30.5082	11.9195	—
5	城乡维护建设税（万元）	1.2203	0.4768	增值税的 4%
6	教育费附加（万元）	0.3051	0.1192	增值税的 1%
7	利润（万元）	96.6411	11.1574	—
8	资本报酬率（%）	28.66	9.51	净利润/资本金

由表 8-8 可知，在市场销售量可以满足设备生产能力的条件下，设备更新方案的投资报酬率远高于技术改造方案，设备更新方案的经济优势更为明显。

技术经济分析结论：对比两种情况下的经济分析结论可知，在市场销售量不变，即维持现有生产能力的情况下，设备更新方案每年成本高于技术改造方案，并且设备更新方案存在一次性投资大、投资回收期长、员工需要重新培训的问题，综合考虑设备残值和人力成本等敏感性因素，从投资风险的角度来看，企业应选择设备技术改造方案；但是，在考虑市场销售量增加，即生产能力增加的基础上，设备更新的投资报酬率远高于技术改造方案，从企业经济效益和长远发展来说，应选择设备更新方案。

学习思考题（study questions，SQ）

SQ8-4 在本案例中为什么选择年平均总成本法进行技术经济分析？

SQ8-5 如何在设备更新与技术改造项目中进行敏感性分析？

第五节 生产运行的项目管理与技术经济分析

企业的不断发展对生产和运行过程中项目管理（project management）的要求也越来越高，作为企业的管理者，为谋求生存和不断发展而做出的总体性、长期性、系统性的谋划和策略对企业的运行和发展起着决定性的作用。对于企业生产运行的项目管理来说，其首要内容就是如何利用经济学原理做好生产运行过程中的生产计划（production plan），以科学有效地配置生产资源，从而获得最大效益。

一、生产计划概述

（一）生产计划的概念及作用

生产计划是根据企业的需求和生产能力的限制，对一个生产系统产出产品的品种、产出时间、产出速度、人力和设备等资源的配置及库存问题预先进行的考虑和安排。生产计划是企业为了生产出符合市场需要或满足顾客要求而确定的何时生产、何地生产及如何生产的总体计划，它从整体上反映了企业在计划期内应该达到的产品品种、质量和产值等生产方面的指标，生产进度及相应的布置。其是企业计划期内一切生产活动的纲领性文件。生产计划的一般流程如图 8-4 所示。

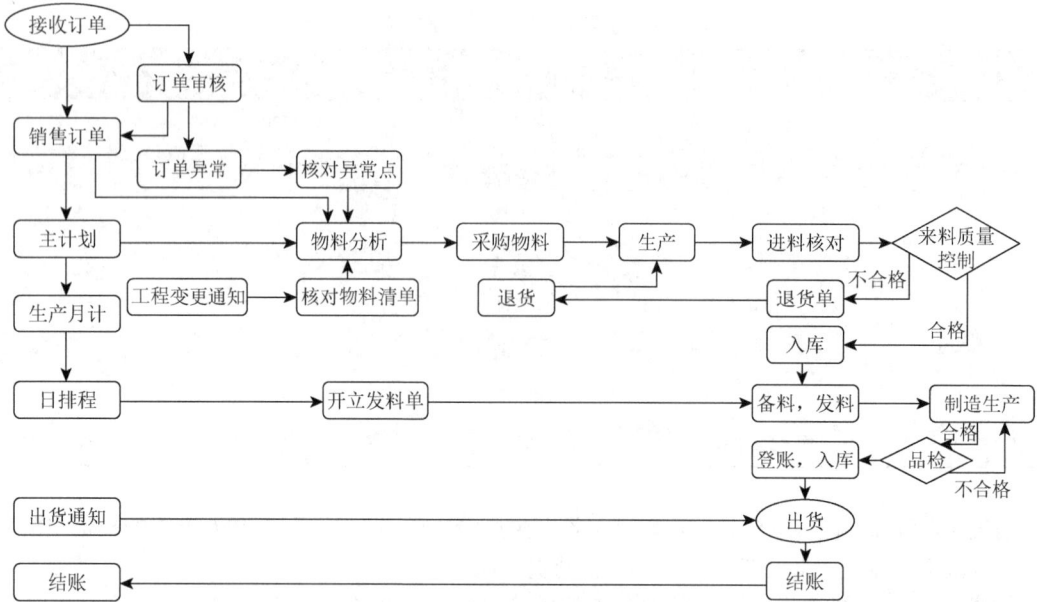

图 8-4   生产计划的一般流程

在现代医药企业中，生产经营活动是社会化大生产，生产过程复杂，内部分工精细，协作严密，任何一部分都不能离开其他部分而单独运行，企业要进行有条不紊的生产运行，必须对不同的项目进行管理，以科学的、符合实际情况的生产计划为指导，以调配多种资源，在需要的时候，按所需的量提供所需的产品，实现"以需定产"，最终达到企业效益最大化的目的。所以，对于生产运行的管理来说，做好生产计划是一个重要部分。

（二）生产计划的主要内容

企业生产计划的主要内容如下。
（1）调查研究，预测市场对产品种类和数量的要求。
（2）收集、整理、统计、分析与企业生产能力相关的资料和信息。
（3）根据调查研究和掌握的信息进行科学的生产决策。
（4）正确制定生产计划中的各项指标。
（5）进行生产能力的核算与平衡。
（6）进行各级各种生产计划的编制，确定车间生产任务。
（7）组织实施各种生产计划。
（8）总结、检查生产计划实施及完成情况。

（三）生产计划的编制

生产计划的编制常常是动态的、连续的，计划需要周期性地审视、反馈和更新，尤其是在有新的信息和新的经营机会出现的时候需要进行此过程。生产计划的编制一般包括以下 5 个步骤。

1. 确定计划的需求目标　生产计划的目的就是科学地确定企业在计划期内的目标，并将目标科学实际地分配到各职能部门。合理地确定计划的需求目标是十分重要的，若目标定得过高，就不能调动员工劳动的积极性，不利于完成企业的总体战略目标；而目标定得过低，则不能充分发挥企业的资源优势，会给企业带来较大的损失。

在制定生产计划时，需要运用科学的方法对某特定产品未来的发展趋势或需求状态进行科学的定性及定量评估。在此基础上，结合现有订单需求、未来库存计划等信息，来帮助确立生产计划的需求目标。

2. 制定初步候选方案 在制定初步候选方案时需考虑库存水平与生产量、生产计划与生产能力及效益与成本等之间的关系。

3. 制定可行的生产计划 初步生产计划方案制定出来后，需要进行计划任务与生产能力的核算平衡，只有满足现有生产能力下的计划才是可行的生产计划。

4. 批准生产计划 一个生产计划需要高层管理者的认可。企业通常会组织专门的委员会来审核计划。委员会中应该包括各有关部门的负责人，委员会将对生产计划方案进行综合审视，也许会提出一些更好的建议以处理其中相悖的若干目标。最后计划的确定并不一定需要委员会全体成员的一致同意，但计划一旦确定，就需要每个部门的全体成员都尽全力使之得以实现。

5. 生产计划的调整 生产计划要有效，还必须建立信息反馈机制，增加与生产计划有关的信息监督和反馈。这些监督和反馈包括计划与执行过程的信息反馈，以及为生产计划提供信息的各部门的信息，根据市场的最新动态和企业的实际情况，需要综合计划进行适时的调整，以保证既能满足市场的需求，又能实现企业的总体战略目标。

二、生产计划的优化及决策

生产计划的主要目标是怎样尽量发挥企业的生产能力、充分利用生产资源，生产适销的产品，满足市场和用户的需求，同时使生产负荷尽可能均衡稳定，控制库存的水平，并最终在生产总成本尽可能低的情况下获得最大收益。生产计划的目标可概括为表 8-9 所示。表 8-9 中目标之间既有一致性，又存在某种相悖的特性。所以，在制定生产计划时，需要权衡各个目标因素，做适当的折中，并同时考虑一些定性的因素。

表 8-9 生产计划的目标

成本最小/利润最大	生产速率的温度性
最大限度地满足顾客要求	人员水平变动最小
最小的库存费用	设施、设备的充分利用

在实现上述有相悖关系的目标的过程中，首先需提出一些初步可选方案，进行比较和综合考虑，再做决策。本节主要介绍从技术经济学的角度进行生产计划的优化。常用优化方法有图表法（graphical method）与线性规划法（linear programming method）两种。

（一）图表法

这种图表法亦称为运输表法。这种方法的基本思想如下：每一单位计划期内的正常生产能力、加班能力及外协量均有一定限制；每一单位计划期内的预测需求量已知；全部成本都与产量呈线性关系。从而，图表法可给出整个计划内每一单位计划期内的最优生产计划。一般可以用手算和图表方式进行，但当所涉及的问题较多时，需要借助计算机技术来实现。

用图表法解决这类问题，需应用如表 8-10 所示的格式。表中的每一行表示一个计划方案，该表中有 4 个计划方案。例如,第一行表示期初库存,可以满足 4 个单位计划期的需求;第二行则是第 1 期内正常工作时间的产量,也可用于满足 4 个单位计划期内的任一期的需求。

表中的列表示一个计划所包含的计划期,以及尚未使用的生产能力和总生产能力。表中每一格的右侧方框表示单位产品的相应成本,包括生产成本和库存成本。表中符号"×"表示生产任务不得积压。一般来说,当期生产并当期销售是成本最低的方案。但由于生产能力的限制,不一定总能实现。

第 1 期的期初库存为零,因为它是前一个计划期如上一年决策方案的函数,又在本计划期的考虑内。

表 8-10 图表法模型

计划方案		计划期				未用生产能力	全部生产能力
		1	2	3	4		
单位计划	期初库存	0	h	$2h$	$3h$		I_0
1	正常生产	r	$r+h$	$r+2h$	$r+3h$		R_1
	加班生产	c	$c+h$	$c+2h$	$c+3h$		T_1
	外协	s	$s+h$	$s+2h$	$s+3h$		S_1
2	正常生产	×	r	$r+h$	$r+2h$		R_2
	加班生产	×	c	$c+h$	$c+2h$		T_2
	外协	×	s	$s+h$	$s+2h$		S_2
3	正常生产	×	×	r	$r+h$		R_3
	加班生产	×	×	c	$c+h$		OT_3
	外协	×	×	s	$s+h$		S_3
4	正常生产	×	×	×	r		R_4
	加班生产	×	×	×	c		OT_4
	外协	×	×	×	s		S_4
需求		D_1	D_2	D_3	D_4+I_4		

这种方法可分为允许生产任务积压和不允许生产任务积压两种情况。下面将举例说明后一种情况。

案例 8-6 某制药公司生产各种原料药,其需求具有季节波动的特点,通常第 3 季度是需求高峰期。已知原料药需求预测和相关成本数据分别如表 8-11 和 8-12 所示。另外,现有的产品库存量为 300 吨,所期望的期末库存为 300 吨。该公司每季度的最大加班能力为该季度正常生产能力的 20%,外协厂家在每季度可提供的产品数量均为 250 吨。公司计划依据表 8-13 所示的生产能力来制定综合生产计划。根据该公司的经营方针,不允许产品积压和库存缺货。试据此制定出较优的综合生产计划。

表 8-11 原料药的需求预测

	季度				合计
	1	2	3	4	
需求量/吨	400	900	1500	500	3300

表 8-12 原料药的相关成本

单位产品的库存成本	单位产品的正常生产成本	单位产品的加班生产成本	单位产品的外协成本
0.3 元/季度	1.20 元	1.70 元	2.20 元

表 8-13 生产能力

	季度			
	1	2	3	4
正常生产量/吨	500	500	700	500
加班生产量/吨	100	100	140	100
外协生产量/吨	250	250	250	250

解: 根据题意,不允许产品积压,应用图表法求解的步骤如下。

(1)将表 8-12 的成本数据按照表 8-10 的规定填入相应的方框中。例如,本案例 $h = 0.3$ 元/季度, $r = 1.20$ 元, $c = 1.70$ 元, $s = 2.20$ 元。填入表后得到如表 8-14 所示的结果。

(2)将已知的各期需求量 D_t(表 8-11)及期望的期末库存 $I_4 = 400$ 吨填入图表模型的"需求"列。

(3)将表 8-14 中每行的各种生产能力数据暂时填入相应行的"未用生产力"单元。

表 8-14 用图表法求解案例 8-6 的模型表 （单位:吨）

计划方案		计划期								未用生产能力	全部生产能力
		1		2		3		4			
单位计划	期初库存	300			0.30		0.60		0.90	0	300
1	正常生产	100	1.20	400	1.50		1.80		2.10	0	500
	加班生产		1.70		2.00	100	2.30		2.60	0	100
	外协		2.20		2.50		2.80		3.10	250	250
2	正常生产	×		500	1.20		1.50		1.80	0	500
	加班生产	×		100	1.70	100	2.00		2.30	0	100
	外协	×		2.20		210	2.50		2.80	40	210
3	正常生产	×		×		700	1.20		1.50	0	700
	加班生产	×		×		140	1.70		2.00	0	140
	外协	×		×		250	2.20		2.50	0	250
4	正常生产	×		×		×		500	1.20	0	500
	加班生产	×		×		×		100	1.70	0	100
	外协	×		×		×		200	2.20	50	250
需求		400		900		1500		800		340	3640

（4）在第一季度或第 1 单位计划期及第 1 列中，寻找成本最低的单元。对于本例，成本最低的方案是使用现有库存。

（5）尽可能地将任务分配到该单元，但不得超过该单位所在行的未使用生产能力和该所在列的需求。即将期初库存量 $I_0 = 300$ 吨分配到该单元。但需求 D_1 为 400 吨，仍需继续寻找成本最低的可利用单元，即正常生产能力，利用正常生产能力满足另外 100 吨的需求。

（6）由于已使用了 100 吨的生产能力，故应从"未用生产能力"列中"正常生产"行减去 100 吨，剩余 400 吨的未用正常生产能力。注意，剩余的未使用生产能力不应该是负值。如果负值无法避免，说明在该生产能力的约束条件下无可行解，则需增大生产能力。如果第 1 列即第一季度或第 1 单位计划期的需求仍未满足，则应重复步骤（4）～（6），直至该单位计划期需求全部得到满足。

（7）后面各单位计划期重复步骤（4）～（6），在完成一列之后再继续下列步骤。

对本例，现考虑第 2 季度。由于已无可用库存，成本最小的方案是利用该季度正常的生产能力 $R_1 = 500$ 吨。而该季度的需求 $D_2 = 900$ 吨，尚有 400 吨需求未满足。对未用生产能力分析可知，满足该 400 吨需求的成本最小方案是利用上一季度（即第 1 季度）的正常生产能力 500 吨。这样图表模型中，第 1、2 季度的正常生产能力全部用完。

在第 3 季度，可利用的第 1、2 季度的生产能力只有第 1、2 季度的加班生产能力和外协能力。首先，将生产任务最大限度地分配给第 3 季度的正常生产能力，使成本最低，然后按如下顺序分配：第 3 季度的加班生产能力，第 2 季度的加班生产能力，第 3 季度的外协能力，第 1 季度的加班生产能力，以及第 2 季度的外协能力。如此才能满足全部要求。这样的分配结果意味着在第 1、2 季度必须生产可供以后调节的库存，才能满足第 3 季度的需求。

在分配了任务的相应行，还应对"未用生产能力"的数据做相应的减少。

对于第 4 季度，与前述类似，重复相同的步骤，将其结果列于表 8-10 中。

（8）将各季度任务分配结束后，应对最后的总方案是否可行进行检验。检查时应遵循的一个原则是：一行内各单元填入量的综合应等于该行的总生产能力；一列内各单元记入的综合应等于该列的需求。

（9）计算总成本。计划总成本是各单元生产任务乘以该单元单位成本之和。对本例，总成本为 511.3 万元。

（10）一般应在用图表法制定出最优计划后，将该计划由原图表模型的方式改写为如表 8-15 所示的形式，使最优计划一目了然。

表 8-15　案例 8-6 的综合生产计划　　　　　　　　　　　　　　（单位：吨）

季度	正常生产	加班生产	外协	调节库存
1	500	100	0	500
2	500	100	210	410
3	700	140	250	0
4	500	100	200	300

（二）线性规划法

线性规划是一种常用的优化方法。用于制定生产计划的线性规划模型，在给定的线性目标函数和一系列线性约束条件下，可求出最优的生产计划方案。这样的线性规划模型可处理有较多变量和约束条件的生产计划问题。上述介绍的图表法可视为线性规划的一种特殊形式，只能以生产能力为约束条件来制定生产计划，尽管计算较方便，但有其应用的局限性。通常在制定生产计划时，应充分考虑可利用的各种资源和限制条件才能制定综合成本最低或利润最大的生产计划,即所涉及的约束条件和可变变量较多,一般应采用线性规划的方法来解决。

1. 线性规划图解法　在只有两个决策变量的情况下,其目标函数和约束条件都可以用图形表示,从而可在平面画图中用作图的方法求解。该方法比较简单,直观。下面举例予以说明。

案例8-7　某医药企业利用一套生产线可以生产A、B两种药物的中间体,其基本数据见表8-16。已知可供 A、B 两种产品的生产工时如下。

粗品生产:1200h;精品生产:1600h;干燥:400h

试合理计划两种产品的生产,以获得最大收益。

表 8-16　案例 8-7 的原始数据

产品种类	产品收益（万元）	粗品生产（时/吨）	精品生产（时/吨）	干燥（时/吨）
A	2.0	1.0	0.8	0.4
B	4.0	1.2	2.0	0

解:用图解法求解。在图 8-5 中,以纵坐标 y 表示产品 A 的产量,以横坐标 x 表示产品 B 的产量。

从粗品生产来看,若只生产产品A,则可生产1200吨;相反,若只生产产品B,则可生产1000吨。两点相连得到图 8-5 中的直线 1。

再考虑精品生产。可根据 A、B 两产品精品生产的定额及可利用的最大工时 1600h,按上述粗品生产类似的方式,在图 8-5 中画出直线 2。

类似地,图中的线 3 表示产品的干燥处理。这是一条水平线,因产品 B 精制后不需进一步干燥。

从图 8-5 可见,该题的最优解被限定在 AR_1R_2B 的范围内。计算出 A、R_1、R_2、B 各点的总收益列于表 8-17 中并加以比较,可知 R_2 点的总收益（3384 万元）最高,即该题的最优解是生产 462 吨的产品 A 和 615 吨的产品 B。

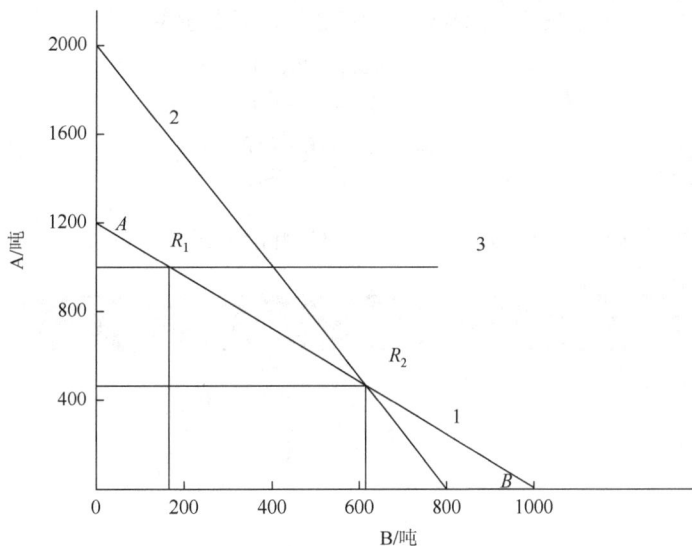

图 8-5　案例 8-7 的线性规划图解

表 8-17 案例 8-7 的总收益计算结果

点	产品 A		产品 B		总收益（万元）
	产量（吨）	单位产品收益（万元）	产量（吨）	单位产品收益（万元）	
A	1000	2.0	0	0	2000
R_1	1000	2.0	167	4.0	2668
R_2	462	2.0	615	4.0	3384
B	0	0	800	4.0	3200

2. 线性规划单纯形法 在线性规划模型求解过程中，可变量多于两个时，不能在平面上作图表示，此时需用单纯形法。为简便起见，下面以较简单的两变量线性规划为例，说明单纯形法的求解过程。

案例 8-8 某原料药企业生产 A、B 两种产品，需经合成与提纯两个单元过程。产品 A 生产需用合成与提纯的有效工时分别为 5h 和 3h，而产品 B 则分别为 2h 和 4h。单位产品 A、B 的利润分别为 3 万元和 2 万元。如在现有条件下，合成单元的总有效工时为 150h，提纯总有效工时为 120h，则应如何计划两种产品的生产才能获得最大利润？

解： 设 x_1、x_2 分别为产品 A、B 的产量，其目标函数为最大利润，则其数学式为

$$Z_{max} = 3x_1 + 2x_2$$

相应的约束条件如下。

合成总工时：

$$5x_1 + 2x_2 \leqslant 150$$

提纯总工时：

$$3x_1 + 4x_2 \leqslant 120$$
$$x_1 \cdot x_2 \geqslant 0$$

用单纯形法求解上述线性规划的步骤如下。

（1）以标准形式来表示原来的目标函数和约束条件，即上述表达式成为

$$Z_{max} - 3x_1 - 2x_2 = 0$$
$$3x_1 + 4x_2 + S_1 = 120$$
$$5x_1 + 2x_2 + S_2 = 150$$
$$x_1 、 x_2 、 S_1 、 S_2 \geqslant 0$$

（2）选择初始基形成初始单纯形表。在（1）中的标准形式及约束条件方程组的各项系数，即构成如下所示的初始单纯形表。

基变量	x_1	x_2	S_1	S_2	解
Z	−3	−2	0	0	0
S_1	3	4	1	0	120
S_2	5	2	0	1	150

（3）选择调入变量和调出变量进行初等变换，使新基变量所在方程的系数为 1。因目标函数方程中 x_1 的系数为最大负系数，所以选择其作为下一个基本可行解的基。上表最右列中的数值与所在行 x_1 的系数比值分别为 $120/3 = 40$、$150/5 = 30$，后者为最小正值，因而该行即第三行的基本量

S_2 作为下一次试算时的调出变量。经初等变换，使第三行中 x_1 的系数变为 1，其他行中 x_1 的系数变为 0，如下面所示，从而得一组新的基本可行解。

$$x_1 = 30,\ S_1 = 30,\ Z = 90$$

基变量	x_1	x_2	S_1	S_2	解
Z	0	−4/5	0	3/5	90
S_1	0	14/5	1	−3/5	30
x_2	1	2/5	0	1/5	30

（4）再对上表第三行中 x_2 的系数进行初等变换，可得如下面所示的一组新的单纯形表。

基变量	x_1	x_2	S_1	S_2	解
Z	0	0	2/7	−3/7	690/7
x_1	0	1	5/14	−3/14	75/7
x_2	1	0	−1	2/7	180/7

从上表可得另一组新的基本可行解：

$$x_1 = 26,\ x_2 = 11,\ Z = 98.6$$

由于上表第一项中所有非基变量的系数都已大于或等于 0，表示此时已达最优解，即产品 A 产量为 26 单位，B 产量为 11 单位时，利润达最高为 98.6 万元。

三、综合案例分析

案例 8-9　某原料药生产企业生产计划优化研究。

某原料药企业目前可生产 5 个品种的原料药，但该企业生产能力有限，具体如下：每月生产产量最大不超过 400 吨；企业按正常生产工作制，每月有效工时不超过 176h；每月生产投入原料采购资金不超过 3500 万元。为使利润最大化，该企业应如何制定其生产计划。

已知由企业的财务报表分析得出各个品种的单位利润参数和单位原料生产成本，以及由各个品种在每 8h 内的日产量而得的各品种的单位工时见表 8-18。

表 8-18　各品种的单位利润、单位原料成本及单位工时

	产品				
	P_1	P_2	P_3	P_4	P_5
单位利润（万元/吨）	9	3	1	1	0.5
单位原料成本（万元/吨）	25	20	1.4	1	1.1
单位工时（小时/吨）	0.75	0.4	1.3	1.3	4

分析讨论

找寻关键：为使企业获得最大利润，根据企业各种资源的限制，可利用线性规划方法建立生产计划的数学模型，通过求解模型对企业生产做出最优化的安排。

建立生产计划的数学模型：基于线性规划法的思想，根据企业要求和已知的约束条件，建立生产计划的数学模型时以利润的最大化为目标函数,而生产能力、生产工时和投入资金等作为约束条件。

目标函数:$\max S = \sum_{i}^{n} c_i x_i$

约束条件:$\sum_{i}^{n} x_i \leqslant 400$;$\sum_{i}^{n} t_i x_i \leqslant 176$;$\sum_{i}^{n} u_i x_i \leqslant 3500$;$x_i \geqslant 0$

其中:S 表示生产总利润;n 表示生产产品种类的数目;x_i 表示第 i 种产品数量;c_i 表示生产第 i 种产品的单位利润;t_i 表示生产第 i 种产品消耗的单位工时;u_i 表示生产第 i 种产品的单位原料成本。

数学模型求解:

目标函数:$\max S = (9\ 3\ 1\ 1\ 0.5)\begin{bmatrix} x_1 \\ x_2 \\ x_3 \\ x_4 \\ x_5 \end{bmatrix}$

约束条件:$\begin{bmatrix} 1 & 1 & 1 & 1 & 1 \\ 0.75 & 0.4 & 1.3 & 1.3 & 4 \\ 25 & 20 & 1.4 & 1 & 1.1 \end{bmatrix}\begin{bmatrix} x_1 \\ x_2 \\ x_3 \\ x_4 \\ x_5 \end{bmatrix} \leqslant \begin{bmatrix} 400 \\ 176 \\ 3500 \end{bmatrix}$

使用单纯形法求得最优解:$\begin{bmatrix} x_1 \\ x_2 \\ x_3 \\ x_4 \\ x_5 \end{bmatrix} = \begin{bmatrix} 137.7 \\ 0 \\ 0 \\ 55.9 \\ 0 \end{bmatrix}$,此时对应的目标函数值 S 为 1295.78。

因此,可得生产计划的排产情况为产品 P_1 生产 137.7 吨,产品 P_4 生产 55.9 吨,此时可以获得最大利润 1295.78 万元。

学习思考题(study questions,SQ)

SQ8-6　影响企业进行生产计划决策的因素通常很多,如何确定其中的主要影响因素?

SQ8-7　如何获得产品生产成本的约束条件?

练 习 题

8-1　生产技术改造的含义和特点分别有哪些?

8-2　生产技术改造项目与新建项目有何主要区别,生产技术改造的主要内容是什么?

8-3　生产技术改造项目的经济评价有什么特点,对生产技术改造项目进行经济评价应遵循哪些基本原则?

8-4　在评价生产技术改造项目的社会经济效益时,一般包括哪些方面的内容?

8-5　如何选择设备更新的最宜时机?如何对设备更新方式进行评价和选择?

8-6　线性规划法与图表法有什么异同?线性规划法中的图解法与单纯形法各有何特点和适用范围?

8-7　某制剂设备的原始价值为 22 000 元，目前需要修理，其费用为 6000 元。若该型设备新购置费用现在为 18 000 元，试求该设备的有形磨损程度、无形磨损程度、综合磨损程度及其残值。

8-8　某检测设备的购置费为 10 000 元，各年维持费与年末残值如下表所示。试用年均费用法计算下列条件时的经济寿命。

（1）不计资金的时间价值。

（2）考虑资金的时间价值，取 $i = 10\%$。

设备的年维持费与年末残值

使用年限（年）	1	2	3	4	5
年维持费（元）	1200	1500	1800	2400	3200
年末残值（元）	8000	7000	5500	4500	2000

8-9　某企业 2 年前花费 4000 元购置了一台设备，估计可用 8 年，使用期末残值为 0，该设备年均维持费为 3000 元。现在一种新设备出现，购置需花费 5000 元，效率与原有的设备相同，估计经济寿命为 6 年，年维持费为 2000 元，5 年末残值为 0。如果现在替换原有设备，原有设备可以1500 元售出。试求：

（1）若不计资金的时间价值，现在是否应该更新？

（2）若考虑资金的时间价值，设 $i = 10\%$，现在是否应该更新？

8-10　在更换设备时，有两种设备可选择，A、B 设备购置费用分别为 6000 元和 8000 元，它们的寿命周期均为 8 年，设利率为 6%，试求：

（1）若 A、B 设备年均操作费用分别为 2000 元和 1500 元，试用年均费用法决策是选择购置 A 设备还是 B 设备。

（2）若 A 设备第 1 年操作费用为 1000 元，以后逐年递增 10%；B 设备第 1 年操作费用为 800 元，随后每年递增 100 元。试分析选择哪种设备更有利。

8-11　一台设备原值为 10 000 元，设备的低劣化值为 200 元/年，年均维持费用为 1200 元，设期末残值为 0。试求：

（1）不考虑资金的时间价值，其经济寿命是多少？

（2）考虑资金的时间价值，利率 $i = 10\%$，其经济寿命是多少？

8-12　某企业生产 Ⅰ、Ⅱ 两种产品，使用三种数量有限的资源 A、B、C。该两种产品生产的消耗定额、可利用的资源数量及单位产品的收益列于下表。

	产品Ⅰ（万元）	产品Ⅱ（万元）	可利用资源限额（万元）
资源 A	4	1	100
资源 B	2	2	90
资源 C	1	2	60
单位产品收益（万元）	4	6	

试求资源利用最优方案。

8-13　某制药企业以间歇方式生产四种原料药产品 A、B、C、D，相关的原料消耗、贮存数、生产速率及利润如下表所示。

生产条件	产品品种			
	A	B	C	D
原料（千克/桶）	200	200	150	250
贮存（立方米/桶）	0.4	0.5	0.4	0.3
速率（桶/小时）	30	60	20	30
利润（元/桶）	10	13	10	11

如果每天可利用的原料总共为 18 000kg，仓库总面积为 50m^2，而每天最多生产 7h。试制定各产品的生产计划，使利润最大化。

8-14　某企业生产甲、乙两种产品，使用三种数量有限的资源 A、B、C。该两种产品生产的消耗定额、可利用的资源数量及单位产品收益列入下表。

资源种类	产品甲（万元）	产品乙（万元）	可利用资源限额（万元）
资源 A	3	1	94
资源 B	1	2	83
资源 C	1	1	42
单位产品收益（万元）	4	6	

试求资源利用最优方案。

8-15　某企业生产甲、乙两种药物制剂产品，要经过 A、B 和 C 三个相连续的生产工序。有效生产工时分别如下：工序 A 为 1800h，工序 B 为 1500h，工序 C 为 650h，其他数据见下表。试合理计划两种产品的生产，以获得最大利润。

产品品种	工序 A 工时定额（时/单位）	工序 B 工时定额（时/单位）	工序 C 工时定额（时/单位）	单位产品利润（万元）
甲	3.5	1.0	0.7	0.5
乙	2.0	1.3	0.3	0.1

8-16　某企业的生产线由前、后两套生产单元装置构成，生产 A、B 两种产品。前一套单元装置的有效生产工时为 12h，后一套为 8h。生产产品 A 在前、后两套装置中所需的时间各为 2h，而产品 B 则分别为 3h 和 1h。已知单位产品 A、B 的利润分别为 60 元和 70 元，生产出来的所有产品均能全部售出。如果企业的目标是追求销售利润最高，试确定产品 A、B 的产量。

8-17　生产 A、B 两种原料药的有效成分可从下表所示的三种天然药物原料中获取，相应有效含量等信息列于表中。如果需生产 500kg 原料药 A 和 600kg 原料药 B，试求：

（1）选用各种天然药物原料各多少，可使总费用最低？

（2）如果 M_1、M_2 的单价不变，M_3 售价降为 300 元/吨，如何最优决策应对这一变化？

产品品种	天然药物原料中的有效成分含量（克/吨）		
	M_1	M_2	M_3
A	60	200	300
B	330	250	200
天然药物原料价格（元/吨）	570	490	610

8-18 在某药物化学合成过程中发生化学反应 $2A \longrightarrow B$，单位时间产物生成量为 F_B。其反应速率方程为 $-dC_A/dt = 8.4(C_A)^2 = 8.4[C_{0A}(1-x_A)]^2$。式中，$C_A$ 为反应物 A 的浓度，C_{0A} 是原料中反应物 A 的浓度，x_A 为反应物 A 的转化率，t 为反应时间。如果原料的单价 $P_A = 4(C_{0A})^{1.4}$，合成反应单位时间的操作费用为 $P = 0.75(V)^{0.6}$，式中，V 是反应器的容积。设产品 B 的单位售价是 10 元，试确定供给原料的速率 F_A、浓度 C_{0A}，反应器容积 V 和转化率 x_A 的值，以使单位时间的净收益 $P_T = 10F_B - P_A F_A - P$ 最大化。

第九章　医药项目风险管理

1. 课程目标　了解医药项目风险管理的基本概念，理解风险管理的特征，熟悉风险管理的一般过程，掌握风险识别及处理的方法。了解定性风险分析的含义及定性风险分析的依据。理解定量风险分析的含义，掌握定量风险分析的方法。培养学生定性分析风险的能力。掌握医药项目风险的构成因素，培养学生对项目风险因子的识别能力。理解医药项目风险监控的概念，掌握风险监控的一般过程，熟练掌握医药项目风险应对及处理方法，使学生能根据项目风险的构成因素，灵活地选择应对及处理方法。

2. 重点和难点

重点：医药项目风险管理的一般过程，风险识别及处理的方法，项目管理定性和定量风险分析的方法，医药项目风险监测手段及应对策略。

难点：项目管理定性和定量风险分析的方法。

第一节　风险管理特点及内容

一、风险管理的概念

风险管理（risk management）是指在一个风险环境里，通过风险识别、预测和衡量、选择有效的手段，以尽可能降低成本，有计划地处理风险，获得企业安全生产的经济保障的管理。理想的风险管理是一连串排好优先次序的过程，将可以引起最大损失及最可能发生的事情优先处理，而风险相对较低的事情则押后处理。但现实中，这些优化的过程往往很难决定，因为风险和发生的可能性通常并不一致，因此需要权衡两者的比重，做出最适合的决定。风险管理亦要面对有效资源运用的难题，这牵涉机会成本的因素，把资源用于风险管理，可能使用于有回报活动的资源减小；而理想的风险管理正希望能够花最少的资源去尽可能化解最大的危机。风险必然带有不确定性，因此，风险管理就是研究风险发生的规律，并对其进行控制，采取必要的措施和方法，促使风险事件向有利的方向转化。

风险管理作为企业的一种管理活动，起源于 20 世纪 50 年代的美国。当时美国一些大公司发生重大损失，公司高层决策者开始认识到风险管理的重要性。其中一次是 1953 年 8 月，在密歇根州，通用汽车公司的一个汽车变速箱厂因火灾损失了 5000 万美元，成为美国历史上损失最为严重的 15 起重大火灾之一。这场火灾与 20 世纪 50 年代的其他偶发事件一起，推动了美国风险管理活动的兴起。随着社会、经济和技术的迅速发展，人类面临越来越多的风险。科学技术的进步给人类带来巨大利益，同时也给社会带来了前所未有的风险。1979 年 3 月美国三里岛核电站的爆炸事故，1984 年 12 月美国联合碳化物公司发生的毒气泄漏事故，1986 年乌克兰切尔诺贝利核电站发生的核事故，这一系列事件大大推动了风险管理在世界范围内的发展。在美国的商学院里，首次出现了一门涉及如何对企业的人员、财产、责任、财务资源等进行保护的新型管理学科，这门学科就是风险管理。目前，风险管理已经发展成为企业管理中一个具有相对独立职能的领域，在围绕企业经营和发展目标方面，风险管理与企业的经营管理、战略管理一样具有十分重要的意义。

近几年来，我国也开始意识到项目建设中的风险问题，特别是国际承包中的风险问题。一方面，对承包风险、投资风险进行了研究，在引进和推广保险制等方面做了大量工作；另一方面，以风险方法为基础，尝试性地提出了项目分析与管理"方法论＋模型＋软件"的新思想及其集成化模型，为风险分析与管理研究开辟了新途径。这些工作为项目建设中风险分析的进一步研究打下了坚实的基础。作为项目管理者，要想成功地管理项目，就必须了解项目发展过程中各个阶段可能出现的各种风险，有侧重点地管理好风险，分清轻重缓急，研究出防范风险的措施，把风险损失降到最低程度，从而使项目得以顺利实施，使其发挥最大的投资效益。

我国医疗项目起步晚、发展快，因此，在项目发展过程中会存在许多风险。为了使医药项目管理更规范，需要对医药项目的设计管理进行重点的分析研究，通过对医药项目的管理，能够及时发现项目施工与项目设计中存在的问题与可能存在的问题，有助于项目的顺利实施，并且还能够促进整个大健康产业的发展。在整个医药项目管理的过程中，项目设计管理占据着非常重要的地位，医药项目管理者需要全局把握，综合考虑各方面的影响因素，并采取相应的措施，保证项目的健康发展。

二、风险管理的特点

项目风险管理是在项目执行过程中对项目进程、效率、收益和最终目的等一系列不确定性因素的管理。项目风险管理的主要目的是系统地识别与项目有关的风险，评价、管理和改善项目的执行成果。项目风险管理具有以下几个特点。

1. 战略性　尽管风险管理渗透到现代企业各项活动中，但它主要运用于企业战略管理层面。管理者站在战略层面整合和管理企业层面风险是全面风险管理的价值所在。

2. 专业性　风险管理要求专业人才实施专业化管理。

3. 二重性　全面风险管理既要管理纯粹的风险，也要管理机会风险。风险管理的使命在于：①损失最小化管理。即当风险损失不能避免时，尽量减少损失至最小化。②不确定性管理。风险损失可能发生也可能不发生时，设法降低风险发生的可能。③绩效最优化管理。风险预示着机会时，化风险为增进企业价值的机会。

4. 系统性　风险管理必须拥有一套系统的、规范的方法，建立健全的全面风险管理体系，包括风险管理策略、风险理财措施、风险管理的组织职能体系、风险管理信息系统和内部控制系统，为实现风险管理的总体目标提供合理的保证。由于风险管理具有多重属性，因此在风险管理过程中需要做到全程管理、全员管理和全要素集成管理。

（1）全程管理：项目风险管理不是单一地在项目实施之前查找影响项目实施的不确定因素，也不单是在风险发生时的应变和危机管理，更不是在项目风险发生之后的补救方案与事后经验总结。真正意义上的项目风险管理应当贯穿于整个项目的构思、设计、实施及审查评价。这一全过程管理要求项目负责人能够通过有效的风险识别实现对项目风险的预警监控，通过有效的风险管理工具和方法对项目运行过程中所产生的风险进行适当的分散，有项目风险发生时及时采取积极的应对措施，并在事后总结经验和改进项目风险管理方案。

（2）全员管理：风险管理是一个由企业治理层、管理层和所有员工共同参与，旨在把风险控制在风险容量以内，增进企业价值的过程。风险管理本身并不是一个结果，而是实现结果的一种方式。在这个过程中，只有将风险意识转化为全体员工的共同认识和自觉行动，才能确保风险管理目标的实现。首先，这里的全员管理不能理解为是对项目运行的全部参与人员的管理，而是说以上的所有人员都能参与到项目的风险管理之中。也就是说项目管理不仅仅是项目风险管理这一个职能部门的职责，所有参与该项目过程的人都应当成为项目的主人，对项目所面临的风险责无旁贷。其次，项目风险管理不仅涉及项目本身计划、组织和协调等过程中所产生的不确定性，还包括对社会环境和自然环境等外部不确定性因素的管理。

（3）全要素集成管理：从项目管理的目标来看，项目风险管理过程是在可能范围内的项目周期最短、造价最低、质量最优的多目标决策过程，而不能仅满足于对单一目标的追求。也就是说，项目风险管理是对项目周期、费用，以及最终完成质量的全要素集成管理。

三、风险管理的内容

风险管理应该被看作是与项目管理融为一体的必要内容，是对基本项目计划过程的完善，是不可或缺的。而实施项目风险管理时所要考虑的一个关键性的问题，就是在一个特定的时间段应该以什么方式、实施什么程度的项目管理才是合适的？因此，管理者需要在项目发展的不同阶段实施一系列的风险管理。

（一）风险管理的一般过程

管理者通常以阶段的形式对所面临的风险管理过程进行描述,而各个阶段又会以不同的标准进一步分解。Chapman 和 Ward 在他们的著作中将项目风险管理过程详细分为如下几个阶段。

1. 定义阶段　本阶段的目的一是巩固项目相关的现有信息，如要清晰地阐明项目的具体目标，确定项目的范围和策略，了解项目的时间安排和资源使用等；二是将现有信息反馈到项目管理的活动中。需要完成的任务有收集和总结现有的相关信息，补充遗漏，提供新的信息，最终使管理者对项目、文档、验证和报告等方面都有清晰、明确和一致的理解。

2. 集中阶段　这一阶段的目的是明确风险管理过程的范围和策略，把风险管理本身作为一个项目，对其制定可操作的风险管理过程计划。这一阶段确定了谁在为谁实施风险分析，实施正式的风险管理过程必须实现什么样的利益，在什么时间使用什么资源、方法等，该阶段的实施使过程更具可操作性，它是后续阶段的基础。当这一阶段完成之后，管理者应当对风险管理过程有清晰而一致的理解。

3. 识别阶段　所有风险管理的方法都强调在管理初期就需要对风险源进行识别，继而采取应对措施。要完成风险及其应对措施的识别需要完成两项特定的任务：首先，寻找风险源及其应对措施；其次，创建一种用于定义风险及其应对措施的适当结构，在此基础上对各个可变因素进行汇总或分解；最后，能够对所有主要风险及其应对措施、机会和威胁做出识别、分类、归档、验证和报告。

所有特定的风险管理过程都有一个明确的识别阶段，这一阶段要解决以下几个问题。

（1）风险从哪里来？它们可能引发哪些不利后果及这些后果产生的机制是什么？

（2）可能会采取的应对措施有哪些？

（3）采取的应对措施会不会引起二级风险？

4. 风险的评价、计划和管理阶段　该阶段需要按照风险量化、风险对策研究、风险对策实施和控制三个步骤依次进行。

（1）风险量化：即评估风险和风险之间的相互作用，以便评定项目可能产生的结果的范围。

（2）风险对策研究：包括对机会的跟踪进度和对危机的处理对策。处理威胁的对策大体分为以下三点。

1）排除特定威胁往往靠排除威胁的起源。项目管理队伍绝不可能排除所有风险，但特定的风险事件往往是可以排除的。

2）减缓或减少风险事件的预期资金投入来降低风险发生的概率，以及降低风险事件的风险系数，或两者双管齐下。

3）吸纳或接受一切后果。这种接受可以是积极的（如制定预防性计划来防备风险事件的发生），也可以是消极的（如某些工程运营超支则接受低于预期的利润）。

（3）风险对策实施和控制：包括实施风险管理方案，以便在项目过程中对风险事件做出回应。当变故发生时，需要重复进行风险识别、风险量化及风险对策研究一整套基本措施。已识别的风险事件可能会发生，也可能不会发生。发生了的风险事件是实际风险事件，项目管理人员应总结已发生的风险事件以便进行进一步的对策研究。如果风险事件未被预料到，或后果远大于预料，那么计划的风险策略将会不充分，这时就有必要重复进行风险对策研究及实施风险管理程序。当项目进程进行到评价和总结时，事先未被识别的潜在风险事件或风险的起源将会浮出水面。一个预料之中的风险事件发生或没发生、对实际风险事件后果的评估、对风险系数和风险概率的评估，以及风险管理方案的其他方面，都应进行实时更新调整。

（二）风险识别及处理的方法

1. 风险识别的方法　风险识别包括识别内在风险及外在风险。内在风险指项目工作组能加以控制和影响的风险，如人事任免和成本估计等。外在风险指超出项目工作组等控制力和影响力之外的风险，如市场转向或政府行为等。风险识别的方法主要有如下 6 种。

（1）现场调查法：首先要确定调查的时间，即确定何时调查最合适，需耗费多长时间。其次考虑调查对象本身，需要注意的是，每个调查对象都具有潜在的风险，为了尽可能避免忽略某些重要事项，可在巡视时将所见到的每项事物填写到表格中，调查结束后，将调查发现的情况通知有关方。现场调查的优点是可以获得第一手资料而不依赖他人的报告，同时也可以与项目基层管理人员建立和维持良好的关系。现场调查法的最大缺点是耗费时间长，会提高管理成本。

（2）列表检查法：在实际调查中，可采用填写检查表或其他问卷等形式。风险管理人员可将问卷寄给项目施工管理人员填写，也可以亲自到现场填写，这样有助于发现项目管理中存在的风险。相对于现场调查法，列表检查法在时间和费用上比较节省，执行简单、迅速，且表格设计灵活性大。但填写的结果可能会出现错误，衡量表格内容的标准不易确定，而且表格的回复率不高。

（3）财务报表分析法：该方法以会计记录和财务报表为基础，通过对每个会计科目进行深入的研究，来确定它会产生什么样的潜在损失，并且就每个会计科目提出研究报告。此外，风险管理人员还必须用诸如现场调查、法律文件等其他信息来补充这些财务记录。这种方法可靠、客观，它基于很容易得到的资料，文字表述清晰、扼要。而且，这种方法将风险识别以财务术语的形式表达出来，除了有助于风险识别之外，财务报表还可用于衡量风险和确定对付这些风险的最佳方法。

（4）组织结构图分析法：现场调查法和列表检查法试图通过识别实际风险来寻找"风险区域"，采用组织结构图进行分析法则用于寻找风险产生的可能区域，分析步骤首先是画出项目整体结构图，然后识别风险区域。

（5）风险因素和可行性研究：用于在项目的计划阶段对风险进行定性识别。它的基本逻辑如下：许多问题是极其复杂的，必须分解为可管理部分，然后对其进行广泛检查以便识别到所有相关的风险因素。风险因素和可行性研究包含四个主要问题：被检查部分的意图、与声明的意图的偏离、偏离的原因、偏离的结果。风险因素和可行性研究的优点在于以一种广阔的思路识别所有可能的风险而极少忽略一些重要事情。它可以集中小组的力量，对一个复杂系统进行详细检查。不足之处在于研究的时间过长，而且需要画出正确的系统图。但无论如何，风险因素和可行性研究仍是识别风险的一种重要技术。

（6）事故树法：事故树也称为故障树。事故树法的本质是定量分析方法，但也可作为定性分析的工具。事故树是一种图表，用来表示所有可能产生事故的风险事件。它由一些节点和连接这些节点的线组成，每个节点表示某一具体事件，而连线则表示事件之间的某种特定关系。事故树法遵循逻辑学的演绎分析原则，即从结果分析原因。

事故树法的作用如下。

1）事故树是一种描述复杂系统的运动过程的好方法。

2）在绘制事故树的同时就可识别风险。

3）可以用来判断系统内部发生变化的灵敏度，或者确定在风险的影响下系统的各部分或工序的情况。

4）事故树可以计算主事件发生的各种途径，更重要的是可以得出导致主事件发生的各子事件的最小组合数，进而可以找到哪些事件最有可能发生，因为它们对主事件的影响最大，而这正是改善系统最有效的地方。

2. 风险处理的方法　随着生活中的风险因素越来越多，无论企业还是家庭，都日益认识到进行风险管理的必要性和迫切性，风险处理是风险管理中必不可少的环节。对风险的处理通常有以下6种方法。

（1）减轻风险：主要对象是可控制风险，通过缓和或预知等手段来降低风险概率或减缓风险带来的不利后果。将项目的每一个"风险"都降低到可接受的水平，使整体风险水平可接受。

（2）预防风险：以工程技术为手段，消除物质性的威胁，具体途径如下。

1）防止风险因素出现，减少已存在的风险因素，将风险因素与主要损失对象在时间和空间上进行隔离。

2）使有关人员充分了解项目所面临的种种风险、危害，了解和掌握控制这些风险的方法。

3）结合项目本身的特点，合理地设计项目的组织形式，以制度化的方式从事项目活动，减少不必要的损失。

（3）回避风险：是当项目风险潜在威胁发生的可能性太大，不利后果也十分严重，又无其他策略可用时，主动放弃项目或改变项目目标与行动方案，以规避风险的一种策略。其有主动预防和完全放弃两种方式，回避风险的策略应在决策与项目实施之前。

（4）转移风险：又称为风险分担，是指将风险转移给参与该项目的其他人或组织。其目的不是降低风险发生的概率和减轻不利后果，而是通过合同或协议，在风险事故一旦发生时，将损失的其中一部分转移到有能力承受或控制项目风险的个人或组织。本方法适用于风险事件发生的概率不高，但潜在的损害很大的情况。转移风险的两种形式：财务性保险类风险转移和财务性非保险类风险转移。财务性保险类风险转移：是指项目组向保险公司投保，是国际上建设项目常用的一种方式；财务性非保险类风险转移：是指通过不同中介，以不同的形式和方法，将风险转移至商业上的合作伙伴（如担保的形式）；非财务性风险转移：是指将项目有关的物业或项目转移到第三方。

（5）自留风险：是指自己非理性或理性地主动承担风险。本方法适用于风险概率较低、后果不太严重的情况。"非理性"自留风险是指对损失发生存在侥幸心理或对潜在的损失程度估计不足从而暴露于风险中；"理性"自留风险是指经正确分析，认为潜在损失在承受范围之内，而且自己承担全部或部分风险比购买保险要经济合算。在自己有能力承担损失的情况下，有意识地选择承担风险后果。

（6）风险储备：是指根据项目风险规律，事先制定应急措施和计划，以应对出现的差异。

学习思考题（study questions，SQ）

SQ9-1　风险管理的基本含义是什么？风险管理有哪些特点？

SQ9-2　风险识别有哪些方法？其中事故树法在风险识别时有哪些作用？

SQ9-3　对风险的处理通常有哪些方法？其中预防风险有哪几种途径？

第二节 项目管理定性分析

一、定性风险分析的含义

定性风险分析（qualitative risk analysis）是评估已识别风险影响及其可能性的过程，亦是变量（如风险发生的概率）的主观判断，并使用主观成本-收益思考的过程。定性风险分析的目的是利用已识别风险的发生概率、风险发生对项目目标的影响，以及其他因素，如对时间框架和项目费用、进度、范围和质量等制约条件的承受度，对已识别风险的优先级别进行评价。定性风险分析是用来确定风险对项目目标可能的影响，对风险进行排序，它在明确特定风险和指导风险应对方面十分重要。通过对概率和影响级别的定义并结合专家访谈，可以帮助纠正该过程所使用数据的偏移。有关风险行动的时间紧迫性可能会加大风险的重要性。对可用的项目风险信息进行质量评价，有助于理解风险对于项目的重要性。

定性风险分析是一种为风险应对计划所建立优先级的快捷、有效的方法，它也为定量风险分析奠定了基础。定性风险分析在项目寿命期间应当被回访，从而与项目风险的变化保持同步。定性风险分析需要使用风险管理计划和风险识别所产生的结果。在这个流程后，与定量风险分析流程相接或直接进入风险应对计划流程。

二、定性风险分析的依据

定性风险分析的依据有以下几个方面：第一，风险管理计划。第二，已识别出来的风险。要对风险识别过程中发现的风险及它对项目的潜在影响一起进行评价。第三，项目状态。项目的不确定性在生命期的不同阶段都会发生变化。边设计边施工的项目在刚开工时，若设计不成熟，会发生变更，则会产生较多的风险。而当设计大部分完成时，项目的技术风险就会大大降低。第四，项目类型。首次使用或使用最新的技术的项目或者使用非常复杂的技术的项目均存在较大不确定性，海外工程管理风险较大等。第五，数据精确度。进度、费用等方面数据的精确度表明了项目班子对风险的了解和理解程度。它不仅衡量出可利用数据的范围，而且还衡量出数据的可靠性。因此，在使用过去识别风险时曾用过的数据时，要针对当前项目的具体情况重新进行评价。第六，计量标度。计量是为了取得有关数值或确定排列顺序。计量的目的使用标识、序数、基数和比率四种标度。第七，假设。将识别出来的假设作为潜在的风险进行评价。

三、定性风险分析的方法

（一）风险数据质量评估

1. 风险概率与后果评估　风险概率评估是指调查每个具体风险将发生的可能性。风险后果指描述某一风险事件如果发生将对项目目标产生的影响。风险影响评估旨在调查风险对项目目标（如时间、费用、范围或质量）的可能影响，既包括受威胁的消极影响，也包括机会的积极影响。针对识别的每项风险，确定风险的概率和影响。可通过对风险种类挑选出来的参与者进行访谈或召开会议等方式评估风险，包括项目团队成员和项目外部的专业人士。在访谈或会议期间，对每项风险的概率级别及其对每项目标的影响进行评估。其中，需要记载相关说明信息，包括确定概率和影响级别所依赖的假设条件等。根据风险管理计划中给定的定义，确定风险概率和影响的等级。使用定性语将风险发生的概率及其后果描述为极高级、高级、中级、低级、极低级5级。一般来说，项目风险发生的概率和后果计算均要通过对大量已完成的类似项目的数据进行分析和整理得出，或通过一系列的模拟实验来取得数据。概率分布表明了每一可能事件及其发生的概率，由于诸事件的互斥性，这些概率的和为 1。我们可以使用历史数据（资料）或理论概率分布来建立实际概率分布。

2. 概率和影响矩阵　通过风险分级可以进一步做定量分析和风险应对，给风险排列出优先排序。风险分级是根据所评价出的风险的概率和影响确定的。每个风险的重要性，以及据此确定的关注优先顺序，通常采用调查表或概率和影响矩阵的形式得出。根据组织的偏好，可以使用描述性术语或数值表示。

（1）风险后果评价：评价具体内容如表 9-1 所示。

表 9-1　风险后果评价

	极低 0.05	低 0.1	中 0.2	高 0.4	极高 0.8
费用	不明显的费用增加	费用增加小于 5%	费用增加介于 5%~10%	费用增加介于 10%~20%	费用增加大于 20%
进度	不明显的进度拖延	进度拖延小于 5%	进度拖延介于 5%~10%	进度拖延介于 10%~20%	进度拖延大于 20%
范围	范围减少几乎察觉不到	范围次要部分受到影响	范围主要部分受到影响	范围减少不被业主接受	项目最终产品实际没用
质量	质量等级降低不易察觉	只有少数非常苛求的工作受到影响	质量降低需要业主批准	质量降低不被业主接受	项目最终产品实际不能使用

（2）概率-后果矩阵：如表 9-2 所示，概率与后果的估计值之间的简单乘积可以将这两个维度结合起来，用于确定风险是低、中等还是高。风险评分有助于风险的分类及风险应对措施的制定。

表 9-2　风险的概率和后果值

概率	风险值 = 概率（P）×后果（I）				
0.9	0.05	0.09	0.18	0.36	0.72
0.7	0.04	0.07	0.14	0.28	0.56
0.5	0.03	0.05	0.10	0.20	0.40
0.3	0.02	0.03	0.06	0.12	0.24
0.1	0.01	0.01	0.02	0.04	0.08
后果	极低（0.05）	低（0.10）	中（0.20）	高（0.40）	极高（0.80）

3. 项目假设检验　甄别出的假设必须依照以下两项标准进行检验，假设的稳定性和假设谬误时对项目造成的影响后果。应找出可能正确的备选假设，并在定性风险分析过程中检验它们对项目目标造成的影响。

4. 数据精度排队　评估风险数据对风险管理的有用程度的技术，包括审查对风险的理解程度、风险数据的可获得性、数据的质量、数据的可靠性和完整性等。

定性风险分析要具有可信度，要求使用准确和无偏差的数据。风险数据质量分析就是评估有关风险的数据对风险管理的有用程度的一种技术，包括检查人们对风险的理解程度，以及风险数据的精确性、质量、可靠性和完整性。

（二）风险分类及紧迫性评价

项目中的风险可以按照风险来源、受影响的项目部位，或其他分类方法（如项目阶段）进行分类，从而确定最易受不确定性影响的项目中的领域。按照共同的根本原因对风险进行分类可以制定出有效的风险应对措施。可把近期需要采取应对措施的风险视为更迫切的风险。显示风险优先权的指标可以包括采取一种风险应对措施的时间、风险征兆、预警信号和风险等级。

四、定性风险分析的结果

风险名单在风险识别过程中形成，并根据定性风险分析的信息进行更新，更新后的风险名单被纳入项目管理计划。通过定性风险分析产生的风险名单如下。

1. 项目风险的相对排序或优先级清单　该清单可以使用风险概率和影响矩阵，根据风险的重要程度进行分类。项目经理可以参考风险优先级清单，集中精力处理高重要性的风险，以获得更好的项目成果。如果组织更关注其中某一项目标，则可以分别将费用、时间、范围和质量目标单独列出风险优先级。对于被评定为对项目十分重要的风险，应对其风险概率和影响的评定基础及依据进行说明。

2. 按种类分组的风险名单　该清单可以揭示风险的共同根源，发现需要特别关注的项目领域。发现风险集中的领域之后，可提高风险应对的有效性。

3. 需要在近期采取应对措施的风险清单　该清单将需要采取紧急应对措施的风险和可以延后处理的风险应放在不同的组内。

4. 需要补充分析和应对的风险清单　该清单有些风险可能需要补充分析，包括定量风险分析及采取风险应对措施。

5. 低优先级风险观察清单　在定性风险分析过程中，把评为不重要的风险放入观察清单中继续监测。

6. 定性风险分析结果中的趋势　随着分析的反复进行，特定风险的某种趋势可能就会显露出来，从而可以采取应对措施，或对其进行进一步的分析，形成不同程度的紧迫性或重要性。

尽管风险效率在实际实施过程中难以确定，但是管理者仍然需要系统性寻求风险效率的改善，而不是坐以待毙。因此，风险分析是必要的，通过分析至少可以判断计划中有利的变更，并证实这些变更的必要性，同时还可以发现不明显的但具有一定影响的风险因素。

学习思考题（study questions，SQ）

SQ9-4　定性风险分析的含义及作用是什么？定性风险分析的依据包括哪几个方面？

SQ9-5　什么是风险概率？怎样做好风险概率与后果评估？

SQ9-6　定性风险分析可得到哪些结果？这些结果分别起怎样的作用？

第三节　项目管理定量分析

一、定量风险分析的含义

定量风险分析（quantitative risk analysis）是对定性风险分析排出优先顺序的风险进行量化分析。虽然有经验的风险管理者有时在风险识别之后直接进行定量分析，但定量风险分析一般在定性风险分析之后进行，在确定风险应对计划时再次进行定量风险分析，以确定项目总风险是否已经减少到可承受范围内。重复进行定量风险分析反映出来的趋势可以指导需要增加还是减少风险管理措施，它是风险应对计划的一项依据，并作为风险监测和控制的组成部分。定量风险分析是项目经理或项目工作人员通过一些数学方法和统计工具所进行的项目风险分析。

常用的定量分析工具：①决策树，用来根据期望值评估替代性行动过程；②净现值（NPV）统计，用来评价项目的现金流风险；③项目评审技术（PERT）和 PERT 仿真，用来检查活动和项目风险。PERT 仿真更加常用，是因为其所需的数据与 PERT 相同，但其可通过仿真的办法得到。

二、定量风险分析的依据

1. 历史信息　通过行业或企业得到类似已完成的项目信息，风险专家对类似项目的研究资料和风险数据库进行调研，对原有数据进行定量分析。

2. 项目范围说明书　根据该项目划定的管理范围及其说明书中要求的内容做定量风险分析。

3. 风险管理体系文件　风险管理体系文件规定的管理方法和制度包括执行风险管理的岗位职责、预算和计划时间的风险管理活动，风险分类，风险分解结构和修订的有关方面的风险承受度。

4. 风险清单　已识别风险的清单、项目风险的相对排序或优先级清单，以及按照分类分组的风险。

5. 项目管理计划　包括项目进度管理计划和项目费用管理计划。项目进度管理计划为项目进度的计划和控制规定了格式和标准。项目费用管理计划为项目费用的计划、组织、估算、预算和控制规定了格式和标准。

三、常用的定量分析方法

1. 历史资料法　在基本相同的条件下，通过观察各个潜在的风险在长期历史中已经发生的次数，估计每一可能事件的概率，这种估计是每一事件过去已经发生的频率。但是，由于人们缺乏广泛而足够的经验，以致不能用这种方法建立可靠的概率分布。因此，项目风险的客观概率是很难得到的。即使有这样一些历史数据，也会因样本量过小而无法建立概率分布。国外的资料表明，除个别情况外，企业无法依赖历史资料来建立每年总损失金额的概率分布；只能依赖同业工会、私营保险商、政府部门等提供的辅助信息。但是这种依赖同业内辅助信息有其局限性，其一是这些信息局限于平均损失而不是概率分布；其二是这些信息可能与一个特定企业不同。

2. 专家打分法　建立风险的概率分布就该利用主观概率和合成概率。有一种说法认为，主观概率的准确性差而不赞成使用，实际上，这种专家的估计是专家根据自身的专业素质及丰富的实践经验，依照项目的具体情况做出的合理判断，可以将主观概率看成客观概率的近似值。

3. 理论分布法　当历史资料不充分或不可信时，风险经理可以根据理论上的某些概率分布来补充或修正，从而建立风险的分布图。常用的风险概率分布是正态分布。正态分布可以描述许多风险的概率分布（如财产损失、交通事故），也可描述一些风险分析中常用的理论概率分布（如泊松分布、三角形分布、离散分布等概率分布，阶梯长方形分布，梯形分布，二项分布和对数正态分布等）。

4. 外推法　分为前推、后推及旁推三种，它们都是定量风险分析的好方法。从预测理论来分析，后推和旁推的应用效果一般较差，故较少采用，大量运用的是前推法。前推法即趋势外推法，是一种时间序列法。其基本原理是利用取得的历史信息数据按时间顺序排列，推断出未来事件发生的概率和后果，是一种定量预测方法。

外推法简单易行，前提是有足够的历史资料。但是这种方法也有缺陷，首先历史记录不可能完整或者没有错误；其次历史事件的前提和环境已发生了变化，不一定适用于今天或未来；最后外推法没有考虑事件的因果关系。由于这些缺陷的存在，致使外推结果可能产生较大偏差。为了修正这些偏差,有时必须在历史数据处理时加入专家或集体的经验修正。外推法有时必须与理论概率分布配合使用,如当历史数据不全或序列显示趋势不明显时,就应先从理论上分析它服从哪一种概率分布,然后进行外推。外推的具体方法有简单平均法、移动平均法、加权移动平均法、指数平滑法、季节变动分析法、线性趋势法等。

5. 敏感度分析法　是量化及评估各风险对项目目标潜在影响的方法,有助于判定哪种风险最有可能对项目产生影响。

6. 决策树分析法　通过结果到原因的逻辑分析,剖析事故发生的有向过程,遵循逻辑学的演绎分析原则,即仿照树型结构,将多种风险进行图解推导的一种方法。

7. 模拟法　利用系统模型对系统行为进行分析,将对项目有潜在影响的不确定性因素具体化、定量化。对工程项目进行模拟最常用的形式是利用项目的网络图作为项目模型。大多数模拟的基础都是某种形式的蒙特卡罗分析。

四、定量风险分析的结果

与定性分析相比,经过定量风险分析后可以得到一些更加精确的数据,其具体得到的结果包括4个方面。

1. 已量化的风险优先清单　通过定量风险分析可以得到众多已知风险出现的概率及其后果的严重程度,根据其综合影响,可以得到完整的风险优先清单,为后期风险处理提供保证。

2. 项目的概率分析结果　预测项目偏离进度和费用目标的程度及可能发生偏离的概率。

3. 实现费用和时间目标的概率　以当前计划和当前掌握的项目风险知识为基础,使用风险量化的手段,可以估测完成项目目标的概率。

4. 定量风险分析结果中的趋势　随着分析工作的进行,分析结果中表现出的"趋势"会逐渐清晰,它会给出风险应对计划,并为进一步的风险分析创造条件。

定量风险分析有很多优势,它为高层经理提供了相当直接的数字;也相当简单,而且能容易地应用各种逼近模型。定量分析后的许多具体调查工作可以用最小优先的经验执行。然而,定量风险分析的弱点也是比较明显的。当它从预算或审查数据中提取某些因素时,往往忽略其他影响因素。

学习思考题（study questions，SQ）

SQ9-7　定量风险分析的含义及作用是什么?定量风险分析的依据包括哪几个方面?

SQ9-8　常用的定量分析方法有哪些?简要概述外推法的优缺点?

SQ9-9　定量风险分析可得到哪些结果?与定性风险分析相比有哪些优势?

第四节　医药项目风险监控及应对

一、医药项目风险的因素构成

医药项目与其他传统工程建设项目不同,其隐含着极大的不确定性。以新药研发为例,从实验室研究到新药上市是一个漫长而复杂的过程,涉及多个部门和机构,沟通困难,研发周期长,进度很难控制,以上这些典型特点均注定医药项目具有极大的风险。结合新药研发项目的特点,医药项目风险主要分为以下八类。

1. 决策风险   良好的决策是医药项目的首要工作，特别是新药研发项目。相较而言，决策风险是最大的风险，也是医药项目风险控制的主要内容。针对项目可行性研究不充分、相关信息掌握不到位、有效的决策工具缺乏等问题，最终都会增加决策风险，从而影响医药项目的后期发展。

2. 技术风险   从全球医药企业发展规律来看，创新已经成为衡量医药科研水平的重要标准，多数医药项目在新药品种及新工艺开发方面具有一定基础，但创新意识有待提高，尚未形成具有持续创新能力的科技竞争力。医药项目研究单位为降低亏损实现盈利，将更多的资源和精力投入到以创收为目的的项目中，并制定了以年度创收为关键考核指标的考核体系。从而造成有丰富项目经验和技术水平的科研人员流失，最终出现科研人员断层、研发能力有限、无法快速解决项目的技术难题。此外，科研情报工作不到位也会造成科研人员过于关注短期开发，忽视技术积累，科研持续性不足，最终影响医药项目开发的整体科研水平和科研创新能力。

3. 费用风险   医药行业具有高投入、高回报的特点。但是在医药项目中，除了需要巨大的资金投入之外，一方面，其未来的市场和投资回报还存在极大的不确定性。另一方面，新药研发是一个长周期的过程，在这整个过程中，如果费用预算、分配和运用不合理的话，就将给项目带来巨大的费用风险。以上两点都极有可能会导致项目延期甚至中止，最终导致预定目标无法实现。所以，在费用管理上，特别需要合理预算、合理分配，以免出现费用风险。

4. 管理风险   医药项目的管理风险是指由于项目的各部门之间沟通协调不足，项目范围、进度、质量管理不善等引起的风险，具体涵盖了医药项目过程管理的每一个方面。导致医药项目管理风险的原因主要包括以下几个方面。

（1）组织结构和部门职能设置不合理。

（2）项目进度监督不力。

（3）项目管理者的素质和经验不足。

（4）人员沟通不足。

（5）人力资源管理不到位。

5. 政策风险   医药项目的政策风险主要是指由于国家对医药行业的相关政策发生变化而造成的项目风险。国家关于某一行业的政策是随着该行业的不断发展而变化的。特别是对于医药行业，由于关系到人民健康，国家更是对其进行严格的管控。国家、相关部门及地方政府均对医药行业出台了一系列的法规，如《药品注册管理办法》《药品生产质量管理规范》《中华人民共和国药品管理法》《药品管理法实施条例》《药品经营质量管理规范》《药品不良反应报告和监测管理办法》等。同时，由于行业的发展及与国际接轨的趋势，相关法规也在不断发生变化，对细节和流程的要求越来越严格，并且不断有新的法规颁布。这些政策的变化都会影响医药项目的研发、生产和销售等环节，是医药项目不可忽视的风险因素。

6. 知识产权风险   由于医药行业具有高技术的特征，必然会涉及知识产权保护的问题，许多走出国门的中国企业都因为知识产权问题陷入法律纠纷。这主要包括两个方面，一是要避免侵权，二是要保护自己的合法权益不受侵害。具体分析如下。

第一，侵权风险。侵权主要是指侵权者"在专利权有效期间内，未经专利权人许可，以生产经营为目的，实施专利权人的发明创造的行为"，这种情况有可能会导致仿制者官司缠身，陷入财务深渊。造成这种风险的主要原因可能是对专利文献搜集和分析的工作不到位，而且对专利相关的法规认识不足。

第二，被侵权风险。在新医药产品研发过程中，由于对专利申请不够重视，或是没有及时对核心技术申请专利保护，造成核心技术泄露，被人侵权使用却投诉无门，甚至使本产品的市场白白被竞争者瓜分。

7. 生产风险   医药项目生产风险主要是指中试放大生产的风险。我国医药工程的发展起步比较晚，在生产管理方面依旧存在许多问题，医药项目中的质量管理对于医药工程项目的顺利推进至关重要。生产风险主要涉及以下各方面的问题。

（1）原辅料采购问题：主要是指原材料和相关辅料找不到合法供应商，或者由价格波动难以预测造成原辅料断供的问题，这些都将导致批量生产无法实现。

（2）现有生产设备与新工艺不匹配：主要是指由于新品种研发所用到的新工艺有可能与药厂现有生产工艺差别很大，所用到的生产设备也有相应改变或提高，造成现有设备不能满足新工艺的要求，而造成的批量生产无法实现，中试失败。

（3）操作人员技术水平不足：由于大规模生产对生产操作人员有很高的技术要求，必须要找熟练程度高和生产经验丰富的人员来担任，这样在生产现场出现问题时才能及时解决，避免更大风险的发生。

8. 市场风险 医药项目如何在复杂的市场环境中保持竞争优势、研发优势，推进科研产业化发展，保持盈利能力是目前面临的关键问题。对于医药项目管理者来说，具有自主知识产权的新品种及新技术的开发是发展的根本，实现"课题攻关—成果转化—市场推广"的良性循环是保证企业健康、持续发展和拥有核心竞争力的关键。

二、医药项目风险监控

医药项目风险监控（risk monitoring and control）是指在决策主体的运行过程中，管理者对风险的发展与变化情况进行全程监督，并根据需要进行应对策略的调整。因为医药项目风险是随着内部外部环境的变化而变化的，它们在决策主体经营活动的推进过程中可能会增大或者衰退乃至消失，也可能由于环境的变化又生成新的风险。通过对风险规划、识别、估计、评价、应对的全过程的监视和控制，保证风险管理能达到预期的目标，它是医药项目实施过程中的一项重要工作。

监控风险的目的：首先是核对风险管理策略和措施的实际效果是否与预见的相同；其次是寻找机会改善和细化风险规避计划；最后是获取反馈信息，以便将来的决策更符合实际。在医药项目风险监控过程中，及时发现那些新出现的及随着时间推延而发生变化的风险，然后及时反馈，并根据对项目的影响程度重新进行风险规划、识别、估计、评价和应对，以达到及早识别风险、避免风险事件的发生、消除风险事件的消极后果、充分吸取风险管理中的经验与教训等目的。

医药项目风险监控主要根据风险管理计划、风险应对计划、实际风险发展变化情况及可用于风险控制的资源，对医药项目中的技术风险、费用风险、管理风险、生产风险、政策风险、知识产权风险和市场风险等要素做实时监控，及时发现、分析及处理风险。医药项目风险监控主要包括以下6点。

1. 风险再评估 风险监控过程通常要求对新风险进行识别，并对风险进行重新评估。应定期地进行项目再评估。若发现预期风险的实际影响与预期的影响有差异，可能导致规划的应对措施无法处理风险，此时，需要进行额外的风险应对规划，从而对风险进行控制。

2. 风险审计 检查并记录风险应对策略的风险处理效力，以及风险管理过程的效力。

3. 偏差和趋势分析 通过绩效信息对项目实施趋势进行审查，可通过增值分析、项目和趋势分析等方法对项目总体绩效进行监控。

4. 技术绩效衡量 比较项目执行期间的技术成果与项目计划中的技术成果之间的偏差，通过衡量有助于预测实现项目范围的成功程度。

5. 风险准备金分析 在项目实施过程中可能会发生一些对应急准备金造成影响的风险，

在项目的任何时点将剩余的准备金金额与剩余风险量进行比较,以确定剩余的风险准备金是否仍旧充足。

6. 状态审查会 项目风险监控可以是定期召开的项目状态审查会的一项议程。议程所用会议的时间取决于已识别的风险、风险优先级别及应对的难易程度。

三、医药项目风险应对

1. 决策风险的应对策略 风险自留是一个减小决策风险的有效策略,优先选择有较强技术资质和丰富项目经验的团队,把立项前的可行性调研做好,建议立项专家顾问委员会,科学决策,避免主观决策、盲目决策。另外,加强对情报工作的重视程度,由信息研究部专门组织情报工作团队,进行情报搜集、整理和跟踪工作,实时追踪业内市场、专利、申报等行情动态,在项目立项时可以通过查新报告证明项目立项是否新颖,有无专利保护或行政保护,目前有无药企或机构正在开发研制,是否有市场前景等关键信息,为项目立项决策提供有力的数据支持。

2. 技术风险的应对策略 技术风险属于医药研发中面临的主要风险,在项目研发过程中可以从以下方面进行应对。

(1)提高研发项目团队的创新实力与能力,对以往研发项目进行经验总结和汇总,每一个团队的负责人应定期对研发人员进行培训,包括科研情报的收集、情报分析、实验方案规划、已结题项目经验分享、中试放大经验分享、实验室规范操作和管理等方面,以全面提高项目团队的研发实力。

(2)对于开发出的新技术,应及时申请专利保护。

(3)在同一个品种下开发多个剂型,形成一个产品链以应对竞争。

3. 费用风险的应对策略 费用风险特别需要加强预算,合理分配资金,在开发过程中主要从以下几方面着手进行应对。

(1)加强费用预算,由熟悉财务知识的人员指导项目经理完成项目费用预算及分配方案的制定,避免因预算太少而出现费用风险。

(2)建立财务信息化系统,按照项目进行财务管理,及时提醒费用风险。

(3)合理分配资金,不要在项目开发前期过量投入资金购买设备,而导致项目后期资金不足,有时候可以借用外单位设备应急。

4. 管理风险的应对策略 管理风险涉及的因素众多,需要进行系统管理。对管理风险的应对策略可从以下几方面展开。

(1)建立完善的风险管理体系,成立一个专门的项目风险管理小组(兼职),对整个项目生命周期发生的各种风险进行识别、评估和监控,并采取措施应对风险。

(2)筛选高素质的项目管理者,通过提高管理者素质组建一个人才结构合理的项目团队。

(3)建立合理高效的组织结构,即建立平衡矩阵式的组织架构,为科研项目配套相应的项目助理及情报工作团队。

(4)及时沟通和反馈,在项目进行过程中应及时进行沟通,定期召开项目讨论会,迅速反馈,从而使决策更有效。

(5)加强项目的进度控制,对整个项目全过程进行有效的进度控制可以保证研发的高效率。

(6)加强人力资源管理,在研发的各个环节配备合适的人才,定期对相关人员进行培训,增加其专业知识和管理知识。

5. 政策风险的应对策略

(1)在立项前对国家相关政策法规进行深入研究,确保科学立项。

(2)在研发过程中按照相关技术指导原则进行试验方案设计。

（3）实时关注国家药品监督管理局的政策变化，根据变化进行项目安排变更，以确保项目申报的成功。

6. 知识产权风险的应对策略

（1）培养具有专业知识背景的专利人才。

（2）加强研发人员的专利意识，公司招人时应签订保密协议，谨慎发表论文，防止项目关键技术的泄露。

（3）随时搜集专利文献，密切关注药品知识产权动态。

（4）在研发过程中应申请一系列专利保护，形成专利保护群对该药品进行全方位的保护。

（5）实时更新药物专利到期情况，利用专利的时间性、地域性特点，合理仿制新药，为新品种的开发打下基础。

7. 生产风险的应对策略

（1）避免选择不符合相关法规的供应商，随时与供应商保持联系，保证原辅料的供应。如供应商因某种原因无法供货或原辅料涨价，应提前备货以备不时之需。

（2）在项目初始阶段，项目经理应该拜访药厂一次，考察药厂现有的设备是否能够满足本项目大生产的需要，若生产设备或生产能力不能满足新技术要求，应尽快拟定设备采购清单，协调药厂在中试之前采购相应设备，确保项目进度。

（3）制定 SOP（标准操作规程），在生产中尽量减少人为因素造成的损失。

（4）明确岗位职责，权责分明。

（5）定期组织岗位培训，提高人员工作熟练度。

8. 市场风险的应对策略

（1）加大科研投入，全力推动新品种、新技术的核心技术研发。重点开发国家重视、市场急需、效益显著的项目，带动科技创新，提升核心竞争力。

（2）与集团内科研和工业企业密切配合，资源共享，形成科研产业良性互动持续发展的局面。

（3）优化产学研的创新链条，形成"课题攻关—成果转化—市场推广"的良性循环。加大产业投资和市场开发力度，促进产业发展，使产业形成一定规模，起到反哺科研的作用，形成科研、产业良性互动。

（4）加强成本控制，包括科研成本和时间成本的控制，加强科研周期控制。

在我国医药行业的发展中，医药项目还属于一个重要的新兴项目，其对于促进我国医药水平的提高具有非常关键的作用。医药研发项目本身具有周期长、投入大和不确定性的特点，同时具有一定的时效性。因此需加强科研项目立项和过程管理，确保立项项目在市场评估和调研、预期收益、投入和产出效益等方面进行深入的可行性研究分析及论证，这样才能更好地实施医药项目，促进项目质量的提高，从而推动我国医药行业的持续健康发展。

学习思考题（study questions，SQ）

SQ9-10　医药项目风险的因素构成有哪些？导致医药项目管理风险的原因有哪些？

SQ9-11　简述医药项目风险监控的主要内容？简要概述外推法的优缺点？

SQ9-12　医疗项目管理中，决策者面临的最大的风险是什么？该如何减小该风险？

练 习 题

9-1　风险管理的内容包括哪些？

9-2　风险识别的方法有哪些？

9-3　风险管理的特点是什么？

9-4　项目定性风险分析的目的是什么？

9-5　项目定性风险分析的依据是什么？

9-6　常用定量风险分析的方法有哪些？

9-7　什么是风险监控？

9-8　风险监控的依据有哪些？

9-9　风险监控的主要内容有哪些？

9-10　什么是风险应对？应对风险的措施有哪些？